21世纪普通高等教育规划教材
21 SHI JI PU TONG GAO DENG JIAO YU GUI HUA JIAO CAI
工商管理系列

Project Management

项目管理

主　编　邓田牛
副主编　易经章　邓莎莎
编　委　傅文波　李　季　丁　勇　杨非非

上海交通大学出版社

内 容 提 要

本书以模块化和系列化的组织结构，实现了项目管理流程与项目管理知识体系的有机结合，实现了项目管理思想与项目管理方法的有机结合，实现了项目管理理念与项目管理主体行为的有机结合，是一部融理论性、实践性于一体的教材。全书共分十四章，主要以项目管理知识体系指南（PMBOK）的核心内容为主题，以项目生命周期结合项目管理职能为主线，全面系统地介绍现代项目管理的基本理论、原则、方法和技术，重点阐述了项目从启动、开发、实施至结束整个过程所涉及的项目管理的发展过程、主要概念和基本原理、目标与规划、资源、时间、成本、质量、风险、采购管理，描述了项目沟通管理、项目经理与团队组织、人力资源管理以及项目收尾的知识及相关项目管理应用工具等主要内容。

本书既可作为高等院校“项目管理”课程的教材，也可作为项目管理人员的学习参考书。

图书在版编目（CIP）数据

项目管理/邓田生主编. —上海：上海交通大学出版社，2016
（工商管理系列）
ISBN 978-7-313-06297-0

Ⅰ. ①项… Ⅱ. ①邓… Ⅲ. ①项目管理 Ⅳ. ①F 224. 5

中国版本图书馆 CIP 数据核字（2016）第 030801 号

项目管理
邓田生 主编
上海交通大学 出版社出版发行
（上海市番禺路 951 号 邮政编码 200030）
电话：64071208 出版人：韩建民
武汉武铁印刷厂 印刷 全国新华书店经销
开本：787mm×960mm 1/16 印张：20.5 字数：408 千字
2016 年 7 月第 1 版 2016 年 7 月第 1 次印刷
印数：1～5030
ISBN 978-7-313-06297-0/F 定价：34.80 元

前　言

当今时代，一切皆项目，一切也将成为项目。人类社会活动都可以按项目来运作，因此项目管理已深入到各行各业，以各种不同的类型、不同的规模出现。这种行业领域及项目类型的多样性，导致了各种各样的项目管理理论和方法的出现，从而促进了项目管理的多元化发展。

项目管理作为一门科学来进行系统研究，是从 20 世纪 60 年代开始的。创建于 1965 年的以欧洲为主体的国际项目管理协会（International Project Management Association，IPMA）和创建于 1969 年的美国项目管理学会（Project Management Institute，PMI）一直是项目管理的两大研究组织体系。以各自的团体为基础，项目管理理论的研究进入到一个新的阶段，理论体系逐渐搭建起来。IPMA 是一个旨在促进全球项目管理发展的非盈利性组织，其主要的成员是各国的项目管理协会，中国项目管理研究会（PMRC）是其成员组织之一。PMI 以企业、大学、研究机构的专家为主要成员，于 20 世纪 80 年代开发了一套项目管理知识体系（Project Management Body of Knowledge，PMBOK），将项目管理划分为九大知识领域，即范围管理、成本管理、时间管理、质量管理、人力资源管理、沟通管理、风险管理和综合管理。国际标准组织（ISO）以该文件为框架，于 1997 年制定了 ISO10006 关于项目管理的标准。

项目管理对于我们来说并不陌生，只不过我们从未像今天这样全面、深入地关注这个问题，并把它作为专门的学科来研究。项目管理不但已发展成一个新的专业和学科，形成了学历教育从学士、硕士到博士，非学历教育从基层项目管理人员到高层项目经理的教育培训体系，而且还成了一种职业。美国《时代周刊》更是把项目管理评为最具前景的“黄金职业”。现代项目管理发展趋势的全球化、多元化、专业化，使之受到世界各行各业的广泛关注。为适应社会对项目管理人才的迫切需求，美国早在 1984 年就实行了项目管理专业人员资质认证（PMP）制度，20世纪90年代中期陆续在麻省理工学院，乔治·华盛顿大学，美国管理技术大学等大学中设立了项目管理专业硕士和博士学位。

项目管理之所以能够成为一门独立的学科，是由于项目管理的许多知识、技术、技能和工具都是在项目管理实践中发展起来的，并构成项目管理学科的主体部分，如项目生命周期的概念、关键路径法、工作分解结构等。对于从事项目管理的人员来说，面对项目管理日益广泛的应用，不仅要掌握项目管理的知识体系，而且还要具备一些实践应用技能。因此，越来越多的人们认识到掌握这门学科的知识体系对管理者处理项目管理方面的问题是多么的重要。与此同时，人们也认识到，只有将项目管理问题的一般理论原则和各种具体方法结合起来，才能真正做好项目管理工作。因此，本书从应用的角度阐述了项目管理的一般过程和方法。

本书结合教学和实际工作的需要，由中南大学商学院邓田生教授根据多年的教学经验和实践经验，并参考了国内外项目管理的优秀成果编写而成。书中的许多理论及其体系，凝结了管理学界同行的研究成果，是集体智慧的结晶，在此表示衷心感谢！

参加本书编写的还有中南大学商学院易经章、傅文波、李季、杨非非、丁勇以及上海电力学院邓莎莎，在此一并表示感谢。

本书的编写与出版，得到了中南大学商学院、上海交通大学出版社与湖北众邦文化传播有限公司的领导和同志们的大力支持，特别是得到了中南大学商学院项目管理教学团队老师们的帮助，在此一并表示感谢。还要感谢编辑刘芬为此书付出的辛勤劳动和汗水。

项目管理是一门处在不断发展中的学科，许多问题的研究还有待进一步深入，加之我们的水平有限，不足之处，敬请广大读者批评指正。

编　者

目 录

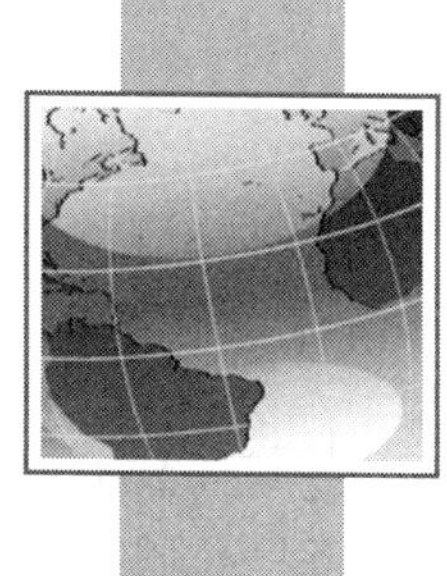

第一章 绪 论

要点提示

- ✍ 项目管理的发展历程及其在我国的发展现状和趋势。
- ✍ 项目管理知识体系的形成及九大项目管理领域。
- ✍ 项目当事人和利益相关主体在项目管理过程中的角色定位及其对项目的影响。

案 例 世界上最大的金字塔——胡夫金字塔

金字塔是古埃及文明的代表作，是埃及国家的象征。埃及迄今发现的金字塔共约八十座，其中最大的是以高耸巍峨而居古代世界七大奇观之首的胡夫金字塔。在巴黎埃菲尔铁塔落成前的四千多年的漫长岁月中，胡夫金字塔一直是世界上最高的建筑物。胡夫金字塔大约由230万块石块砌成，外层石块约115000块，平均每块重2.5吨，像一辆小汽车那样大，而大的甚至超过15吨。假如把这些石块凿成平均一立方英尺的小块，把它们沿赤道排成一行，其长度相当于赤道周长的三分之二。胡夫金字塔的四个斜面正对东、南、西、北四方，误差不超过圆弧的3分，底边长230米，塔高146.59米，相当于一座40层摩天大楼，塔底面呈正方形。整个金字塔建筑在一块巨大的凸形岩石上，占地约52900平方米，体积约260万立方米。据古希腊历史学家希罗多德的估算，修建胡夫金字塔一共用了30年时间，每年用工10万人。金字塔一方面体现了古埃及人民的智慧与创造力，另一方面也成为法老专制统治的见证。

在四千多年前生产工具很落后的中古时代，埃及人通过采集、搬运数量如此之多，每块又如此之重的巨石慢慢垒成如此宏伟而精湛的金字塔，这是早期项目管理实践的体现。

［资料来源］：豆丁网（编者整理）.

思考：从金字塔、万里长城等古代项目杰作，到宏伟的三峡工程、人类太空行走等现代科技项目前沿，项目管理理论和实践是怎样随着社会的进步、人类需求和期望的不断提高而发展的，在项目实践的发展历程中形成了怎样的项目管理知识体系？

第一节　项目管理的产生与发展

一、早期的项目管理

在古代，我们的祖先就开始了项目实践。人类早期的项目实践可以追溯到数千年以前，古代埃及的金字塔、古代罗马的尼姆水道、古代中国的都江堰和万里长城等都是成功的项目实践典范。项目管理最早起源于建筑行业，称为工程项目管理。从这一角度讲，项目管理实践历史悠久。随着人类社会的进步和生产的发展，社会的各个方面，如政治、经济、文化、宗教、生活和军事等对某些工程产生了需求。同时，当生产力水平又能达到这些工程的要求，就出现了工程项目。早期的工程项目最主要是表现在建筑工程项目上，主要包括：

房屋建筑：皇宫、庙宇、住宅等。

水利工程：运河、沟渠等。

道路桥梁工程：驿站、管道等。

陵墓工程：皇陵等。

军事工程：城墙、兵站等。

这些项目又都是当时社会的政治、经济、文化、宗教活动的一部分，体现着社会生产力的发展水平。现存的许多古代建筑，规模宏大，工艺精湛。这些不朽的伟大工程，展示着人类智慧的光辉，至今还产生着巨大的经济和社会效益。

有项目就会产生项目管理问题。在如此复杂的工程项目中，必然需要相当高的项目管理水平与之相配套。虽然无法考证当时项目管理的情景，但可以肯定，在这些项目中，各活动之间必然有统筹的安排，有严密的组织管理体系；有详细的工期、费用上的计划、安排和控制，也一定有严格的质量检验和控制。但是，由于当时科学技术水平和人们认识能力的限制，历史上的项目管理是经验的，不系统的，没有行之有效的计划方法，没有科学的管理手段，没有明确的操作规程和技术标准，不可能有现代意义上的项目管理。

二、现代项目管理及其理论的产生和发展

（一）项目管理发展的动因

项目实践推动项目管理的发展。现代项目管理发展的起因主要有两个方面：

（1）由于社会生产力的高速发展，大型及特大型项目越来越多，如航天工程、核武器研究、导弹研制等。项目规模大、技术复杂、参加单位多，又受到时间和资金的严格限制，因此，需要新的管理手段和方法。

（2）现代科学技术的发展，产生了系统论、控制论、信息论、运筹学、决策技术和计算机技术等学科，并日臻完善。这些学科给项目管理理论和方法的发展奠定了基础。

（二）项目管理的发展历程

现代项目管理的产生与发展，大致经历了三个阶段：20 世纪 50 年代产生、20 世纪 80 年代发展为成体系的理论、此后至今其理论体系得到进一步完善。

1. 现代项目管理的产生

现代项目管理产生于实践中，在 20 世纪中前期，由于几个重大工程项目的建设需求，如美国把研制第一颗原子弹的任务作为一个项目来管理的“曼哈顿计划”，管理和工程人员共同致力于研究并运用能够在预定的时间内用有限的资源和资金高效的完成预期工程目标的方法。当时的项目管理着重于计划和协调。在这些工程完成后，人们总结经验，发现在运行大型复杂工程的时候，限制时间、限定资源、严格控制进度和成本等视角和方法有非常客观的效用。在这样的背景下，美国杜邦公司和兰德公司于 1957 年一起研制了一种系统的计划管理方法——关键路径法（CPM）；在此之后，美国海军于 1958 年在研制北极星导弹核潜艇时，提出另外一种系统的计划管理方法——计划评审技术（PERT）。两种方法都是基于网络模型技术，所以统称为网络计划技术。该技术被认为是项目管理的起点。从此，在工程、军事、生产中，网络计划技术得到普遍应用并发挥巨大作用。

2. 项目管理理论的研究组织体系和知识体系的形成

网络计划技术的出现，为项目的管理提供了一种切实有效的方法技术，使得许多重大的项目获得成功，从而项目管理日益为理论界和管理实践者们所重视。研究和开发项目管理的方法和技术的热潮在欧美各地蓬勃兴起。将项目管理作为一门科学开展系统的理论研究始于 20 世纪 60 年代。在学术界，一些国家和地区建立自己的项目管理学术团体，创建于 1965 年的以欧洲为主体的国际项目管理协会（IPMA）和创建于 1969 年的美国项目管理学会（PMI）一直是项目管理的两大研究组织体系。以各自的团体为基础，项目管理的理论研究进入了新的阶段，理论体系逐渐搭建起来。通过长期的研究和探讨，在 20 世纪 80 年代，一些项目管理的专著陆续出现，如 1983 年的《项目管理手册》，集众多专家和管理者的思想于一体。众多专著和学术论文及报告为项目管理搭建起基础的理论体系。

3. 现代项目管理的新发展

项目管理理论体系形成之后，随着其应用环境的变化和项目操作实践的丰富，形成初期的项目管理理论体系不能够承载项目管理实践的需求，学者们和高级管理人员结合在实践中的经验和教训，开发出一系列具体的项目管理方法和技术，项目管理理论得到迅速的发展。20 世纪 90 年代以后，为了在迅猛变化、竞争激烈的市场中迎接经济全球化、集团化的挑战，项目管理更加注重人的因素，注重顾客，注重柔性管理，力求在变革中生存和发展。在这个阶段，应用领域进一步扩大，尤其是在新兴产业中得到了迅速发展，例如，电信、软件、信息、金融、医药等。现代项目管理的任务已不仅仅是执行项目，而且要开发项目、经营项目，以及为经营项目完成后形成的设施或其他成果准备必要的条件。

三、项目管理在我国的发展现状与趋势

(一) 现代项目管理在我国的发展现状

从华罗庚引进“统筹法”以来，中国项目管理无论从学科体系上，还是实践应用上都取得了突飞猛进的发展。

1. 项目管理学科体系的成熟

在项目管理的应用实践中，项目管理工作者们感觉到，虽然从事的项目类型不同，但是仍有一些共同之处，因此就自发组织起来共同探讨这些共性主题，如项目管理过程中的范围管理、时间管理、费用管理、质量管理、人力资源管理、沟通管理、风险管理等等，这些领域的综合就形成了项目管理知识体系 PMBOK。1987 年 PMI 公布了全球第一个 PMBOK，1996 年及 2000 年又两度进行了完善。国际项目管理协会（IPMA）在 PMBOK 方面也做出了卓有成效的工作，IPMA 从 1987 年就着手进行“项目管理人员能力基准”的开发，在 1999 年正式推出了 ICB（IPMA Competency Baseline），在这个能力基准中 IPMA 把个人能力划分为 42 个要素，其中 28 个核心要素，14 个附加要素，当然还有关于个人素质的 8 大特征及总体印象的 10 个方面。

基于以上两个方面的发展，中国项目管理研究委员会（Project Management Research Committee，PMRC,）建立了适合我国国情的中国项目管理知识体系（Chinese Project Management Body of Knowledge，C-PMBOK）。C-PMBOK 的研究工作开始于 1993 年，1994 年由 PMRC 常务副主任、西北工业大学钱福培教授正式开始了“我国项目管理知识体系结构的分析与研究”。在此基础上，PMRC 成立了专家小组负责起草 C-PMBOK，并于 2001 年 5 月正式推出了《中国项目管理知识体系》，同时建立了符合中国国情的《国际项目管理专业资质认证标准》（C-NCB），C-PMBOK 和 C-NCB 的建立标志着中国项目管理学科体系的成熟。

2. 项目管理应用领域的多元化发展

建筑和国防工程是我国最早应用项目管理的行业领域，然而随着科技的发展、市场竞争的激烈，项目管理的应用已渗透到各行各业，软件、信息、机械、石化、钢铁等领域的企业更多地采用项目管理的管理模式。项目的概念在原有的工程项目领域有了新的扩展，一切皆项目，按项目进行管理成为各行各业发展的共识。项目管理在各行各业的应用及多元化发展，必然出现行业项目管理的新需求，公用的项目管理方法体系需要结合行业项目的特色进行充实与完善，类似工程项目管理、国防项目管理，

甚至软件项目管理、产品研制项目管理等更细化的应用领域的项目管理研究将日益普及。

3. 项目管理的规范化与制度化发展

一方面中国项目管理为了适应国际需要，中国必须遵守通用的国际项目管理规范，像国际承包中必须遵守的 FIDIC 条款及各种通用的项目管理模式；另一方面中国项目管理的应用也促使中国政府出台相应的制度和规范，像建设部关于项目经理资质的要求以及关于建设工程项目管理规范的颁布等等都是规范化和制度化的体现。不同的行业领域都相应的出台了相应的项目管理规范，招投标法则的实施大大促进了中国项目管理的规范化发展。

4. 学历教育与非学历教育竞相发展

项目管理学科发展与其他管理学科发展相比，最大特点是其应用层面上的差异，项目经理与项目管理人员更多的是从事各行各业技术的骨干。项目经理通常要花 5~10 年的时间，甚至需要付出昂贵的代价后，才能成为一个合格的管理者。基于这一现实及项目对企业发展的重要性，项目管理的非学历教育就相对走在了学历教育的前面，在中国这一现象尤为突出，目前各种类型的项目管理培训随处可见。这一非学历教育的发展极大的促进了学历教育的发展，国家教委已经在清华大学等五所学校试点了项目管理本科的教育，项目管理工程硕士也在酝酿之中，项目管理方向的硕士和博士在许多学校已经设立。

（二）现代项目管理在我国的发展趋势

1. 企业管理的项目化发展

越来越多的企业发现，多达 50% 的企业工作是以项目形式进行的，企业采用专业化的项目管理在新产品研究开发、市场营销、产品产业化升级及新产品生产线更新等方面的卓越表现超越了对项目进行管理本身，而且已经上升为一种企业管理思想和操作化模式，这种企业管理思想模式在实际工作中被我们称为企业化项目管理或企业管理的项目化（Enterprise Project Management，EPM）发展。

将企业中一次性的、具有明确目标、预算和进度要求的，多任务的活动视为项目，并按项目的专业化技术和方法进行管理，从而比常规方法更好更快地实现目标是企业管理项目化发展的根本基础。企业按照项目的复杂程度、管理范围将项目划分为企业级、部门级和小组级，按照项目的性质和创新程度又可分为保持、改善和创新三类，从而形成了各种类型的企业项目。项目化管理的特点是突破原有职能业务型组织形式，以创新为导向强调什么可以改变，而不是约束导向强调不能改变什么，培养企业的创新型文化。

2. 企业项目管理体系的建设

项目管理是一项技术性很强的工作，要符合社会化大生产的需要，项目管理必须标准化、规范化。没有一套项目管理体系可以适合所有的企业，企业化项目管理的发展要求企业必须建立符合自身特点的项目管理体系。未来项目管理的应用发展中，企业项目管理体系的建立将是企业项目管理工作者和项目管理研究者共同探讨的主题。

3. 项目管理的职业化与专业化发展

随着项目管理应用的普及和企业化项目管理的发展，项目管理的职业化与专业化发展就成为必然，就像现在出现了越来越多的职业经理人一样，未来职业项目管理者及职业项目经理会越来越多。项目管理职业化发展使得人们在企业中的职业发展有了更多的选择余地和发展空间，员工可以从负责一个小小的项目开始，慢慢成长为负责一个中等规模，甚至影响企业未来发展的大项目。更多企业员工追求的不再是数量有限的部门经理，而是有广阔前景的、具有较大成长空间的项目管理者。广泛开展的项目管理资格认证将更有助于项目管理的职业化和专业化发展。

4. 项目管理软件的系统化和多元化发展

随着项目管理应用的广泛发展，项目管理软件（PMS）开发将成为项目管理发展中的下一个热点，仅美国就有两百多家公司开发各种类型的 PMS，在中国 PMS 的开发热潮随着项目管理的应用热潮也将掀起。项目的大型化、复杂化和动态化，以及企业化项目管理的发展使得 PMS 的功能要求更加系统和全面，单一功能和方法的 PMS 适应面将进一步减少。行业项目管理的应用也将促进行业 PMS 的涌现，PMS 的多元化发展也将成为必然。

通过对项目管理的发展及趋势进行的系统总结和全面分析，可以看出作为以应用为主的项目管理，未来的发展将更加注重实用性，注重行业的扩展，注重全面化的项目管理。可以肯定在 21 世纪，项目管理在管理学科中将扮演更加重要的角色，项目管理将成为未来企业的助跑器。

第二节　项目的前期策划

一、项目前期策划概述

1. 项目的前期策划工作

项目策划是指依据有关原理，有计划、有步骤地运用科学的方法和手段，进行项目构思、项目规划设计、论证比较、决策实施等一系列谋划和决策活动，从而把握投资机会、构思投资项目、确定投资目标、设计投资方案、实现投资回报的过程。它是项目的关键，对整个项目生命周期起着决定性作用。

在现代项目管理中，对时间、成本和资源的控制会因项目构思和项目定义的不同而不同。项目实施之前的项目构思、项目定义及项目可行性研究是项目前期策划的基本内容，也是项目最终成功的首要保证。

2. 项目前期策划应注意的问题

（1）在整个过程中必须不断进行环境调查，并对环境发展趋向进行合理预测。环境是确定项目目标，进行项目定义，分析可行性的最重要影响因素，是进行正确决策的基础。

（2）在整个过程中有一个多重反馈的过程，要不断地进行调整、修改、优化，甚至放弃原定的构思、目标或方案。

（3）在项目前期策划过程中阶段决策是非常重要的。在整个过程中必须设置几个决策点，对分阶段工作结果进行分析、选择。

二、项目的构思

任何一个项目都是从构思开始的，而构思产生于需求与期望。项目构思就是对项目的目标、功能、范围及项目所涉及的各主要因素和项目的大致轮廓进行设想与初步界定。这种构思可能很多，人们可以通过许多途径和方法（即项目或非项目手段）达到目的，那么必须在它们中间作选择，并经权力部门批准，以作进一步研究。这需要创造性思维，是一个探索性过程，是项目策划的基础工作。因此，项目构思直接影响着项目策划的所有工作，包括整体效果、策划过程和策划工作量。项目构思产生基于对客观环境的评估与预测，并非来源于某些部门、企业及个人的感性思维。项目构思以需求为源泉，以目标为方向，以科技为手段，以信息为基础，以竞争为压力。

项目构思一般需要做三个阶段的工作：预备阶段、领悟阶段、完善阶段。

预备阶段要明确构思项目的性质和目标范围；调查研究，收集资料和信息；资料整理；资料分析研究，了解资料所包含的内涵，发掘资料所蕴涵的内在规律。

领悟阶段是一个由意念累积、创意出现到构思诞生的过程。在资料信息的分析比较中，导致创意出现的各种因素逐步积累发展的过程就是意念累积；经过一定时期的意念累积之后，在思维过程中出现了具有独特新意但不完全成熟的某些观念和观点，创意就出现了。创意出现是项目策划者在下意识活动中逻辑思维和非逻辑思维的结果；通过多次多方面的创意出现和反复综合思考，形成项目的初步轮廓，并用语言、文字、图表等方式明确表达出来，构思诞生了。

完善阶段可分为构思发展、构思评估和构思完善三个步骤。构思发展是将诞生的构思通过进一步综合分析，进行内容和外延上的深入和扩充。构思评估是对已形成的项目构思进行多主体、多角度、多方法的评价分析。构思完善是细化构思框架、修正不合逻辑与不合理的部分，实现项目构思的条理化。

三、项目的目标设计

项目目标是项目主体对项目所能实现结果的预期。项目管理一般采用严格的目标管理方法。对项目的总目标逐步分解成可执行的子目标，建立由上而下、由整体到局部的目标控制体系，通过一系列的管理活动来保证总目标的实现。项目目标是项目可行性研究的尺度，是项目控制与管理的依据，也是项目评价的标准。从整个项目周期来看，目标设计是项目构思的具体化，也是前期策划工作的基本内容。以最常见的工程项目为例，工程项目在项目实施前必须确定明确的目标，实施中不允许对基本目标进行修改。所以在工程项目策划中，项目的投资者、组织者和管理者都应把项目的目标设计作为其基本的工作任务。

四、项目的定义

项目处于复杂多变的项目环境中，环境对项目有不同的需要，这些环境条件相互影响、相互制约，构成极其复杂的项目目标因素，但项目管理不能解决所有的问题，项目的范围并不能包括所有的目标因素。因此，在项目管理前期策划中必须把握好项目构成定界。对项目管理定界最常见的有三个范围，如图 1.1 所示。

最大需求范围。由所有问题定义的包括所有目标因素的 U_1。

最低需求范围。由一些必须的强制性目标因素构成，项目必须解决的 U_2。

优化范围。基于目标优化基础所确定的目标因素集合 U_3。一般而言，优化范围必须包括全部的强制性目标因素，且 $U_2<U_3<U_1$。

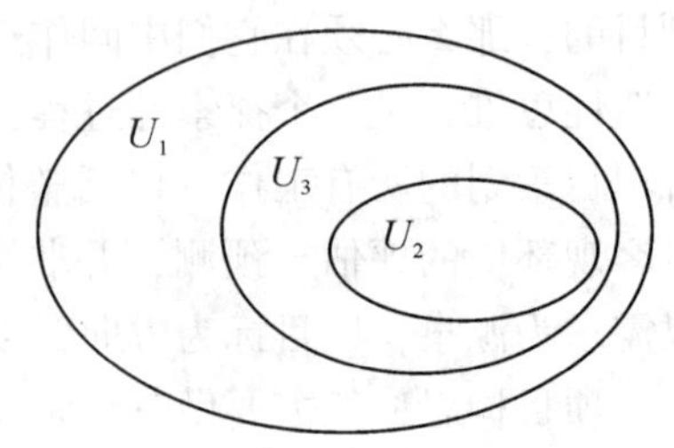

图 1.1　目标因素分类与项目构成边界

优化的过程包括边界条件的优化，充分利用环境因素等，如选择有利地址，利用自然资源以及与其他单位合作，生产要素优化组合等。

在确定项目构成中，目标因素应有重点，同时不能太多，否则会造成协调和优化的困难。例如，在一个原本盈利的项目中，不切实际地引入就业目标，企图通过一个项目过多地安排企业富余人员，这样的目标就会导致项目不经济。

在确定项目构成及系统定界后，即可进行项目定义。所谓项目定义是指以书面形式描述项目目标系统。项目定义是项目目标设计的指向，它将本位直觉的项目构思和设想引导为有依据、有条理的项目建议。

项目定义表现为一个项目说明文件，以报告的形式提出。项目定义应包括以下内容：

（1）问题的范围说明及问题的定义。

（2）提出问题，说明解决这些问题对项目上层系统的影响和意义。

（3）项目构成和定界，确定项目环境和对项目有重大影响的因素。

（4）系统目标和最重要的子目标，对近、中、长期目标采用“近细远粗”的方法说明。

（5）对诸如市场分析、财务和风险问题等边界条件加以说明。

（6）重大问题的可能解决方案及实施过程的建议。

（7）项目完成所需资源消耗的总体说明。

对如下问题应该在项目定义前有明确的安排：

（1）详细与定量说明和定义近期目标。

（2）项目经济型（如投资额和预期收益）和财务安排。

（3）项目边界条件、所需资源和必要的辅助措施。

（4）项目组织安排和实施时间安排。

在项目定义后，必须对项目的风险、目标决策、目标设计价值，以及目标设计过程进行项目审查。项目审查应注意以下问题：

（1）防止自我控制、自我审查。一般由未直接参加目标设计的人员来进行审查。必须有书面审查报告，并应补充审查部门的意见和建议。

（2）审查应客观顾及所有重要方面。对所有重大目标问题应由独立专家在相对公允的角度进行全面审查和考量。

（3）审查必须站在上层系统的立场，着眼于项目的大环境，用变化的观点去动态地分析所有重大问题。

审查的关键性工作环节是审查指标体系的建立。常见的投资项目审查指标可分为问题定义指标、目标系统指标和项目评价指标三类。

问题定义指标包括：项目名称和项目介绍；与其他项目的界限与联系；优先级和约束条件；时间和财务条件介绍。目标系统指标包括：项目起因和可信度，前提条件、基础和边界条件；目标的费用效用关系研究；目标因素量化和变更的可能性；放弃某单个因素会带来的问题和缺陷；可行性研究所需的各个细节和变量；市场和企业经营期望及短期、中期和长期的边界条件期望；风险定界指标和规避风险的可能性和战略安排。项目评价审查指标包括：实施中疏忽或时间推迟的影响及后果；财务和融资的可能性；人的影响和人的负担；可能的最终费用和最终投资；限制条件和目标与利益的冲突；环保和工作保护措施；项目的其他影响。

项目定义的结果是要提出项目建议书，为可行性研究做准备。

项目建议书的起草是项目设计目标结束的标志。项目建议书的内容是对目标和项目定义的细化和条理化，并顾及后继的可行性研究和项目技术设计的要求。具体内容可视项目具体情况而定，对一般意义的建设项目来说，至少应包括：

（1）项目的必要性。

（2）项目产品和服务的市场预测。

（3）产品方案、项目规模和用地设想。

（4）项目建设必须的条件，已具备和尚不具备的条件分析。

(5) 投资估算和资金筹措的设想。

(6) 经济效果和投资效益的估计。

项目目标设计及定义过程如图 1.2 所示。

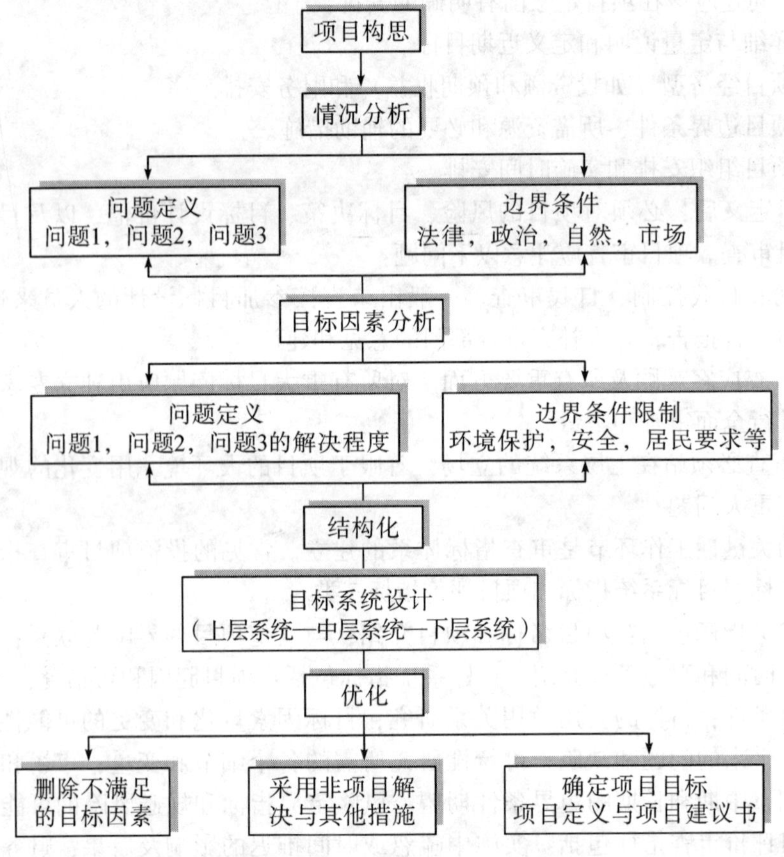

图 1.2 项目目标设计及定义过程

五、项目的可行性研究

项目的可行性研究即提出实施方案，并对实施方案进行全面的技术经济论证，看能否实现目标。它的结果作为项目决策的依据。可行性研究必须建立在大量的技术数据分析与技术经济论证的基础上，其中包括项目发展阶段性的技术分析评估为项目作决策提供了可靠的保证。

在完成项目目标设计和项目定义后，需要完成以下的工作任务：

(1) 项目经理的任命。

(2) 研究小组的成立或研究任务的委托。

（3）指定工作圈子。

（4）确定可行性研究的深度和广度的要求，明确报告应包括的主要内容。

（5）确定可行性研究的时间期限。

可行性研究的具体内容可视不同项目而定，但基本内容不可缺少，以工业项目为例，可行性研究包括以下几点：

（1）实施要点。对后续各章节的主要研究成果的扼要阐述。

（2）项目背景和历史。项目主持者，项目历史和已完成的研究或调查。

（3）市场和工厂生产能力。需求和市场情况，销售预测和经销情况，大致的生产计划，工厂生产能力的确定。

（4）原材料投入。投入品的大致需要量，投入品现有的和潜在的供应情况，对当地和国外的原材料投入情况及年费用估计。

（5）坐落地点和厂址。预选地点及相应的土地费用估计。

（6）项目设计。项目范围的初步确定。

（7）项目投产后的组织机构和管理费用。生产、销售、行政和管理机构的粗略设置，工厂、行政和财政的管理费用估计。

（8）人力。各技术类别的人员需求及相应的人力费用估计。

（9）项目执行的时间安排。建议的项目执行时间表及相应的执行费用估计。

（10）财务和经济评价。说明总投资费用、项目筹资、生产与运营成本、财务评价和国民经济评价各类指标。

以上内容可归纳为五个方面，即技术可行性研究、组织体制可行性研究、财务可行性研究、经济可行性研究和社会可行性研究。

第三节 项目管理知识体系

一、项目管理知识体系的概念

项目管理知识体系是项目管理专业领域知识的总称，是20世纪80年代由美国项目管理协会（PMI）总结了项目管理实践中成熟的理论、方法、工具和技术所提出的。其后根据项目管理发展的需要经过了数次修订完善，目前最新版是PMBOK2004。

PMBOK定义了44个基本的项目管理过程，从过程输入、输出以及采用的工具和技术的角度给出了项目管理过程的详细描述。这44个项目管理过程基本覆盖了项目管理实践中的基本管理过程，但是，这些项目管理过程必须和产品实现过程结合起来，才能完成整个项目活动。

二、项目管理九大知识体系

早期的项目管理主要关注的是成本、进度（时间），后来又扩展到质量。时至今日，项目管理逐渐发展成为一个涵盖九大知识体系的单独学科分支。九大知识体系包括：

（1）项目集成管理（Project Integration Management）也称为项目整体管理，是为了正确地协调项目所有各组成部分而进行的各个过程的集成，是一个综合性过程。其核心就是在多个互相冲突的目标和方案之间作出权衡，以便满足项目利益相关者的要求。

（2）项目范围管理（Project Scope Management）是确保项目不但完成全部规定要做的，而且也仅仅是完成规定要做的工作，最终成功达到项目的目的，其基本内容是定义和控制列入或未列入项目的事项。

（3）项目时间管理（Project Time Management）其作用是保证在规定时间内完成项目。

（4）项目成本管理（Project Cost Management）是为了保证在批准的预算内完成项目所必需的诸过程的全体。

（5）项目质量管理（Project Quality Management）是为了保证项目能够满足原来设定的各种要求。

（6）项目人力资源管理（Project Human Resource Management）是为了保证最有效地使用参加项目者的个别能力。

（7）项目沟通管理（Project Communications Management）是在人、思想和信息之间建立联系，这些联系对于取得成功是必不可少的。参与项目的每一个人都必须准备用项目“语言”进行沟通，并且要明白，他们个人所参与的沟通将会如何影响到项目的整体。

（8）项目风险管理（Project Risk Management）需要的过程有识别、分析不确定的因素，并对这些因素采取应对措施。项目风险管理要把有利事件的积极结果尽量扩大，而把不利事件的后果降到最低程度。

（9）项目采购管理（Project Procurement Management）需要进行的过程都是为了从项目组织外部获取货物或服务。

第四节　项目当事人与利益相关主体

任何一个项目，都存在着与项目利益直接或间接相关的个人或组织，我们称其为项目当事人或利益相关主体，或者统称为项目干系人。

一、项目当事人

积极参与项目、其利益会在项目执行中或成功后受到积极或消极影响的个人或组织，都可能是项目当事人（Parties）。简单项目的当事人也很简单。如假日旅行只有自己参与，生日家宴只有主人和客人两方参与。大型复杂的项目往往有多方面的人参与，例如，投资方、业主、贷款方、承包人、供货商、建筑/设计师等。他们一般是通过合同和协议联系在一起，共同参与项目。所以项目当事人往往就是相应的合同当事人。业主通常都要聘用项目经理及其管理班子来代表业主对项目进行管理。实际上项目的各方当事人需要有自己的项目管理人员，表示了项目当事人之间的联系。

项目当事人一般包括：

（1）项目经理——对保证按时、按照预算、按照工作范围以及按所要求的性能水平完成项目全面负责的人。

（2）客户——项目交付成果的使用者。会使用项目产品的组织或个人。顾客会有若干层次。例如，一个新医药产品的顾客包括开处方的医生、吃药的病人和付钱的保险公司。在一些应用领域，顾客和用户的意思是一样的。而在其他领域，顾客是指采购产品的实体，用户是指真正使用项目产品的人。

（3）执行组织——雇员直接为项目工作的组织。

（4）项目发起人——首先发出命令要求执行项目的人，他可能是客户，但在许多情况下是第三方。

（5）其他与项目有利益关系的组织或个人，如供应商、监理公司等。

项目的不同当事人对项目的期望和需求不同。例如，业主也许十分在意时间进度，设计师往往更注重技术一流。因此，对项目管理者来说，把握项目当事人及其各自的需求和期望非常重要。一般而言，项目主要当事人根据其利益和需求的不同所关心的问题、承担的责任及风险也相应不同，表现在以下几个方面：

（1）投资者。项目投资者通过直接投资、发放贷款以及认购股票等方式向项目经营者提供项目资金，他们自然要关心项目能否成功，能否盈利或能否收回投资，因而要对项目进行适当的管理。主要责任在投资决策，管理重点在项目启动阶段，主要手段是项目评估。投资者要真正取得期望的投资收益仍需要对项目的整个生命期进行全程的监控和管理。世界银行对贷款项目管理是一个典型的例子，它把每一笔贷款作为一个项目来管理，把项目生命期分为项目选定、项目准备、项目评估、项目谈判、项目实施和项目后评六个阶段。

（2）业主。多数情况下业主是指项目最终成果的接收者和经营者。

（3）设计者。设计者要接受并配合业主对项目的管理，同时还要对设计任务本身进行管理。

（4）实施者。项目实施者对项目的管理职责主要是根据项目目标对实施过程的进度、成本和质量进行全面的计划与控制，并实施相应的管理工作。项目实施者可以来自业主组织内部，也可以来自业主组织外部，接受业主的监督和管理，与业主保持紧密的沟通和配合。来自业主组织外部的实施者通常还要参与业主的采购过程。项目完成后，实施者要接受业主的验收，做好项目的收尾和移交。

二、项目利益相关主体

项目利益相关主体是指积极参与该项目，其利益受到该项目影响的所有个人和组织。除当事人外，还有政府部门，当地的居民、社区、新闻媒体、合作伙伴，甚至包括项目班子成员的家属等。项目利益相关主体与项目当事人一样对项目有利益期望。因而不可忽视利益相关者的期望，否则可能阻止项目的进展，使项目的目标受到影响。

三、项目干系人

项目当事人和项目利益相关主体都是项目干系人，也可称作项目的利害关系者。项目干系人对项目的影响：

（1）不同项目干系人存在责权差别，其参与项目情形对项目进程也产生不同的影响。他们的责任和权利从偶尔参与调查和形成项目的重要小组，到对整个项目的发起或投资——提供经济和政治上的支持。忽略这些职责的项目干系人会对项目目标造成毁灭性的影响。辨识项目干系人有时比较困难。例如，一个装配线上的工人，因为他将来的雇佣机会有赖于某新产品设计项目的成果，就可能被认为是该项目的干系人。未能识别关键项目干系人会给项目造成大问题。例如，在一个软件千年虫升级项目中，过晚的意识到法律部门是一个项目关键干系人，会引起项目需求增加，带来额外的文档工作量。

（2）不同干系人给项目带来的影响可能积极，也可能消极。积极的项目干系人，是那些会从项目成功中获益的利害相关人，而消极的项目干系人是那些在项目成功中看到负面结果的利害相关人。比如社区工业发展项目，该社区的商业领袖认为项目对社区有积极的经济效益，他们就被看成项目的积极干系人。而环境保护组织如果看到该项目会对社区环境有危害，他们就是该项目的消极干系人。对于项目的积极干系人，他们的利益会因为项目的成功而更好的达成，因此他们会提供支持，例如帮助项目获得许可证。项目的消极干系人则会通过提出更多的，更大范围的环境检查来阻止项目顺利推进。项目的消极干系人经常被项目团队忽略，这会增加项目失败的风险。

复习与思考

1. 举出你工作和生活中的项目和项目管理实例。
2. 试就题 1 中列举的项目实例建造一个项目当事人列表。

案例讨论

美国巨型激光器项目管理

1999年9月，美国能源部发现在一个项目中存在一些严重问题，该项目是设计制造世界上最大的激光器。该部门官员说，由于错误的管理，可能导致成本在预定的12亿美元基础上再增加3.5亿美元，并且延期2年才能完成。而三个月前，能源部部长比尔·理查森还声称项目正按计划进行。

原定于在2003年完成的这个巨型激光器，是在劳伦斯利文莫尔实验室建造的，这是一个能监控和维护美国的核弹头，而不用检查核弹的项目中的一部分。理查森部长对项目的管理成本所造成的长期耽搁感到特别沮丧。“在六个月的时候……我被告知项目符合成本和工期的要求”，理查森说。另外，他直接领导了一个独立的专家组去调查发生了什么问题，并建议如何才能让项目回到日程上去。据统计，大多数成本超支源自于对装配这个192束激光系统高精确视觉部分的难度和复杂的低估。

1999年3月份利文莫尔实验室主任还在国会召开的听证会上向立法者保证，项目正在顺利进行中，没有任何问题，而且192束激光系统中的一半工程将在2002年年底完成。他在提交给国会的预算报告中称，“我很高兴地报告该项目的建设符合预算和工期要求”。

然而到了10月份他不得不从10月1日开始新的财政年度申请了2.481亿美元的建设资金。他说，12亿美元总成本中的87%将在2000年年底投入使用。

尽管该武器试验室负有完成产品的全部责任，但理查森指出，将找出一个新的承约商来完成最终的装配和设备的组装。理查森也宣布，由于激光器项目的问题，560万美元优秀绩效奖金中的200万美元将被扣除。经过一个更加彻底的调查表明，追加的资金也可能被扣留。

“项目的失败或者成功依赖一个关键因素：项目管理。项目需要建立计划、安排进度、组织、团队工作、沟通和管理……”

［资料来源］：姚玉玲，马万里．项目管理［M］．北京：中国计量出版社，2005.

问题：

（1）结合本案例说明美国能源部该项目的目标是什么？项目目标设计应注意什么？

（2）该项目不能在预算之内完成的主要原因有哪些？

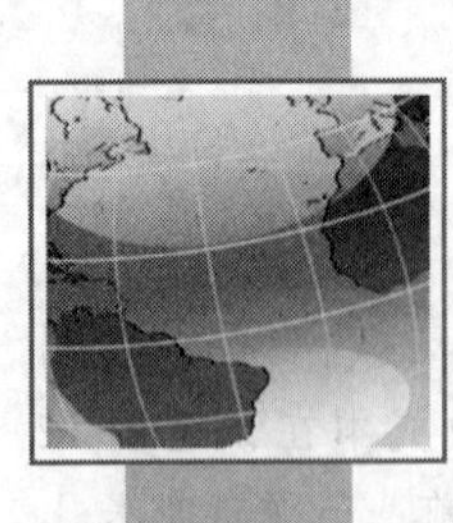

第二章 项目管理的基本原理

要点提示

- ✍ 项目和项目管理的基本概念及特征。
- ✍ 项目生命周期的划分及其特征。
- ✍ 项目管理过程。
- ✍ 项目范围管理的基本原理。

案例　如何认识一个小项目的内涵

某大学工商管理学院（1）班的一次团组织活动结束后，班长、团支书和生活委员在开讨论会。刚刚结束的团组织活动播放了一个20分钟的有关中国西部某贫困地区失学儿童的录像，孩子们艰苦的学习条件和渴望学习的眼神，使他们决定发动全班、全院乃至全校的同学，为那些儿童捐款捐物，然后分发给他们。会议室在座的有班长王杨、团支书李利和生活委员张强。李利首先发言说："我们应该为那些孩子做点什么，每当想起那些迷茫的目光，我觉得我们应该想办法给他们一些帮助，比如给他们寄些钱。所以我们要想一下怎样才能得到更多的资金。"

"我们学生虽然没有资金来源，但是我们可以节省，即使节省下来一点，对那些孩子们也是很重要的。"张强说道。

"那样太慢了，我们应该迅速行动，尽量在短时间内，把资助送给孩子们。否则每拖延一天，可能就意味着又有许多孩子失学。"李利说。

"那我们可以建立一个筹集资金的项目"。王杨响应道。

张强说："对，我们应该自己发起一个筹集资金的项目，不仅把自己的零花钱拿出来，还应该让全院和全校的学生都来奉献爱心，哪怕捐些生活和学习用品也好。或许，我们可以向学校要求一下，看他们能否出面给一些财政拨款。"

"我觉得我们应该尽自己的所能来帮助那些学生，以我们班级的名义来实现我们大家的心愿。"李利回答道。

“那我们需要筹集多少钱才行？我们能筹集多少钱呢？”张强问道。

“当然越多越好，不过我们行动一次，最少也得筹集2000元钱，而且我们应该在一个月内就把这个事情做完，包括转到他们手里。”李利说。

“我们可以发起一个资助失学儿童的文艺汇演来号召大家赞助。我们需要演出场地，需要节目，还需要更多的志愿者、做海报等。”王杨说道。

“哦，我想我们完全可以自己做这份筹集资金的项目，这将是很有趣的事！”张强说。

“我们现在的情况比较紧急，还要进行期末考试，我们能及时做完吗？”王杨说。

李利回答：“我们一定能解决它，并把这个项目做好。”

“我们班有一些爱好文艺的同学，再找一些院内的文艺骨干，向学院申请借用活动中心，然后做海报、排节目，号召全校同学来参加，让大家捐一些零花钱或物品，最后，我们再把这些钱和物品交给失学的孩子们。”

张强说：“是啊，这是一件多么好的事情啊，我们可以用自己的智慧和努力，去试着筹集资金，帮助那些孩子。”

王杨说：“这些都是好主意，但是我们只有有限的时间和人员，并且还要得到学院相关部门的批准。我们现在要做的是，确保我们能为失学的孩子在一个月内筹集到起码2000元捐款，并想办法将捐款送到这些孩子们的手里，如何实现这个目标呢？我们来和全班同学一起具体策划一下吧！”

［资料来源］：曾赛星．项目管理［M］．北京．北京师范大学出版社，2007.

思考：在该案例中项目目标是什么？项目设计的风险以及项目的制约因素有哪些？

第一节 项 目

一、项目的概念

美国项目管理专业资质认证委员会主席Paul Grace说过，在当今社会中，一切都是项目，一切也将成为项目。不管是日常工作，还是茶余饭后，人们谈论最多的事情也是各种各样的项目。特别是对企业来说，项目是实现企业发展战略的载体，企业的使命、愿景和战略目标都需要通过一个个成功的项目来具体实现。那究竟什么是项目呢？

我们可以看到，一个组织每天要完成的任务并非都属于常规业务。一个软件开发企业应邀开发一种能够获得政府某些商品价格数据的应用程序，用以形成一个商品库存价值记录，系统必须在规定时间内完成。一家公司的销售部门被要求为一种新产品投放市场做准备，这项任务包括市场调查、策划和实施广告活动、组织促销活动和媒体发布以及与批发商和零售商保持联络。一个化工企业的研究开发部门可能被要求投入时间，探讨利用一种新型聚合体开发新产品的可能性。

这里的每项任务都是独特的，带有特定的可交付成果，其目标是满足待定的需要或达到特定的目的，这些就是项目。项目可以在组织的所有层次上进行，它可能涉及一个人，也可能涉及成千上万人，如参加阿波罗登月计划的有四十多万人。完成一个项目所需要的时间可能只有几十分钟，也可能长达十几年。项目费用少则不足百元，多则可达数千亿。总之，项目普遍存在于人们的生产和生活中，遍布各行各业的每一个企事业单位、政府机构和社会团体。

在我们的生活中时常会听某人说他正在做项目，甚至有人会把他所做的一切事情都称之为项目。“项目”这个专业术语有时被用得比较模糊。那如何定义项目呢？美国项目管理协会（PMI）认为，项目是为完成某一独特的产品或服务的一项有时限的任务。“时限”是指每一个项目都有明确的起点和终点；“特定”是指一个项目所形成的产品或服务在关键特性上不同于其他相似的产品和服务。

我们说上面列举的项目都是独特的，项目的独特性意味着项目是在有风险和不确定的氛围中发生的。因此，我们把项目定义为：面向需要资源和特定环境约束的，为满足事先界定的一系列特定目标所做的有组织的多项相关工作，一种具有预算和时间进度的独特而有风险的一次性任务或努力。

项目的定义包含三层含义：

（1）项目是一项有待完成的任务，且有特定的环境与要求。

（2）在一定的组织机构内，利用有限资源在规定的时间内完成任务。

（3）任务要满足一定性能，质量，数量，技术指标要求。

二、项目的特征

根据项目的定义，项目一般具有以下几个典型特征：

（1）独特性。这是项目与日常运作的最大区别。日常运作是重复的、持续进行的活动，如企业日常生产活动；而项目是一次性的、独特的活动。每个项目都是一项一次性的任务，项目自身有具体的时间期限、费用和性能质量等方面的要求，项目在此之前从来没有发生过，而且将来也不会在同样的条件下再发生，项目所产生的产品、服务或完成的任务与已有的相似产品、服务或任务在一些方面有明显的差别。如设计和修建空间站，就是独特的，因为以前从未试过；开发一种新产品、筹划一次婚礼，则因其特定的需求而成为独一无二的。

（2）明确的目标。项目最终都需要实现事先界定的特定目标，其结果可能是一种期望的产品，也可能是一种希望得到的服务。目标一旦确定，一般不能轻易修改和变动，如果目标发生了实质性变化，那么项目就变成一个新的项目。目标的制订通常要受到一定的工作范围、进度计划、成本和资源的约束。为了在一定的约束条件下达到目标，项目经理在项目实施以前必须进行周密的计划，事实上，项目实施过程中的各项工作都是为项目的预定目标而进行的。

（3）组织的临时性和开放性。项目开始时要建立项目组织，项目组织中的成员及其职能在项目的执行过程中都在不断地变化，项目结束时组织就要解散，因此项目组织具有临时性。一个项目往往需要多个甚至成百上千个单位共同协作，他们通过合同、协议以及其他的社会联系组合在一起，可见项目组织没有严格的边界。

（4）后果的不可挽回性。项目具有较大的不确定性，它的过程是渐进的，潜伏着各种风险。它不像其他事情可以试做，或失败了可以重来。项目要求有合理的计划、精心的制作和有效的控制，从而达到预期的目标。

（5）项目的不确定性。一个项目开始前，应当在一定的假定和预算基础上准备一份计划。用文件记录这些假定是很重要的，因为它们将影响项目预算、进度计划和工作范围的发展。项目以一套独特的任务、任务所需的时间估计、各种资源和这些资源的有效性及性能为假定条件，并以资源的相关成本估计为基础。这种假定和预算的组合产生了一定程度的不确定性，影响项目目标的成功实现。例如，一公司年度报告的要领设计被定型，全面的细节设计和打印所需要的时间和精力将会被更完善地予以估计。

（6）每个项目都有客户。客户是提供必要的资金，以达成目标的实体，管理项目的人员和项目团队必须成功地完成项目目标，以使客户满意。如某公司提供奖金给一组雇员，来升级公司的管理信息系统，客户这个词将具有一个更广泛的涵义，不仅包括目标资助人（公司管理层），而且包括其他利害关系方，例如，将成为信息系统最终用户的人们。

三、制约项目成功的因素

每个项目都受到五个条件的制约：范围、成本、资源、质量、时间。这些限制因素是一个相互关联的结合，其中任何一项的变化都会引起其他限制条件的变化，以此来恢复项目的平衡。

（1）范围。也称工作范围，是对项目界限的陈述。它不仅定义了要求做些什么，也给出了不能做什么的范围。所有以后的项目工作都是以这份文件为基础的。正确地界定一个项目在项目实施过程中非常重要。

（2）成本。项目的成本是定义项目的重要变量，最好把它视为预先确定的项目预算。项目成本以预算为基础，包括将用于支付项目雇用人员的薪水、原材料供应、设备和租金，以及将负责执行某些项目任务的分包商及咨询商的费用。

（3）资源。资源是项目实施过程中涉及的人、设备、设施或者存货之类的资产。企业资源的数量是有限的，可以从内部调配，也可以从外部租用。无论哪种情况，它们都是规划项目的活动及顺利完成项目的核心。

(4) 质量。每个项目都包含两种类型的质量：首先是产品质量，即项目管理所交付成果的质量；其次是过程的质量，即项目管理过程本身的质量，焦点在于如何进行项目管理的过程及如何改进这一过程。

(5) 时间。客户通常会给出一个项目必须完成的时间或者最后期限。在一定程度上，成本和时间成反比。完成项目的时间可以缩短，但作为项目时间延长的结果，项目的成本将会增加。

项目进度计划是使每项活动开始及结束时间具体化的进度计划。项目目标通常依据客户与执行工作的个人或组织商定的具体日期，来规定项目范围必须完成的时间。

项目目标就是在一定时间内、在预算内完成工作范围，以使客户满意。为了确信项目能够成功，很有必要在项目开始前建立一份计划；计划应当包括所有工作任务、相关成本和必要的完成项目所需的时间估计。如果没有这样的计划，将会增加不能按时在预算内完成全部工作范围的风险。一旦一个项目开始了，就有可能会发生无法预见的情况，危及项目目标中有关工作范围、成本和进度计划的成功完成。

图 2.1　项目范围三角形

项目是保持范围、质量和时间等因素之间平衡的动态系统，图 2.1 展示了这种动态的情形。三角形中的几何面积代表项目的范围和质量，三条边分别代表限制项目范围和质量的时间、成本和可用资源。时间是项目必须完成的时间期限，成本是完成项目的可用资源预算，资源可以是项目中使用的任何消费品。

第二节　项目生命周期理论

一、项目的生命周期

项目最大的特点是有始有终，一个项目往往具有明确的开始时间及结束时间，任何项目的实现都要经历一定的阶段或工作过程，项目的实现过程一般是指为创造项目的可交付成果而开展的各种活动所形成的过程。为了管理上的方便，人们习惯于把项目从开始到结束划分为若干阶段，把项目实现过程中先后衔接的各个阶段的集合称为项目生命周期（Project Life Cycle）。

项目各阶段划分的原则是以该阶段的某种交付成果的完成为标志。虽然不同项目，对其阶段进行划分的具体方法不尽相同，但仍然存在许多共性。项目的生命周期大致可以划分为概念阶段、设计阶段、实施阶段、终止阶段。

1. 启动阶段（或定义阶段、概念阶段）

项目的发起是为了满足某种需求或解决某种难题，项目生命周期第一阶段就是涉及对这些需求、难题的识别、发现和确认，并进而提出解决方案的过程。具体要求通常由客户在一个叫做需求建议书（Request For Proposal，RFP）的文件里注明。通过RFP，客户可以要求个人或承约商提交有关他们如何在成本约束和进度计划下解决问题的申请书。例如，一个把升级其计算机系统作为需求的公司，可能会以RFP的方式把它的需求用文件证实下来，并把文件分别送给几家计算机咨询公司。然而，并不是所有的情况下都有一个正式的RFP。如在一组单个个体之间召开的会议或讲座，人们通常会很随便地定义需求。某些人可能会自愿或是被要求准备一份申请书，以决定项目是否由其承担，并满足需求。这一阶段的主要工作包括：项目需求识别、项目构思论证、可行性分析与研究、解决方案建议书的准备及组建项目团队。

2. 规划阶段（或计划阶段、设计阶段）

项目生命周期的第二阶段是提出满足需求、解决问题的方案。这个时候项目组织会在第一阶段可行性研究的基础上，针对客户的需求，提出具体的解决问题的方案，并详细估计所需资源的种类、数量以及所需的时间和成本。在这个阶段，对回复RFP感兴趣的承约商，可能会提出一种解决问题的方案，并估计所需资源的种类、数量，设计执行解决方案所需的时间。每个承约商都会以书面申请的方式，把有关信息用文件的方式证实下来提交给客户。例如，几个承约商可能会同时向一个客户提交有关开发和执行一个自动开发票和结帐系统的申请书。在客户评估了申请书并选出中标者后，客户和中标的承约商将协商签署合同（协议）。在许多情况下，可能并不会有外部承约商的参与和竞争需求建议书，以最终取得项目执行权。公司自己内部的项目团队，就可能提出一份响应管理者所定义的需求的申请书。在这种情况下项目将由公司自己的雇员执行，而不是由外部承约商执行。这一阶段主要工作包括：目标确定、范围界定、工作分解、工作排序、成本估计、人员分工、资源计划、质量保证以及风险识别。

3. 实施阶段（或执行阶段）

项目生命周期的第三阶段是具体实施解决方案，简单地说就是项目从无到有的实现过程。这一阶段包括为项目制定详细的计划，然后执行计划，确保项目按照计划有序、协调地执行，以实现项目的目标。同时，这一阶段也需要根据项目的执行情况，对项目的计划进行必要的修改和补充，即项目的变更控制。例如，有关设计并建造一幢办公楼的项目，项目努力的方向可能首先包括由几个建筑师和工程师制定一个建楼计划。然后，在建设工程进行期间，大量增加所需资源，包括炼钢工人、木匠、电工、油漆工，等等。项目在盖好楼之后结束，少数其他工人将负责完成美化环境的工作和最后的内部装修。此阶段将会导致项目目标的最终实现。使客户满意于整个工作高质量地在预算内按时完成。该阶段的主要内容包括：实施计划、招标采购、跟踪进度、控制变更、解决问题以及履行合同。项目执行阶段是项目真正意义上的开始，是顺利实现项目目标的过程。

4. 收尾阶段（或交付阶段、终止阶段）

当项目的目标已经实现，或者项目的目标不可能实现时，项目就进入了收尾阶段。收尾阶段是移交项目结果和评估项目绩效的过程。在移交之前，要检查、测试项目的结果是否满足客户的要求，确保客户能接受项目的产品服务，还要进行绩效评估和经验总结，以便为以后执行相似的项目积累经验。这一阶段的主要工作包括：范围确认、质量验收、费用决算与审计、资料整理与归纳及移交与评价。

项目生命周期的时间长度依具体项目的内容、复杂性和规模而定，并不是所有的项目都必然一成不变地经历项目生命周期的四个阶段。例如，一组社会志愿者决定，他们要用自己的时间、才智和资源，为远游而归者组织一次进餐比赛，他们可能只涉及第三个阶段——计划和执行，项目生命周期的前两个阶段可能就与这个项目不相关了。

通常，当项目在商业环境中执行时，项目生命周期会以更正式、更富内在结构性的方式展开。当项目由私人或志愿者执行时，项目生命周期则趋向于较随意、不太正式。

二、项目生命周期的特征

在项目实现的过程中，项目生命周期的各个阶段的资源投入情况、项目风险程度、项目干系人对项目的可控性均有所不同。

（1）项目资源的投入具有波动性。在项目启动阶段，主要投入的资源是智力劳动，而物力和财力投入比较低，花费的时间也比较少。进入执行阶段后，项目的各种活动数量迅速增加，无论是人力、物力和财力的投入，还是时间的消耗都急剧增加，达到最高峰。此后便是项目收尾阶段，投入水平也随之下降，直到项目的终止。项目生命周期中资源的投入与时间的关系如图 2. 2 所示。

（2）项目风险程度逐渐变小。项目开始时，由于存在着很多不确定因素，成功完成项目的概率是最低的，风险和不确定性最高。随着项目的进展，不确定因素逐渐减少，成功完成项目的概率通常会逐步增加，项目生命周期中完成项目的风险与时间的关系如图 2. 2 所示。

（3）项目干系人对项目的控制力逐渐变弱。在项目起始阶段，项目涉及人员的能力对项目产品的最终特征和最终成本的影响力是最大的，随着项目的进行，这种影响力逐渐削弱了。这主要是由于随着项目的逐步发展，投入的成本在不断增加，而出现的错误也不断得以纠正。

大多数项目生命周期确定的阶段的前后顺序通常会涉及到一些技术转移或转让的，比如设计要求、操作安排、生产设计。在下阶段工作开始前，通常需要验收现阶段的工作成果。但是，有时后继阶段也会在它的前一阶段工作成果通过验收之前就开始了。当然要在由此所引起的风险是在可接受的范围之内时才可以这样做。这种阶段的重叠在实践中常常被叫作“快速跟进”。

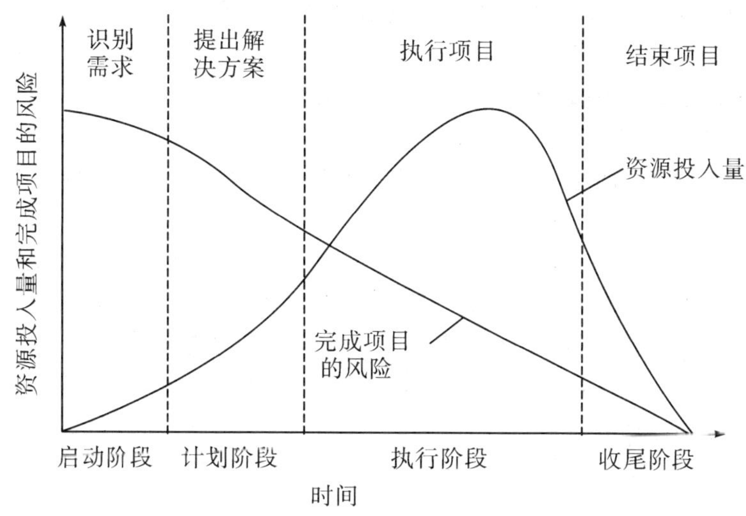

图 2.2　资源的投入、风险与时间的关系图

三、项目生命周期中的重要概念

项目生命周期中有三个与时间相关的重要概念：检查点（Check Point）、里程碑（Mile Stone）和基线（Base Line），描述了在什么时候对项目进行什么样控制。

检查点指在规定的时间间隔内对项目进行检查，比较实际与计划之间的差异，并根据差异进行调整。可将检查点看作是一个固定“采样”时点，而时间间隔根据项目周期长短不同而不同，频度过小会失去意义，频度过大会增加管理成本。常见的间隔是每周一次，项目经理需要召开例会并上交周报。

里程碑完成阶段性工作的标志，不同类型的项目里程碑不同。里程碑在项目管理中具有重要意义，我们用一个例子说明：

情况一：你让一个程序员一周内编写一个模块，前三天你们可能都挺悠闲，可后两天就得拼命加班编程序了，而到周末又发现系统有错误和遗漏，必须修改和返工，于是周末又得加班。

情况二：实际上你有另一种选择，即周一与程序员一起列出所有需求，并请业务人员评审，这时就可能发现遗漏并即时修改；周二要求程序员完成模块设计并由你确认，如果没有大问题，周三、周四就可让程序员编程。同时自己准备测试案例，周五完成测试；一般经过需求、设计确认，如果程序员合格则不会有太大问题，周末就可以休息了。

第二种方式增加了“需求”和“设计”两个里程碑，这看似增加了额外工作，但其实有很大意义：首先，对一些复杂的项目，需要逐步逼近目标，里程碑产出的中间“交付物”是每一步逼近的结果，也是控制的对象。如果没有里程碑，中间想知道“他们做的怎么样了”就很困难；其次，可以降低项目风险。通过早期评审可以提前发现需求和设计中的问题，降低后期修改和返工的可能性。另外，还可根据每个阶段产出的结果分期确认收入，避免血本无归；最后，一般人在工作时都有“前松后紧”的习惯，而里程碑强制规定在某段时间做什么，从而合理分配工作，细化管理。

基线指一个（或一组）配置项在项目生命周期的不同时间点上通过正式评审而进入正式受控的一种状态。基线其实是一些重要的里程碑，但相关交付物要通过正式评审并作为后续工作的基准和出发点。基线一旦建立后变化需要受控制。

项目存在两次责任转移，所以开始前要明确定义工作范围。项目应该在检查点进行检查，比较实际和计划的差异并进行调整；通过设定里程碑渐近目标、增强控制、降低风险；而基线是重要的里程碑，交付物应通过评审并开始受控。

第三节　项 目 管 理

一、项目管理的概念

PMI 对项目管理的定义：项目管理就是把知识、技能、工具和技术应用到项目各项活动中，以满足或超出项目干系人的要求和期望。通俗地讲，项目管理就是在时间、成本、质量等指标的限制条件下，尽可能高效率地完成项目任务，在项目完成的过程中，提高项目团队成员的工作效率。

我国学者大多这样定义项目管理：项目管理是以项目及其资源为对象，通过项目经理和项目组织的努力，运用系统理论和方法进行计划、组织、协调、控制，旨在实现项目特定目标的管理方法体系。我们可以从以下方面来理解项目管理的内涵：

（1）项目是项目管理的对象，满足既定的需求是项目管理的目的。不能把项目管理的对象和企业管理的对象混为一谈，项目只是企业庞大系统的一部分；也不能把企业管理的目的当作项目管理的目的，企业管理的目的是多方面的，而项目管理的主要目的是实现项目的预定目标。

（2）项目管理的主体是项目经理。受项目发起人的委托在时间有限、资金约束的情况下完成项目目标，有权独立进行计划、资源调配、协调和控制，他必须使组织成员成为一个工作配合默契、具有积极性和责任心的高效群体。

（3）项目管理的职能。与其他管理的职能完全一致，即对组织的资源进行计划、协调、指挥、控制。资源是指项目所在的组织中可得知、为项目所需要的那些资源，包括人员、资金、技术、设备等，在项目管理中，时间是一种特殊的资源，项目管理的任务是对项目及其资源的计划、组织、协调、控制。切记不能将项目管理的任务与项目管理本身的任务混淆。

（4）项目管理是一种管理方法体系。从20世纪50年代末、60年代初诞生至今，一直就是一种管理项目的科学方法，但并不是唯一的方法，更不是一次任意的管理过程。在项目诞生之前，人们用其他方法管理了无数的项目。即使在今天，也有无数的项目并没有采用项目管理的方法体系对他们进行管理。项目管理是在长期实践和研究的基础上总结成的理论方法，应用项目管理，必须按照其方法体系的基本要求去做；不按其模式管理项目，虽不能否认是管理项目，但不能算是真正采用了项目管理。

（5）项目管理运用系统理论与思想。在实施过程中，实现项目目标的责任和权力往往被集中到一个人或一个小组上，由于项目任务是由不同的人执行的，所以项目管理要求把这些任务和人员集中到一起，把它们当作一个整体对待，最终实现整体目标，因此，需要以系统的观点来管理项目。

二、项目管理的特征

根据其内涵，项目管理具有以下基本特征：

（1）项目管理具有创造性。项目的一次性特点决定了项目管理的创造性，这是与一般重复性管理的主要区别。创造是探索性的研究，因而会有较高的失败率，为了加快进度和提高成功概率，需要有多个实验方案并进。

（2）项目管理的不确定性。项目一般由多个部分组成，项目工作具有跨组织、跨学科、跨行业等特点，需要综合运用多学科知识来解决，且缺乏可借鉴的经验，执行中有许多未知因素，而项目管理要在各种约束条件下实现项目目标，这些条件决定了项目管理的复杂性。

（3）项目管理需要专门的项目组织。项目执行过程中可能会出现的各种问题多半是贯穿于组织中的各个部门，跨越了部门的界限。要求这些不同部门作出迅速的反应，组织间尽量与横向协调的需求相配合，因此需要建立一个不受现存组织约束、能围绕专一任务进行决策、来自不同专业不同部门的专业人员的专门项目组织。

（4）项目负责人责任重大。项目经理要在有限的资源和时间约束下，运用系统的科学的方法对项目相关的所有工作进行有效管理，因此项目经理对项目成败起着非常重要的作用。

第四节　项目管理过程

项目的实现过程是由一系列项目阶段或工作过程构成的，工作过程是产生某种结果的活动序列。为了更好地完成项目实施过程中每个阶段的各项工作和活动，需要开展一系列有关项目计划、决策、组织、沟通、协调和控制等方面的管理活动，这一系列管理活动便构成了项目管理过程。任何项目都可以划分为多个不同的工作过程，因为对于一个项目的工作过程来说，它们都需要有一个相对应的项目管理过程，一般认为，项目管理的过程包括：启动工作过程、计划工作过程、执行工作过程、控制工作过程和收尾工作过程，如图 2.3 所示。

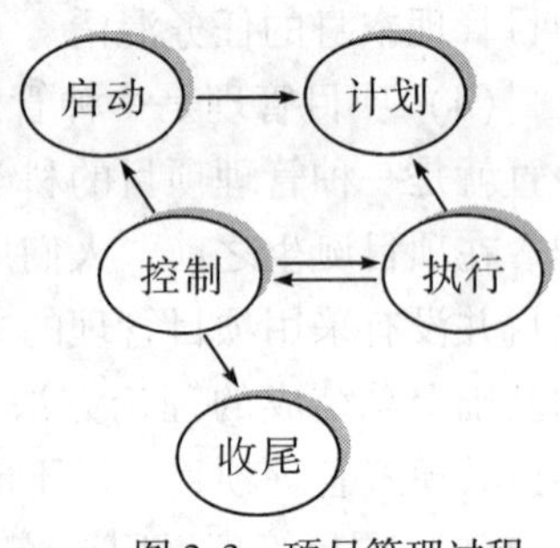

图 2.3　项目管理过程

一、项目启动

启动过程是从项目建议书被组织接受到项目正式启动的阶段。定义一个项目或阶段的工作与活动，决策其起始与否，并决定是否有意向后推进的过程。这是由一系列决策性的项目管理工作与活动所构成的项目管理工作过程，主要包括：项目评估与论证，项目的核准和批准，项目资金的筹集，项目启动四个方面。

二、项目计划

计划过程指项目的规划与项目计划、规划的步骤和成果、范围规划相关的子过程。在这一工作过程中需要拟定、编制并改进一个项目或项目工作阶段的目标、工作计划方案、成本预算等方面的工作，从各种备选方案中选择最好的方案，以实现所承担项目目标的过程。这是由一系列计划性的项目管理工作与活动所构成的项目管理工作过程。

三、项目执行

执行过程是组织和协调各项任务与工作、人员和其他资源，激励项目团队完成既定的工作计划，形成项目可交付成果的过程。这是由一系列组织性的项目管理工作与活动所构成的项目管理工作过程。

四、项目控制

控制过程是制定标准、定期监控和测量项目进展，确定实际情况与计划存在的偏差，采取纠正措施等活动的过程。这是由一系列控制性的项目管理工作与活动所构成的项目管理工作过程。

（1）项目控制内容和控制过程。项目控制就是监视和测量项目实际进展，若发现实施过程偏离了计划，应找出原因，采取行动，使项目回到计划的轨道上来。

（2）项目控制的特点。项目的一次性使项目控制有别于其他管理控制。由于没有可参照的先例，事先制定的控制标准往往由于各种内外因素的变化需要调整。所以项目应根据所投入的费用、人力以及其他资源的数量来评价实际实施结果，通过与基准计划的比较、判断和协调，采取相应的措施。

五、项目收尾

没有必要的收尾工作，项目各当事人就不能终止他们为完成本项目所承担的义务和责任，也不能及时从本项目获得应得的权益。项目收尾工作是制定一个项目或项目阶段移交的文件，对项目或项目阶段正式接收，进而使项目顺利结束的过程。这是由一系列文档化和移交性的项目管理工作与活动所构成的项目管理工作过程。

第五节 项目范围管理

项目组织要成功完成某个项目，在明确项目预定目标后，必须开展一系列工作或活动，这些必须开展的工作构成了项目的工作范围。项目管理的首要工作就是项目范围管理。

一、项目范围管理概述

1. 项目范围管理的概念

项目范围（Project Scope）是指为了成功地实现项目目标所必须完成的、全部且最少的工作。我们可以从以下两方面来理解：

（1）全部的——指实现该项目目标所进行的“所有工作”，任何工作都不能遗漏，否则将会导致项目范围“萎缩”（Project Scope Shrink）。

（2）最少的——指完成该项目目标所规定的“必要的、最少量”的工作，不进行此项工作就无法最终完成项目，工作范围不包括那些超出项目可交付成果需求的多余工作，否则将导致项目范围“蔓延”（Project Scope Creep）。

项目范围管理实质上是一种功能管理，它是对项目所要完成的工作范围进行管理和控制的过程和活动，包括确保项目能够按要求的范围完成所涉及的所有过程，如启动一个新项目、编制项目范围计划、界定项目范围、由项目干系人确认项目范围、对项目范围变更进行控制，如上这些也就是项目范围管理的内容构成。项目的范围管理包括项目启动、范围规划、范围定义、范围核实、范围变更控制等内容。

项目范围管理主要是通过如下步骤实现的(见图2.4)。

(1) 把客户的需求转变为对项目产品的定义。

(2) 根据项目目标与产品分解结构，把项目产品的定义转化为对项目工作范围的说明。

(3) 通过工作分解结构，定义项目工作范围。

(4) 项目干系人认可并接受项目范围。

(5) 授权并执行项目工作，并对项目进展进行控制。

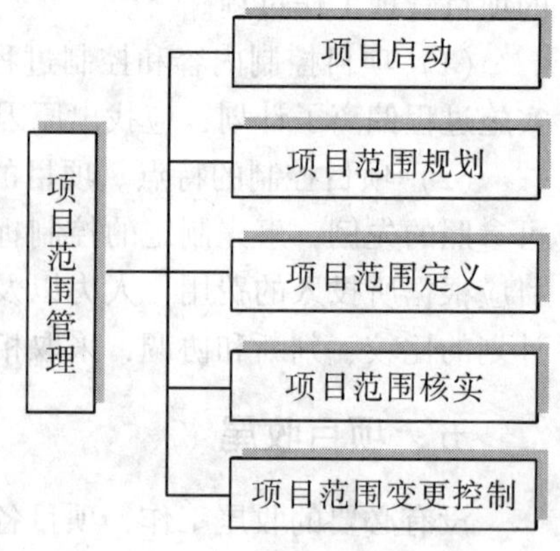

图2.4 项目范围管理的过程

在这里，我们要明确产品范围和项目范围的区别。产品范围（Product Scope）是指客户对项目最终产品或服务所期望包含的特征和功能的综合；而项目范围是为了交付满足产品范围要求的产品或服务所必须完成的全部工作的总和。项目范围最终是以产品范围为基础而确定的，产品范围对产品要求的深度和广度决定了项目工作范围的深度和广度。产品范围的完成情况是参照客户的要求来衡量的，而项目范围的完成情况则是参照计划来衡量的。

2. 项目范围管理的作用

项目范围管理在项目管理中具有十分重要的作用。

(1) 为项目实施提供工作范围的框架。项目范围管理最重要的作用就是为项目实施提供了一个项目工作范围的边界和框架，并通过该边界和框架去规范项目组织的行动，在澄清项目工作范围和条件后，就可以让人们放弃不必要的工作和不切实际的想法。

(2) 提高资金、时间、人力和其他资源估算的准确性。项目的具体工作内容明确以后，项目组织就可以依据各项具体工作来规划其所需的资金、时间、人力和其他资源，这样对整体和各项工作的需求估计就准确多了。

(3) 确定进度测量和控制的基准，便于对项目的实施进行有效的控制。项目范围是项目计划的基础，项目范围确定了，就为项目进度计划的执行和控制确定了基准，从而可以采取相应的纠偏行动。

(4) 有助于清楚地分派责任。一旦项目范围界定了，也就确定了项目的具体工作任务，为进一步分派任务奠定了基础。

二、项目启动

项目范围管理中的启动（Initiation）是认可一个新项目的存在，或者是对一个已经存在的项目让其继续进行下一阶段工作的过程。项目的启动可以是正式的，也可以是非正式的。正式的项目启动要进行一系列正规的可行性研究；非正式的项目启动工作相对简单，在项目构思初步形成之后，几乎不需要进行任何正式的可行性研究就可以直接进入项目的规划和设计阶段。项目启动的主要工作如表 2.1 所示。

表 2.1 项目启动的主要工作

依　据	工具和技术	结　果
(1) 项目目的 (2) 产品描述 (3) 战略性计划 (4) 项目选择标准	(1) 项目方案选择的方法 (2) 专家评审	(1) 项目章程 (2) 项目说明书 (3) 项目经理选派 (4) 确定制约因素

1. 项目启动的依据

(1) 项目目的。客户期望项目结束时所能够实现的项目结果，明确项目目的是项目成功的重要保证。项目团队应该根据自身条件以及资源的获取能力，对能够实现项目目的、满足客户需求做出客观、合理的判断。

(2) 产品描述。把项目将要创造的产品或服务的特征编成文档。产品描述一般在项目早期阶段不能做到详细，而是随着产品特性的逐步详尽而细化。产品描述应把产品或服务与商业需求或其他导致项目产生的原因之间的关系也编成文档。虽然产品描述的形式和内容可能发生变化，但它们都应详细到能够支持后续的项目计划编制的程度。许多项目涉及一个组织根据合同为另外一个组织工作，在这种情况下，最初的产品描述常由买方提供。

(3) 战略性计划。所有项目应服从执行组织的战略目标——执行组织的战略性计划应该作为项目选择决策的一个因素。

(4) 项目选择标准。项目选择标准通常根据项目产品的价值进行定义，并包含所有可能的管理所关心的问题（如投资回报、市场份额、公众接受程度等）。

(5) 历史信息。应当尽可能地考虑以前的项目选择决策的结果及项目绩效的历史信息。当启动涉及对项目下一阶段的批准时，前一阶段的信息通常是非常重要的。

2. 项目启动的工具和技术

(1) 项目方案选择的方法。项目方案选择的方法通常包括测量该项目对于项目业主的价值或吸引力。项目选择方法要考虑决策标准和不确定条件下价值的计算方法。这些称为决策模型和计算方法。项目选择方法也用来选择项目进行中的各种备选方案。各种优化工具可以用来搜索决策变量的最优组合。一般而言，项目选择方法可以分为两大类：效益测量方法，包括对比法、评分模型、效益或经济模型；约束优化法，使用线性、非线性、动态、整数和多目标规划等算法的数学模型。

(2) 专家评审。评估启动过程的输入，经常需要专家评定。这些专家的意见可由具有专业知识或经过培训的个人或团体提供，可通过多种来源获得，这些来源包括：

执行组织内的其他部门、咨询公司、专业团体和技术协会以及工业团体。

3. 项目启动的结果

（1）项目章程。项目章程是正式确认项目存在的文档，可以是专门的文档，也可以是企业需求说明书、成果说明书、签订的合同等替代文件。项目章程是由项目的客户或者项目团队所属的上级领导组织的决策者签发的。项目章程赋予了项目经理利用企业资源、从事其有关活动的权力。

（2）项目说明书。项目说明书是说明项目总体情况的文件，主要包括项目的实施动机、项目目的、项目总体情况的相关描述、项目经理的责任和权力等。

（3）项目经理选派。项目应该尽早选定项目经理并在计划开始前指派到位。优秀的项目经理是项目成功的关键因素。在选派项目经理的同时，还要明确项目经理的责、权、利，并建立适当的激励和约束机制。

（4）确定项目制约因素。制约因素是限制项目团队行动的因素，例如项目的预算将会限制项目团队的人员配备和进度安排等。

（5）确定项目假设条件。制定项目计划时一般会假设某些因素是真实和符合现实的，这些因素就是假设条件。作项目计划时，一般假定项目所需的资源都会及时到位，但是现实情况可能不会这么理想，因此，假设条件统筹包含着一定的风险。

三、范围规划

项目规划是将生产项目产品所需进行的项目工作逐步细化和归档的过程，其依据是启动阶段的结果，结果包括范围说明和范围管理计划等。项目范围说明书说明了进行该项目的目的、项目的基本内容和结构，规定了项目文件的标准格式，其形成的项目结果核对清单既可作为评价项目各阶段成果的依据，也可作为项目计划的基础，是项目团队和项目客户之间对项目的工作内容达成共识的结果。项目范围计划的主要工作如表 2.2 所示。

表 2.2 项目范围计划的主要工作

依 据	工具和技术	结 果
（1）项目章程 （2）项目说明书 （3）项目经理选派 （4）确定制约因素	（1）成果分析 （2）项目方案识别技术 （3）专家评定	（1）项目范围说明书 （2）项目范围管理计划

1. 项目范围计划的依据

项目范围计划的依据就是项目启动的结果，即项目章程、项目说明书和项目假设条件的确定等。

2. 范围规划的工具和技术

（1）成果分析。成果分析可以加深对项目成果的理解，由项目产品的功能和特性着手分析，反向推导项目的工作范围，目的是使项目团队开发出一个更好、更明确的项目产品。对项目成果进行分析时，可以综合运用不同的分析方法，例如系统工程、价值工程等技术，达到指导项目范围计划制定的目的。

（2）项目方案识别技术。一般指用于提出项目目标方案的所有技术，如头脑风暴法，目的是针对项目的每个问题提出尽可能多的备选方案，在此注重的是方案的数量而不是方案的质量。将所有备选方案都记录下来以后，再运用各种经济评价方法，找出最佳方案，从而根据该方案制定项目的范围规划。

（3）专家评定。利用各领域的专家来帮助项目团队制定范围计划，专家可以是来自各领域的具有专业知识和技能的人员，也可以来自咨询公司、行业协会等。

3. 项目范围规划的结果

1）范围说明书。范围说明书是未来项目实施的基础，它有助于项目干系人之间达成共识。项目范围说明书的内容：

（1）项目的合理性说明，即说明为什么要进行该项目。

（2）项目的可交付成果，形成项目产品清单。

（3）项目成果的定量标准，包括成本、进度、技术性能和质量标准。

（4）项目目标的实现程度，因为项目是一个创新性的活动，因而不是一成不变的，而是随项目的实施进展和外界环境的变化发生相应的变动。

（5）辅助说明，包括已识别的假设条件和制约因素等。

2）项目范围管理计划。范围管理计划描述了对项目范围如何进行管理，项目范围怎样变更才能与项目要求相一致等问题。该文件的内容：

（1）说明如何控制项目的范围以及项目范围的变更。

（2）说明如何识别项目范围变更并对其进行分类。

（3）对项目范围的稳定性进行评价，即项目范围变化的可能性、频率和幅度。项目在一开始时，项目团队和客户就应该对项目范围变更的显著性水平做出概念上的界定。例如项目团队和客户约定项目成本计划只允许有20%的偏差，那么如果实际成本已经超过计划的30%，且没有任何挽回的可能，这时项目的计划就应该作调整，项目的范围也就要随之变更。

四、范围定义

项目范围定义（Project Scope Definition）就是把项目的主要可交付成果划分为更小的、更易管理的组成部分。为了达到项目目标，首先要确定为达到目标所要完成的具体任务。在项目范围计划中面对这些任务进行了概括的说明；在项目范围定义中，要将这些任务再逐步细化，直至落实到完成它的每一个个人或每一个小组。项目范围定义不但要力求准确，细致，而且要有利于项目资源的合理调配和成本的估算。

范围定义通过任务分解，把笼统的、不能具体操作的任务细分成较小的且易执行和控制的、包含具体细节的可操作任务。任务分解有助于提高项目成本估算、进度和资源估算的准确性，有利于对项目的执行情况进行评价，便于明确项目团队成员的职责和进行资源分配。项目范围定义的主要工作如表 2.3 所示。

表 2.3 项目范围定义的主要工作

依 据	工具和技术	结 果
（1）项目范围说明书 （2）项目范围管理计划 （3）历史资料	工作分解结构	（1）项目工作分解结构图 （2）项目工作分解结构词典

1. 项目范围定义的依据

项目范围定义的依据包括项目范围说明书、项目范围管理计划和可供参考的历史资料等，项目范围定义的依据也就是项目范围计划的结果，在此不再赘述。

2. 项目范围定义的工具和技术

工作分解结构（Work Breakdown Structure，WBS）是一种为了便于管理和控制而将项目工作分解的技术，是项目范围定义中最有价值的工具。WBS 逐层把项目分解成子项目，子项目再分解成更小的、更易管理的工作单元，直至具体的活动或工序。工作分解结构可以把整个项目联系起来，把项目目标逐步细化为许多可行的，并且是相对短期的任务。

3. 项目范围定义的结果

（1）项目工作分解结构图。WBS 图是通过分解技术，将项目任务按照其内在性质和内在结构逐层细化而形成的示意图，呈分级树形结构。该图涵盖了项目的所有工作任务，即确定了项目的整个范围，直观地说明了每个独立的工作任务在项目中的地位。

（2）项目工作分解结构词典。项目工作分解结构词典是对项目工作分解结构进行说明的文件，详细说明了工作分解结构中所有工作包的重要情况。一般来说项目工作分解结构词典包括：工作细节、前期工作投入、工作产出、人员联系、持续时间、紧前和紧后工作等。

五、范围核实

项目核实是指项目干系人最终认可和接受项目范围的过程。在范围确认工作中，要对范围定义的工作结果进行审查，确保项目范围包含了所有的工作任务。范围核实既可以针对一个项目的整体范围进行确认，也可以针对某个项目阶段的范围进行确认。范围核实要审核项目范围界定工作的结果，确保所有的、必需的工作都包括在项目工作分解结构中，而一切与实现目标无关的工作均不包括在项目范围中，以保证项目范围的准确。项目范围核实的主要工作如表 2.4 所示。

表 2.4 项目范围核实的主要工作

依 据	工具和技术	结 果
（1）工作成果 （2）成果说明 （3）范围说明书 （4）管理计划 （5）工作分解结构图	（1）项目范围的核检表 （2）项目工作分解结构核检表	对项目范围定义工作的接受

1. 项目范围核实的依据

（1）工作成果。项目可交付成果的情况，反映了项目按计划执行的实际情况。

（2）成果说明。对项目成果的全面描述，如项目规格书、项目技术文件或项目图纸等。

（3）项目范围说明书。

（4）项目范围管理计划。

（5）项目工作分解结构图。

2. 项目范围核实的工具和技术

项目范围核实常用的工具有如下两张核检表，即项目范围的核检表和项目工作分解结构核检表，实践证明它们在项目范围管理中是十分有效的。

另外还有其他的确认项目或者各个阶段可交付成果的方法，如观察法、测量法、测试法和检验法等。

3. 项目范围确认的结果

项目范围确认结果即对项目范围定义工作的接受，同时还要编制经项目干系人确认并已经接受的项目范围定义和项目阶段性工作成果的正式文件。这些文件应该分发给有关的项目干系人。如果项目范围没有被项目干系人确认，则项目宣告终止。

六、范围变更控制

在项目执行时，进度、费用、质量以及客户需求等各种因素的变化都会导致项目范围的变化；同时，项目范围的变化又会要求上述各方面做出相应的变化。因此，必须进行整体的控制和管理。项目变更控制是对项目存在的或潜在的变化，采用相应的策略和方法予以处理。

项目范围变更控制（Project Scope Change Control）是指当项目范围发生变化时对其采取纠正措施的过程以及为使项目朝着目标方向发展面对某些因素进行调整所引起的项目范围变化的过程。项目范围变更控制的主要工作如表 2.5 所示。

表 2.5　项目范围变更控制的主要工作

依　　据	工具和技术	结　　果
(1) 项目工作分解结构 (2) 项目执行情况报告 (3) 项目范围的变更申请	(1) 项目范围变更控制系统 (2) 绩效测量	(1) 范围变更文件 (2) 纠正措施文件 (3) 经验教训文档 (4) 调整后的基准计划

1. 项目范围变更的原因

项目干系人常常由于各种原因要求对项目范围进行修改，造成范围变更的原因有：

(1) 项目的外部环境发生变化，如政府的有关规定发生变化。

(2) 在项目范围计划或定义时出现错误或遗漏。

(3) 项目团队提出了新的技术、手段和方案。

(4) 项目实施的组织本身发生的变化。

(5) 客户对项目或项目产品的要求发生变化。

2. 项目范围变更控制的依据

(1) 项目工作分解结构。项目工作分解结构是确定项目范围的基准，它定义了完成项目所需的所有工作任务，如果实际工作超出或没有达到工作分解结构的要求，就认为项目的范围发生了变化。这时，就要对工作分解结构进行修改和调整。

(2) 项目执行情况报告。项目执行情况报告包括两部分：一是项目的实际完成情况；二是有关项目范围、进度、成本和资源变化的情况。执行情况报告还能使项目团队注意到一些可能在未来会导致项目范围发生变化的因素。

(3) 项目范围的变更申请。即对可能扩大或缩小项目的范围所提出的要求。项目范围的变更申请可以采取很多形式，如口头的或书面的、直接的或间接的等。

(4) 项目范围管理计划。项目范围管理计划对如何控制范围的变化做了规定。它可以是正式计划或非正式计划，也可以是详细描述或是基于项目需要的一个大致的约定。

3. 项目范围变更控制的工具和方法

(1) 项目范围变更控制系统。项目范围变更控制系统规定了项目范围变更的基本控制程序、控制方法和控制责任等，它包括范围文件系统、项目执行跟踪系统、偏差系统、项目范围变更申请和审批系统等。在项目执行过程中，要对项目的进展情况进行监控，对实际与计划之间的偏差进行分析，如果偏差不利于项目目标的完成，就要及时采取纠偏措施。项目范围的变更会引起成本、质量等项目目标的变化，因此，范围变更控制系统应该与项目的其他变更控制系统相结合使用，从而对项目进行整体管理。

(2) 绩效测量。绩效测量技术可以帮助项目团队评估发生偏差的程度，分析导致偏差的原因，并且做出对应的处理，一般包括偏差分析、绩效审查、趋势分析等技术。

（3）范围计划调整。很少有项目能按其初始计划运作，项目的范围随时有可能变化，因此就要根据范围的变动来随时调整、补充原有的工作分解结构图，并以此为基础，调整、确定新的项目计划，并根据新的项目计划要求，对项目范围的变更进行控制。

4. 范围变更控制的结果

（1）范围变更文件。范围变更经常会涉及到成本、进度、质量和其他项目目标的调整。项目范围变更一旦确定，就要对有关的项目文件进行更新，并将项目范围变更的信息和相应的文件及时通知或发送给相关的项目干系人。

（2）纠正措施文档。为了完成预定的项目目标，项目团队要对执行过程中的偏差采取有效的纠正措施，并形成文档。纠正措施有两种情况：一是根据项目的实际执行情况，采取措施消除偏差的影响，使项目的进展情况与计划相一致；二是根据经过审批后的项目范围变更要求而采取一些纠正措施。

（3）经验教训文档。项目范围变更后，项目团队要把各种变更的原因、选择纠正措施的理由以及从范围变更控制中得出的经验教训等用书面的形式记录下来，将其作为历史资料的一部分，并为项目团队继续执行该项目以及今后执行其他项目提供参考。

（4）调整后的基准计划。项目范围变更后，必须根据项目变更文件相应地修改项目的基准计划，从而反映已批准的变更，并作为未来变更控制的新基准。

七、项目范围管理的工具和技术——WBS

工作分解结构（Work Breakdown Structure，WBS）是进行范围定义时所使用的重要工具和技术之一，是面向可交付成果的对项目元素的分解，它组织并定义了整个项目范围：未列入工作分解结构的工作将被排除在项目范围之外。与工作范围说明一样，工作分解结构也常常用于建立或确认对项目范围达成的共识。工作分解结构每细分一个层次表示对项目元素更细致的描述，通常以图表形式表示。

工作分解结构中的每一项工作单元通常被指定一个唯一的标识符，这些标识符可以为成本和资源的分层合计提供一个构架。在工作分解结构最底层的子项通常被称为工作包，这些工作包也可以在子项目工作分解结构中进一步分解。一般而言，如果项目经理把一个工作范围分包给另一个组织，这个组织必须要进行比主项目中更加详细的层次计划和管理这个工作范围，这种情况也要采用 WBS 的方法。

（一）工作分解结构的作用

对项目进行 WBS，有如下作用：

（1）明确和准确说明项目的工作范围。

（2）为各单元分派人员，规定这些人员的相应职责。

（3）针对各独立单元，进行时间、成本和资源需要量的估算，提高成本、时间和资源估算的准确性。

（4）为计划、预算、进度安排和成本控制奠定共同基础，确定项目进度测量和控制的基准。

（5）将项目工作与项目的财务帐目联系起来。

（6）便于划分和分派责任。

（7）确定工作内容和工作顺序。

（8）估算项目整体和全过程的费用。

（二）工作分解结构的内容和要求

工作分解结构是一个以产品或服务为中心的项目组成部分的“家族树”，规定了项目的全部范围，是将项目按其内在结构或实施过程的顺序进行逐层分解而形成的结构示意图，主要有三个基本要素——层次结构、编码和报告。

1. 分解层次与结构

1）WBS 的分解层次。

（1）先明确并识别出项目的各主要组成部分，即明确项目的主要可交付成果。

（2）确定每个可交付成果的详细程度是否已达到足以编制恰当的成本和持续时间估计。

（3）确定可交付成果的组成元素。

（4）核实分解的正确性。

2）结构设计。WBS 结构的总体设计对于一个有效的工作系统来说是个关键。结构应以等级状或树状来构成，使底层代表详细的信息，而且其范围很大，逐层向上。WBS 结构底层是管理项目所需的最低层次的信息，在这一层次上，能够满足用户对交流或监控的需要，这是项目经理、工程和建设人员管理项目所要求的最低水平；结构上的第二个层次将比第一层窄，而且另一层次的用户所需信息由本层提供，以后依次类推。

2. WBS 编码设计

工作分解结构中的每一项工作，或者称为单元都要编上号码，用来确定项目工作分解结构每一个单元，这些号码的全体叫做编码系统。利用编码技术对 WBS 进行信息交换，可以简化 WBS 的信息交流过程。编码设计与结构设计是有对应关系的。在 WBS 编码中，任何等级的一个工作单元，是其余全部次一级工作单元的总和。如第二个数字代表子工作单元（或子项目）——也就是把原项目分解为更小的部分，编码设计对于作为项目控制系统应用手段的 WBS 来说是个关键。

3. 设计报告

设计报告的基本要求是以项目活动为基础产生所需的实用管理信息，而不是为职能部门产生其所需的职能管理信息或组织的职能报告。即报告的目的是要反映项目到目前为止的进展情况，通过报告，管理部门能够判断项目各方面是否偏离目标，偏离多少。

工作分解结构图一旦确定下来之后，除非特殊情况，应当不能随便加以改动。如遇到必须加以改动的情况，就得召开各方会议，如部门主管、项目经理、执行人员、客户和承包商等参与的大会，就项目目标、工作分解结构等情况共同磋商，并达成一致意见，且加以确认，省却日后可能遇到的麻烦。

（三）工作分解结构的过程

分解是建立工作分解结构的主要方法，分解是将主要的项目可交付成果分成更小、更易管理的单元，直到可交付成果细分到足以用来支持未来的项目活动。分解过程主要包括：

（1）确定项目的主要可交付成果。一般把项目生命周期的阶段作为工作分解的第一级，每个生命周期阶段的可交付成果作为第二级，这就确定了项目的主要可交付成果。

（2）确定每个可交付成果的程度是否足够详细。检查的标准为“是否已经达到了足以编制出恰当的成本和历时的估算”。如果检查的结果表明这些可交付成果足够详细，则直接进行第四步。

（3）确定可交付成果的组成元素。这个过程是将不够详细的可交付成果再次分解，得到下一级组成元素。

（4）核实分解的正确性。WBS 最底层的子可交付成果是否充分和必要；每项子可交付成果是否可以恰当地编制预算和分配时间；每项子可交付成果的定义是否清晰。

（四）工作分解结构的结果

（1）工作分解结构图或列表。常见的项目工作分解结构的结果有树状图形和列表形式。

例如，项目开发组织待开发一套侦察机系统，为保证项目开发活动的顺利实施，需要对该项目进行工作结构分解，按照项目工作分解结构的步骤，得到的工作分解结构如图2.5，图 2.6 所示。

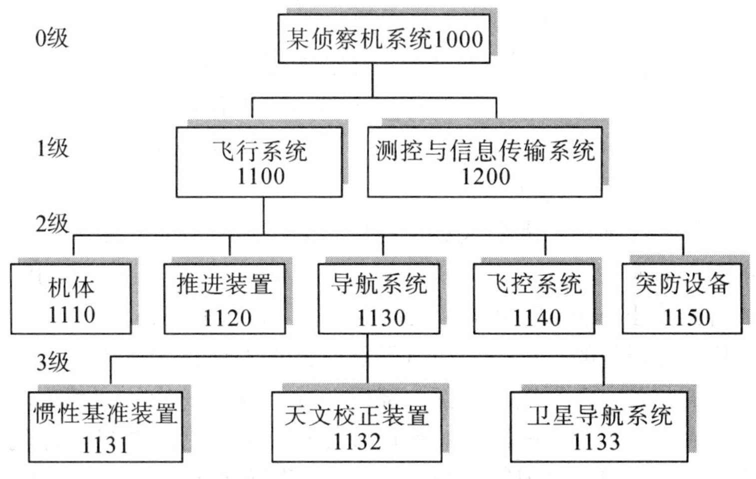

图 2.5　某侦察机系统的树状 WBS 图

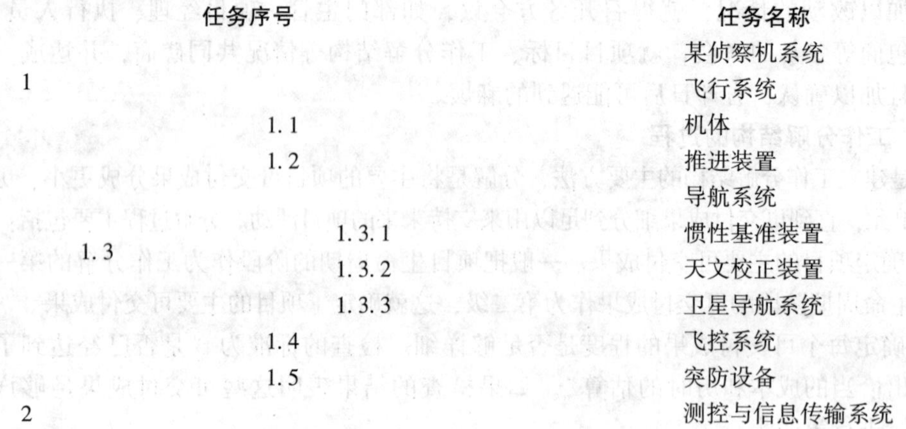

任务序号			任务名称
			某侦察机系统
1			飞行系统
	1.1		机体
	1.2		推进装置
1.3			导航系统
		1.3.1	惯性基准装置
		1.3.2	天文校正装置
		1.3.3	卫星导航系统
	1.4		飞控系统
	1.5		突防设备
2			测控与信息传输系统

图 2.6 某侦察机系统的列表式 WBS 图

（2）编码系统。工作分解这一活动得到的结构一般用编号系统来保存，提供一种对 WBS 发展出的文件很方便地进行分类和组织的方法。常见的编号系统，一般是给出最高一层的编号为 1、2、3 等，下一层的所有项的编号为 1.1、1.2、1.3 等，第三层的所有项的编号为 1.3.1、1.3.2、1.3.3 等。

另一种系统给最高一层的编号是 1000、2000、3000 等，1000 的下一层的编号是 1100、1200、1300 等，1100 的下一层编号则是 1110、1120、1130 等。最重要的一点是所用的编号使你能根据编号系统重新构造等级，还可以在恰当的位置上添加新的成分。这种等级式的设计使你能方便地进行索引，还可以用于前后参照。这在项目管理文件的相互引用、文书工作的控制、成本计算和规划中是非常有用的。

（3）责任分配矩阵。即以表格形式表示工作分解结构中每项工作的个人责任，是项目管理中一种很有用的工具，它强调每一个具体的工作单元由谁负责，并表明每个人的角色和在整个项目中的地位。尽管责任分配矩阵被认为是一个独立的文档，但它常与建立工作分解结构一起进行。

责任分配矩阵不仅确定了需要人员支持的位置，而且确定了下一个被告知任务完成状态和结束要求的人员。这个工具使得团队成员的分工更为明确，同时也避免了团队成员只完成自己的任务而不向其他人提供信息可能带来的危害。

在建立责任分配矩阵的过程中，项目经理应该考虑项目团队内部以及项目团队与组织内其他人员的关系。在组织内外部，部门领导和外部职能经理都会对项目成员的工作完成产生影响。因此，一份详细的责任分配矩阵能够帮助项目经理就资源与职能经理进行协商，尤其是当项目团队成员来自各个不同部门的时候，责任分配矩阵的作用就显得更为重要。责任矩阵中用 R（Responsibility）表示主要责任人，用 S（Support）表示次要负责人。上述某侦察机系统的责任矩阵如表 2.6 所示。

表 2.6 某侦察机系统的责任矩阵

WBS 项目	工作任务	项目团队				
		张	李	王	赵	刘
1	飞行系统	R		S		
1.1	机体	R				
1.2	推进装置	R				
1.3	导航系统		R			
1.3.1	惯性基准装置		R			
1.3.2	天文校正装置		S			
1.3.3	卫星导航系统		R			
1.4	飞控系统	S		R		
1.5	突防设备			S	R	
2	测控与信息传输系统		S		S	R

项目开始时，项目团队和客户就应该确定他们对项目信息更新的要求：需要多少信息？每隔多长时间提供一次信息？通过确定定期报告的信息类型、向谁报告该信息，以及如何获得和传播这些信息，范围报告提供了这些功能。

项目范围报告最通用的信息大致有反映对预算效率更新的成本状态，对进度信息更新的进度状态，对技术问题和解决方案信息更新的技术效率状态。项目中所有参与者之间的持续沟通是有效的范围报告中最重要的一方面，避免项目信息限于向少数人报告的情况是很有必要的。很多项目团队对项目状态信息保密，即使项目已陷入困境也仍是如此。项目经理需要考虑谁将从这些经常性项目信息中获益，从而制定合适的项目报告。

复习与思考

1. 举出你周围的项目实例，并理解项目及项目管理的概念。
2. 假如你要在家举行一次生日宴会，如何按 WBS 为你制定一份工作的分解计划？

案例讨论

Dotcom.com 的项目管理

Dotcom.com 是一家软件设计和系统开发咨询公司，为医疗保健、金融服务以及旅店管理行业提供多种基于因特网和计算机的资源计划、行政管理和网络核算解决方案。一般是服务供应商向 Dotcom.com 提出他所面临的问题以及组织希望改进的目标。由于

Dotcom. com 的大部分客户对计算机并不精通，因此都非常依赖 Dotcom 能够正确诊断出问题的原因，提出建议来解决他们的问题，并实施新技术。Dotcom 所在的行业竞争非常激烈，因而很多成功企业都通过压低报价来获得咨询合同。在此情况下，项目经理对 Dotcom 的成功是非常关键的，因为对项目的管理不善会很快耗尽所剩不多的边际利润。

不幸的是，Dotcom 的主要管理团队发现最近项目的操作成本持续上升，利润直线下降。尤其是 Dotcom 的执行部门被给予了很大关注，因为刚完成的 7 个项目几乎没有盈利，这主要是由于软件系统转交的延误以及多次对软件的漏洞进行修复导致的。该公司决定利用周末的时间来私下了解这些项目的项目经理为什么会如此之差地完成项目。

项目经理都将他们的问题归结到客户身上。一份典型的回答是由苏珊·凯莉提供的，这位有着五年以上经验的项目经理说："我们被置于了一个非常尴尬的境地，多数客户并不知道他们到底需要什么，所以我们要花费大量时间和他们沟通，以得到合理的工作说明，这样我们才能建立范围说明，这需要时间。事实上，在与客户沟通上花费的时间越多，后期开发时间就越少。这是没办法的事——因为如果我想把事情做好，就不得不从他们那里获得更多信息。我对他们的问题理解得更好，那么用来开发和运行项目的时间就更少！"

另一位项目经理吉姆·克仁霍说道："不幸的是，问题不止如此。我们最大的问题常常不是项目本身。我们辛苦建立起一个满足客户需求的系统，然而他们仅仅在看了一遍，点了几个按钮后就告诉我们这完全不是他们想要的！如果他们都不知道自己的问题是什么，我又如何能建立一个系统来解决他们的问题呢？但是现在他们认为自己了解自己的需求，然而当我们建立好系统后他们又立即反过来拒绝我们的解决方案，这又该怎么办呢？"

经过两个小时对项目经理意见的倾听，高层管理者发现项目管理中的问题不是偶然的，而是已经深入到了企业的操作层中。很明显，是时候对公司的流程采取措施了。

[资料来源]：杰弗里 K. 宾图（Jeffrey K. Pinto）. 项目管理［M］. 北京：机械工业出版社，2007.

问题：

（1）如何重新设计 Dotcom 公司的项目管理流程，从而减少范围管理不善的问题？

（2）公司的客户是如何对"范围蔓延"产生影响的？如果要你来主持一个与潜在客户的会议，那么你希望客户了解什么？

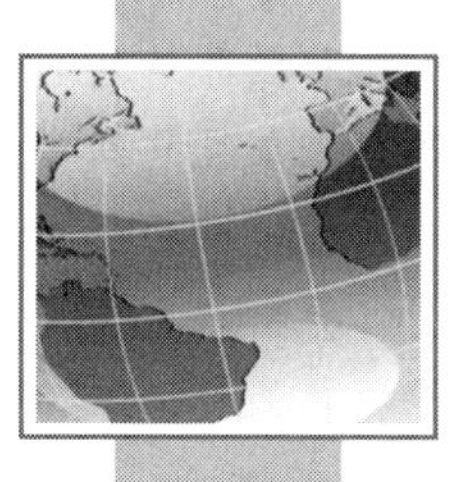

第三章

项目经理与项目组织

要点提示

- ✍ 明确项目经理在整个项目实施中的角色，掌握项目经理的责权利及自身需要的技能。
- ✍ 项目经理和项目团队成员之间的关系。
- ✍ 各种组织结构的优缺点以及适用性。
- ✍ 了解项目管理办公室的作用。

案　例　怀特（white）制造公司

2003年，怀特制造公司意识到在制造团队中实施项目管理的必要性，于是成立了一个由三名成员组成的项目管理小组。虽然在组织结构图上（见图3.1）显示该小组向制造运作经理汇报，而实际上它对副总裁负责，并有权整合所有部门的工作。过去，副总裁一直由制造运作经理来担任，制造运作则由来自于制造工程部的前任制造经理来指挥。

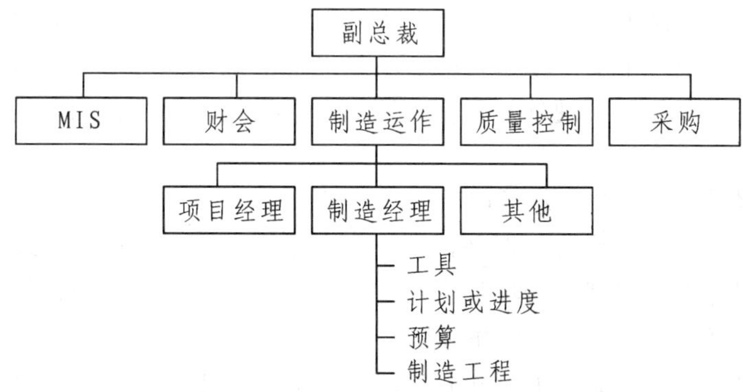

图3.1　怀特制造公司组织结构图

2006年，制造经理在其制造部门建立了矩阵结构，由制造工程师来担任部门的项目经理。由于可以从一个地方获得所有的信息，因此这种结构对制造经理和项目经理都有好处，结果，工作进行的非常顺畅。

2007年1月，制造经理辞去了本应三月份才到期的职务，所以制造工程部的经理准备来填补这个空缺。而在2月份，副总裁宣布这个职位将从外部聘用，并且将进行一次组织结构重组，由三位项目经理代理制造经理。当三位项目经理来见制造运作经理时，他说："我们已经高薪聘请一名新经理。为了达到物有所值，我们会给他更多的职责。"

2007年3月，新经理就位，并发表两点声明：

(1) 没有他的允许，项目经理不得擅自做主。

(2) 取消部门的矩阵结构，部门经理负责所有事务的整合。

[资料来源]：哈罗德·科兹纳．项目管理案例集［M］．北京：电子工业出版社，2008.

思考：矩阵组织结构对怀特制造公司产生了什么影响？

第一节 项目经理

组织是项目管理活动取得成功的一个重要因素。项目组织是否合理将直接制约项目经理的权利和能力的发挥，对项目管理的整体效率有重要影响。随着经济环境和企业经营理念的不断变化，项目管理活动出现许多新的挑战，项目组织和项目团队的领导者——项目经理显得越发重要，前者体现制度、权利和规则，后者则是灵活性、变革、迅速反应的关键，两者都是快速实现资源优化配置、提高经营和管理效率的有力武器。

项目经理是项目团队的领导者，他们的责任是领导团队准时、优质地完成全部工作，在不超出预算的情况下实现项目目标。项目经理的工作是对项目进行计划、控制和实施等一系列管理工作以实现项目目标，所以，项目经理是项目团队的灵魂，是决定项目成功与否的关键人物。

注意：项目经理不同于公司总经理、部门经理。

项目经理和总经理最显著的区别是各自的权利范围不同，公司总经理对整个公司行使权利，而项目经理的权利限于项目内部。二者也是有联系的，项目经理是总经理的下属，在公司总经理的领导下工作并对其负责。

职能部门经理是按照职能分工不同安排的，一般负责指导公司已完全成立的单位或部门的活动，一般具有技术领域的专业技能。例如企业总经理之下可以分为人力资源部经理，市场营销部经理，财务管理经理等。项目经理是按照产品项目不同来安排的，如生产部门如果采用多样化产品策略，则把不同的产品由专门的经理人负责，如宝洁公司的产品中，有飘柔洗发水项目经理、佳洁士牙膏项目经理等。

一、项目经理扮演的角色

项目经理是项目管理的核心人物，作为领导者和决策人，项目经理在实施管理中，直接带领项目组成员担负着项目的计划、组织、协调、控制、预测、决策、交际、应变八大职能活动，以实现项目目标。

首先，项目经理是项目的计划者，项目经理必须高度明确项目目标，并就该目标和客户取得一致意见。然后，项目经理和项目团队就这一目标进行沟通和交流，达成共识。

其次，项目经理是项目的组织者，在项目的建设过程中，涉及到“人”、“物资”、“资金”、“信息”和“技术”等管理资源，如何让这些管理资源协同为项目的目标服务，这需要项目经理有效地去“排列组合”方能实现。项目经理还要决定项目的具体工作由谁完成，把任务分配给具体的成员，然后根据任务对其授权。

再次，项目经理也是项目利益的协调人。项目经理与项目所有关系人发生联系，如图3.2，并且起到沟通和协调的作用，以保障项目不同利益者的信息畅通。

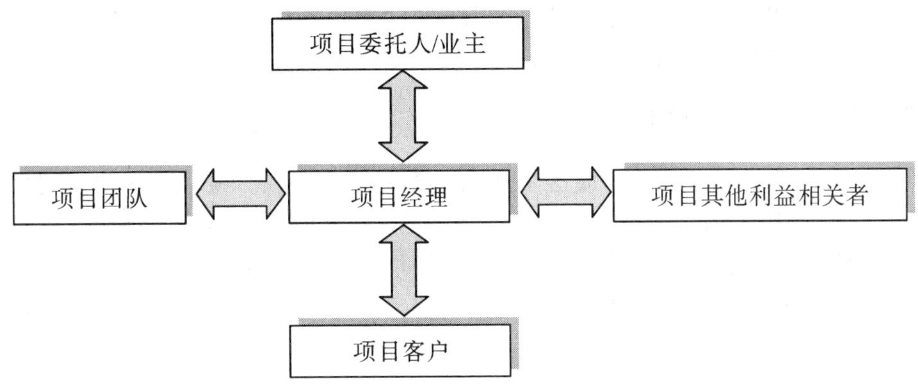

图3.2 项目经理与项目利益相关者的关系

另外，项目经理是项目团队成员的领导者。项目经理要为项目和项目团队成员“指导方向”，方向一旦偏离，努力越大，后果越严重。那么如何才能实现正确的“方向”指导，这就是如何提高领导能力的问题。要提高领导能力，首先要解决“思”的问题，一个不会思考或不屑思考的人，很难培养出自己“站得更高、看得更远”的领导能力。

最后，项目经理是项目的控制者，对实施的项目进行监控。项目经理根据项目管理信息系统，定期召开项目工作会议，对项目进程、时间进度、成本和相关信息进行了解，跟踪实际工作进程并将其与计划安排进程进行比较。如果实际工作进程落后于计划，或发生意外，项目经理应立即采取措施，及早发现问题并采取行动，要在问题变得糟糕之前采取行动予以解决。

二、项目经理的岗位职责

项目经理的责任非常广泛。明确项目经理的责权，有助于管理指导和规划项目经理的工作范围和工作内容。项目经理的职责随工作性质的不同而不同，但大体包括以下内容：

（1）对整个项目负完全责任。

（2）确保全部工作在预算范围内按时优质地完成，使客户满意。

（3）领导项目的计划、组织和控制工作，以实现项目目标。

（4）负责整个项目干系人（客户、上级领导、团队成员等）之间关系的协调。

（5）制定工作计划、项目执行计划、人员配置计划、工作分解结构、成本计划等，同时报上级组长，并报公司审批。

（6）定期向公司组长报告项目进度，一般为一周一次。

（7）对团队成员进行工作安排、督查。

（8）定期召开团队成员会议，在可能的情况下邀请客户、上级组长参加。

（9）项目结束时，进行结项工作，整理各种相关文件。

三、项目经理的权利

责权一致的要求必然赋予完成这个任务所需的相应权利。项目经理的权利大小取决于项目在组织中的地位、项目的组织结构、项目的重要性等因素。例如，在职能型组织中，项目经理的权利往往受到职能经理的制约；反之，如果是纯项目型组织结构，这时项目经理的权利可能仅次于公司高层管理人员。另外，对于非常重要的项目，项目经理往往会获得一些额外的特权。一般来说，项目经理的权利随着项目规模的增大而增加。通常项目经理的权利主要表现在以下三个方面：

（1）对项目进行组织，挑选项目组成员的权利，项目经理对项目组成员的挑选与任务分配有最大的决策权。

（2）制定项目有关决策的权利。

（3）对项目所获得资源进行分配的权利；资源一旦分配给项目，其具体使用的分配权在项目经理手中。

四、项目经理的技能

了解项目经理的素质和能力，可以帮助项目管理者在实践中不断成长和发展。项目管理的技能可以分为硬技能和软技能。项目经理的硬技能包括技术技能和管理技能两方面，软技能主要是一些个性因素。项目管理的硬技能，通过掌握一些方法和工具，再加上一些练习和摸索，通常是不难掌握的。而软技能通常是高度经验性的，在实践中特别注重技巧的实施，学习过程中往往依赖某种个人的性格、习惯和“悟性”。

1. 技术技能

技术技能是指理解并能熟练从事某项具体活动，特别是包含了方法、过程、程序或技术的活动。优秀的项目经理应具有该项目要求的相关技术经验或知识。技术技能包括了在具体情况下运用管理工具和技巧的专门知识和分析能力。

2. 管理技能

管理技能要求项目经理把项目作为一个整体来看待，认识到各部分之间的相互关系和制约关系以及单个项目和母体组织之间的关系。具体包括：计划；组织；处理项目与外界之间关系的能力；授权能力；资源安排；评价绩效。

3. 个性因素

项目经理个性方面的因素通常体现在他与组织中其他人的交往过程中所表现出来的理解力和行为方式。素质优秀的项目经理能够有效理解项目中其他人的需求和动机，具有很好的项目团队领导力并具有良好的沟通能力。具体包括：号召力、交流能力、应变能力、谈判与冲突处理、对政策的高度敏感、自尊、热情等。

根据对来自各个领域的85位项目经理的问卷调查，美国学者对这三大类能力的相对重要性作了比较。调查方法为：要求85位经理给三大类共18项技能分别打分，每项分数为1~7分，7代表最重要的技能，1代表最不重要的技能。调查结果如图3.3所示。

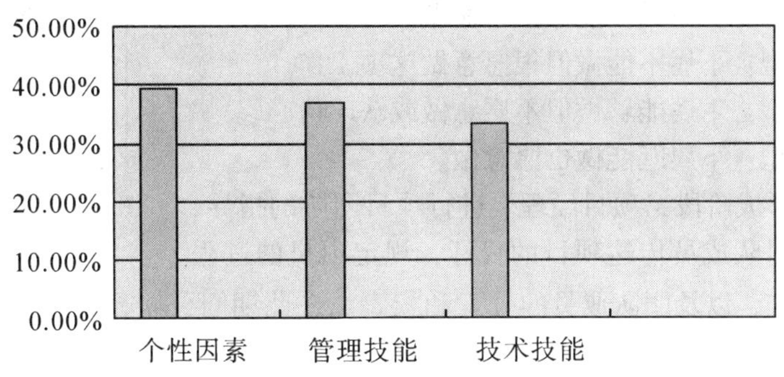

图3.3 项目经理所需能力的相对重要性比较

五、如何做好项目经理转变

如上所述，项目经理既需要硬技能也需要软技能，既要懂技术也要懂管理。正如Standish国际集团公司的CEO Jim Johnson所说：“项目的失败很少是由于技术上的原因。”和经营一样，项目经常失败是因为没有被正确的管理。许多组织很少考虑到项目管理，更不用说任命项目经理。多数项目管理者都曾经是技术专家，但研究表明，在现实中，由技术专家走上管理岗位的人员所持有的心态中，70%仍属于技术人员的心态。所以，项目经理有时会陷入“做事”的陷阱中，常常喜欢做原来的技术工作，感觉做管理工作总是不如做技术工作那样舒服。通常，从技术专家向项目经理的角色转变需要关注以下变化。

1. 由技术权威转向管理能手

实现技术权威向管理者的转变首先要明白二者之间的不同之处，项目经理角色的权威主要体现在管理方面，具体如做项目规划、定义项目流程、与客户和项目团队成员沟通、与公司的高层领导沟通等。具体有以下几个方面：

1）项目是以目标为导向的，不是以技术为导向的，不应只热衷于技术的开发和创新，应着眼于项目工作转向于项目商业价值。

2）项目经理对象大多数是人，技术工程师面向的对象绝大多数是属于设备、技术方案、产品、设计思路等物，科学性强，利用对错就可以分别。而项目经理的行为应该具备委婉的手段，要灵活变通。

3）技术专家需要很好的理性思维，工作的结合可以通过量化的指标来衡量。项目经理的工作具有一定的创造性，需要理性和感性的合理结合。

作为一名管理者，项目经理在选择领导模式时，既要注意交由下属完成任务，又要注意如何处理与下属的交往。

不同领导模式的适用条件，如图 3.4 所示。

（1）手把手型：下属不能做也不愿做。

（2）影响型：下属不能做但很愿意做这项工作。

（3）参与型：下属能够做但不愿意做或缺乏信心。

（4）授权型：下属既能做也愿意做。

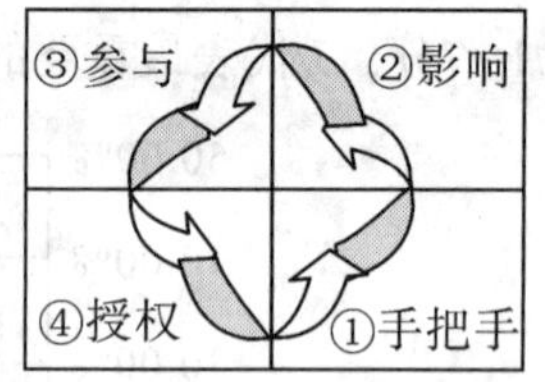

图 3.4 领导模式的划分

在项目的形成阶段，项目经理要进行项目团队的指导、构建工作，向团队成员传达项目的目标，规定项目的进程计划和质量标准，以及团队成员的分工和权责。在此期间，项目经理应采取指导性的管理风格。

在过渡阶段，项目经理要明确团队中每一个成员的角色和职责分工，并使成员逐步了解自己应尽的义务和责任，努力打造一支和谐、高效、团结的团队，营造相互理解、相互包容的工作氛围。在这个阶段项目经理应采取影响性的管理风格。

在规范阶段，团队成员建立了稳定的关系，建立了友谊和信任，团队成员大量的交流信息、观点和感情，合作意识增强了，工作分工也日益明确。项目经理在这一时期需要的是对团队成员的支持和在资源上的供给，参与型风格更适合项目经理这一阶段。

在执行阶段，项目成员相互配合，相互依赖度高，充分发挥着集体的主动性、积极性和创造性。项目经理的领导任务主要是适当授权和分派工作，放手让成员自主完成项目任务，通过有效地控制、尊重和信任来激发成员。项目经理的工作重点在对项目的监控、协助和修正目标及进度上。此阶段项目经理采用授权型的管理风格比较合适。

由以上可见随着员工成熟度的增长，管理者最终可以逐步授权，这样就可以把管理者解放出来管理其他事物。因此，尽管参与式具有很强的吸引力，但授权模式显然是最理想的模式。

2. 管理是一门艺术

抓住“人”的核心，精于管，重在理，讲求合适方式和方法。管理者应学会授权，调动大家的积极性，思维从关注做自己感兴趣的事情（这是技术人员的事情）转向获取和分配资源，协调人际关系，激励下属，组织团队工作等。

第二节　项目经理与项目团队成员

一、建立项目团队的必要性

管理大师彼得·布洛克（Peter Block）认为，承认合作关系是领导力的关键，这一点对于项目管理是至关重要的，它强调了所有领导者将最终依赖于他们的团队来实现项目目标。由此可见项目团队的重要性。

项目团队之所以重要，对企业而言，项目团队有利于改善组织的决策过程和提高决策质量；有利于学习型组织的形成，达到知识共享的目的；有利于提高企业应对环境变化的能力和创新能力。对项目成员而言，有利于激发员工的积极性和创造性；有利于项目成员自我实现需求的满足感。还有一个重要原因是团体精神加强了团体成员之间高度的相互信任和依赖，带来良好的团队沟通能力，从而带来高工作绩效。团队精神和工作绩效与项目团队各阶段之间的关系如图 3.5 所示。

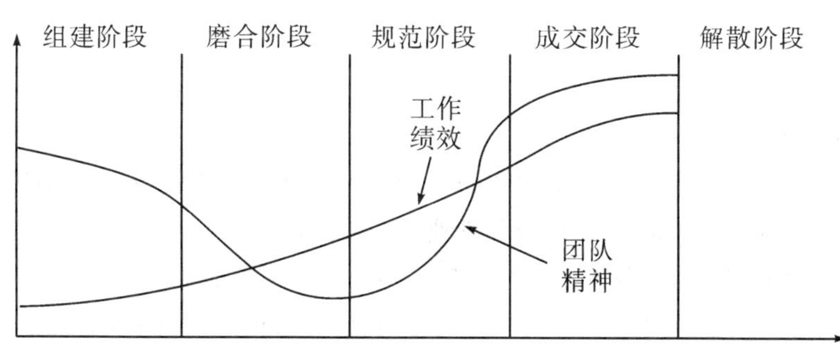

图 3.5　项目团队各个阶段绩效水平与团队精神

由于项目团队还受到除团队精神外其他因素的影响，如项目经理和管理人员的能力、职责分配、沟通、激励、学习型组织等的影响，所以两者并非完全相关。

二、什么是项目团队

1. 项目团队的含义

项目团队是指具体从事项目全部或某项具体工作的组织或群体，是由一组个体成员为实现项目的一个或多个目标而协同工作的群体。

注意：仅仅把一组人员调集在一个项目中一起工作，并不能形成团队。项目团队是要使这些人发展成为一个有效协作的团队，这一方面需要项目经理做出努力，另一方面也需要团队中每位成员积极投入到项目中去。

项目团队与群体存在着区别。群体可以定义为相互合作以完成某个目标或满足某种需要的两个或两个以上的人的集合。工作团队（Work Team）则不同，它通过其成员的共同努力能够产生积极协同作用，其团队成员努力的结果使团队的绩效水平远大于个体成员绩效。下图明确展示了工作群体与工作团队的区别。所有的团队都是群体，但并非所有的群体都是团队协作。协作性是群体和团队最根本的差异，群体的协作性可能是中等程度的，有时成员还有些消极，有些对立；但团队一定是齐心协力的。如龙舟队和足球队是真正意义上的团队；而旅行团是由来自五湖四海的人组成的，它只是一个群体；候机室的旅客也只能是一个群体。群体与团队的区别如图 3.6 所示。

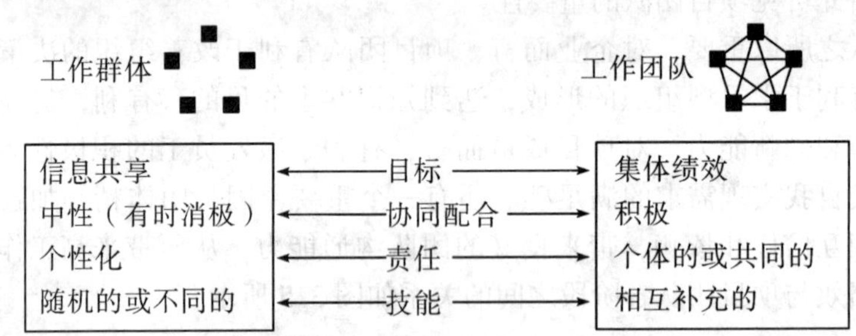

图 3.6 工作群体与工作团队的对比

2. 项目团队的特征

项目团队也不同于团队，它是团队的一种特殊形式，具有团队的一般特征。同时，由于项目的独特性，项目团队又有着自身独特的特征：

（1）项目团队具有临时性和开放性。项目团队是为了实现某一特定的任务而组建的，任务完成，项目团队也随之解散，具有临时性特征。此外，项目团队的成员构成也不是一成不变的，而是随着项目的进展和任务的展开不断地调整，具有明显的开放性。

（2）项目团队具有很强的目的性。项目团队的目标是为了完成某个一次性的特定任务，它有着明确的质量要求、成本要求等多目标约束，所有这些目标都必须实现。

（3）项目团队由项目工作人员、项目管理人员和项目经理组成，强调的是团队精神、团队合作和集体利益。

（4）项目经理是项目团队的领导。

三、高效项目团队的特征

1. 项目经理和团队成员之间的合作关系

（1）有目的的交流。合作关系需要每个员工定义项目的愿景和目标，项目经理和团队成员之间的平稳对话将创造一个一致的、广泛共享的观点。

（2）说“不”的权利。团队致力于进行开放性的信息交流与沟通，承认彼此存在差异，鼓励不同的意见，并允许自由地表达出来。所以要让项目每个成员都感到能够表达不赞成的观点或提出反对的观点。成员可以没有争论，但不能没有说“不”的权利。

（3）共同的责任。项目团队中的每个成员对项目的结果和当前的情况都应该负责，而不管结果是良好还是存在问题。

（4）高度的相互信任。项目成员之间相互信任和尊重，承认团队中每个成员都是项目成功的重要因素，要尊重每个成员在项目中的作用，使团队有一种强烈的凝聚力。

（5）良好的沟通。成员之间开放、坦诚，互相尊重，甚至互相接受建议性的批评。

2. 不断的创新性

高绩效的团队总是会不断产生新的观点和不断改进的做事方法，以及始终保持创新的思想。这样的团队具有持续学习的能力以及熟练应对新的环境和技术变革的能力。

3. 内部与外部的支持

既包括内部合理的基础结构，也包括外部给予必要的资源条件。高效的团队项目经理与其他组织部门如项目委托人、项目客户、职能部门经理进行充分交流，获得这些部门的支持和理解，并对团队提出改进意见，保证相互合作，以便于获得有效的资源，更有效的完成项目目标。根据项目团队在功效表现上的差异，可以将其分成全功能团队，温馨团队，问题团队和冷效率团队四种类型，如图 3.7 所示。

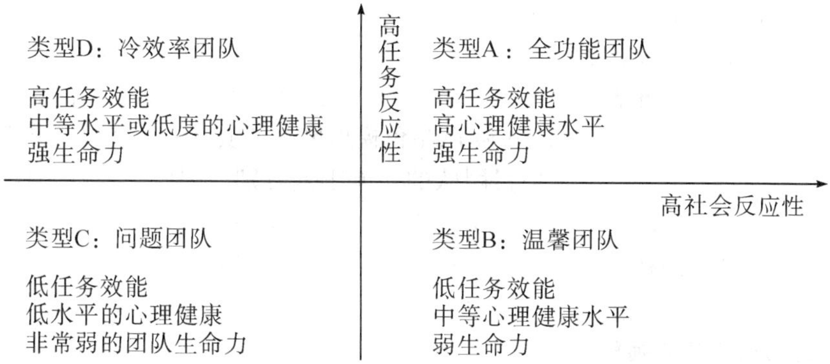

高任务反应性

类型D：冷效率团队
高任务效能
中等水平或低度的心理健康
强生命力

类型A：全功能团队
高任务效能
高心理健康水平
强生命力

高社会反应性

类型C：问题团队
低任务效能
低水平的心理健康
非常弱的团队生命力

类型B：温馨团队
低任务效能
中等心理健康水平
弱生命力

图 3.7 团队类型

全功能团队由于既具有高任务反应性又具有高社会反应性，因而，生命力旺盛，是高效率团队追求的目标。而问题团队则是所有组织极力避免的。研究发现：那些具备高任务反应性的团队通常在以下八个方面表现出较高的水平：

(1) 团队经常回顾它的目标。

(2) 经常讨论团队是否卓有成效地工作。

(3) 团队完成任务的方法经常得到讨论。

(4) 当环境发生改变时，团队能及时调整自己的目标。

(5) 团队策略很少改变。

(6) 经常就信息沟通得好坏与否进行讨论。

(7) 审视其完成任务的方法。

(8) 团队里决策的方式很少改变。

而具有高社会反应性特征的团队则有以下特征：

(1) 当团队处于困难时期，团队成员能互相支持。

(2) 当团队工作进展不顺时团队具有很强的支持性。

(3) 冲突似乎远离团队。

(4) 团队中的人们经常互帮互学。

(5) 当团队工作进展不顺时，大伙齐心协力像一个整体一样去解决问题。

(6) 团队成员彼此友好。

(7) 冲突在团队中能得到建设性地解决。

(8) 争论在团队中能得到迅速解决。

四、如何组建高效的项目团队

1. 组建合适的团队成员

通常，团队成员的整体能力水平与团队的业绩是息息相关的。项目团队由什么类型的人在一起合作会最融洽，为了一起有效地工作，团队成员必须在哪些方面是相容的等问题，Belbin 的团队角色模型回答了这个问题，他提出了 9 种团队个性类型，分别是协调者、塑造者、培养者、资源调查者、公司员工/实施者、监督/评估者、团队工作者、完成者、专家。具体的 Belbin 团队角色模型可参考项目人力资源部分细述。

值得注意的是：第一，由于项目团队的功能千差万别，因此个体在不同项目团队中可能扮演不同角色，但也不排除由于行为的一贯性和一致性，个体表现出某种形式的固有的可能。第二，高功效团队中各种角色都有其独特的存在意义与价值，必须妥善利用。

2. 提高项目经理的领导才能

项目经理就是项目的负责人，负责项目的组织、计划及实施全过程，在项目管理过程中起着关键的作用，以保证项目目标的成功实现。首先项目经理必须以身作则，对项目团队成员起榜样和示范作用；其次，明确具体的项目质量、范围、工期、成本等目标约束；再次，明确各项目团队成员的角色和责任分工，充分发挥项目团队成员各自的作用。除此之外，项目经理还要做好以下的工作：

（1）充分发挥项目经理的沟通和协调作用。

（2）充分发挥项目经理的激励作用。

（3）增强团队凝聚力。

3. 灵活授权，及时决策

随着项目团队的建设和发展，项目经理要通过授权让团队成员分担责任，使团队成员更多地参与项目的决策过程，允许个人或小组以更灵活的方式开展工作。

五、项目团队管理的技巧

项目团队管理是指跟踪团队成员绩效、提供反馈、解决问题并协调各种变更、以提高项目绩效。项目团队管理更多地体现“人性化”的原则，要从“管人”向“管事”转变，充分体现个人意愿和价值，通过“管事”来达到“管人”的目的，要侧重监管工作进度、质量和结果，而不宜过于刻板、僵硬的苛求人、约束人。项目团队管理要从以下几个方面来进行：

1. 建立团队的核心文化

在中国的企业文化中，十分注重和谐，讲“人和”，重“亲和”，强调成员的归属感。团队文化亦然，它是产生团队管理的组织基础，体现了团队的凝聚力，形成了“亲和一家”的团队精神，为团队实现具有挑战性的目标提供坚实的组织基础。

2. 项目团队考核

建立合理的绩效考评体系。通过建立项目团队绩效考评体系可以保证团队的业绩向组织的整体目标看齐，可以约束团队成员的行为，更好地实现团队团结协作，更好地满足团队对其团队成员的要求。

3. 冲突管理

由于信息获取能力差异、薪酬差异、价值观差异、集权度、技能互补性、沟通频率、团队规模和任职时间等方面的不同造成项目管理成员之间的冲突，降低了团队协作效率，影响了项目目标的完成。而团队规则、团队规范、成熟的项目管理制度可减少冲突。

如果意见分歧成为了负面的因素，首先应由项目团队负责人解决相互间的冲突，如果冲突升级，项目经理应协助促成满意的结局。所以项目经理在解决冲突的过程中，一定要培养一种既能提高绩效又能促进成员积极参与、公开交流的氛围、加强团队成员的共识。

第三节　项目组织结构

项目的组织结构是实施项目管理的一个基本手段，针对具体的项目情况和实施要求选择合适的组织结构至关重要。其规范化、复杂性和集权度对组织的效率起着重要作用。

一、项目组织

项目组织是指为了完成某个特定的项目任务而由不同部门、不同专业的人员所组成的一个特别工作组织。在项目期中，所有成员仅向项目经理负责，不再听命原部门主管指挥，待项目完成后，所有成员再回到原组织单位。项目组织不受现存的职能组织结构的约束，但也不能代替各种职能组织的职能活动。

项目组织与其他组织都要有完善的章程、优秀的人员配备、适合的组织文化、良好的工作氛围、有效的激励机制以及考核机制等。但项目组织也有自己的特点：项目组织有建立、发展和解散的生命周期；项目组织不是固定不变的，根据项目的任务不断地更替和变化，它因事设人、事毕境迁、及时调整甚至撤销；项目组织的利益相关者通过合同、协议、法规以及其他各种社会关系结合起来，他们之间的联系是有条件的，松散的；项目组织不像其他组织有明显的组织边界，项目利益相关者及其个别成员在某些事物中属于项目组织，在另外的事物中可能又属于其他组织。

二、项目组织环境

项目组织和实施的过程中，常常受到很多人员和组织的影响，能否正确处理这些关系，能否正确认识形势的变化，直接影响项目实施的效率和结果。另外，项目组织的选择也依赖于项目管理所面临的环境。所以，在此先对项目组织环境进行必要介绍。

1. 项目干系人

项目干系人是指那些参与该项目工作的个体和组织，或者是那些由于项目的实施或项目的成功，其利益会直接或间接地受到正面或反面影响的个体和组织。在项目工作中，我们必须首先识别哪些是项目的干系人，确定他们的需求和利益，比如大多数内部干系人都希望看到项目得到成功实施，但外部干系人表现出的态度则非常有挑战性，甚至对项目开发持反对的意见，通过识别项目干系人，进而了解各自需求，才能在项目实施过程中平衡各方的需求以确保项目能够成功，同时项目经理还要与每个重要干系人保持融洽的关系，以保证这些干系人能够继续支持项目。具体的，从干系人是否直接实施项目的运作来看，项目干系人可以分为内部干系人和外部干系人。

内部干系人包括：

（1）项目经理——是整个项目的负责人，处在项目的核心地位。

（2）高层管理者——对项目经理有很大的控制权力并能限制项目经理的行动自由。项目经理要与其进行良好的沟通获取项目团队的资源，保证项目的顺利进行。

（3）项目团队成员。项目经理必须认识到项目的成功必须依赖于团队中每个成员的努力。项目经理要与其同心协力完成项目任务，每一个成员的努力都应得到重视。

（4）其他职能部门经理。职能部门经理占据着发布命令的重要位置，是重要的项目干系人。必须认识到由于组织结构、目标等方面的原因，项目经理与职能部门经理经常存在冲突，如何保证团队成员的忠诚度，需要两部门经理的协商。

外部干系人包括：

（1）客户。客户关注的是尽可能快的获得投资结果。在这里，客户并不是像我们购买一般商品这样明显的消费者，他的实际情况比较复杂。例如。对一个企业中的不同客户群体进行识别，高层管理者、工程师团体、销售团队、制造或装配群体等。所以对客户组织干系人进行分析往往是一件复杂的事情。

（2）竞争对手。着眼于企业自身的实力及其与竞争对手的比较进行优劣势分析，同时在将竞争对手作为项目干系人进行评价时，项目经理应该尽力获取竞争对手的任何可获取的信息。如果竞争对手获得成功，本项目团队的上级组织将被迫改变、推迟、甚至放弃该项目的计划。如果竞争对手的项目发生了严重的问题，就为该项目规避问题提供了有价值的信息。

（3）供应商。这是项目获取资源和其他资源的渠道。在多数情况下，这是一个双向的过程，一方面项目经理必须确保每个供应商收到必要的信息，从而及时实施项目。另一方面，项目经理也必须对发货进行监控以确保其符合计划。

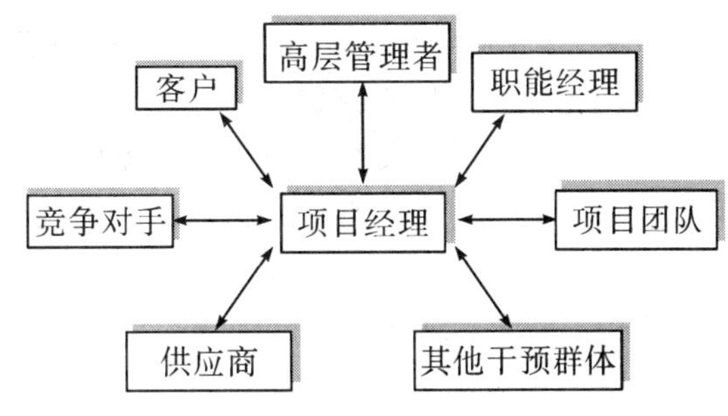

图 3.8 项目干系人

（4）其他干预群体。如图 3.8 所示，项目所有人和投资者、政府机构、媒介、工会、临时的或固定的疏通组织等都会对项目的开发和启动产生正面或负面的作用。

2. 项目管理的内部和外部环境

项目管理的内部环境是指项目处于怎样的组织氛围和人际关系中，项目部门和职能部门之间的关系怎样，包括：组织结构、企业文化、组织职权的划分、组织内部利益的分配、资源使用权的分配。

大多数企业都有自己独特的管理模式、企业文化、领导风格和行为规范，这些模式反映在人们的价值观念、行为规范、动机期待、组织愿景、组织决策、工作流程和上下级关系等方面。例如在一个比较开放和开拓精神、包容度大的企业中，较高风险的项目计划和有创意的项目活动就会容易得到领导层和各方面的支持和响应；而在一个作风比较保守，有着严格的等级意识，缺乏包容的企业文化中，高风险和高参与度的项目管理建议和做法就会遇到排斥和麻烦。

组织内部环境对项目的影响主要体现在：企业战略、企业文化和组织结构。

项目管理的外部环境包括政治、经济、文化意识、制度和规章等。

三、影响组织结构的因素

组织结构包含三个方面，结构的复杂性、正规性和集中化。组织结构的复杂性包括组织内的部门化和管理的层次等；正规性是组织中依靠各种规章制度和管理职工的程度；集中化指的是组织中决策权所处的位置，管理幅度的大小在很大程度上与集中化程度有关。这三方面实际上决定了组织的结构。

四、设计项目管理组织结构时遵循以下原则

结合企业项目管理的特点，在设计项目管理组织结构时应该遵循以下基本原则。

1. 职能部门和项目部门相结合

企业在高层设立职能部门，可以有效地对组织进行控制，这意味着集权化。同时设立项目部门，可以将一些权力和管理事务下放到基层，分权不仅可以促进基层业务部门的活力，还会大大简化企业高层的管理关系，提高管理效率。

2. 有形结构与隐形结构互为结合

组织结构包括两大类，一是看得见的有形结构；二是看不见的无形权力、信息等隐形结构，关键是要做到无形和隐形结构的结合和匹配。通常情况下，权力体系不明确、信息网络无法构建的有形结构设计方案将会被抛弃。一旦有形结构被确定和构建，企业的相关的隐形结构将充分围绕提高有形结构的运行效率这一中心目标来设计。

3. 集权模式与分权模式相结合

企业的集权与分权模式各有利弊，合理的组合有助于企业扬长避短，发挥更加有效的管理效果。这种组合具体体现在不同的资源应按照效率原则采用不同的配置方式。

五、组织结构

项目管理较以往的管理模式具有更加鲜明的项目化特征，要求项目形成科学合理的组织结构。项目管理者需要针对本项目进行个性化组织结构设计，不同的组织结构会影响项目经理的权限，影响项目的运行效率。项目的组织结构有：直线型、职能型、直线职能型、项目型、事业部制和矩阵型，其中职能型、项目型和矩阵型比较常见。

1. 直线型

直线型，是指一切管理职能基本上都由行政主管自己执行，由企业的厂长（或公司经理）直接指挥和管理，不设专门的职能机构的组织形式，下属部门只接受一个上级的指令，各级主管负责人对所属单位的一切问题负责（见图3.9）。

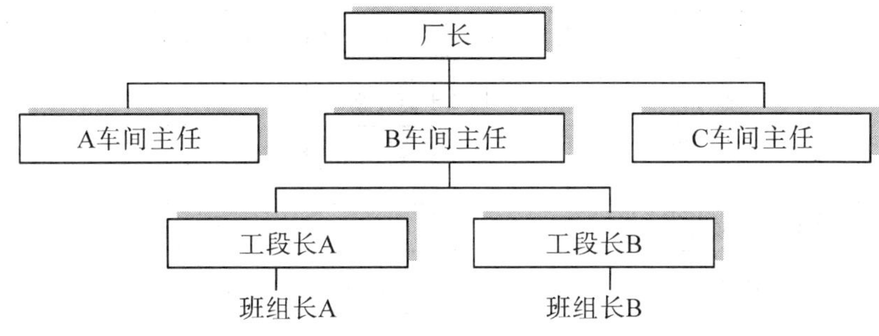

图3.9 直线制组织结构图

这种组织结构的优点在于权力集中，职权和职责分明、命令统一，信息沟通简捷方便，便于统一指挥，集中管理。缺点是对高层管理者的要求较高，必须是全能管理者；缺乏横向的协调关系，没有职能机构作为行政首脑的助手，容易使行政首脑产生忙乱现象。所以，一旦企业规模扩大，管理工作复杂化，行政首脑可能由于经验、精力不及而顾此失彼，难以进行有效的管理。这种组织结构适用于企业规模不大，职工人数不多，生产和管理工作都比较简单的情况或现场作业管理。

在图3.9中，各车间分别从事不同的生产作业职能，在车间内生产作业职能进一步分解到工段以及班组。车间主任、工段长、班组长对所管辖领域（部门）的生产作业活动拥有完全职权。因此，在直线型组织结构下，作业职能存在水平分工。车间主任、工段长、班组长均负责生产作业的管理，但其职权范围是不同的。他们的职权范围在纵向维度上经过逐层分解而趋向缩小。厂长（或总经理）通常将采购、销售、财务、人事等经营活动的决策权、指挥权和监督权集中在自己手中，并行使对生产经营活动的监督权。因此，在直线型组织结构下，经营管理职能只存在垂直分工（职权范围大小）而不存在水平分工（采购、销售、财务、人事、安全等）。这种组织形式在某种意义上类似逐级承包体制，是一种集权式的组织结构形式。

2. 职能型组织

职能型组织结构，是按职能来组织部门分工，即从企业高层到基层，均把承担相同职能的管理业务及其人员组合在一起，设置相应的管理部门和管理职务。（见图3.10）每一个雇员都有一个直接的上级，各项工作在按职能划分的部门中展开，但各部门对项目的研究范围也仅仅被局限在职能部门的界限之内。

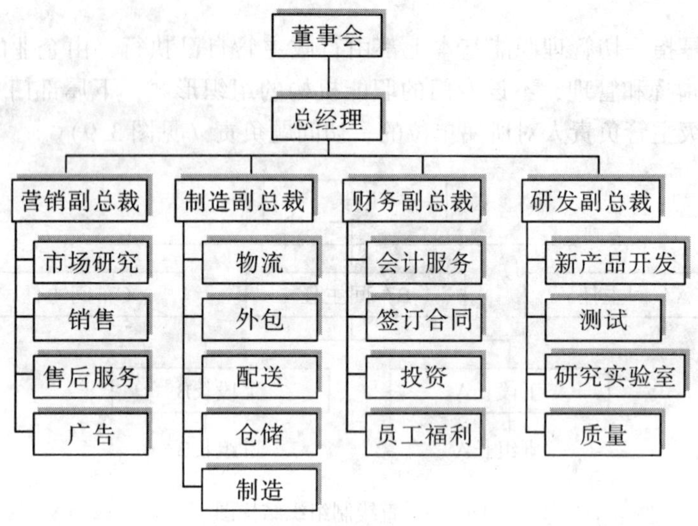

图 3.10 职能型组织结构图

职能型组织的优点：

(1) 培养专业人才。各级管理机构和人员实行高度的专业化分工，在同一个部门内的专业人员可以相互交流经验和知识等，专业知识得到强化和提高，便于组织培养专门性人才，同时效率也大幅提高。

(2) 人员使用灵活。当特定的人员有工作任务冲突时，职能部门可以灵活选择其他可以替代的人选。另外，出现某些员工离职时，职能部门仍能保持项目技术的连续性。

(3) 企业管理权力高度集中。由于各个职能部门和人员都只负责某一个方面的职能工作，惟有最高领导层才能纵观企业全局，所以，企业生产经营的决策权必然集中于最高领导层，主要是经理身上。

这种将某个职能部门作为项目的行政上级，也有一定的弊端：

(1) 责任不明确。一方面，各个职能部门只负责做好份内的事情，对项目不承担具体的责任，总经理作为决策层就更不可能对具体项目负责。另一方面，项目团队成员来自不同的职能部门，这种双层身份决定了他们对风险和责任的规避特性，项目成员的这种不确定性，使得这种责任更加难以明确。

(2) 不是以目标为导向的。各职能部门（如研发部、市场部）都很重视本部门的专业技术或业务，职能部门经理常常倾向于选择对自己部门最有利而不是对整个项目最有利的决策，因此所做计划常常是出于职能导向而很少考虑正在进行的项目。

(3) 反馈的效率低下。所有的沟通都必须经过上一管理层，并把复杂问题通过垂直指挥链分配到各个职能部门的管理者。解决问题的方案要获得各有关部门的一致同意很费时间，因而对问题的解决反应迟钝。由于信息必须经过多个管理层的传递，所以也容易失真。

（4）协调十分困难，横向联系薄弱。跨部门协作的项目协调将变得十分困难。项目联络员作为协调者，虽然有一定的决策权，但也仅限于可以定期组织项目调度会议之类的工作。

实行职能制的企业通常必须有较高的综合平衡能力，各职能部门是企业综合平衡的结果，是为同一个目标进行专业管理。否则，就不宜采用职能制。

职能制结构主要适用于中小型的、产品品种比较单一、生产技术发展变化较慢、外部环境比较稳定的企业。当企业规模、内部条件的复杂程度和外部环境的不确定性超出了职能制结构所允许的限度时，固然不应再采用这种结构形式，但在组织的某些局部，仍可部分运用这种按职能划分部门的方法。例如，在分权程度很高的大企业中，组织的高层往往设有财务、人事等职能部门，这既有利于保持重大经营所需要的必要的集权，也便于让这些部门为整个组织服务。此外，在组织的作业管理层，也可根据具体情况、程度不同的运用设置职能部门或人员的做法，借以保证生产效率的稳定和提高。

3. 直线职能型组织结构

直线职能制结构，是以直线制为基础，企业内部按职能或生产经营程序划分为若干部分，在各级行政主管之下设置相应的职能部门（如计划、销售、供应、财务等部门）从事专业管理，作为该级行政主管的参谋，实行主管统一指挥与职能部门参谋——指导相结合（见图 3. 11）。

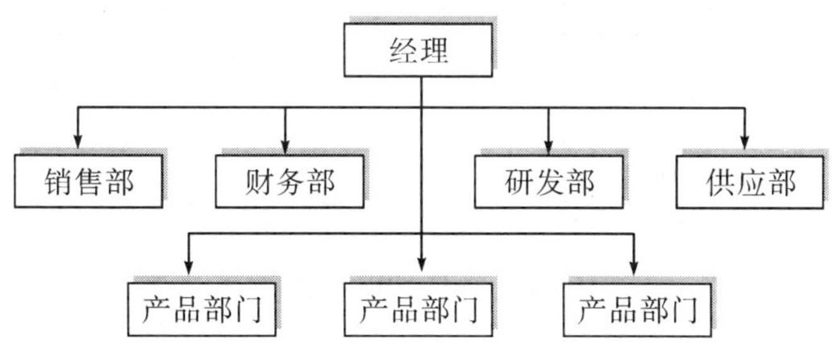

图 3. 11　直线职能制组织结构图

直线职能型组织结构的优点：既保持了直线型结构集中统一指挥的优点，又吸收了职能型结构分工细密、注重专业化管理的长处，从而有助于提高管理工作的效率。

直线职能型组织结构的缺点：

（1）各部门只有很小的独立性，权力集中在企业最高决策者手中。

(2) 信息传递自上而下层层传递，信息的反馈也是自下逐层向上，信息传递路线较长，反馈较慢，难以适应环境的迅速变化。

(3) 缺乏灵活性，对外界环境变化的反应太慢，部门之间的横向协调非常困难。

这种结构主要适合于外部环境相对稳定，技术相对成熟，只生产一种或少数几种产品的中小型企业。

产品部门作为组织目标的直接实现者，下达有关计划、方案以及有关指令；而财务部、销售部、研发部、供应部等都是为产品部门提供指导、监督和建议，这些部门只有业务指导作用，无权直接下达命令。例如人事部经理只能向生产部门建议聘用新员工，而无权强迫生产经理接受他的建议。在组织最高层，职能参谋人员参与决策制定。

4. 项目型组织

项目型组织结构，如图 3.12，是以公司项目产品或产品分类为依据的，人员按项目划分至各个项目组，每个项目由专门的项目团队负责，是组织中独立的业务部门。在项目型组织中，项目经理全面控制项目，对于本部门使用的资源具有唯一的控制权，因此在这个组织中，项目经理拥有高度独立性和极大的权利。

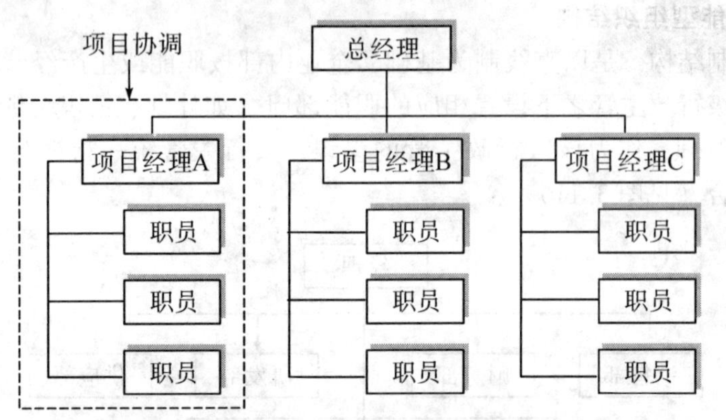

图 3.12 项目型组织结构图

项目型组织结构的优点：

(1) 项目经理具有高度的独立性，一方面使得项目经理和职能经理的沟通协调更加便捷有效。另一反面，对用户的需求或企业高层意图可以做出更快的反应。

(2) 权责分明。无论是项目经理，还是职能部门主管和基层管理人员、执行人员，每一个项目成员的职责明确，便于协调控制。

(3) 对外界反应灵活。纯粹的项目型结构鼓励灵活、快速应对外界机遇。在需要的时候也能很容易和迅速的组建团队。

(4) 目标导向的原则。项目用户，项目组织、项目成员都追求项目目标的实现。

项目型组织的弊端包括：

(1) 资源配置效率低。每一个独立的项目组织都有自己的职能部门，与总组织中的人员、设备重复配置，没有达到资源共享。同时造成管理成本的增加。

(2) 缺少个人职业发展规划。项目一旦结束，项目团队成员就回到原来的部门，因此，员工对职业发展前景不明确，可能会引起消极怠工。

项目型组织结构常见于一些规模大、项目多、专职从事项目的公司，如建筑业和航空航天业等。

5. 矩阵型组织

矩阵型组织，是职能型结构与项目活动的结合，是在职能型组织和纯粹项目型组织之间寻求平衡。项目副总裁控制项目经理的活动，但同时他们又必须与职能部门进行合作，以便从每个职能部门借调人员组成项目团队（见图 3. 13）。

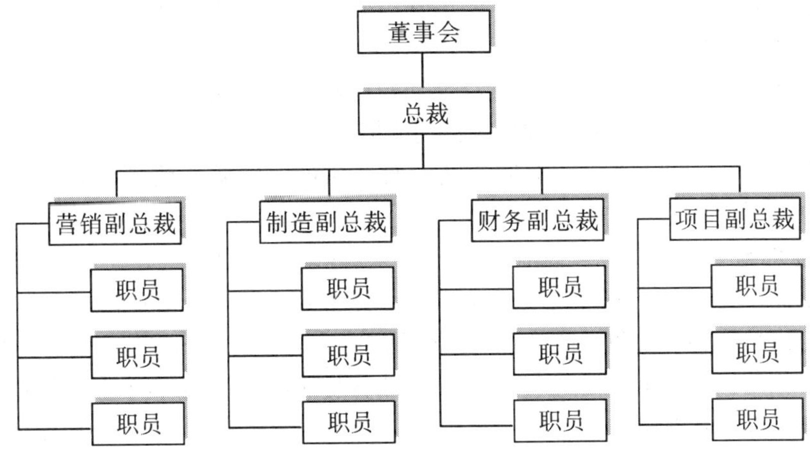

图 3. 13　强矩阵型组织结构图

根据项目组织中项目经理和职能经理权利和责任的不同，可以分为弱矩阵型、强矩阵型和平衡矩阵型三种形式。在弱矩阵型组织中，职能部门控制资源，并负责管理项目中属于本部门的那一部分。项目经理的作用是协调各部门的组织活动，同时负责准备进度计划，更新项目状态，但对资源没有直接的控制权，也没有权利根据自己的意愿做出重大决策。在强矩阵型组织结构中，项目经理拥有较大的权利，控制着大多数项目活动与功能，包括任务分配和项目资源的控制并具有关键的决策权。尽管职能经理对人员的调配有一定的权利，但大多数情况下他们只是处于协商的地位。平衡型组织结构在项目经理和职能经理的权利和责任之间达到相对平衡，但这种力度一般把握不好，很可能转化为强矩阵型或弱矩阵型组织结构。

矩阵型组织结构的优点：

（1）稀缺资源的有效利用。一方面，当组织人力资源较少而项目机会较多时，矩阵型组织可以充分高效的利用人力和物力资源，以支持最大数目的项目。另一方面，当多个项目同时进行时，企业可以平衡资源以保证各个项目都能按照自己的进度、费用和质量要求进行。

（2）对环境反应迅速。矩阵结构赋予项目部门与职能部门的权利是对等的，同时关注外部机遇的快速响应与内部效率的提高，项目经理充分发挥了协调作用，使得项目任务快速执行。

（3）成员有职业规划。矩阵型组织项目成员既属于职能部门又属于项目组的双重身份，减少了项目结束后团队成员对归属的忧虑。

矩阵型组织的缺点：

（1）均衡权利产生责权不清。在职能型组织中，职能经理是项目的决策者，在项目组织中，项目经理是总负责人，但在矩阵型组织中，可能出现无人负责或争夺权力的情况，这大大降低项目运作的效率。

（2）双头命令带来的困惑。项目经理和职能经理都是团队成员的领导上级，如果二者的任务发生冲突，团队成员则处于被动的境地。

（3）协调问题。项目经理和职能经理需要大量的时间协调项目和部门之间对关键资源的共享。

6. 事业部制

事业部制，是指一个公司按地区或按产品类别分成若干个事业部，事业部实行分级管理、分级核算、自负盈亏的一种形式（见图3.14）。总公司只保留方针战略，预算和重大人事任免权的决策，通过利润等指标对事业部进行控制，项目组织中的成员来自不同的职能部门，有较为稳定的组织形式，事业部制下属项目的专业化经营和自主经营的特点比较突出，有利于企业将市场做大做细。

事业部制的优点：

（1）调动管理的积极性。事业部实行独立核算，更能发挥经营管理的积极性，更利于组织专业化生产和实现企业的内部协作。

（2）企业领导可以集中精力站在全局的角度管理企业，制定企业的战略方针和目标，对事业部制的运作不多问。

（3）协调便捷。事业部实行自主经营，内部的供、产、销之间容易协调，高层管理部门对其限制较松。

事业部制的缺点：

高层管理者对事业部的控制力有限；独立核算的制度容易使各事业部门单独考虑自身的利益，而没有从公司总体来考虑；公司与事业部的职能机构重叠，资源没有充分利用。

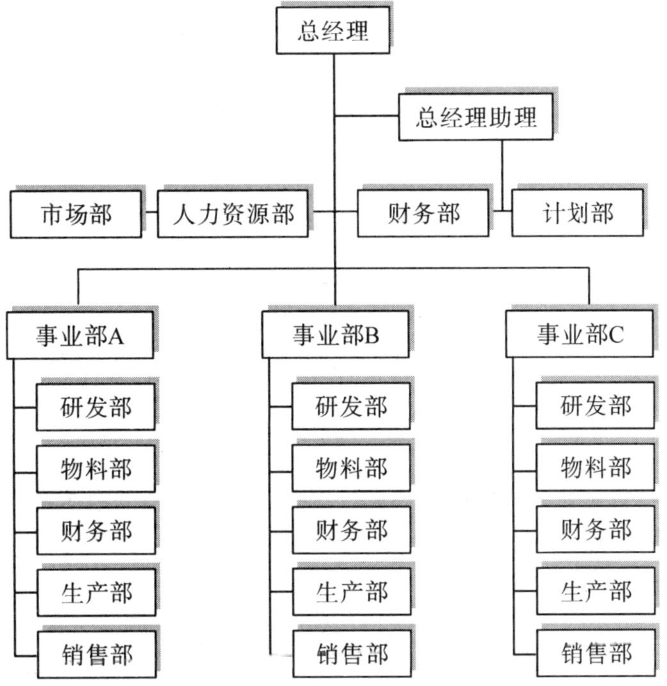

图 3.14 事业部制组织结构

六、项目组织结构的选择

在以上几种项目组织结构中，项目经理的权限、项目团队成员在团队中承担的责任和扮演的角色、职能部门人员在项目中投入的时间有很大的区别，没有哪一种组织结构是十全十美的，关键是针对不同的项目采用不同的管理方法，选择适合企业自身的项目组织形式，才能收到良好的效果。

Gobeli 和 Larson. 的工作强调了这样一个事实：组织结构会对项目的生存能力产生正面或负面的影响。在从 1600 个项目经理处收集了样本后，他们识别出五种组织结构中执行项目的人员，并要求他们对其采用的结构给项目管理带来的正面或负面的影响进行评价。

研究结果如图 3.15 所示。该结果强调了这样一个事实：一般来说，项目型组织确实为支持成功的项目管理提供了更好的环境。将样本进一步划分为新产品开发项目与建设项目后发现，研究结果与之前大致相同，只是与建设相关的项目在矩阵组织中的边际效应会更大。这也表明组织结构在创建成功项目的过程中有着显著的作用。

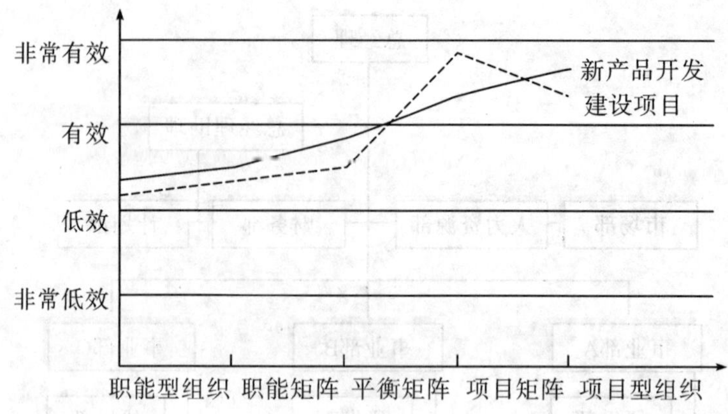

图 3.15 经理感知的不同结构对项目成功的有效性

由于组织结构对企业自身的影响不同，因此，选择合适的组织结构显得至关重要。各种组织结构各有特点，因此在选择的时候要根据实际情况慎重选择，表 3.1 是各种组织结构在各方面比较的结果。

表 3.1 各种组织结构的比较

组织形式	职能式	项目式	矩阵式			事业部制
			弱矩阵式	平衡矩阵式	强矩阵式	
项目经理权限	很少或没有	很高甚至全权	有限	小到中等	中等到大	大
全职人员比例	几乎没有	85%～100%	0%～25%	15%～60%	50%～95%	100%
项目经理投入的时间	半时	全时	兼职	全职	全职	全时
项目经理常用头衔	项目经理/项目协调员	项目经理/计划经理	项目协调员	项目经理	项目经理	事业部经理
项目管理行政人员	兼职	全时	兼职	半职	全职	全职

除此以外，选择决定组织结构还要考虑以下因素，如表 3.2 所示。

表 3.2 选择决定组织结构要考虑的因素

影响因素＼组织形式	职能型	矩阵型	项目型
项目风险程度	低	高	高
项目采用的技术	标准	复杂	创新性高
项目复杂程度	简单	中等	高
项目持续时间	短	中等	长

（续表）

组织形式 影响因素	职能型	矩阵型	项目型
项目投资规模	小	中等	大
项目重要性	低	中等	高
客户类型	多样化	中等	单一
对内部依赖性	弱	中等	强
对外部依赖性	强	中等	弱
时间限制性	弱	中等	强

另外，选择合适的组织结构形式还需要考虑以下方面的制约：项目预期参与人员的人员分配；项目管理者的偏好；职工工会的协议；与项目所涉及的客户或顾客的沟通渠道；项目团队成员的文化观念等；项目与其他组织和部门的关系。

七、项目管理办公室（PMO）

很多国内企业已经不仅仅将重点放在提高项目经理的个人技能，同时将组织整体的项目管理能力建设作为今后的发展目标。项目管理体系的建立，项目管理方法论、流程、制度的形成，都是其发展组织项目管理能力的具体体现。另外还成立了相关的管理部门，如：项目管理部、项目管理中心、项目管理办公室等，对项目进行整体管理、监控、支持等，这些部门这就是我们所说的 PMO（Project Management Office）。

美国项目管理协会（PMI）对 PMO 的定义：PMO 就是为创造和监督整个管理系统而负责的组织元素，这个管理系统是为项目管理行为的有效实施和为最大程度的达到组织目标而存在的。在许多企业中，项目管理办公室被视为优秀项目管理中心，是协助项目经理完成项目目标的独立组织实体或子部门，它在重大项目管理实务方面提供直接的专业知识，如进度计划编制、资源分配、项目控制等。

项目管理办公室建立的初衷是因为：从人际关系的处理到重要的技术细节的处理都需要项目经理承担，由于项目经理的精力和时间的限制无法估计所有的细节问题，项目管理办公室的优势：PMO 作为资源中心可以分担一部分负担；PMO 可以通过专业知识的培训，专业技能得到提升；它也可以充当知识库，储存所有获取经验、项目文档以及过去和现在项目的相关跟踪记录，避免了盲目寻找项目资料；PMO 成为了改进企业内项目管理过程的重要中心，PMO 识别项目的改进之处，进行测试和优化，并最终传播到组织的其他部门。现在的 PMO 是企业项目管理的核心，通常担当的角色有：项目管理的支持者，项目的控制者，项目战略的管理者。

总之，PMO 是组织内部项目管理最优实践的中心，是组织提高项目分析、设计、管理、检查等方面能力的关键资源。PMO 更易于监控趋势和注意全局问题。它处于一个更好的位置来向高级管理层提供信息和报告，并对冲突问题的解决提出建议。组织可以根据不同的需要建立不同形式的项目管理办公室。并且在组织不同的时期要对项目管理办公室进行不同的优化和改进。

复习与思考

1. 试述项目经理在项目实施中的作用?
2. 怎样组建高效项目团队?

案例讨论

项目经理应该为这些问题负责吗?

陈伟明是公司的项目经理，在项目 A 筹备阶段就作为项目经理助理参与该项目，项目正式实施后被公司任命为项目经理。但使陈感到恼火的是：其他职能部门的经理虽然为该项目安排了时间和人手，但他们更热衷于其他项目。同时陈还被告之不要干涉部门经理对资源的调度和费用预算。

半年后，陈借向公司管理层汇报项目进度的机会向管理层说明了由于职能经理不合作而造成的项目严重拖期情况，这次汇报引起了公司管理层的注意，他们投入了更多的资源来使项目回到正常轨道上来，陈不得不花费很多时间来准备文案、报告和投影以及各种各样的会议。公司管理层还为陈指定了一个项目经理助理，该助理认为应通过计算机程序把各种问题程序化，于是公司又投入 12 人来开发这个程序，在花费了巨额资金后，陈发现这个程序并不能实现其目标，他向一个软件供应商进行咨询，得知若要完成该程序，还需多花费数倍的资金和两个月的时间，无奈之下，陈只好放弃该程序。

这个时候项目的情况已经很困难了，项目滞后了九个月，但还没有成型的单元完成，客户对项目拖期问题非常关注，陈不得不花大量时间向客户解释存在的问题和补救计划。三个月之后，项目仍然没有大的进展，客户开始不耐烦了，尽管陈进行了大量的解释和说明，但客户仍然不能接受严重拖期，于是指派了一个代表到项目现场监督工作。客户代表要求找出问题并持续更新，继而试图参与进来解决问题，陈和客户代表在一些问题上产生了激烈的冲突，导致两人关系恶化。

公司管理层最后撤换了陈伟明，项目 A 在超期一年后，以预计费用的 140%最终完成。

[资料来源]：PMU 项目管理者联盟，2006.

问题：

(1) 陈伟明在项目 A 中遇到了很多项目经理都曾经遇到的困难，请你谈谈为什么他被撤换下来?

(2) 陈伟明应该为这些问题负责吗?

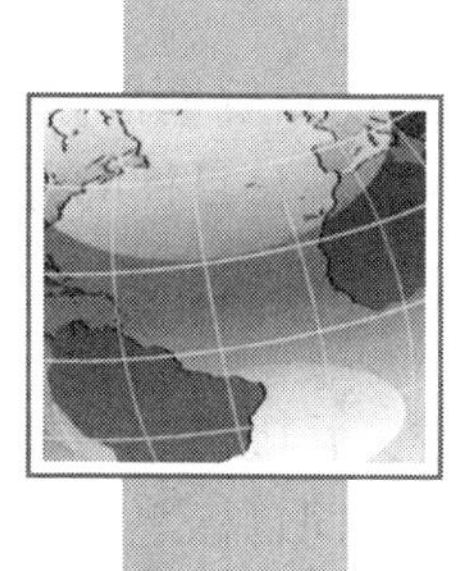

第四章 项目目标与计划

要点提示

- ✍ 项目目标的定义、特点。
- ✍ 项目计划定义、作用以及项目计划原则、项目基准计划与项目基线。
- ✍ 项目计划制定原则及其相关方法、项目工作分解结构。

案 例　　如何做好项目计划

Kristin Maur在和她的项目组及关键的利益相关者一起执行即时培训项目。她知道计划好项目的方方面面非常重要，坚信如果有一个可以遵循的好计划，项目执行将更加顺畅。她也知道将真正从事计划工作的人吸纳到项目中来的重要性。在执行过程中吸纳关键人员并保持计划不断更新是她在过去项目管理中的主要挑战，所以Kristin和她的项目组非常幸运的制定几个计划文件时拥有许多模板。他们还可以通过全球建筑公司的网络来浏览过去和当前一些计划文件的示例，可以使用项目管理软件来输入关键的计划数据。Kristin同时发现在项目启动阶段成立的项目指导委员会给予了她很好的建议。几个有经验的成员告诫她计划要全面但不能沉迷于细节。

［资料来源］：Kathy Schwalbe. 项目管理导论［M］. 北京：清华大学出版社，2007.

思考： Kristin Maur认识到了项目目标计划的重要性，那么项目计划目标到底有哪些重要性呢？

第一节　项目目标与计划概述

一、项目目标概述

项目目标，是指实施项目所要达到的期望结果，即项目所能交付的成果或服务。项目的实施过程实际上就是一种追求预定目标的过程，因此，项目目标必须是被清楚地定义，并且是可以最终实现的。

项目目标包括可测量的项目成功标准，同时可能还包括费用，进度和质量指标。每一个项目目标都有属性，例如费用目标就有美元单位或人民币单位。项目目标的特点有：

1. 多目标性

对一个项目而言，其目标往往不是单一的，而是一个多目标系统，希望通过一个项目的实施，实现一系列的目标，满足多方面的需求。但是很多时候不同目标之间存在着冲突，因此实施项目的过程就是多个目标协调的过程，有同一个层次目标的协调，也有不同层次总项目目标和子目标的协调、项目目标和组织战略的协调等。

项目目标基本表现为三个方面，即时间、成本、技术性能（或质量标准）。实施项目的目的就是充分利用可获得的资源，使得项目在一定时间内、在一定的预算基础上，获得期望的技术成果。然而这三个目标之间往往存在冲突。例如，通常时间的缩短要以成本的提高为代价，而时间及成本的投入不足又会影响技术性能的实现，因此在项目的实际实施中需要在三者之间进行一定的平衡。

2. 优先性

由于项目是一个多目标的系统，不同目标在项目的不同阶段，根据不同需要，其重要性也不一样。例如在启动阶段，可能更关注技术性能；在实施阶段，主要关注成本，在验收阶段关注时间进度。

3. 层次性

项目目标的层次性是指对项目目标的描述需要有一个从抽象到具体的层次结构。即一个项目目标既有最高层次的战略目标，也有较低层次的具体目标。通常明确定义的项目目标按其意义和内容表示为递阶层次结构，层次越低的目标描述得应该越清晰具体。

二、项目计划概述

项目目标是项目计划的基础。项目目标指明项目目的和需要完成的工作，所有活动都要围绕这一主要目标开展。

项目计划主要给出完成任务目标需要做的工作，该计划还可能包括细节内容，如关键活动如何进行，何时进行或者由谁进行。一般在项目文件中有相关计划细节的解释。项目文件还描述从属目标、每个项目活动推动活动的计划细节、项目资源供应等对项目完成至关重要的工作，这样计划制定者构建了一套周密的项目计划，不留任何可能出现失效管理和控制的漏洞。

1. 项目计划的定义

计划是项目管理的基本组成部分。没有有效的计划，项目的失败概率将大大增加。

项目计划是项目管理过程中的基本组成部分，它是团队成员在预算范围内为完成项目的预定目标而进行科学预测并确定未来行动方案的过程。项目计划过程主要解决以下问题：

What（什么）：项目团队必须完成哪些工作。

Who（何人）：确定每项工作由谁来做。

When（何时）：确定完成各项工作需要多长时间。

Time（耗时多少）：确定完成各项工作需要多少时间。

Cost（花费多少）：确定完成每项工作需要多少成本。

2. 项目计划的作用

项目的独特性和一次性使得项目计划的正确编制显得尤为重要。项目计划是决定项目成败的关键，项目之所以延误了工期或者超出了预算，都是因为在项目执行前没有制定出完善的项目计划所致。具体来讲，项目计划的作用主要有如下几点：

（1）项目计划可以明确地确定完成项目目标的努力范围。

（2）项目计划可以使项目团队成员明白自己的目标以及实现其目标的方法，从而可以使计划更加有效地完成，提高效率。

（3）项目计划可以使项目干系人之间相互沟通，增进理解。

（4）项目计划可以使项目各项活动协调一致，同时还能确定出关键的活动。

（5）项目计划可以为项目实施和控制提供基准计划，该基准计划可以使整个项目始终处于可控状态，从而减少项目的不确定性、提高项目成功的可能性。

3. 项目计划原则

要使项目目标得以顺利实现，必须明确项目目标，综合分析与考虑各种因素，权衡利弊，扬长避短。在项目计划制定过程中一般应遵循以下五个原则：

（1）目的性。任何项目都有一个或几个确定的目标，以实现特定的功能、作用和任务，而任何项目计划的制定正是围绕项目目标的实现而展开的。

（2）系统性。项目计划本身是一个系统，从而使制定出的项目计划也具有系统的目的性、相关性、层次性、适应性等基本特征，使项目计划形成有机协调的整体。

（3）动态性。这是由项目的生命周期决定的。一个项目的生命周期短则数月，长则数年，在这期间，项目常处于不断变化环境中，使得计划的实施可能会偏离基准计划，因此项目计划要随着环境和条件的变化而不断调整和修改以保证完成项目目标。

（4）职能性。项目计划的制定和实施是以项目和项目管理的总体及职能为出发点，涉及到项目管理的各个部门和机构。

（5）相关性。项目计划是一个系统的整体。制定项目计划要充分考虑各子计划间的相关性。

4. 项目基准计划和项目基线

（1）项目基准计划。项目基准计划是项目在最初启动时所制订的，并且是经过上级批准的计划，即初始拟定的计划。在项目管理过程中，要将项目实际进展情况与项目基准计划进行比较，以便对变化进行管理与控制，从而保证计划得以顺利实施。项目基准计划一经确定是不能随意改变的，如果需要改变，就必须按照规定的程序进行。

（2）项目基线。项目基线是指项目的规范、应用标准、进度指标、成本指标、人员和其他资源使用指标等。基线不是固定不变的，它随着项目的进展不断变化，这是因为项目执行过程中往往会出现如下情况：质量指标没有达标；工作或任务延期完成；某些工作无法按时开始；人员不能计划配备；设备性能被过高估计；预算出现差异等。

5. 项目计划的形式

项目计划按计划制定的过程，可分为概念性计划、详细计划、滚动计划三种。

（1）概念性计划，也称为自上而下的计划。概念性计划是根据初步确定的工作分解结构图从高层开始，逐步分解到更为细节的层面。概念性计划主要规定了项目的战略导向和战略重点。

（2）详细计划，也称为自下而上的计划。详细计划的任务是制定详细计划的工作分解结构图，详细计划提供了项目的详细范围。

（3）滚动计划，即用滚动的方法对可以预见的将来逐步制定详细计划，随着项目的推进，分阶段地自上而下计划制定过程中所制定的进度和预算。滚动计划具有十分明显的优点，它有助于提高计划的质量，增强其准确性；能及时地调整由于项目环境变化而引起的偏差，增大计划的灵活性，提高项目组织的应变能力。

三、项目目标与项目计划

项目目标是项目计划的基础，它指明了项目目的和需要完成的工作，所有的项目管理活动都围绕这一主要目标进行。

项目计划给出完成目标需要做的工作。该计划包括很多细节内容，如关键活动如何进行，何时进行或由谁进行。一般在项目文件中有相关计划细节的解释。项目文件还描述从属目标、每个项目推动活动计划细节、项目资源供应等对项目完成至关重要的工作。这样项目计划制定者建构了一整套周密的项目计划，不留下任何出现失效管理和控制的漏洞，如图 4.1 所示。

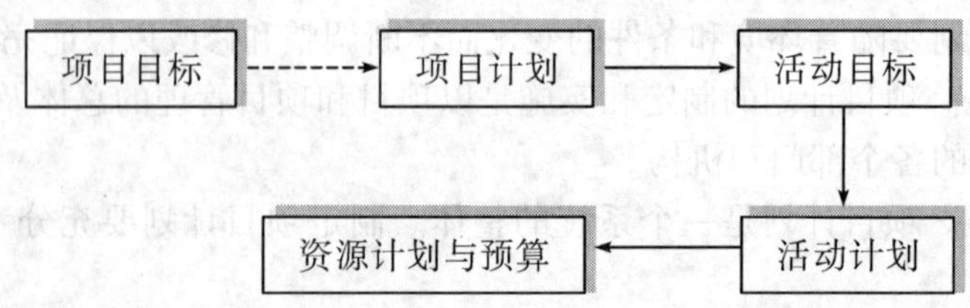

图 4.1　项目目标与项目计划

第二节 项目目标的确定

一、项目目标确定概述

所有的项目计划都要以项目目标为基础。项目目标必须准确清楚，界定明确。所有项目相关人员都必须知道和全面理解该目标，因为每个项目计划和活动都是围绕着项目目标而开展的。

要制定出一个恰如其分的项目目标，就要把握与项目目标相关联的各种约束因素并加以权衡。项目目标受到的约束，包括项目工作范围、时间、预算、技术、质量指标以及人力资源等。通常，有些项目需要在范围、时间、费用之间进行平衡，有些项目需要在范围、时间、质量之间进行平衡，这就形成了如图 4.2 所示的项目管理平衡三角。项目经理的一项主要工作，就是在对这些相互制约的因素反复权衡的基础上，确定合理的项目目标和实施计划。

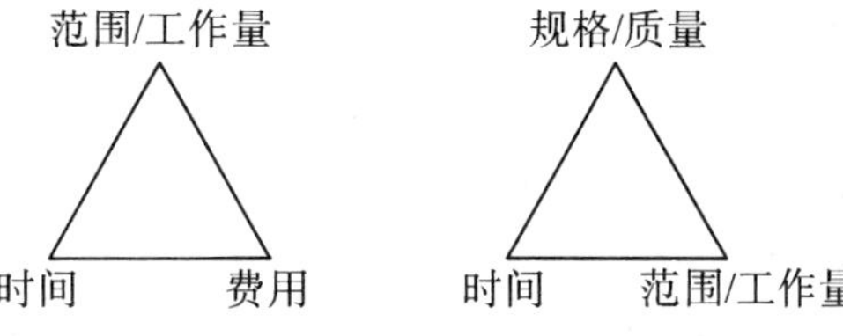

图 4.2 项目管理平衡三角

项目目标的制定方式可以作为执行和指导一个组织实现目标的管理手段。在项目进行的环境下，对项目组成员绩效的评价往往根据工作结果而不是其所花费的时间，因此对于项目组成员来说，明确项目目标，并把个人目标作为项目目标的一个有机的组成部分是非常重要的。

在进行目标管理时，应注意以下几个方面：

1. 项目生命周期延伸

项目管理典型的生命周期包括项目启动、规划、实施和结束。然而，项目如果实现了它的刚性目标——项目的工期、预算和质量，并不一定能保证项目获得预期的效益，因为有许多项目的效益要在项目结束后才能逐步实现。所以，项目管理非常重视项目的交接过程，有的还把项目生命周期延伸到项目移交之后。

项目移交过程实际上从项目设计开始，这也说明了过程重叠的必要性。为确保客户在接收到项目后，真正获得期望的效益，项目的目标应该分为两部分：硬目标和软目标。硬目标是指实物系统，如一座大厦、一套生产设备、一个信息系统等，即按质、按时，在预算范围内建成项目的实物系统。软目标是要求同时形成与实物系统相适应的人员技能和组织机构。按照这些方面来确定项目的目标，可将其称为全目标管理。按照全目标管理对项目进行管理的方法可称为全目标管理或面向目标的项目管理。

2. 项目柔性目标和柔性管理

柔性管理是管理科学发展进步的一个象征，是现代管理的重要标志之一。柔性管理是指设计和保持一种良好环境，使人们在群体中高效率的完成既定的目标。它的外延部分包括如下五个方面的内容：计划、组织、人事、领导和控制，其管理目标是要创造效率和效益。一般来说，柔性管理是在研究人们心理和行为规律的基础上采用非线性规划的方式，在人们心目中产生一种潜在的说服力，从而把组织行为变为人们的自觉行动。

从柔性管理的概念可以看出，柔性管理的本质是依据人们自身的心理和行为规律，运用柔性管理的原则，对管理对象施加的控制，柔性管理的本质体现了一般管理的本质——控制，管理的核心——协调，又体现了柔性管理的本质特征——“柔”原则和“软”控制，而且是在顺应了人们心理和行为规律的基础上进行的。

一般来说，传统的项目管理主要强调项目的工期、预算和质量，可以称之为项目的刚性目标，即项目要在预定期限内完成，费用不得超过批准的预算或合同所规定的价格，并且项目质量一定要达到技术条款要求的标准。这些刚性目标通常是由专家经过精心设计、研究和估算出来的，当然最终必须得到客户的认可或批准。然而，在制定和实现这些刚性目标的过程中，往往会遇到许多困难和困惑，比如项目初始阶段，客户需要寻找投资项目，而这时往往还提出项目的刚性目标。

尽管项目的刚性目标是客户认可或批准的，但是它们是否真正反映了客户的实际需求，真正能够实现或达到客户的目标呢？至于什么是客户的真正需求，怎么才能让客户真正满意，这才是项目管理真正的最终目标。这种目标并不是硬性规定的，而是需要项目管理者悉心体察和了解的，它们有时候很明显，有时候不明显。另外这种目标总是不断变化，所以将它称为项目的柔性目标。对于项目管理者来说，如何自始至终地把握好项目的柔性目标，是项目管理者面临的一个全新问题。

二、项目目标确定应当注意的问题

1. 目标必须切合实际

所谓切合实际，即指目标要具有完成的可能性，而且可能性极大。但是，“目标必须切合实际”这句话并不意味目标应是较低的或者容易完成的，否则目标就没有什么意义。在制定项目目标的时候，必须使项目目标成为包括客户、承包商和项目经理、项目组成员在内的所有人都愿意追求的和所能够追求的对象。

2. 目标必须用书面形式列明

对于平常的目标，许多人都认为没有必要将目标写出来，但是，对于项目的目标而言，这是涉及许多人的切身利益的事情，或许可能成为某种查证的依据。所以说项目目标一定要被正式记录下来，以作备案并用于指导计划的制定工作。

3. 目标必须具体且可以衡量

含糊笼统的目标将极难作为行动的指南。在项目管理当中不清楚的目标陈述是非常危险的，极易导致重大的不良后果。比如某单位主管因感于该单位员工流失率过高，而立下决心予以避免。倘若他将目标定为“降低本单位员工流失率”，则该目标肯定难以作为行动的指南，因为他没有具体的指出流动率应降低多少。但若该目标改为“在半年内将员工流动率由65%降至25%”，则上述的缺点将不复存在。

4. 目标之间必须相互协调

同时追求多种目标时，管理者必事先化解存在于各个目标之间的冲突或矛盾，以免让管理者所获得的各种成果因相互抵消而徒劳无功。在项目管理中，在提出需求的客户内部也有可能意见不统一。比如垃圾处理站建设的目标函数，客户的意见就有可能分成两派：一派是最低成本处理者，他们建议系统分析结果的目标函数值是使得垃圾处理成本最低；而另一派是环境至上主义者，他们要求在产生垃圾的环节尽量减少垃圾的排放，同时启动资源的循环再利用计划。既然客户的内部就有不同意见，那么，项目经理在处理的时候就应当抓住主要的、对整个客户群体具有影响力的人，同他们进行磋商和谈判，力争让所有的客户都满意。当然，成本最低是非常常见的例子，是人们最为常见的选择。

第三节　项目计划制定的原则和方法

一、项目计划制定的原则

项目计划是项目管理的首要职能，从广义上来讲包括预测和决策，从狭义上来讲，它是指为执行决策所确定的目标和方案而进行的具体规划，安排和组织实施等一系列管理活动。项目计划制定应遵循以下原则。

1. 社会性原则

项目计划需要决策的目标包括社会目标、集体目标和个人目标，因此，任何计划和决策都必须以社会的整体利益为出发点，注重社会效益。

2. 合理性原则

计划方案的合理性，主要是指所用资源、数据是基于项目的环境分析而得到的。环境因素的存在以及变化情况对项目实施计划的制定、组织机构的设置、施工技术的选择、以及人员的配备等等都将产生重要的影响。因此，在项目实施过程中，项目实施与环境之间存在的密切关系必须给予重视，使之达到满意的最优原则。

3. 经济性原则

这个原则要求利用有限的资源，生产出最多的社会需要的产品，并取得最好的经济效益。

4. 整体优化原则

为解决某一局部问题，在计划和决策中往往只想到解决自身问题的最优而忽视整体最优。例如，农业开发项目是由若干个相互联系的部分组成的一个系统，它不是各个组成部分最优的简单加和，而是综合的、辩证的最优。要从各种制约因素进行综合分析，权衡利弊。

5. 一致性原则

在做计划与决策时，各个部门和各项工作应该是协调一致的，不能相互脱节、相互排斥，要考虑一个方面对其他方的影响和预料外效应，努力做到相互衔接，相互保证。

6. 可行性原则

任何一项计划与决策，都要保证在现有资源、技术能力、资金、人力和物力等方面的可行性，应力求方案计划的可操作性以及现实性。

7. 灵活性原则

主要指在项目执行过程中外部环境复杂多变，不可控制的因素很多，始料未及的情况常有发生，应考虑多种应变计划和方案，做出各种应变的准备。

二、项目计划制定的方法

项目计划制定的方法有很多。这里主要介绍三个基本工具和方法。

1. 工作分解结构（WBS）

1）如何制定 WBS 及分类层次的具体化。WBS 的第一步是自上而下地进行任务分解。为实现项目建议书提出的交付结果，工作分解结构要分解为逐级深入的工作任务，并为这些任务命名。分解开始时，可以通过列出主要的交付结果或从项目的范围说明中找出主要活动为工作分解结构的第一层次。

WBS 的第二步是为所有提供成果的任务命名。一个任务的名称描述了一项要提供产品的活动。这样说起来似乎很简单，但分解 WBS 是计划阶段最困难的和蕴含极大风险的步骤。如果项目涉及新领域，创建 WBS 的工作就显得尤为困难，因为 WBS 是保证提供所有产品的各项任务的总和。例如，一个高层次任务看起来很容易理解，但在分解过程中，项目经理就会发现，要将所有的细分任务都列出来并不是件简单的事情，而做不到这一步就意味着将在未来实际执行项目时要处理遗漏事项，这种风险和成本都是很大的。这样的话，为得到完整、准确的 WBS 就需要让更多的、具有不同背景和技能的团队成员一起介入任务分解的工作。

WBS 的第三步是如何组织工作分解结构。所有的工作任务都被识别出来以后，就可以利用不同的方式将它们组织起来。例如，对于产品开发项目，可以将工作任务放在置于设计、实验这样的概要任务之下，也可以按照产品的组成部件来分类，因为所有部件开发到位了，产品开发工作也就基本完成了。

2）对工作包的进一步分解。对工作包的分解也可视为对 WBS 的一项细化，只是层次不同。工作包在项目工作分解结构中是不必再细分的最低层的要素，但在项目时间管理中，为了使项目的时间管理和绩效度量更为有效，要求对于已识别出的项目工作包作进一步的分解，使这些工作能够分解成更为细化和详尽的项目具体活动。换句话说，活动分解是建立在工作分解基础上的纵向、深度上的进一步细分工作。直到将具体并具有可行性和操作性的项目活动清单拉出来，才将有益于加深工作认识并方便今后对各个活动进行排序。

活动分解具体方法与项目工作包的识别和定义中的方法基本是一样的，它也需要回答“实际上项目的工作将如何完成”这样的问题，进而逐步由项目工作包分解得到项目的具体活动。这些具体活动是不能够被分解的项目工作的最小单元，它们是研究和规划项目时间管理的基本单位。

3）WBS 的作用。随着 WBS 的不断细化，它的含义从广度和深度上都有了拓展。主要有如下作用：

（1）思路工具。WBS 遵从一种由后向前、由结果到具体工作的思路，是一种很适合项目管理计划和设计的工具。这有助于从理论上先帮助项目经理和项目团队成员形象化、全局性地准确界定项目的工作，描绘一幅项目的远景和蓝图。同时，从不同的角度考虑，还可以得到不同的分解方案，既有助于项目经理找到一个满意的分解方案，也有助于从各个角度加强对项目的管理。

（2）结构设计工具。当 WBS 完成时，既可以得到列表式的 WBS，也可以得到工作层次和结构图式的 WBS，它们均能清晰的表示出各种工作之间的相互关系，以及项目的整体工作结构。这种情况下 WBS 堪称为一种设计工具。

（3）计划工具。在计划阶段，WBS 就为项目团队展现出了一个项目的全貌，显示说明了为完成项目所必需完成的各项工作。从 WBS 的最低一级活动着手，可以进行项目活动的分解与界定，估计出活动时间，制定出项目工作进度表并得出项目的工期。

（4）项目状况报告工具。WBS 可作为项目状态报告的基本框架。随着低级活动的不断完成，项目工作也在向上逐步收拢。当相关活动和工作都完成时，项目也就完成了。低级别工作的不断完成意味着高级别工作的部分完成。高级别工作完成意味着项目在不断取得进展，这些都是具有里程碑意义的事件。因此，WBS 实际上也定义了大量的里程碑事件，项目团队可以通过向高级管理层和客户报告这些里程碑时间来展示项目的进展状况。

2. 责任分配矩阵

责任分配矩阵（Responsibility Assignment Matrix，RAM）是一种将所分解的工作任务落实到有关部门或个人，并明确表示出他们在组织工作中的关系、责任和地位的方法和工具。它是在工作分解结构的基础上建立的，以表格形式表示完成工作分解结构中每项活动或工作分解所需的人员。

责任分配矩阵明确表示出每项工作由谁负责、由谁具体执行，并且明确了每个人在整个项目中的位置。责任分配矩阵还系统的阐明了个人与个人之间的相互关系，它能使每个人认识到自己在项目组织中的基本职能以及与他人配合中应承担的责任，从而能够充分、全面和主动地承担自己的全部责任。

在项目实施过程中，如果某项活动出现了错误，就很容易从责任分配矩阵图中找出该活动的负责人和具体执行人。当协调沟通出现困难或者工作责任不明确时，都可以运用责任分配矩阵图来解决，而且还可以针对某个子项目或某个活动分别制定不同规模的责任分配矩阵图。

3. 项目行动计划表

项目行动计划表是指以工作分解结构图为基础，将项目的一系列活动或任务进一步细分，并按内在的层次关系把持续时间、紧前任务和所需的资源等，汇总并记录所形成的表格。项目计划是项目管理过程中关键的一环，在项目执行以前，必须做好充分的计划才能保证项目的顺利实施。

第四节 项目计划的制定

项目计划工作是项目管理中非常重要的过程，在项目计划工作中有相对较多的活动和工作内容。

一、项目计划编制依据

在项目制定过程中，需要输入的相关文件很多，主要有如下：

(1) 相关的计划，如工作分解结构。

(2) 历史资料，如估算数据库、过去项目绩效记录。

(3) 组织政策，即与项目相关的正式的和非正式的组织政策。

(4) 制约因素，即影响项目绩效的那些限制因素。

(5) 假设条件，即因项目存在着未知因素而建立的假设。

二、项目计划制定应注意的问题

尽管不同的项目会面临不同环境会有不同要求，但所有项目都是在一定时间、一定资源限制下执行的，制订计划就要建立一个有效的监督和控制系统，尤其要注意以下问题。

(1) 意识到计划的重要性和首要性。项目在实施之前必须要制定切实可行的计划，那些“准备—开火—瞄准”的项目肯定会返工，而且还会浪费更多的资金和时间，甚至会导致项目失败。

(2) 项目计划要从整体上考虑问题。项目计划具有系统性，各个子项目的承接、时间和资源的有机协调在计划中都应有所体现，以便使项目每一阶段都能在计划中找到依据。

(3) 项目计划的范围要适中。项目计划如果只有很少的细节，那么就不可能取得比较精确的估计，如果项目计划包含太多的细节，就会超出项目经理所控制的范围，使其无所适从。

(4) 项目计划要有动态性。项目在计划过程中，还要留出适合情况变化和项目部门的各种要求的调整空间。每一个具体的部门在执行项目时，也会做出自己的计划，这些计划是否符合整个项目的要求，项目经理只有在对各部门的小计划进行归总分析后才能明确。

(5) 项目计划要考虑风险。制定项目计划必须考虑潜在的风险，如果在计划过程中忽视了风险，那么在实施过程中，项目失败的可能性比其他成功的可能性要大得多。

(6) 具体施工人员参与项目计划的制定。具体实施工作的人员最了解各项具体活动，而且通过项目计划的制定，他们会更加严格的按计划执行项目和更有效的完成工作。

(7) 项目计划要有可操作性。如果任务在执行之前就有了较好的理解，那么许多工作就能提前进行准备；如果任务是不可理解的，那么在实际执行中就比较难于操作。

第五节 项目计划的主要内容

在计划制定过程中，所提供的输出文件很多，它们都是项目执行工作的依据，其中，最主要的计划文件有：

一、工作计划

工作计划也称之为实施计划，是为保证项目顺利开展、围绕项目目标的最终实现而制定的实施方案。工作计划主要说明采取什么方法组织实施项目、研究如何最佳地利用资源，用尽可能少的资源获取最佳效益。工作计划也需要时间、物质、技术资源，这些都需要反映到项目总计划中去。

二、人员组织计划

人员组织计划主要是各项工作任务应该由谁来承担以及各项工作间的关系如何。其表达形式主要有框架图式、职责分工说明式和混合式三种。

三、设备采购供应计划

在项目管理过程中，多数的项目都会涉及到仪器设备的采购、订货等供应问题。有的非标准设备还包括试制、验收等环节。如果是进口设备，还存在选货、订货和运货等环节。设备采购问题会直接影响到项目的质量及成本。在制定设备采购供应计划时，必须掌握的信息包括：

（1）所需设备名称和数量的清单。

（2）得到设备需要的时间。

（3）设备必须的设计、制造和验收等时间。

（4）设备进货来源。

四、其他资源供应计划

如果是一个大型项目，不仅需要设备的及时供应，还有许多项目建设所需的材料、半成品，物件等资源的供应问题。因此，预先安排一个切实可行的物质、技术资源供应计划，将直接关系到项目的工期和成本。制定该计划与设备采购供应计划过程相似。

五、变更控制计划

由于项目的一次性特点，在项目实施过程中，计划与实际不符的情况经常发生。这是由下列原因造成的：开始时预测得不够准确；在实施过程中控制不力；缺乏必要的信息。有效处理项目变更可使项目获得成功，否则可能会导致项目失败。变更控制计划主要是规定处理变更的步骤、程序，确定变更行动的准则。

六、进度报告计划

进度报告计划可以分为进度计划控制与状态报告计划。

1. 进度控制计划

进度控制计划是根据实际条件和合同要求，以拟建项目的竣工投产或交付使用时间为目标，按照合理的顺序所安排的实施日程。进度计划也是物质、技术资源供应计划编制的依据。进度计划不合理，将导致人力、物力使用的不均衡，影响经济效益。在进度控制计划中，要确定应该监督哪些工作，何时监督，谁去监督，用什么样的方法收集和处理信息，怎样按时检查工作进展和采取何种调整措施，并把这些控制工作所需的时间和物质、技术资源等列入项目总计划中去。

2. 状态报告计划

项目经理在项目实施过程中需要随时了解项目的进展情况和存在的问题，以便预测今后发展的趋势，解决存在的问题。而且，项目委托人也要根据项目发展情况，及时做好使用前的准备。状态报告计划要求简明扼要、表达清楚。所写的内部报告与对项目委托人的报告应该协调一致，避免相互矛盾，影响难题的解决。有关信息方面的报告也应发给多层次的有关使用单位或个人。这样，同类资料和信息不会因为使用对象的不同而重新计算、收集和编写报告，造成工作重复。

七、财务计划

财务计划主要说明需要何种预算细则、核算哪些成本、进行哪些对比、用何种技术方法收集和处理信息以及如何及时检查和采取解救措施等。财务计划的主要内容之一是成本控制计划。项目组根据发包书中的图纸，可以计算出项目的总价，此即投标计算。投标单位中标后，便可同项目委托人进行合同谈判，把发包书中一些不清楚细节问题确定下来。中标单位再进行一次项目成本计算，此即为实施预算。对于大型的项目，实施到一定阶段就需要计算一下这阶段的实际成本，并与合同计算进行比较，检查一下盈亏情况，即为竣工决算。把每个分部（分项）的实际消耗同投标计算、合同计算、施工预算中的相应部分做比较，特别是与合同计算比较，就可分析出项目实施中的问题和盈亏情况。财务计划工作也需要时间和物质、技术资源，这些工作也要反映到项目计划中。

八、文件控制计划

文件控制计划是由一些能保证项目顺利完成的文件管理方案构成，需要阐明文件控制方式、细则，负责建立并维护好项目文件，以供项目组成员在项目实施期间使用。包括文件控制的人力组织和控制所需的人员及物资资源数量。项目管理的文件包括全部原始的及修订过的项目计划、全部里程碑文件、有关标准结果、进度报告文件以及项目文件往来。项目一结束，文件须全部检查一遍，收入文件库以备将来项目组参考。

九、应急计划

项目经理在制定计划时就要保持一定的弹性，在工期和预算方面留有余地，以备应急需要。这种难以预料的需要称作“意外需要”，这是预先无法确定的需要。“意外需要”是在开始制定项目计划时就已经考虑了的。不管是工期的宽限期或者资金的富裕量，都是一种储备，是为了解救不可预料的事件发生而造成额外消耗用的，似乎属于管理上的动用。“以外需要”属于项目经理及其上级领导共同掌握的储备。此外，还有两种储备，项目委托人的储备和项目经理的储备。制定应急计划则意味着制定候补计划，也可意味着将任务和人员的规划做的保守一点。每一个应急计划里都得详细说明发生何种情况才实施这一应急计划。

十、支持计划

项目管理有众多的支持手段，主要有软件支持、培训支持和行政支持，还有项目考评；文件、批准或签署；系统测试、安装等支持方式。

复习与思考

1. 什么是项目目标？项目目标有哪些主要特点？
2. 项目计划制定的原则有哪些？

案例讨论

杰·瑞根的迷惑

一家咖啡供应公司——瑞根咖啡的老板杰·瑞根在制定项目计划的时候决定从爱尔兰进口瓶装水，然后再投入生产。但在项目具体实施时他才发现货船无法直接开到美国。他们爱尔兰只能装一半的瓶装水，然后开到斯堪的纳维亚的某一个国家，在那里装上半船的药品。在每一个口岸，疑心的海关官员把船上的货物翻遍了以寻找药品。当搜查了所有的箱装物品后，官员们经常打碎或把瓶子丢在甲板上，重新装船之前，瓶装水已经流光或结成冰了。当初，瑞根弄不清楚为什么海关官员对他的货物如此地有兴趣。三年来，他不停地尝试不同的港口，直到他发现原因在于货物不是直接来自爱尔兰。最后，瑞根明白了问题所在并放弃了瓶装水的冒险生意。但不言而喻，这已经给该公司带来了巨大的损失。并且，改变瓶装水的来源渠道，与之相关的项目活动还需要重新定义，整个工作进度都会被打乱。如果当初在制定计划时就对把瓶装水带入美国市场渠道进行详细的调查，对面临的约束因素（海关检验等）进行分析，这种结果是完全可以避免的。

［资料来源］：杰斯汀·G. 隆内克，卡罗斯·W. 莫尔，J. 威廉·彼迪. 小企业管理（第10版）［M］. 大连：东北财经大学出版社，2000.

问题：

（1）根据案例材料说明在做项目计划时怎样对约束条件进行分析？

（2）杰·瑞银的迷惑，假如你是杰·瑞银，在开始的时候你会怎样做？

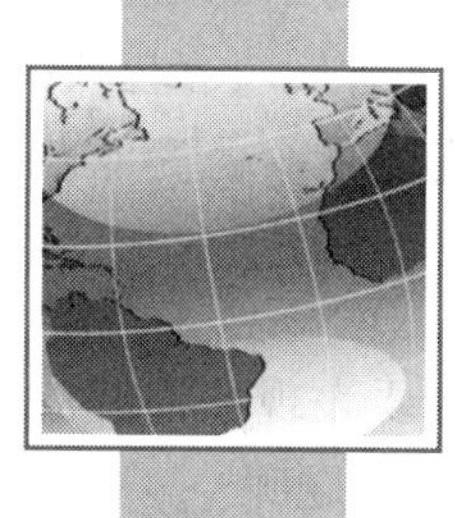

第五章

项目资源管理

要点提示

- ✍ 项目资源管理概述、项目资源按不同属性分类、项目资源的特点。
- ✍ 项目资源均衡的目的与项目资源均衡的成果。
- ✍ 项目资源均衡需要考虑的因素。
- ✍ 专家调查法、资料统计法、三点技术、资源平衡法。

案例　波士顿梦幻剧院

波士顿梦幻剧院拥有高大的屏幕、绝佳的三维立体效果和尖端科技制作的声音特效。因此，在出众的电影体验方面，没有哪家剧院能与波士顿梦幻剧院相媲美。当时，波士顿市决定在港口地区，临近新英格兰水族馆的位置开发建设这个剧院。剧院共分为四层，建筑面积为18000平方英尺（1英尺=0.3048米），拥有超过400个座位，舞台能被升起，从而将舞台变为观众席。此外，该剧院还有一个新英格兰最大的电影银幕，面积超过5000平方英尺。实际上，仅这个银幕就比一般的六层建筑物要高。该项目的一个挑战是其他施工环境条件极为苛刻，因为剧院必须修建在水族馆主大厅对面一个极小的狭小空间中。

项目经理丹·布拉若说："这个项目最大的挑战在于，需要在一个较小的机械和电力空间中进行一个简单而有效的设计。"这个剧院建设项目必须在既定的时间和预算内克服一系列的需求障碍。

（1）由于剧院位置临近洛根飞机场，为消除潜在的外部噪音，其内部设计必须具备隔音和防震功能。

（2）该剧院建设在港口水域的码头上，该码头必须支撑该建筑，具有抗侵蚀性，并允许使用连接装置。

（3）机械设备必须隐藏或者合并到建筑的设计中。

（4）将舞台转变成观众席的机械装置包括一个建筑设计风格相符、能高速运转和重复操作的电力驱动起重装置。该项目的整体设计和构架都是在极具挑战的物质条件下进行的，是有效使用项目管理技术的优秀实例。面对一系列苛刻的条件，项目团队、设计者、构建者和其他参与建造剧院的能力得到了充分的体现，他们以最少的资源获得了最大的利益。

［资料来源］：www. imax. com/theatres/boston_ NEA. htm.

思考：波士顿梦幻剧院在施工时面临着巨大的资源需求困难，主要表现在资源需求的特殊性、时间性、美观性等特点。那么该项目团队是怎么解决这个问题呢？

第一节　项目资源管理概述

项目资源管理就是确定完成项目活动所需要的人力、设备等的种类和数量从而为项目成本估算提供信息。项目资源管理是成本计算的基础。任何项目的资源（人力、设备等）都不是无限且可以随时得到的，由于项目费用、技术水平、时间等因素的影响，几乎所有的项目都要受到资源的限制。在项目开展中如何管理才能使资源的可获性、及时性达到最佳，从而降低项目成本，是值得项目管理者认真思考的问题。

一、项目资源概述

（一）项目资源的概念

“资源”是我们经常遇到的一个词，它具有丰富的内涵。国内外专家、学者对其有各种各样的解释，但至今尚没有形成一个被人们普遍接受的定义。

《辞海》对资源的解释是“资财的来源，一般指天然的财源。”单从字面上解释，比较笼统，意思不够明确。《现代汉语词典》把资源解释为“生产资料和生活资料的天然来源。”这种解释虽然比较具体了一点，但和《辞海》的解释一样，都只局限于自然资源的范畴。联合国环境规划署对资源的定义是：“在一定的时间和技术条件下，能够产生经济价值、提高人类当前和未来福利的自然环境因素的总体。”以上都是对资源的狭义解释。

现代管理学从资源经济学的角度扩展了资源的内涵。有人提出：“各种自然资源及其他成分组成的各种经济自然环境，以及人类社会形成并不断增长的人口、劳动力、知识、技术、文化、管理等，凡是能进一步有利于经济生产和使用价值的提高者，都可称之为资源。它包括自然资源、经济资源和智力资源三大部分。”显然，这是对资源广义解释。

由上可见，狭义的资源概念与广义的资源概念不同，这主要涉及资源范围的界定。自然资源是资源的基础，其他一切资源都是人类与自然之间的物质变换转化而来的。从资源经济学的角度来说，资源除自然资源外，还包括其成为生产力实现要素和潜在要素的其他资源。总之，凡是宇宙中客观存在、经过开发可以被人们所利用，能够构成生产要素进入社会再生产过程，或者为再生产提供环境条件和前提条件，为人们的生产、生活需要服务的因素，不论是以劳动手段或劳动环境形式表现，也不管是自然界还是早就存在的，还是人们加工、凝结着人类劳动的，都可以看成是资源。

我们这里所讲的项目资源又是指什么呢？它是指为了开展项目活动所需的资本或者某种人力、设备或者材料。从分类上包括自然资源和人造资源、内部资源和外部资源，有形资源和无形资源等。诸如人力、材料、机械、资金、信息、科学技术方法、市场等。从广义上讲，时间也是项目活动的资源之一。

这里还需要区分一下资源和能力这两个术语。在管理学中，资源意味着你有什么；而能力意味着你能做什么。资源与能力之间并不能简单的画等号。这里使用资源的人的素质、士气、使用资源的方式和方法等都能决定着同样的资源在不同的人手里可能发挥的作用和产生的能力是不一样的。资源是手段，我们需要的不是资源，而是通过资源的掌握和利用资源而具备某种能力。因此，资源到手之后，我们还必须要关心到底能发挥多大的效用，带给我们多大的能力。所以这里还要注意有关能力的几个术语：

（1）额定能力。是指在理想的条件下，所获得的资源最大产出量。设备的额定能力通常在有关的技术说明书中注明，而劳动力的额定能力一般由工业工程师采用标准工作测量技术来评估。但在实际使用当中不一定能充分达到这种理想状态。

（2）有效能力。是指在综合考虑活动分配计划编制和进度安排的约束、维修状况、工作环境以及使用的其他资源的条件下，可以获得的资源最大产出量。有效能力通常小于设计能力或者额定能力，因此在估计需要多少资源从而具备多大的能力时，我们更应关心有效能力是多大。

（二）项目资源分类

项目活动资源可以根据不同的标准和应用领域来分类，主要包括：

1. 按照会计学原理分类

我们可以根据会计学原理对项目所需要的资源进行分类，例如，将项目实施所需要的资源分为劳动力成本（人力资源）、材料成本及诸如分包、借款等其他“生产成本”。这是一种常见的划分项目资源的方法。其优点是通用性强，操作简便，易于接受，对于企业的项目预算和会计工作非常适用。缺点主要是没有明确说明诸如信息、知识产权等无形资产的成本。同时，也没有具体地体现项目资源管理的主要方面。例如，资源的可获性。

2. 按照项目资源的可获性进行分类

（1）可以重复使用的资源。即那些暂时应用于某些活动，但在完成之后还可以继续使用与另一项活动的资源。可重复使用资源在较长的时期内不会发生变化，而且鉴于其可以重复使用，所以他们的数量可能会不足，这时就需要对其制定细致的使用计划和进度。比如，团队成员一般都是精心挑选的，人数不宜太多，但人人都具有多方面技能与素质，是项目中可以而且经常必须重复使用的资源。

(2) 不可再生资源。即一旦投入使用，就永远不能再服务于另外一项活动，也不能再次进行补充。时间是最重要的不可再生资源，且是绝对不可再生资源。时间一旦流失了，就永远不能再回来，它既不能储存也不能更新，需要精心细致的予以计划和安排。从大的范围来讲，矿物燃料（例如煤炭、石油和天然气）和矿物储备（如在采矿中的所用的矿砂）都属于不可再生资源。一旦某地域的储量被采光，就不能再次生成，因而项目就停止了。但从小的范围来讲，比如我们建设一个矿物加工厂，在可以预见的将来，这类资源还是可以不断追加和补充的。

(3) 可补充的资源。即资源随着项目活动的开展和时间的推移而不断被消耗，但是可以通过采购、租赁的方式来进行补充。例如，各种原材料或零部件。严格来讲，资金应该是可补充资源。所以在许多项目中，项目的投资者常常被迫向处于困境中的项目投入更多的资金。"不惜一切代价，确保项目按期完工。"这是我们常常能够听到的一句话，这其中，代价往往指的就是追加投资资金。

3. 根据项目资源特点分类

(1) 无限制的资源。这类资源在项目的实施过程中，从成本和时间的角度讲没有严格的限制。例如，不需要经过培训的劳动力或者通用设备。

(2) 有限制性的资源。这类资源的价格非常昂贵，或者对技术要求较高，或者数量稀少，在整个项目的工期内不可能完全或者随时得到。例如，在项目实施过程中，需要使用特殊的实验设备，但每天只能进行若干小时的工作，或者某些技术专家同时负责项目中多个技术性很强的工作。这些都是此类资源的典型代表。除此之外，在整个项目进行的过程中，使用数量有明确要求的那些资源也属于这一类别。

（三）项目资源特点

项目是一种特殊的一次性行为，在这种行为约束下，供项目使用的资源的特点有：

(1) 有限性。资源的有限性称之为资源的稀缺性，是资源最重要的特点。大量的资源在数量上总是有限的，不是取之不尽、用之不竭的，而且可替代资源的品种也是有限的。具体到项目，一般在项目建议书、项目论证与评估书、可行性研究报告或者批准书中都对可供项目调用的资源具有十分明确的说明和规定，最明显的就是有限的人力资源（主体是项目团队）以及项目预算。因此在做项目时，资源的有限性必须引起人们的重视。在项目开展以后，项目经理不宜再从外部不断要求追加资源。

(2) 及时消耗性。项目是一次性努力，项目组织也是临时性机构，就项目来说，不可能设立庞大的库存系统和永久地保留项目资源。各种资源必须只在需要的时候按照需要的数量提供给项目使用，因此在考虑项目的资源使用时，必须确保在正确的时候、正确的地点向正确的人提交正确数量的资源，项目可以为防范资源不到位的风险而采取应对措施，但不会过早储存也不会过量储存尤其是那些比较昂贵的资源。

(3) 专有性。相比于日常的运行活动而言，项目是对时间进度要求非常高的一种活动，而且不可预见性也比较大，常出现各种各样的变更。为使这种变更与资源使用计划不产生过多的矛盾，项目最好是拥有一些能够自己决定的、相对比较固定的资源，不和其他项目或者日常运作交叉使用，以免在资源使用上过多的受到外部影响。

(4) 多用性。资源一般都有多种功能和用途，可满足多方面的需要，同一种资源可以作为不同活动的投入物，不同的项目活动对某一种资源也可能存在着共同的需求。所以，在考虑项目的资源使用时应尽可能使有限的资源满足不同项目活动的需要，使资源得到最有效的利用，并增加调配资源的灵活性，应付突发事件。资源的不断进出和调配本身就是一件很麻烦的事，也会耗用时间和金钱，因此在资源使用上，项目应该避免出现频繁地调进调出资源的情况，这尤其适用于人力资源的使用。新成员的加入和一名老团队成员的退出，不仅要办理必要的手续，还要培训、融合以及退出安置等一大堆事情要做，千万不可小视。

二、项目资源管理与项目时间管理

1. 项目活动资源数量对项目时间管理的影响

一项活动工期的长短显然会受到能够分配给多少资源量的影响。这里我们只说有影响，但二者之间不一定存在直接的线性关系，也不一定是正相关或负相关关系。例如，一个每天只工作半天的人完成一项活动所需的时间可能正好是全天都工作的人员所需工时的两倍；而两个人共同工作时，完成一项活动所需时间可能恰好是单独一个人工作时所需时间的一半，但是，并非投入工作人力的增多一定会伴随着所需时间的减少。随着过多人力的增多，项目反而会出现沟通和协调问题，影响劳动生产率。也就是说，随着资源的增加而收益增长递减。

一般而言，资源数量和项目活动工期之间主要有如下关系，如图 5.1 所示。

(1) 资源投入增加，工期减少。通常这种变化不一定总是同比例变化的。

(2) 资源投入增加，工期不变。当投入在活动上的资源超过一定的水平后，继续投入对项目的工期没有影响。

(3) 资源投入增加，工期增加。当投入在活动上的资源超过一定水平后，继续投入资源反而会使工期延长。

2. 项目活动资源的质量对项目时间管理的影响

大多数活动所需时间都受到分配的人力与物质资源能力的直接影响。例如，如果两个人都全力以赴投入工作，则通常资深人员完成指定活动所用时间要比初级人员少；一项翻译活动需要两个专业翻译工作两天，而如果使用一般大学生来完成这项活动就可能需要更长的时间。

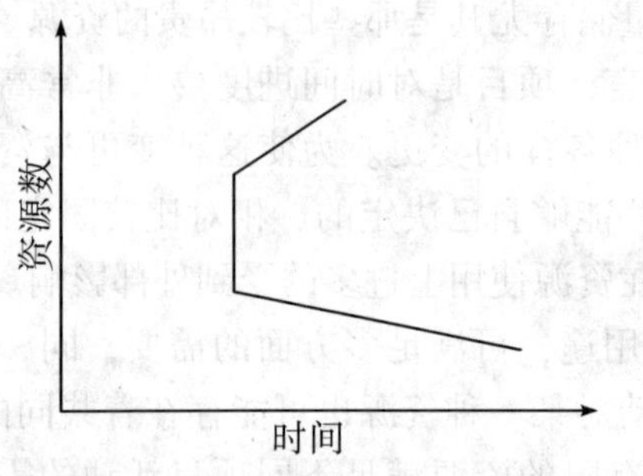

图 5.1　资源数量对项目时间影响

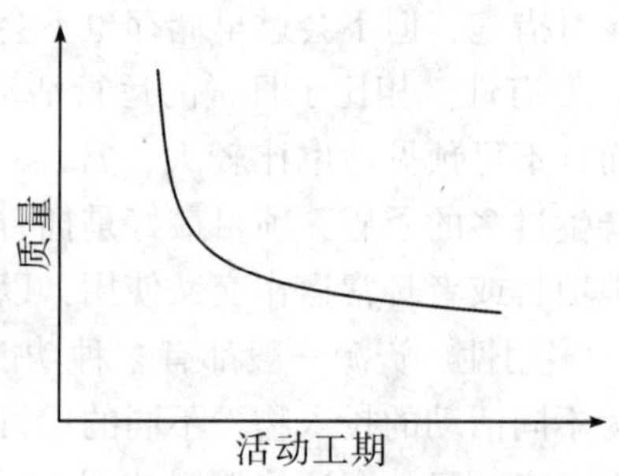

图 5.2　项目质量与活动时间的关系

如图 5.2 所示，一般而言资源质量越好，项目活动所需时间就越短，但是达到一定极限之后，再提高资源质量也不会继续减少活动时间。另外，过高的资源质量还可能意味着使用成本的增加。所以，根据项目活动所需资源的数量分析，质量是以适用、好用、易用为首要原则。

另外，在探讨项目资源质量时还要区分物质资源和非物质资源的质量问题。对于物质资源，主要借用客观的检验指标，比如水泥的质量、设备的质量等。但对于非物质资源，除了客观判断以外，还要有主观的判断。明显的就是人力资源，除了要求具有一定的知识和技能以外，对项目的投入和热情也是判断这种资源质量好坏的重要依据。

3. 项目活动资源需求节奏对项目时间管理的影响

一般来说，项目活动资源需求节奏确定了项目活动的投入时机和数量，它反映了在任何一个时点上活动所需各种资源的水平。对于项目活动来说，整个生命周期对资源需求的水平是有差异的。从总体上说，在生命周期的第一阶段和最后一阶段，资源总体需求水平是最低的；而在第二个计划阶段，资源总体需求水平相对较高，在第三个执行阶段，资源总体需求水平最高。在估计和确定资源需求时，这是一个总体上的估计。

至于资源需求节奏，我们用图 5.3 说明。假设存在三种类型的资源需求节奏，而且资源过剩时不会缩短工期，但资源不足时会延迟工期。那么，当资源均匀投入活动时，对于类型 1 而言，活动开始时资源不够使用，而后期则资源过剩，势必导致活动延期；对于类型 3 而言，活动开始资源过剩，而后期资源不足，也会导致活动延期；只有类型 2 是资源提供与资源需求匹配一致，活动工期可以满足预算工期。

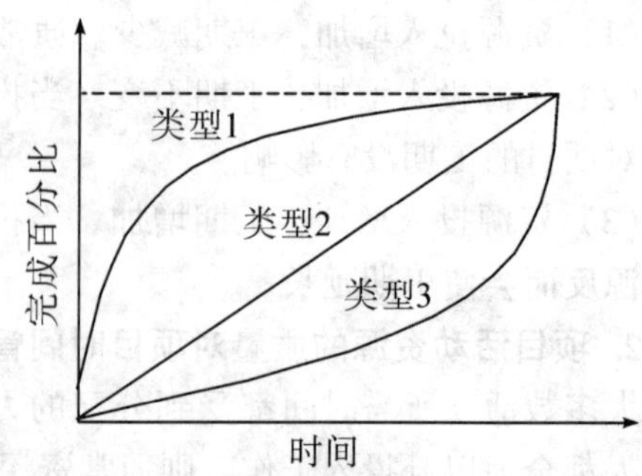

图 5.3　资源需求节奏对项目时间的影响

显然，图5.3中三项活动的资源供应总量都满足了活动资源的需求，但是类型1和类型3仍然导致了项目活动的延期，只有类型2顺利按时完成活动。由此可见，资源的需求节奏也是项目时间管理的影响因素。识别项目活动的资源需求节奏，并按照这种节奏供应资源，才会为项目的进度按计划进行提供保证。

4. 资源类型对项目时间管理的影响

完成项目活动所需的资源有多种类型，因此也就存在多种形式的资源组合。有不同能力或技能水平的人力，不同大小或类型的机器，不同的工具以及不同的原材料等。不同形式的组合都可以完成项目活动，但是在项目进度、成本、质量、风险等方面上肯定存在着差异。比如工程项目中的土方运输，可以采用汽车和手推车两种资源，显然二种资源都可以完成项目活动，但是在时间上的差异显而易见，这是因为不同资源的额定能力和有效能力是不同的。因此，资源类型是我们在进行项目活动历时估计的时候必须考虑的因素之一。改变资源类型配比与改变资源数量都可以带来项目时间上的变化，因此确定资源类型对于项目时间管理也具有重大的意义。

需要指出的是，通过增加资源数量、提高资源质量或者改变资源类型，都可以减少项目活动所需时间，但这种减少都不是无限度的，也不一定都是有效的。一方面，这和资源的使用特性有关，即资源的能力是有限度的；另一方面，和项目的特性有关，项目活动都是相互关联的，影响项目活动时间的因素很多。此外，项目活动时间的减少经常是以成本的增加为代价的，比如在土方运输例子中，以机械设备代替人工，当人工成本很低时，活动成本的增加是显而易见的；而当增加人力资源投入时，人工成本也会上升。所以，在确定采用调增资源的方式来提高进度的时候应当综合考虑各方面因素。

第二节 项目资源均衡

项目资源均衡是处理多约束综合挑战的过程。在项目生命周期中，需要实施一系列步骤进行项目资源均衡，从而使资源需求的影响降到最低。资源均衡，也称资源平衡或资源平滑，要达到两个目的：一是确定资源需求并保证资源在合适的时间是可用的。二是编制进度计划时要求每一项活动在不同的资源利用水平中尽可能平稳的变化。

资源均衡非常有用，因为它能帮助项目成员在项目的生命周期中建立活动资源需求的概图，而且利用它，人们可以进一步减小项目各周期间的波动。越早制定资源需求计划，管理项目中各项活动的衔接也就越流畅，而不用中断工作去寻找项目后续任务所需的资源。关键挑战包括制定最优决策，即在合适的时间分配合适数量的资源给合适的任务。项目资源均衡的主要成果包括以下几项：

（1）活动资源需求。活动资源均衡输出应该包括各个工作中每项活动需要的资源类型和数量的描述与说明。这些需求累计之后就能够确定各个工作包的资源需求。

（2）更新的活动特性。与输入的活动特性相比较，输出的活动特性中包括了每个活动需要的资源类型和数量，而且还反映了来自活动资源估计过程中的变更。同时它也是活动历时估计的输入条件之一。

（3）资源分解结构。资源分解结构是通过资源分类和资源类型来识别资源的层次结构，它是项目分解结构的一种，通过它可以在资源需求细节上制定进度计划，并可以通过汇总的方式向更高一层汇总资源需求和资源可用性。

（4）资源日历。资源日历确定了项目中所有资源在该项目中共同要遵守的工作日和工作时间。例如，特定的资源在工作日和非工作日是可以使用的还是应当闲置的。

（5）必要的变更。活动资源估计过程可能导致必须做的一些变更，增加或者减少活动清单中计划的活动内容。必要的变更可以通过集成变更控制来予以评审和变动。

第三节　项目资源均衡计划

一、项目资源均衡计划需要考虑的因素

为了做出最恰当的资源需求预测，资源均衡计划需要考虑以下因素：

1. 资源的可适用性

在选择资源时，不要过分的求好、贪多，要尽可能使其具有最大的适用性。这样，我们不但要考虑资源本身的质量和供给情况，还要考虑项目的需求、可以付出的成本，以及使用这种资源最想达到的目的，进行权衡。最典型的例子就是一个球队，全明星阵容并不一定就能夺冠。

2. 资源的可获性

在确定项目资源均衡时，有关什么资源、在什么时候、以何种方式提供项目利用是必须加以考虑的，否则，资源均衡计划做得再好也没有实际意义。通常，项目所需的资源并不总是可以随时随地获得的。18 勇士渡大河就是一个项目，当他们上了船之后，想再获取额外的资源是不可能的。尤其是一些稀缺性资源，比如具有特殊技能的专家、昂贵的设备等，这些资源一般在组织中很少或根本没有，必要时就得从外部引进，而且市场上也不一定随时就能满足。项目活动顺利实施的前提下，尽量选择通用的资源类型，以确保项目资源在需要的时候可以得到。例如，一些关键的零部件如果可以国内采购就没有必要引进，因为采用进口零部件一来成本比较高，二来交货期长，不确定性大。

3. 项目日历和资源日历

项目日历和资源日历确定了可用于工作的资源的时间。资源有资源的可供应时间，

项目有项目的运作时间，这两个时间表并不必然一致。

例如，一些项目仅在法定的工作时间内可以进行，而资源随时都可以供应；或者反过来说，某些资源的供给时间具有周期性，比如每周只有五个工作日（如单位的财务人员），而项目天天在进行。资源日历对项目日历有影响，它反映了项目有关人员在该项目中需要共同遵守的工作日和工作时间，例如项目团队成员可能在工厂停电日接受培训。

4. 资源质量

不同的活动对资源的质量水平要求是不同的，在确定资源需求的时候必须保证资源的质量水平满足项目活动实施的要求。比如在某些技术性要求很高的活动中，必须明确界定所需资源的质量水平。当资源质量不能满足要求时，就要考虑增大资源数量是否可以补救资源质量不足带来的问题。例如对于一项翻译活动，如果需要两个专业的翻译干上两天，那可否考虑四个非专业翻译干上两个工作日，也能完成任务？当然也有可能因为技术水平的原因，无论增加多少资源也无法按质完成该项任务。

5. 资源使用的规模经济和规模不经济

一种情况是资源投入的越多，单位时间区段的成本反而会逐渐减少，而且使得项目进度加快。这主要是因为规模经济的特点，分摊了一些成本和加快了学习曲线效应。但是，如果我们不断增加分配给某个活动的资源数量，当该资源的数量达到某一程度时，再增加资源对于该项活动的工期缩短就会适得其反。也就是说，超过这一数值时，再增加资源对于该项活动来说不仅是无效的，而且会逐渐减少效益。

6. 关键活动的资源需求

在确定资源需求的时候，应当分析活动在整个项目中的重要性。如果是关键环节上的活动，那么对该活动的资源需求应当仔细规划，适当提高该活动的资源储备和质量水平，保证活动资源在需要的时候可以及时获取；同时，还应当为该项活动准备资源需求替代方案、赶工资源需求方案等应急方案，减少资源不足带来的风险，确保该活动按计划顺利完成。

7. 活动的关键资源需求

在活动所需要的资源中，肯定有些资源是十分关键的、稀少的和不可替代的，而有些资源是不重要的、普遍存在的和可以替代的。在确定资源需求的时候，应当着重考虑关键资源的需求问题，通过增加该项资源的设备、加大采购提前期、准备多个供方等措施来确保活动工期不因关键资源的问题而受到影响。

8. 项目活动的时间约束和资源成本约束的集成

确定项目资源需求时除了考虑资源的使用性质外，还应从集成管理的角度考虑使用资源的成本和时间。当人们以各种不同的形式来实施项目活动时，各项活动的资源组合形式影响着项目成本和进度。比如，完成某项活动如果采用机械设备需要两天完成，成本是1万元，而采用人工完成需要四天，成本2000元。此时我们在确定资源需求的时候就应运用集成思想来做出决策。如图5.4所示，如果项目是时间约束型的，那么优先考虑采用机械设备完成；如果项目是成本约束型的，就优先考虑采用人工完成。在决策的过程中要对各种活动资源组合形式进行对比分析，最终选择恰当的投资组合。

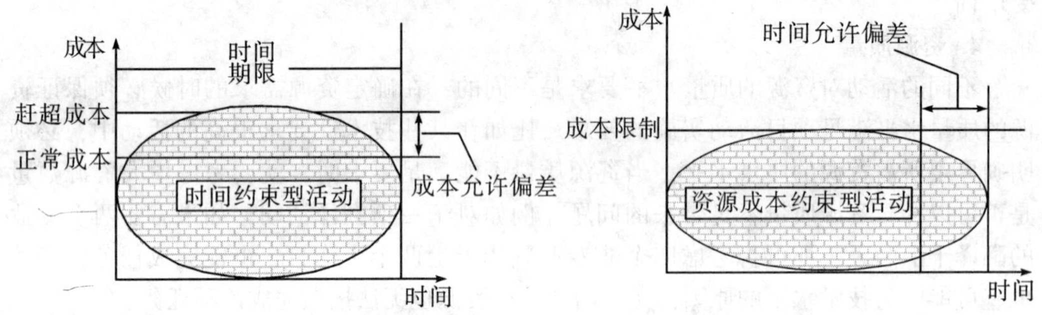

图5.4　项目活动的时间约束和资源成本约束的集成

9. 资源蕴含的风险

在确定资源需求时，还应当分析资源蕴含的风险。项目是一次性的和独特性的努力，存在着许多风险。前面已经提到过资源的质量风险、资源的可获性风险，这些风险因素都会对项目活动的资源需求产生很大的影响。还有当项目中应用新技术、新材料以及新设备的时候，由于员工对新技术、新材料和新设备的熟悉需要一定的时间，会导致资源需求和工期估计都超过原先的预计；再有，当引入新的团队成员来完成项目活动的时候，人员增加带来沟通和协调工作的难度，不同的工作习惯、不同的责任心，都会在员工之间引发冲突甚至是对抗，这些因素会削弱资源增加所带来的绩效提升。

10. 活动资源储备

在进行活动资源需求估计的时候，应当考虑活动资源的储备，特别是对关键活动和关键资源。通过增加活动资源储备可以增强项目的风险承受能力。当然活动资源储备也要考虑成本因素，太多的活动资源储备不仅会带来资源成本的增加，还会增加不必要的管理成本。

二、项目资源均衡步骤

项目资源均衡一般按照图5.5所示步骤来进行。首先根据输入条件制定活动资源需求均衡计划，然后分析活动特性，根据分析结果采用恰当的活动资源均衡估计方法，最后估算出项目活动的资源均衡计划总表。

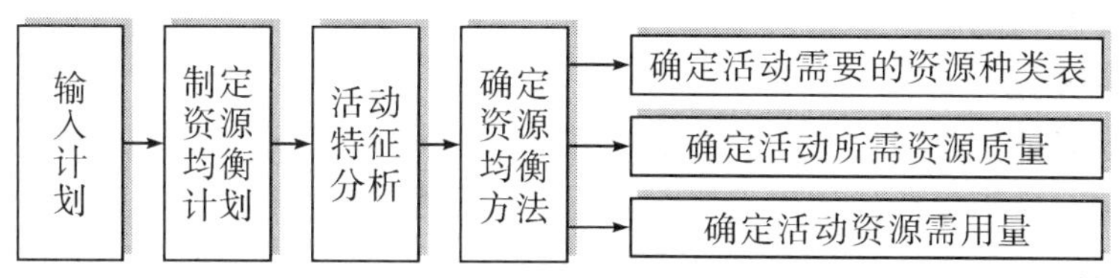

图 5.5 项目资源均衡计划步骤

项目资源均衡计划的输入条件包括以下几个方面：

1. 企业环境

在项目资源均衡计划过程中，需要使用以下企业环境中关于基础资源的可得性信息。

（1）组织或者公司文化和组织结构。

（2）政府和行业标准、质量标准和工艺标准。

（3）现有资源。

（4）干系人风险态度。

2. 组织的过程资产

组织过程资产包括正式和非止式的政策、程序、计划和指南，还包括完整的进度计划、风险数据等。

组织的过程资产提供执行组织的方针政策。一个组织的方针政策主要包括：组织人力资源方面的方针政策、组织在设备材料选用方面的方针政策、组织在获得资源方式和手段方面的方针策略等。例如，一个组织对于项目设计与施工中使用的设备是采用购买还是采用租赁的政策、一个组织是采用零库存的管理政策还是采用经济批量订货的管理政策等。这些也是确定项目活动资源需求所必需的依据之一。

3. 历史项目信息

这是指已经完成的同类项目在项目所需资源、项目资源均衡计划和项目实际消耗资源记录等方面的历史信息。此类信息可以作为新项目编制资源计划的参考资料，它可以使人们为新项目建立的资源需求和均衡计划更加科学。通常一个项目结束后就应该作出项目有关文件的备份和档案，以便将来作为历史信息使用。例如，2004 年雅典奥运会的各种资料就应该是 2008 年北京奥运会项目的历史信息，就可以用于指导 2008 年北京奥运会项目的资源均衡计划的编制。

4. 各类资源的定额、标准和计算规则

这是指项目资源均衡计划编制中需要参考国家、地方、民间组织和企业有关各种资源消耗的定额、标准和计算规则方面的规定。在项目资源均衡编制中，有许多资源数量和质量要素的确定需要按照国家、行业、地区、民间组织或企业的统一定额或统一工程量计算规则确定。

5. 项目活动清单

项目活动清单是在项目工作分解结构的基础上进一步分解得到的。项目活动清单应当内容完整，又不包括任何不必成为项目范围一部分的活动。与工作分解结构一样，活动清单应当包括每项活动的描述，而且远远比项目工作分解结构所给出的项目工作要详细具体和具有可操作性，以保证项目成员能理解该项活动应如何完成。项目活动清单直接规定和描述了项目将要开展的活动，是项目活动资源需求最为直接的依据。

6. 活动特性

活动特性包括职责（由谁执行这项工作）、地理位置或地点（在何处进行这项工作）和活动类型（总结或详述）。活动特性是活动定义过程的交付物，它会随着项目计划过程的开展而不断得到更新和完善，如图 5.6 所示，完整的活动特性除了包括以上内容外，还包括活动检验人、活动代号、活动描述、紧前活动、紧后活动、逻辑活动、提前和拖后、资源需求、强制的数据、约束和假设等信息。

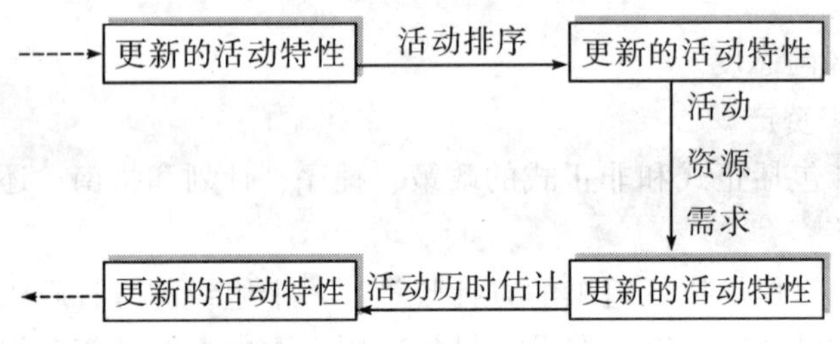

图 5.6　计划阶段活动各过程的活动特性

7. 资源的可获性

一般来说，可以使用潜在的资源可获得性的信息来估计资源需求。这种知识包括资源从哪些地方可以得到，什么时候可以获得等。例如，在项目的早期设计阶段，资源库可能只限于初级和高级工程师。但是，到了项目的收尾期，资源库可能缩小为那些参加早期的工作并对项目非常了解的人。所谓资源库是针对一个项目的资源需求而做出的各种资源供给情况的信息储备，也是项目活动资源需求编制的重要依据之一。

8. 项目工期及工期管理计划

工期管理计划是项目管理计划组成部分，虽然最初的项目工期及其管理计划还没有完全制定出来，但是初步的一些工期要求信息完全可以用在活动资源均衡计划中，而且日渐成熟的工期计划和日渐成熟的资源需求估计还是相互影响和制约的。

9. 项目活动资源需求估计的假设前提条件

项目活动资源需求估计的假设前提条件是对项目活动所涉及的一些不确定性条件的假设认定，这是为了开展需求估计工作所必须做出的假设认定。项目活动的假设前提条件同样会直接影响项目活动资源需求的估计，而且不同的假设前提条件会要求有不同的项目活动需求估计。例如，假设项目活动实施过程中材料资源的消耗率为某一数值，假设某些人力资源在整个项目工期中都可以使用等。

第四节 项目资源均衡策略

对项目资源精确均衡是不容易的。对于比较熟悉的、常规的项目活动可以获得相对比较准确的估计。而在缺乏经验的时候，估计结果的精度会大大下降，例如对一些创新项目中的活动资源均衡估计。根据项目不同特点，有如下几种项目资源均衡策略。

1. 专家调查法

专家调查法是指运用一定的方法，将专家们个人分散的经验和知识集成群体的经验和知识，进而对事物的未来做出主观预测的过程。这里的“专家”是指对预测问题的有关领域或学科有一定专长或丰富的实践经验的人。它包括项目实施组织内部其他部门的人员、外部咨询人员、专业和技术协会以及行业协会等。通常专家调查法可以用来估计项目活动资源需求。对专家做调查和索取信息所采取的具体方式有许多种，常用的有专家个人判断、专家会议和德尔菲法。

2. 资料统计法

资料统计法也是进行活动资源估计的一种重要方法。在这种方法中使用的历史数据资料要求有足够的样本，计划指标可以分为实物量指标、劳动量指标和价值量指标。其中，实物量指标多数用来表明项目所需资源的数量；劳动量指标主要用于表明项目所需人力的数量；价值量指标主要用于表示项目所需资源的货币价值（一般用本国货币币值表示）。利用这种计算方法和确定项目资源均衡计划，能够得出比较合理和切实可行的结果。但是这种方法要求有详细的历史数据，所以，这种方法的普遍使用存在一定的难度。

3. 统一额定法

这是指使用国家或民间统一的标准定额和工程量计算规则去制定项目资源计划的方法。所谓统一标准定额是指由权威部门（国家或民间的）制定的为完成一定量项目工作所需消耗和占用的资源质量和数量限额标准。这些统一标准定额是衡量项目经济效果的尺度，套用这些统一标准定额去编制项目资源需求是一种很简便的方法。但是由于统一标准定额相对固定，无法适应技术装备、工艺和劳动生产率等方面的快速变化，所以近年来许多国家正逐步放弃这种编制项目资源计划的方法。

4. 三点技术

这种方法经常使用在活动历时估计上，同样也可以用在活动资源均衡计划中。活动资源均衡受到多方面的影响，即使重复进行同一项活动，其实际资源消耗量也不一定总是一致的。因此我们可以考虑采用三点技术来进行活动资源的需求估计。它可给我们确定活动资源需求提供一个框架，这种方法要求对活动做三类估计：乐观的、悲观的和最可能的。乐观估计假设活动所涉及的所有事件均对完成该活动有利，此时的需求估计是完成活动的最少资源需求；而悲观估计则假设所有活动涉及的事件均对完成活动不利，此时的资源需求是完成活动的最多资源需求；最可能的估计是通常情况下完成活动的资源需求。汇总三类估计的结果，按照下面的公式来确定项目的活动资源需求，如图 5.7 所示。

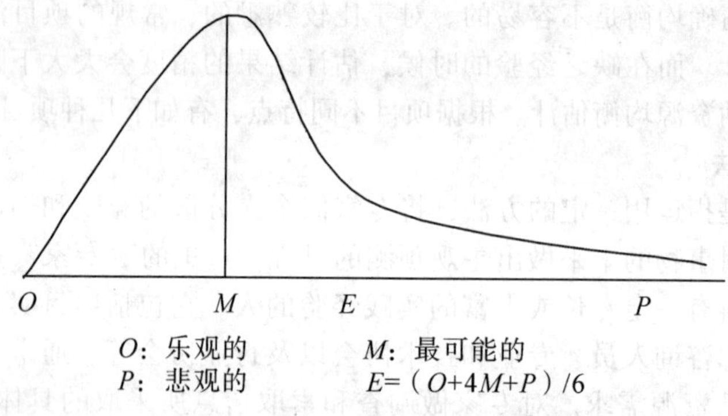

图 5.7　三点技术确定项目资源需求

5. 资源平衡法

资源平衡法是指通过确定出项目所需资源的确切投入时间，并尽可能均衡使用各种资源来满足项目进度规划的一种方法。该方法也是均衡各种资源在项目各阶段投入的一种常用方法。

1）资源平衡法的首要工作是进行资源约束分析。

（1）活动之间的技术限制分析。可以通过网络图表表示各项活动之间的逻辑关系，从而来配置资源。从技术角度来说，这些活动应该是按顺序进行的。图 5.8 表示必须按顺序进行的制造设备的三种活动——购买材料、加工零部件和组装部件。在技术上，这三种活动必须按先后顺序进行，组装设备不可能在购买材料和加工零部件之前进行。

图 5.8　制造设备的技术顺序图　　　图 5.9　无资源约束的活动网络图

（2）资源限制分析。项目网络图除了表明活动之间的技术限制之外，也必须考虑资源限制问题。例如，图5.9表示了在无资源约束的情况下可以同时完成的三种活动——装修房间、装修厨房、装修花园，即这些活动的开始是不依赖于其他活动完成的。但是如果装修项目只由一个施工队来实施的话，并假设这个施工队不可能同时进行三种装修活动，那么这三种装修活动就不能同时进行，必须有先后顺序（图5.10表示了一种可能性），因而就出现了资源约束问题。

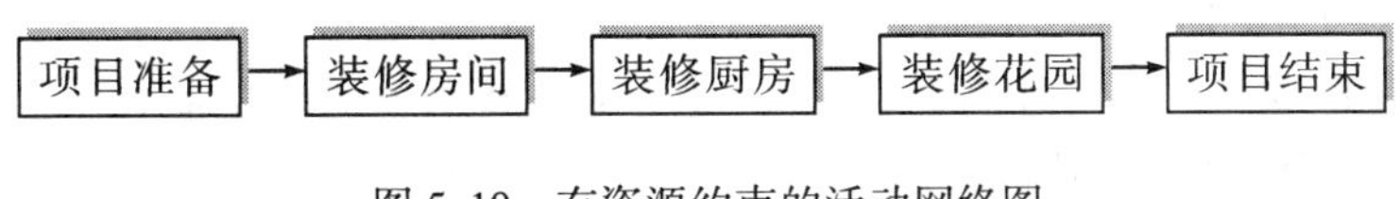

图5.10 有资源约束的活动网络图

2）资源平衡的第二步是绘制资源需求甘特图。资源需求甘特图是揭示某个特定项目所需的人工、材料等各种资源在项目寿命周期的每个时间段的需求或占用情况的一种图形，此图上表示的每类资源都可以表示为时间（项目进度）的函数。

资源需求甘特图的表现形式有两种：一种形式如图5.11所示，它可以用一张图同时表达两种以上的资源随着时间推进的需求情况；另一种形式是每一种类型的资源，均需要绘制出一幅独立的资源需求甘特图，虽然该形式的图形比较容易理解，但绘图的工作量较大，因此不适用于资源需求种类很多的项目。

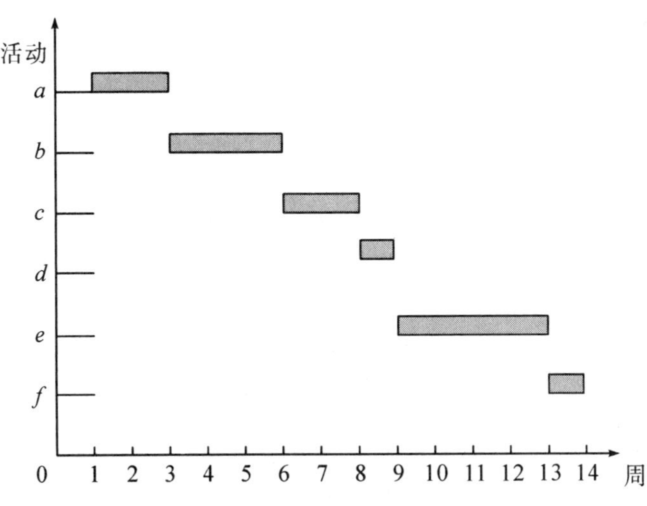

图5.11 资源需求甘特图

资源平衡分析是指在某种特定需求频繁时，在不延长项目工期的条件下，如何使资源配置得尽可能均衡，即使资源需求的波动最小化的一项工作。

3）资源平衡的最后一步是进行资源约束进度安排。资源约束进度安排是在各种资源有限而且又不准超过该资源约束的情况下制定最短进度的一种方法。由于资源约束进度安排必须遵守资源约束条件，所以应用这种方法时就会导致项目完工时间延长。这也是一种在最小时差原则下反复的将资源分配给各个活动的方法。

6. 项目管理软件法

项目管理软件法可以有助于计划、组织和管理资源库，并可以编制项目活动资源需求估算。目前市场上已经有许多项目资源计划编制方面的通用软件系统。如美国微软公司开发的 PROJECT 系列软件、美国 Primavera 公司开发了 P3 软件（Primavera Project Planner）以及北京梦龙科技有限公司开发的梦龙项目管理软件等。用这类软件一般都必须首先对项目活动所需每项资源进行编码，每一类型的资源对应一个资源代码。项目管理软件系统不仅可以储存资源库信息，而且可以定义资源的使用定额，以及确定项目资源需求的日历时间等。当然，不同软件系统有不同的复杂程度和功能强度，需要根据项目的需要进行必要的选用。

复习与思考

1. 项目资源与项目时间管理的关系？
2. 项目资源质量对项目时间的影响？
3. 项目资源计划应该考虑的因素？
4. 项目资源平衡的方法及其主要特点？

案例讨论

格拉斯顿柏林音乐节

每年夏天，都有许多人去格拉斯顿柏林音乐节，它是最有名的音乐节之一。1995年它举办了25周年纪念活动。

第一次音乐节于1970年一个周末在英联邦萨默塞特郡的一个农家举行，农场主米切尔和艾维斯观看巴斯布鲁音乐节后，产生了举办音乐节的想法。音乐节大约有1500人参加，收费1英镑，农场免费提供牛奶。

现在，音乐节已拥有一千多名演员和17个舞台。每年仲夏时节，一般是六月的一个周末，农场举办音乐节，仍然是由米切尔带头组织，艾维斯鼎力相助。1995年，大约有8万人参加音乐节。

1. 场地

1995年音乐节场地由艾维斯的私人农场和附近三个租来的农场，占地189公顷。场地主要划分为停车场、宿营地、舞台、娱乐场所、购物区和“绿色山野”。“绿色山野”设置了大量的展柜和展台，目的是为了宣传环保意识。

由于音乐节场地是空旷的农场，配套设置每年都得重建。道路必须更新铺设，架起桥梁和管道，栅栏也要竖起来，还要增添旅店、休息场所、帐篷和卫生间等设施。大量的公共设施与人员服务也必须得到充分保障：水、电话电缆、饮食、保安、社会保障、侍者、清洁工。实际上，在音乐节期间、农场要变成一个自给自足的小城镇。

2. 规划音乐节

在音乐节举办的几个月中，有许多幕后组织工作需要完成。总体的组织工作是由米切尔和艾维斯领导的一班人负责。尽管米切尔对整个筹备工作都非常感兴趣，但还是将场地划分成若干区域，聘请了一些人来负责协调这些地区的工作。两位场地管理人员负责监督场地的布局、合同和建设。另外还有大量承包商承担音乐节前期、中期和后期的组织、建造和运行。承包商通常是承接大规模活动的专业公司，其中，许多已经合作过好几次了。区域协调员是其他行业的志愿人士，他们参与一些本职工作相关或不相关的工作，如教导活动等。大多数人都参加音乐节好几次了，有的甚至在音乐节一开始时就参加了，他们具有非常丰富的经验。

音乐节的准备活动从上年的12月就开始了，首先是必须到当地行政机构申请许可证。许可证在音乐节的场地规划、车辆和行车路线、参与人员与门票、卫生设施、场地保卫与安全、健康与医务保障、应急协作、场地通讯、噪音和食品卫生等方面都规定了必须符合的若干标准，不遵守这些标准将遭到起诉。

1995年1月，在接到允许举办音乐节的正式通知后，承包商和区域协调人员与米切尔一起讨论音乐节的计划，研究决定每个负责具体区域及预算的组织者和对组织者的各项要求。1~3月招租有关农场的市场摊位。尽管最好能尽早确定乐队和演员，但他们的确需要一个过程，在最后一刻很有可能发生改变。由于音乐节的盛衰，很容易找到乐队和演员，他们常常和米切尔直接联系。

持续数周的会议和讨论之后，一直到音乐节前的第六周，协调员才开始满负荷的工作。6月1日，各个承包商在现场忙碌起来，开始搭建设施。从此各项工作开始受到密切注视。以往曾有选址不当、出现搬迁舞台的情况。在组织过程中，有一些方面具有很大的挑战性，例如向工作人员提供住宿、伙食、水电等，这些工作人员在音乐节期间或结束以后从事安装、检查和撤除设备的任务，因此需要在场地居住。

3. 举办音乐节

音乐节终于来临，主要活动项目安排在从周五上午到星期天晚上这段时间。但宿营地要在周三上午之前开放，直到下周一关闭。

一位参加音乐节的人员是这样描述的："我们在音乐节前抵达宿营地，是最早到达的一批。我们到达的那天是周四，到了周六上午，我才感觉到事情有多麻烦。当时人们在搭帐篷，但宿营地太拥挤了，简直难以找到下桩的地方！从场地上方可以看见一片红、橙、绿、蓝的气浪往外汹涌，真是一幅令人生畏的景象！"

每项工作的责任人都安排了值班人员对会场进行管理，并对发生的情况作出应急反应。这些都和设施密切相关：水和电是两个很关键的方面。

电：布置在场地周围的许多柴油发电机每天需要加两次油。加一次油，发电机可工作 12 小时，四天内发电机要消耗 4 万升柴油。

水：音乐节需要近 400 万升水，包括整个场地用水、饮食用水。当地水资源只能本地居民使用，所以用水必须从 7 英里（1 英里 = 1609.344 米）远的地方运来，运水用 7500 升到 2 万升的牛奶罐车：从节前两天开始，一直到节后周二。罐车必须每天 24 小时不间断运行。农场有一个 10 万升的储水罐，由罐车连续不断的补充。场址周围有五辆容积 2 万升的罐车，它们受到密切监控，随时补充管道将要七台水泵同时工作。水必须经过氯处理和接受环保署的监控以确保符合标准。

还有其他组织活动，如应急服务和侍者，必须能对突发事件作出快速反应。

4. 善后工作

音乐节结束之后，场地必须认真清理，还原成农场土地。在一周内，要撤除服务设施，如管道、卫生间、发电机、电线等，其他大量清理工作大约需四周的时间。

米切尔和艾维斯强调，要减少音乐节对周边环境的影响，包括在音乐节期间和音乐节结束之后：

——鼓励音乐节参与者乘坐公共交通，如地铁等。

——运用 50 米高的风叶涡轮满足舞台灯光所需的 105 千瓦电力。

——洗手间的污水由一个泥坑来收集、过滤、经过处理，六个月之后再用来灌地。

5. 音乐节费用

1994 年，音乐节经费预算约维持在 350 万英镑，它们来自票房和商业开发。预算的 90%花在音乐节的经营管理者，其余 10%捐给慈善机构，主要受益者是绿色和平组织和当地的一些组织。

6. 声誉

在所有音乐节中，该音乐节似乎是最受欢迎的。门票往往销售一空，远远满足不了需求。

音乐节的组织活动，每年都在进行。当音乐节结束时，场地清扫完毕就要进行经费结算和解决行政管理遗留问题。每隔几年，组织人员要休息一次。

[资料来源]：杨坤．项目时间管理 [M]．天津：南开大学出版社，2006.

问题：

（1）米切尔和艾维斯通过什么方法来确定项目的各项活动资源？

（2）音乐会项目和其他一般项目在时间管理上有什么特点？该项目活动的活动资源需求应该如何确定？

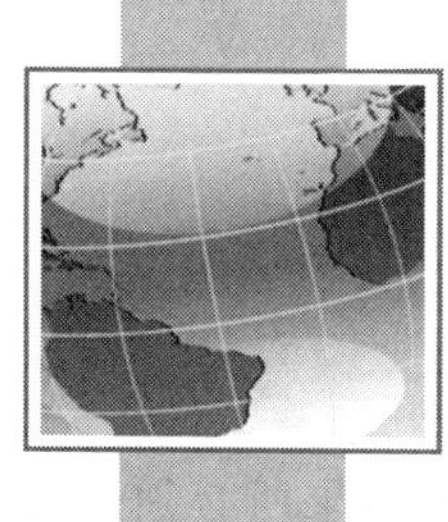

第六章 项目活动

要点提示

- ✍ 项目活动定义及其主要内容。
- ✍ 项目活动定义的方法。

案 例　　烧茶的学问

最充分地节约时间和利用时间，最充分地利用资源和开发资源，这是所有成功者的诀窍。巧妙地利用时间和资源，通过优化组合，可以用最少的资源完成预定的目标。让我们从具体的例子来说明。以烧水泡茶为例，它需要做四项工作，即洗好开水壶，洗好茶杯，准备茶叶，冲开水泡茶。要完成这几项工作，可以有以下几种程序：

(1) 洗好开水壶，灌上凉水，放在火上，等待水开；水开后，再洗茶杯，准备茶叶，冲水泡茶。

(2) 洗好水壶，洗好茶杯，放好茶叶，一切就绪，再放水烧水，水开后再冲水饮茶。

(3) 洗净开水壶，灌水烧水；烧水过程中，洗茶杯，放茶叶，水开后泡茶喝。

假定以上四项活动分别需要2分钟、1分钟、10分钟、1分钟，整个计划如果按以上顺序进行需要14分钟，但如果我们分析一下这些活动的关系就会发现：有的有先后顺序，如烧水后才可以泡茶；有的没有先后顺序问题，如洗茶壶和洗茶碗。另外，各活动的时间长短也不同，如果顺序不同的话，总的时间就会有很大不同。

项目管理提供的解决方法是：

(1) 活动分解。

(2) 逻辑作图。

(3) 编号，寻找最优化的途径。

即在烧水的同时洗茶壶、茶碗，这样11分钟完成所有工作，节约20%以上的时间。

[资料来源]：中山科普网（www.zskp.org.cn），编者整理。

思考：在这个案例中烧茶这件事被分为洗开水壶、洗茶杯、准备茶叶、泡茶四个活动，那么在项目管理中项目是怎么进行活动分解的呢？

第一节　项目活动定义

项目活动定义（Activity Definition）是确定为完成各种项目可交付成果所必须进行的诸项具体活动的过程。具体来讲就是对工作分解结构（WBS）中规定的可交付成果或半成品的具体活动进行定义，并形成文档。在项目实施中，要将所有活动列成一个明确的活动清单，并且让每一个团队成员能够清楚有多少工作需要处理。比如，成本估算，在更详尽的考虑了活动后，成本可能会有所增加，因此完成定义活动后，要更新项目工作分解结构上的内容。项目活动定义的主要工作如表 6.1 所示。

表 6.1　项目活动定义的主要工作

输　　入	工具和方法	输　　出
项目分解结构 项目范围说明 历史资料 约束因素 假设条件 专家判断	分解技术 模板法	活动清单 更新工作分解结构 辅助性资料说明 可交付物说明

一、项目活动定义的输入

1. 项目工作分解结构

项目工作分解结构（Work Breakdown Structure，WBS）是面对可交付成果的对项目元素的分组，它组织并定义了整个项目范围，未列入工作分解结构的工作，将被排除在项目范围之外。它是项目团队在项目期间要完成或产出的最终细目的等级树，所有这些细目的完成或产出构成了整个项目的工作范围。

2. 项目范围说明

项目的范围定义对项目的成功是十分关键的。如果一个项目的范围不确定，那么就可能在分解和界定项目活动的过程中漏掉一些必须开展的项目作业与活动，或者将一些与实现项目目标无关的工作或活动界定为项目的必要活动，从而分解出一些不必要的项目工作与活动。这些都会给项目时间管理和整个项目管理带来极大的麻烦。

当范围定义不明确时，就不可避免地会出现变更，并破坏项目的节奏，引起返工，延长项目工期，降低工作人员的生产效率和士气，从而给项目的时间和成本管理带来麻烦。所以，必须是已经获得确认的项目范围计划才能作为项目活动定义输入的主要依据之一。随着项目的发展，这个范围可能需要修改或再精确一些，从而更好地反映项目范围的变化。

3. 历史资料

在定义项目活动过程中，要考虑历史信息，即以往的类似的项目包含哪些活动。项目经理和项目管理人员可以从过去和现在的每一个项目中得到历史资料，即使项目是失败的。历史资料包括本项目前期工作的实际执行情况，也包括项目组织过去开展的类似项目的例子，这些资料可为项目的后期进展及今后的项目提供参考。

大多数公司不愿意记录失败资料，因为文献资料表明失败资料是源于自己所犯的错误，这对项目组织或成员来说一般是个糟糕的事情。但是，既不从别人那里学习历史经验，也不从自己身上总结，其结果是一再重复犯别人犯过的错误。

如何学习和总结历史资料是一个关键问题。现在，项目管理者非常强调从项目的历史资料档案中学习经验教训，这既是为避免重犯别人所犯的错误，也是为了避免一切从头做起。历史资料的来源包括：项目档案，行业渠道和团队成员。

当然，相关历史资料还可以有别的渠道获得，但无论是从什么途径，在使用时都应充分分析这些资料的准确性和对现有项目的针对性和实用性。特别是历史资料，它在活动定义中的作用只能是参考借鉴而不是决定性的，虽然它很重要且经过实践检验，但绝不能盲目的照搬，当作教条。应当考虑到每一个项目本身的独特性，对比环境及项目的差异性，有选择地利用历史资料。

4. 约束因素

项目约束因素是指项目所面临的各种限制条件和限制因素，任何项目都会有各种各样的限制条件和限制因素，因而，任何一个项目活动也都会有一定的限制条件和限制因素。这些因素和条件作为项目的重要信息是项目活动定义中必须要考虑的内容，它们将限制项目管理的选择余地。例如，预先规定好的预算就是影响项目团队对范围、人员和进度方案的极其重要的因素；而“活动所能耗费的最长的时间”是安排项目时间进程的重要约束条件。

当一个项目按照合同执行时，合同条款便构成约束条件。值得注意的是，这里所说的限制和约束条件都是已经确定的，都属于确定性的约束条件。在项目活动定义中，应当充分全面地考虑这些约束因素，分析这些因素带来的结果及对项目工作带来的影响，进而对具体的活动定义造成的影响。这些因素都是在定义活动时所必须要考虑的，否则一个小小的约束因素可能会给以后项目工作的进行带来诸多不便，甚至成为项目正常运行的瓶颈。

5. 假设条件

上面讨论的约束因素是一种已经确定的、在项目进程中需要考虑的限制条件，而在项目管理中，还有很多因素或前提条件是尚不确定的，但根据项目的需要必须对这些因素或条件加以考虑，我们不妨对他们先进行假设。这就是我们通常说的项目的假设条件，即在开展项目活动定义的过程中，如果还存在着一些尚不确定的项目前提条件，人们想要分解和界定项目活动并进一步制定项目进度计划就必须对他们做出假设，并使用这种假设的前提条件去定义一个项目的具体活动。

在活动定义中若确实存在这种不确定的前提条件，那么做出假设是必要的，因为如果缺少这种假设，项目活动的分解和定义过程就会由于缺少一些必要条件而无法正常开展。因此，在项目活动界定工作开始时，若对于项目的某些条件还没有获得相应的确定性信息，就需要根据人们的分析、判断和经验，人为做出假设，以作为活动的前提假设，使项目活动界定工作得以完成。

假设通常有一定的不确定性，因而也给项目带来一定风险。这里列举常用的应对方式：

(1) 通过调查收集资料，提高假设前提的准确程度，尽可能从一开始就试图减少不确定性和风险。例如在实施一个与天气密切相关的项目时，不应盲目假定天气环境的好与坏，而应大量收集本地区季节历年来的天气数据，并据此来调整项目的假设前提条件和项目活动内容，以降低风险发生的概率。这也是最主要的方法。

(2) 努力分散风险。例如通过投保或让他人来承担小部分风险，这样就可不必单独承担假设失误带来的后果。

(3) 制定应急计划。制定一个应急计划是一切计划的必要附属物。这样的话，在假设前提出现问题或实际发生变化的情况下可以迅速进行调整，从而尽可能降低对整个项目的影响程度。

6. 专家判断

定义活动过程的输入经常需要专家来判断。只要有可能，专家会依靠过去的项目资料信息进行判断。这些专家的意见可以通过一些组织或拥有特殊知识和受过专门培训的个人来提供，包括执行组织中的其他单位、咨询公司、项目干系人（包括客户）、专业团体和技术协会及行业团体。

二、项目活动定义的工具和方法

上面已经详细的阐述了活动定义所依据的资料，那么根据这些资料应当具体的采用什么样的方法来定义活动呢？其实，活动定义的主要内容就是要搞清楚一个项目究竟要完成哪些工作，这些工作定义又包含哪些具体的项目活动。活动定义的输出结果是列出包含所有具体活动的清单。

对于较小的项目活动，可以采取“头脑风暴法”，让项目团队的成员集思广益，提出所有他们能想到的项目活动及与项目相关的想法或见解，然后整理出一份活动清单。具体来说，可以依照这样的步骤来进行：

（1）确定要讨论的项目活动。一个好的头脑风暴法是从对问题的准确阐明开始。因此，必须在会前确定一个目标，使与会者明确通过这次会议需要解决什么问题，同时不要限制可能的解决方案的范围。通常，具体议题能使与会者较快产生设想，主持人也较容易掌握；抽象和宏观的议题引发设想的时间较长，但设想的创造性也可能较强。

（2）会前准备。为了使头脑风暴畅谈会的效率较高，效果较好，可在会前做一点准备工作。如收集一些资料预先给大家参考，以便与会者了解与议题有关的背景材料和外界动态。就参与者而言，在开会之前，对于要解决的问题一定要有所了解。会场可作适当布置，座位排成圆环形的环境往往比教室式的环境更为有利。

（3）确定人选。一般以 8~12 人为宜，也可略有增减（5~15 人）。与会者人数太少不利于交流信息，激发思维；而人数太多则不容易掌握，并且每个人发言的机会相对减少，也会影响会场气氛。只有在特殊情况下，与会者的人数可不受上述限制。

（4）明确分工。要推定一名主持人，1~2 名记录员（秘书）。主持人的作用是在头脑风暴畅谈会开始时重申讨论的议题和纪律，在会议进程中启发引导，掌握进程。如通报会议进展情况，归纳某些发言的核心内容，提出自己的设想，活跃会场气氛，或者让大家静下来认真思索片刻再组织下一个发言高潮等。记录员应将与会者的所有设想都及时编号，简要记录，最好写在黑板等醒目处，让与会者能够看清。记录员也应随时提出自己的设想，切忌持旁观态度。

（5）规定纪律。根据头脑风暴法的原则，可规定几条纪律，要求与会者遵守。如要集中注意力积极投入，不消极旁观；不要私下议论，以免影响他人的思考；发言要针对目标，开门见山，不要客套，也不必做过多的解释；与会者之间相互尊重，平等相待，切忌相互褒贬等等。

（6）掌握时间会议时间由主持人掌握，不宜在会前定死。一般来说，以几十分钟为宜。时间太短与会者难以畅所欲言，太长则容易产生疲劳感，影响会议效果。经验表明，创造性较强的设想一般要在会议开始 10 到 15 分钟后逐渐产生。美国创造学家帕内斯指出，会议时间最好安排在 30~45 分钟之间。倘若需要更长时间，就应把议题分解成几个小问题分别进行专题讨论。

（7）整理问题，分析重点问题。研究记录员的记录清单，把工作分为具有共同特征的几个重要的类别，这就是未来的工作任务；如果合适的话，把一个特定工作任务中的工作分为一些小任务，仔细考虑已经创建的每一个种类，确定有无可能遗漏的、或需要追加的工作，并以此来决定项目该做的具体活动和制定新的活动清单。

头脑风暴是一种技能，一种艺术。它提供了一种有效的就特定主题集中注意力与思想进行创造性沟通的方式，无论是对于学术主题探讨或项目活动的解决，都不失为一种可资借鉴的途径。惟需谨记的是使用者切不可拘泥于特定的形式，因为头脑风暴法是一种生动灵活的技法，应用这一技法的时候，完全可以并且应该根据与会者情况以及时间、地点、条件和主题的变化而有所创新。

对于包含从未试过的方法和手段的新项目或遇到项目团队从未做过的有关项目时，“头脑风暴法”的简单有效性能够充分显示出来。但对于相对较大或较复杂的项目，这种方法由于缺乏一定的系统性，主观因素太多，很难涵盖所有的项目活动，因此，需要利用更加规范化和结构化的方法定义项目活动。

1. 项目活动分解法

项目分解法是为了项目更加易于管理，以项目工作分解结构为基础，按照一定的层次结构把项目工作逐步分解为更小的、更易操作的工作单元。这种方法有助于找出工作分解结构规定的可交付成果所需完成的所有活动，并且可以对这些活动进行更有效的管理。

分解涉及的主要步骤包括：

（1）确定项目的主要元素。通常，项目的主要元素就是项目的可交付性成果和项目管理的主要内容。然而，也可以依照项目的实际管理方式进行定义。例如，在某项目具体活动分解中，项目生命周期的各个阶段可能作为分解的第一层次，而各阶段的可交付物可以作为分解的第二层次。

（2）确定在每个元素的层次上能否编制出恰当的费用和历时估算。“恰当”意味着：一是每项活动耗用多长时间和费用与其他活动是独立的，可以独立进行估算；二是它可能随项目的进程而变化——不要幻想一劳永逸的完成分解工作，这对在遥远的将来才可交付物的项目是不可能实现的。对每个元素，如果已经足够详细，进入步骤（4）；否则，进入步骤（3）——这意味着不同的元素可能有不同的分解层次。

（3）确定可交付物的组成元素。组成元素的描述应该是切实的、可进行验证的，以便在执行情况时进行精确的定义，而不是概念定义。切实、可验证的结果既可以包括产品，也可以包括服务（例如，状态报告能够被描述成状态周报；对生产制造的项目，组成元素可能包括几个单独的成分加上最后的装配）。如果需要的话，在每个组成元素上重复步骤（2）。

（4）核实分解的正确性。

按照这样的步骤进行分解，最终将能得到项目各个工作包中所包含的所有具体活动。

2. 模板法

所谓模板法或参考样板法，是指将已经完成的项目工作分解结构（WBS）予以抽象，形成类似的项目活动清单或部分活动清单，作为某一类新项目活动定义的模板。一个项目组织过去所实施的项目活动的分解常常可以作为新项目活动分解的样板。虽然每个项目都是独一无二的，但仍有许多项目彼此之间都存在着某种程度的相似之处。根据新项目的实际情况，在模板上调整项目活动，从而定义出新项目的所有活动。在定义项目活动时，模板法是一种简洁、高效的活动分解技术。

具体来说，使用模板就是在一个已完成项目的活动清单（或一个已完成项目活动清单的一部分）的基础上，根据新项目的各种具体要求、限制和假设前提条件，通过在模版上增减项目具体活动和方法，分解和定义出新项目的全部具体活动，从而得到新项目的活动清单的这样一个过程。一个模板就是一个预先设计的项目活动清单，它包含了类似于此项目的一些典型活动。

三、项目活动定义的输出

上面已经分析和阐述了项目活动定义所需要的输入要素以及定义活动时可以使用的工具和方法，那么活动定义该以什么样的方式表现出来呢？也就说项目活动定义的输出结果，及一系列的信息和文件，包括项目活动清单、相关细节说明以及更新后的项目工作分解结构。这些资料作为整个活动定义过程的结果，为接下来的项目计划和实施的工作提供了前提和依据。

1. 项目活动清单

项目活动清单（Bill of Activities，BOA）是在对项目活动的进一步细化分解的基础上生成的，是项目所要开展的各项具体活动的说明文件。项目活动清单必须无一遗漏的包含项目中所要执行的所有活动，并且应按照一定的逻辑顺序组织起来。项目活动清单是应对作为工作分解结构每一项活动的一个具体化描述，以利于确保它的完整，并且要保证它不包含任何不在项目范围内的活动，以确保项目组成员有一个清楚的理解。清单中所列出的活动远远比项目工作分解结构所给出的项目工作要详细、具体并有可操作性。活动清单可采取规划法的文档形式，以便于项目其他过程的使用和管理。

2. 更新的 WBS

在定义项目活动的过程中，在利用工作分解结构识别需要进行哪些活动时，项目组织可能会发现原有的工作分解结构中遗漏的可交付物，或者可以确定可交付物的说明需要澄清或更正不合理的地方，所以要对原有的工作分解结构进行更新（如成本费用估算等）。同时，所有此类更新必须反映在工作分解结构和有关文档中。也要对其他的相关项目管理文件进行更新。当项目包含新的或未经验证的技术时，这种更新最有可能。

在进行项目活动逻辑关系界定的时候，或许能够对工作分解结构产生深刻和全面的理解。利用工作分解结构进行工作鉴别和逻辑关系界定时，项目经理和项目管理人员就可以发现其中一些可交付的东西以及相应的说明性文献。这些更新信息应当在工作分解结构中有所体现，通常称之为工作分解结构的精炼。

3. 辅助性说明

项目活动定义会产生一些辅助性的详细资料。活动清单的详细资料应该根据需要进行编制并形成文档，以便将来作为其他项目管理过程的参考依据，这就是辅助性说明信息。当然，辅助性说明信息也必须包含所有曾经用到过的、确定的、与具体活动相关的各约束条件和假设条件的文档。

第二节　项目活动的逻辑关系

一、项目活动逻辑关系定义

项目活动的逻辑关系，是指各项活动进行时必须遵循的先后顺序。一项活动只有在另一项活动完成之后，才能开始进行，这样就产生了各项活动进行的先后次序关系、纵横约束等。项目活动逻辑关系的确定是活动排序的前提，在项目定义完成之后接下来就是项目活动逻辑关系整理和活动排序。项目活动逻辑关系与活动排序可以同时完成，因为活动排序涉及项目范围说明书、审查 WBS 中的活动清单、活动属性、里程碑清单、假设和约束条件等，已决定活动之间的相互依赖关系，它也涉及评价活动之间依赖关系。

二、确定项目活动之间的关系

1. 影响项目活动之间逻辑关系的因素

如前所说，工作排序的确定首先应分析工作之间存在的逻辑关系，在确定逻辑关系的基础上再加以充分分析，以确定各工作之间的组织关系。通常各活动之间的逻辑关系是由以下一些因素决定的。

（1）活动规律。人们通过实践，不断发现和总结出很多活动的客观内在规律。例如一个建设项目，必须先进行可行性研究，再进行项目设计，施工；先竣工验收，再投入使用等。如不按其客观顺序规律实施，有可能因此付出更多代价，承担更大风险。

（2）工艺要求。在很多工程活动中，一项活动的结果正是另一项活动进行的必备条件，这就是所谓工艺顺序。例如在新汽车研发项目中，应先生产零部件，后进行生产组装；在安装风力发电设备过程中，应先安装好发电组，再运行发电等。

（3）场地限制。有一些活动，是在同一场地或对同一物件进行的。那么，只有等一项活动完成让出场地或活动面后，另一项活动才能进入这一场地或活动面。如水电施工中的水管道安装和高空铺缆施工等。

（4）资源限制。在一项活动需求量很大而作业人员设备等资源有限的情况下，只能将该项活动分成若干部分，在完成一部分活动之后再去完成另一部分活动，这无形之中也会在一项活动的各部分之间产生完成的先后顺序关系，即顺序逻辑关系。

（5）作业方式。项目活动所实施的作业方式有多种类型。从总体上来说，活动逻辑关系可以分成串行（依次）作业、平行作业和组合作业。

2. 项目活动之间逻辑关系的分类

项目活动之间的逻辑关系主要有以下几种：

（1）强制性依赖关系。是指客观存在的、不变的逻辑关系。这种活动取决于活动之间的必然联系，所以把项目活动之间的这种关系又称之为硬关系。比如：工程建设项目一般要经历设计、建造、验收等必要环节，顺序不能颠倒；印刷稿件必须先校对、后印刷等。由此可见，这种固有的客观需要和不可缺少的依赖关系，一般来自于物力或者技术上的某些客观限制条件。

强制性逻辑关系是确定工作顺序的首要条件。这种工作顺序的确定一般来说相对比较容易，原因就在于一种工作之间存在的内在关系，通常是不可调整的，主要依赖于技术方面限制的活动更是如此，因此确定起来比较明确，通常由技术人员会同管理人员共同商量后即可完成。

（2）自由依赖关系。又称为可灵活处理的关系、自由依存关系、软逻辑关系等。这种逻辑关系随着人为约束条件的变化而变化，随着实施方案、人员调配、资源供应条件的变化而变化。比如：把正式宴会看作是一个项目，则主持人/主人的喜好厌恶在极大程度上决定宴会的议程和内容，即使是嘉宾致辞这样一个宴会都有的内容，其先后顺序安排也有可能不一样。但其仅仅适用于硬逻辑关系不是很强的情况，而且不能强行违背硬逻辑关系。

正是由于这种依赖关系不像强制件依赖关系那么明显和确定，所以可由项目团队根据具体情况做出活动间的顺序安排，一般代表了项目团队的偏好或倾向性，所以在使用时要特别当心。

这种关系一般可分为以下两类：一是按已知的“最好做法”来安排的关系。只要不影响项目的总进度，活动之间的先后顺序就可以按习惯或项目团队喜欢的方式安排。一般还给这类关系另称之为：软逻辑关系；二是为了照顾活动的某些特殊性而对活动顺序做出安排。其顺序即使不存在实际制约关系也要强制安排。

对于无明显逻辑关系的那些工作该怎么安排呢？其工作排序具有随意性，但一旦做出安排也可能会限制以后进度安排的选择，从而直接影响到项目计划的总体合理水平。可以说，工作组织关系的确定一般比较难，它通常取决于项目管理人员的知识和经验，因此组织关系的确定对于项目的成功实施也是至关重要的。

（3）外部依赖关系。在项目工作与非项目工作之间通常会存在一定的相互影响，因此在项目工作计划的安排过程中也需要考虑外部工作对项目工作的一些制约及影响，这样才能充分把握项目的发展。这就是所谓的外部依赖关系，或叫做外部依存关系。

大多数依赖关系限于项目内部活动之间。然而，有些依赖关系则涉及本项目之外其他的联系或者同一个或多个干系人非本项目活动的联系。例如，信息系统的试运行不但需要项目组开发的软件，也需要外部供应商提供的硬件设备，这些外部设备的到货时间就构成了试运行的外部依赖关系。

(4) 工作依赖关系的确定方式。工作依赖关系一般由项目干系人（顾客、项目组成员、高级管理层和专家等）一起讨论并定义。有的组织会根据类似项目的活动依赖关系，制定一些指导性原则；有的组织则依靠项目中的专门技术人才以及他们与该领域其他员工和同事的联系，这样的做法通常更容易一些。

许多组织不理解定义活动依赖关系的重要性，并且在项目时间管理中根本就不定义活动的依赖关系，仅凭感觉和以往的经验安排工作，或者每天、每周都是看哪项工作最紧急就先干哪项工作，或者现有条件下哪项工作可以干就干哪项工作。如果不精确定义活动顺序的话，不仅对项目的轻重缓急心中无数，也无法使用当前流行的一些强大的项目进度计划工作。如计划评审技术和关键路线法等，因为在实际应用中，工作排序一般是与网络计划紧密结合使用的。

三、项目活动时间相关关系

对于两个相互关联的活动 A 与 B，存在时间安排上的相互关联性关系，这种关系是进行“活动排序”的基础。活动之间的相关关系分为以下几种：

(1) 完成—开始（Finish-to-Start，FS）。后续活动的开始要等到先行活动的完成。在图 6.1 中，A 活动结束，B 活动才开始。例如，只有在软件或新系统安装之后，才能用该软件或新的系统进行用户培训工作。完成—开始（FS）是最常用的且风险最低的一种依赖关系。

(2) 完成—完成（Finish-to-Finish，FF）。后续活动的完成要等到先行活动的完成。在图 6.2 中，B 活动结束时，A 活动也必须结束。出现这种时间关系有两种可能：第一，只有 A 完成以后 B 才能完成。例如，在一个市场调查分析的项目中包含两个活动：数据采集（A）、数据录入（B）。只有在数据采集完成后，数据录入才可能完成。但不一定数据采集完成后数据录入才可以开始，为节省时间、加快速度，有些情况下也可以边收集数据边录入数据。第二，从提高效率、压缩时间以及方便后续工作尽快开展的角度考虑，要求两个活动同时完成。

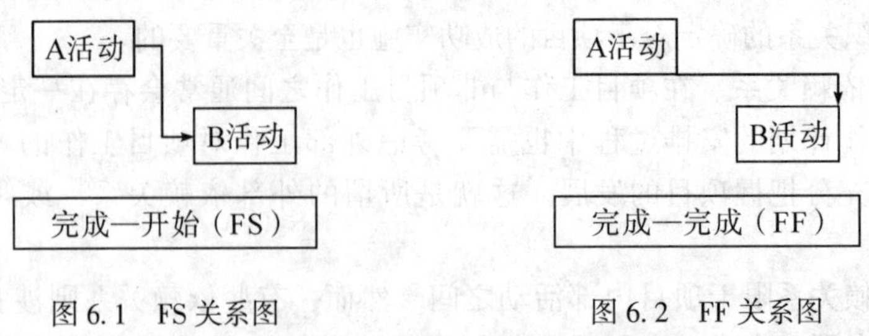

图 6.1 FS 关系图　　图 6.2 FF 关系图

(3) 开始—完成（Start-to-Finish，SF）。后续活动的完成要等到先行活动的开始。在图 6.3 中，B 活动结束时，A 活动必须开始。这是最容易出错的一种关系，很容易与

B 结束，然后 A 必须开始混淆。这种关系一般很少用。例如，中英香港政权交接仪式上，在零点之前要先奏英国国歌，零点之后要奏响中国国歌，为了显示中国的主权，不能出现音乐的间隙，因而在英国国歌结束之后必须开始演奏中国的国歌。当然，技术上如何处理得天衣无缝那是音乐家和指挥家的事，与政治无关，与项目管理专家也无关。

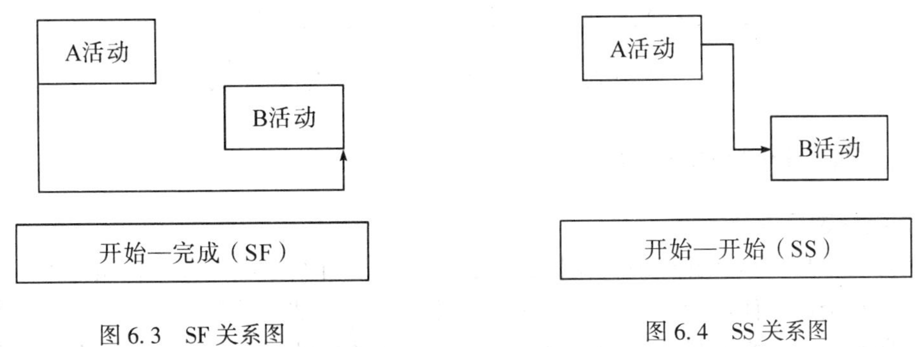

图 6.3　SF 关系图　　　　图 6.4　SS 关系图

（4）开始—开始（Start-to-Start，SS）。后续活动的开始必须要等到先行活动的开始。在图 6.4 中，A 和 B 不存在必然的紧随关系，可以同时开始，也可以依次开始。但 B 活动开始时，A 活动必须开始。一个典型的例子就是装修一个屋子，在安装灯具时电线线路的安装必须完成，或至少是已经开始施工了，这样就可以缩短项目用时。

第三节　项目活动分解技术

工作分解结构（Work Breakdown Structure，WBS），是按一定的逻辑关系将项目划分为可管理的工作单元。工作分解结构是确定整个项目范围的一种最为常用的方法，他先将一个项目分解为数个子项目，每个子项目再逐级分解成相对独立的小的工作单元，并确定每个工作单元的任务及其从属的工作（或活动）。

工作分解结构以可交付成果为对象，是项目团队为实现项目目标并创造必要的可交付成果而执行的工作分解之后得到的一种层次结构。工作分解结构确定了项目整个范围，并将其有条理的组织在一起。

工作分解结构把项目工作分成较小和便于管理的多项工作，每下降一个层次意味着对项目工作更为详尽的说明。属于工作分解结构底层组成部分的计划工作叫做“工作细目”，可以安排在进度表中估算和监制。工作分解结构是当前批准的项目范围说明书中规定的工作。构成工作分解结构的各个组成部分有助于厉害关系者理解项目的可交付成果，如图 6.5 所示。

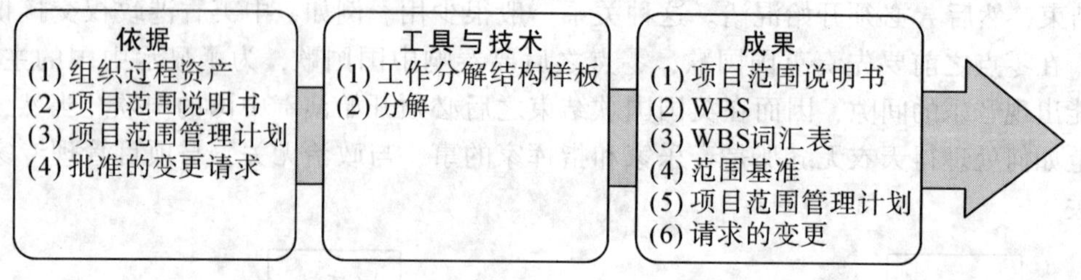

图 6.5 制作工作分解结构：依据、工具与技术和成果

一、项目分解结构的依据

1. 组织过程资产

制定的项目章程和各种项目文件，以及任何一种有利于项目成功的资产都可以作为组织过程资产。任何参与项目的组织都可能有正式或非正式的方针、程序、计划和原则，所有这些的影响都必须考虑。组织过程资产还反映了组织从以前项目中吸取的教训和学习到的知识，如完成的进度表、风险数据和实现价值数据。组织过程资产的组织方式因行业、组织和应用领域不同而异。通常，组织过程资产分为两类：

1）组织进行工作的过程与程序。

（1）组织的标准过程，例如标准，政策（如安全和健康政策），标准产品和项目生命周期，质量方针和程序（如过程审核，目标改进，检查清单，以及应用于组织中的标准化过程定义）。

（2）标准化的指导方针，工作结构，提案评价标准，以及工作状况测量标准。

（3）模板（如风险模板，工作分解结构模板，项目进度网络图模板）。

（4）为了满足项目的特殊要求，组织标准过程中采用的指导方针和标准要作适当的修剪。

（5）组织通讯需求（如明确可用的通信技术，被许可的传播媒体，录音记录和安全需要）。

（6）项目收尾的指导方针或需求（如最终的项目审计，项目评价，产品确认和认可标准）。

（7）财政控制程序（如时间报告，必要的花费和支出复核，会计法规，标准合同规定）。

（8）问题和缺陷管理过程定义了的问题和缺陷控制、鉴别、处理决定和活动条目跟踪。

（9）变更控制过程，包括修改正式的公司标准，政策，计划，过程（或任何项目文档），以及批准和生效任何改动时遵循的步骤。

(10) 风险控制过程，包括风险种类，确定概率及其后果，以及概率和后果的矩阵。

2）组织整体信息存储检索知识库。

(1) 过程测量数据库，用于搜集与提供过程与产品实测数据。

(2) 项目档案（如范围、费用、进度、质量基准、实施效果测量基准、项目日历、项目进度网络图、风险登记册、计划的应对行动，以及确定的风险后果）。

(3) 历史信息与教训知识库（如项目记录与文件，所有的项目收尾资料与文档记录，以前项目选择的决策结果与绩效的信息，以及风险管理努力的信息）。

(4) 问题与缺陷管理数据库，包括问题与缺陷状态，控制信息，问题与缺陷解决和行动结果。

(5) 配置管理知识库，包括公司所有正式标准、方针、程序和任何项目文件的各种版本与基准。

(6) 财务数据库，包括工时、发生的费用、预算以及任何项目费用超支等信息。

2. 项目范围说明书

项目范围说明书详细说明了项目的可交付成果和为提交这些可交付成果必须开展的工作。项目范围说明书是所有项目利益相关者对项目范围的共同理解，说明了项目的主要标准。项目范围说明书还使项目团队能够实施更详细的规划，在执行过程中指导项目团队的工作，并构成评价变更请求或增加的工作是否超出项目边界的基准。

项目范围说明书对于哪些工作要做和不要做的明确程度和水平，决定了项目管理团队控制整个项目范围的好坏。管理项目范围又进一步决定了项目管理团队规划、管理和控制项目执行的好坏。详细的项目范围说明书可能直接或间接以引用其他文件的形式。其内容包括以下事项：

(1) 项目目标。项目目标包括可测量成功标准。项目可能有各种各样的运营方式、费用、进度、技术和质量目标。项目目标可能还包括费用、进度和质量指标。每一个项目目标都有属性，如费用目标就有以美元计量单位，并有绝对或相对数值，例如少于 100 美元。

(2) 项目范围说明书。产品范围说明书说明了项目应创造的产品、服务或成果的特征。这些特征通常在早期阶段不够详细，而在以后的阶段，随着产品的特征逐步明确，产品范围说明书也就逐渐详细起来。虽然这些特征的形式与实质彼此之间相差悬殊，但范围说明书应提供足够的细节配合后来的项目范围规划。

(3) 项目要求说明书。项目要求说明书说明了项目可交付成果为满足合同、标准、技术规定说明书或其他正式强制性文件的要求，而必须满足的条件或必须具备的能力。对利益相关者所有需要、愿望和期望所做的分析结果，要按照轻重缓急和重要性大小反映在项目要求说明书中。

（4）项目边界。项目边界通常明确哪些事项属于项目的内容。如果某利益相关者认为某一具体产品、服务或成果是项目的组成部分，则项目边界清楚的说明了哪些具体事项不包括在项目之内。

（5）项目可交付成果。可交付成果既包括项目产品、服务或成果组成的结果，也包括附带结果，如项目管理报告和文件。对可交付成果可以概括，也可以详细说明，具体视项目范围说明书的情况而定。

（6）产品验收准则。产品验收准则确定了验收已完成产品的过程和原则。

（7）项目制约因素。项目制约因素列出并说明同项目范围有关并限制项目团队、选择的具体制约因素。例如，顾客或实施组织签发的事先确定的预算或任何强加的日期（进度里程碑）。当项目根据合同实施时，合同的条文一般都是制约因素。详细的范围说明书列出的制约因素，一般都比项目章程列出的多而详细。

（8）项目假设。项目假设列出并说明同项目范围有关的具体项目假设，以及其在不成立时可能造成的潜在后果。项目团队经常识别、记载并验证假设，这项工作属于项目团队规划过程的一部分。详细的项目范围说明书列出的假设一般都比项目章程的多而详细。

（9）项目初步组织。

（10）初步确定的风险。

（11）进度里程碑。顾客或实施组织可能识别的里程碑，并为这些里程碑规定强制日期。这些日期可以当作进度制约性因素考虑。

（12）资金限制。说明了置于项目资金上的所有限制，包括总金额或规定的时间。

（13）费用估算。项目的费用估算分解为项目的预期总费用，而且一般在前面加一个修饰词，指明估算的准确性，如概念（估算）或确定（估算）。

（14）项目配置要求。说明了项目实施的配置管理和变更控制水平。

（15）项目技术规定说明书。项目技术规定说明书识别了项目应当遵守的技术规定文件。

（16）批准要求。批准要求识别了适用于诸如项目目标、可交付成果、文件和工作等事项的批准要求。

3. 项目范围管理计划

项目范围管理计划是项目团队确定、记载、核实、管理和控制项目范围的指南。项目范围管理计划的内容有：

（1）根据项目初步范围说明书编制详细项目计划书的一个过程。

（2）能够根据详细的项目范围说明书制作工作分解结构，并确定如何维持与批准该工作分解结构的一个过程。

（3）规定如何正式核实与验收项目已完成可交付成果的一个过程。

（4）控制详细项目范围说明书变更请求处理方式的一个过程。该过程同整体变更控制有直接联系。

（5）项目范围管理计划包含在项目管理计划之内，也可作为其中一项分计划。项目范围管理计划可以是正式或非正式的，极为详细或相当概括的，具体视项目需要而定。

4. 批准的变更请求

批准的变更请求是为了扩大或者缩小项目范围而批准并形成文件的变更。批准的变更请求还可能修改方针、项目管理计划、程序或修改进度表。

二、项目工作分解结构的工具和技术

1. 工作分解结构模板

虽然每个项目都很独特的，但以前项目工作分解结构往往可以当作新项目的样板，因为某些项目与以前的某一项目总有相似之处。例如，给定组织中大部分项目的生命期往往相同或者相似，因此每个阶段的可交付成果往往也相同或者相似。许多应用领域或实施组织都有标准的工作分解结构样板。工作分解的例子如图 6.6 所示。

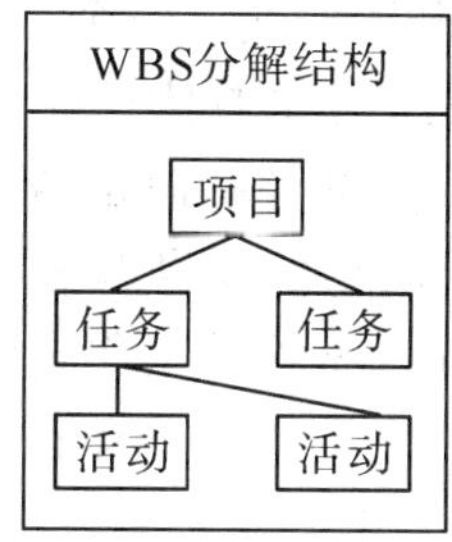

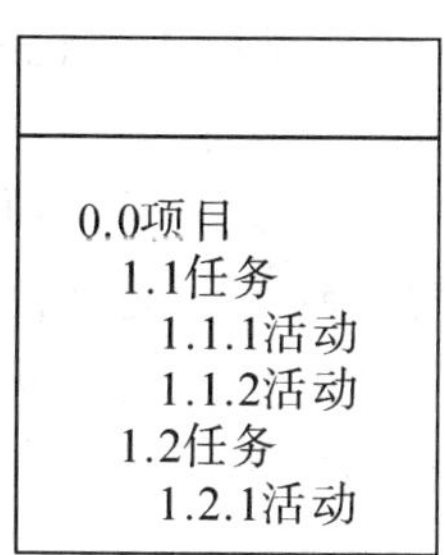

图 6.6 工作分解的例子：项目分解到工作细目水平

2. 分解

分解就是把项目可交付成果分成较小的、便于管理的组成部分，直到工作和可交付成果定义到工作细目水平。工作细目水平是工作分解结构中的最低层，是能够可靠地估算工作费用和持续时间的位置。工作细目的详细程度因项目大小与复杂程度而异。

三、项目分解结构的成果

1. WBS 的定义与理解

（1）工作分解结构（WBS）。项目工作分解结构是在项目范围管理领域提出的核心概念，是由构成并界定项目总体范围的项目要素和项目工作包，按照一定的原则和分类编码组所构成的一种层次型结构。WBS 将项目的“交付物”自上向下逐层分解成易于识别和管理的若干元素，由此以结构化的组织体系和形式图像定义了项目的工作范围。

这一分解过程并非是随意进行的，它需要利用工作分解技术，也就是通过把项目目标分解到项目产出物，再到项目工作包的逐层分解，或者说是把项目整体分解成较小的、易于管理和控制的若干子项目和工作单元，直至最后分解成具体工作的系统方法。它比较详细和具体地确定了项目的全部范围，也标示了项目管理活动的努力方向，是项目管理众多技术中最有价值的工具之一，给予解决复杂问题的清晰思路和广阔蓝图。它不仅构成了项目范围综述的重要内容，而且也是项目活动分解的基础。

在某一个管理层级上，WBS 一般只分成 3、4 层。随着管理层级的递进，WBS 也在不断地细化。每细化一层都是对项目元素更细致、更深入的描述，细分的元素称为工作细目，其中最低层的工作细目叫工作包。为了方便分层统计和识别，WBS 中的每个元素都可以被指定一个唯一的标识符，并分层表示。

(2) 工作包。工作包就是一项分立的任务、活动、工作或具体的事务，是完成一项具体工作所要求的一个工作单元。多数情况下，工作包由在计划编制中使用的普遍任务或活动来代表。一个典型的工作包有一个开始时间、一个结束时间和某些形式的最终产品，有一个短的时间周期，并由一个组织实体来具体负责。

一般来说，项目的产出物是根据项目的目标来分解确定的，而项目的工作包是根据项目产出物的分解得到的。通常，项目产出物的识别和分解将通过回答“项目即将生产出什么”之类的问题而进行不断分解；而项目工作包的识别和定义则是通过回答“项目实际上将如何进行开发和管理”之类的问题而得到。项目工作包应该是项目工作分解结构中最低一级的要素，在工作分解结构中不需要再做进一步的分解。

(3) 工作分解结构词典。为加强协调和沟通，通常需要 WBS 最低层的工作包具有全面、详细和明确的文字说明，避免引起误解和歧义。由于项目特别是较大的项目有很多工作包，因此，通常把所有工作包的文字说明汇集在一起，编成一个项目工作分解结构词典，以便需要时可以查阅核实。

这里所说的项目工作分解结构词典就是对于项目工作分解结构的详细说明，而且是将项目工作分解结构中的各项目要素与各工作包按照逐条分列的方式所进行的说明。通常包括单元编号，按顺序列出单元标识、定义和目标，摘要叙述要完成的工作以及该单元与其他单元的关系。一个项目工作分解结构中的所有“工作包”都应该被收集在工作分解结构词典里。典型的项目工作分解结构词典内容包括对项目“工作包”的描述和其他一些计划安排信息，如项目的工期、成本预算、人员安排等。一份详尽的项目工作分解结构词典配合 WBS 结构图以及一些相关的细节文件是对一个项目范围的全面而详细的说明和描述，是一份项目范围综述中至关重要的内容之一，它们共同为工作包的进一步分解奠定了基础。

2. 项目分解结构的表现形式

工作分解结构有如下几种表现形式。

（1）气泡图表现形式，它的主要优点是可以任意的修改、添加、箭线可以随意弯曲；缺点是不够直观，较难反映项目全程。如图 6.7 所示。

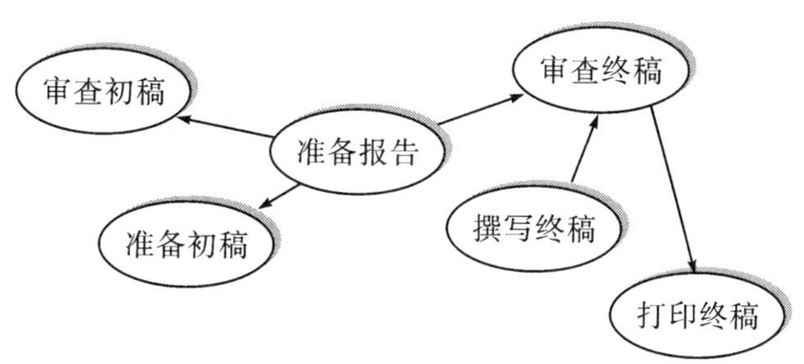

图 6.7　某项目准备稿的工作分解结构气泡

（2）树状表现形式，又称之为树状结构图，是最常见的表现形式，它层析分明、非常直观，对于中小型项目，它能够展示项目的全貌，故它应用十分广泛。但对于大型，尤其是特大型项目，一张图纸是很难画完其全貌的，只能采用系统图和各个分系统图来展示。如图 6.8 所示。

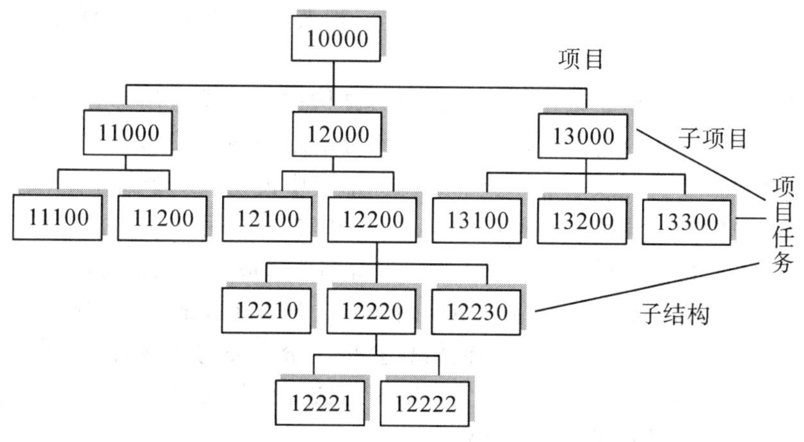

图 6.8　项目 WBS

（3）列表表现形式，它的形式不够直观，但优点是能反映项目全貌。比如奥运会这样的大项目，可以印刷奥运会项目的 WBS 手册。手册的表现形式就需要采用列表的形式。工作分解结构表可以单独使用，也常常和树状结构配合使用，它也是项目工作结构分析的常用工具。如表 6.2 所示。

表 6.2 项目分解结构表

编码	名称	负责人	成本	X X	X X
10000					
11000					
11100					
12000					
12100					
13000					
14000					
14100					

3. 项目分解结构的成果

（1）项目范围说明书（更新)。如果制作工作分解结构过程有批准的变更请求，则将批准的变更纳入项目范围说明书中，使之更新。

（2）工作分解结构。制作工作分解结构过程中生成的关键文件是实际的工作分解结构。一般都为工作分解结构每一组成部分包括工作细目与控制帐户，赋予一个唯一的帐户编码标识码。这些标识符形成了一种费用、进度与资源信息汇总的层次结构。

（3）工作分解结构词汇表。制作工作分解结构过程生成的并与工作分解结构配合使用的文件，叫做工作分解结构词汇表。工作分解结构各组成部分的详细内容，包括工作细目与控制账户，可以在工作分解结构词汇表中说明。对于每个工作分解结构组成部分，工作分解结构词汇表都相应的列入一个帐户编码号码、一份工作说明书、负责的组织，以及一份进度里程碑清单。工作分解结构组成部分的信息可能有合同信息、质量要求，以及有助于实施工作分解结构的技术含量参考文献。控制账户的其他信息可能是一个收费编号。工作细目的其他信息会是一份有关的计划活动、所需的资源与费用估算的清单。必要时，每个工作分解结构组成部分都可以与工作分解结构词汇表中其他工作分解结构组成部分相互查阅。

（4）范围基准。批准的详细范围说明书与对应的工作分解结构和工作分解结构词汇表都是项目范围的范围基准。

（5）项目范围管理计划（更新)。如果在制作工作分解结构过程有批准的变更请求，则项目范围管理计划可能需要更新，以便将批准的变更纳入其中。

（6）请求的变更。在制作工作分解结构过程中可能对范围说明书及其他组成部分提出变更请求，并通过整体变更控制过程进行审批和批准。

复习与思考

1. 你是怎么理解项目活动定义的？简述项目活动定义的过程。
2. 简述你对项目活动逻辑关系的理解。
3. 谈一谈你对项目活动分解时使用模板法的看法以及应该注意的问题。

案例讨论

特格尔·欧塞尔

土耳其前总统特格尔·欧塞尔（Turgut Ozal）是一个真正的民主主义者和对世界怀有美好向往的乐天派。在1990~1991年的海湾战争期间，他是第一个响应联合国对伊拉克实施制裁的国家领导人，引起了全世界的瞩目。他经常在CNN发表关于中东局势和国际间需要协作与友谊的演讲。

当特格尔·欧塞尔在1993年不幸逝世的时候，雅皮·莫克西（Yapi Merkezi）被任命组建一个项目组，在几天之内建造一个墓地，这个墓地能够容纳成千上万前来这里谒陵的人，一旦方案设计确定，这个项目的目标就明确了，即建筑一个符合宗教信仰、高质量的总统安息之地，以满足国内外游客的参观需求。

这个工程是严格按照已制定的进度进行的。当雅皮·莫克西组建好自己的项目组并敲定计划时，离项目完成时间只剩下78.5小时。他们制定了一个由27项活动组成的进度计划，其中主要活动包括原材料准备、地点勘定、地基挖掘、排水系统、混凝土浇铸、大理石装饰安装、照明设备安装、花坛安置和最后的卫生清扫工作。每项活动都要严格的在规定的时间内完成。15000平方米的墓地包括一个底层的平台，阶级和一个上层平台，是由20个工程师和40个建筑工人日夜不停地施工建成的。整个项目花费了约150万美元。这个墓地已成为对这位倍受尊敬的土耳其前总统的永久纪念。

该项目工作进度的严格执行和质量保障首先来自于对项目活动的准确定义和细致分解。

［资料来源］：A Taspinar. Building the Tomb of Late Turkisk President Turgut Ozal［M］. PM Network，April 1994.

问题：

（1）雅皮·莫克西在制定项目活动分解时应注意哪些问题？

（2）请结合材料内容谈谈你对“项目活动分解对项目管理后续工作的进行起着至关重要的作用”这句话的认识？

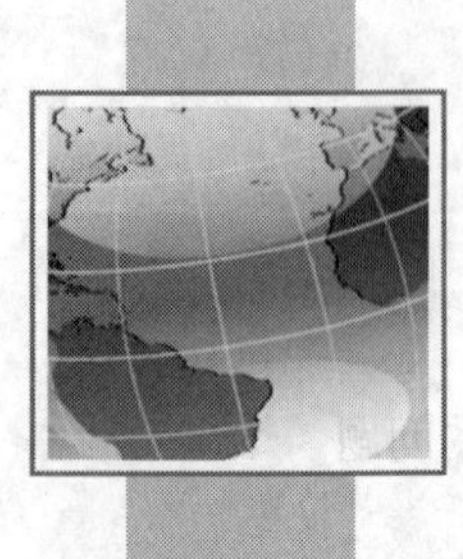

第七章 项目时间管理

要点提示

- ✍ 项目时间管理概述及项目时间管理框架。
- ✍ 关键路线法、计划评审技术。
- ✍ 横道图、S曲线比较分析法。

案例 合肥安恒时间管理策划案例

管理界流行时间管理法则，即六件事法则、要事法则和15分钟法则，它所阐述的是，管理者特别是公司的高层领导，每天要选择六件最重要的事情；从这六件事中再选出最重要最紧急的事情放在首位，集中精力进行处理，接着再在剩下的五件事中，再选出最重要最紧急的事情，依此类推；在下班前抽出15分钟选好明天的“六件事”和“要事”，这样，工作效率就能成倍提升。合肥安恒为了使这个法则在企业顺利推行，作如下策划：

人的本性是什么？

(1) 时间管理法则道理很简单，但是要把它落实到公司的高层领导身上，难度就骤然上升，为什么？人的本性使然。人的本性又是怎样呢？人是动物性与文化性的复合体。人在处理每一件事情时，首先是自利性，然后才是道义性。所以，他们会在瞬间做出趋利避害、求安畏变、好生恶死、趋乐避苦、仇恨批评的决定。

(2) 时间管理法则要对要事的处理结果进行考核。公司的高层领导不是神，他们在处理与个人利益密切相关的事情，同样遵循人心这个原理。所以，世界上绝大部分企业的高层领导特别难管理，国内企业在这个方面表现的更甚，因为，中国的传统文化提倡法不上大夫。然而，不解决这个难题，公司所制定的时间管理方案根本无法实施，因为，员工的智商也不低，当他们看到公司的高层领导可以游离于这个制度之外，为什么要他们认真地执行呢？

如何来突破这一难题？

合肥安恒实施时间管理法则时，遇到了巨大的阻力。那么，如何来突破这一难题呢？公司制定并实施了以下几个措施：

(1) 用中国传统文化的精髓来宣传当代企业的领导理念。在《大学》中，提倡这样一种领导理念，即正心、修身、齐家、治国、平天下。用现代的语言来解释，即公司的高层领导首先要端正自己的理念，并且要做到与时俱进，然后，不断修炼自己，只有这样，才能有效地管理下属，管理公司。

(2) 用公司的核心价值观来规范高层领导的工作行为。合肥安恒光电核心价值观中的第三条奉献观，用范仲淹的名句来解释，即先天下之忧而忧，后天下之乐而乐。公司高层领导不管是表面上还是在心里认可这一价值观，都必须按此规范自己的行为。

(3) 用案例来举行时间管理的讲座，使得高层领导深刻领悟时间管理的要义所在。

(4) 自己以身作则，率先执行这个法则，然后，用事实来证明这一法则的有效性。

(5) 用经济杠杆来调整高层领导的工作行为。

时间管理的具体实施方法为：

为了提高整个公司的工作效率和工作效果，公司的领导层率先在全体员工树立良好的榜样，坚决执行公司制定的时间管理制度，为公司的下一步发展打下坚实的基础。

本时间管理的要求是，公司的高层领导每天务必选择三件最重要的事情，并亲自去处理，当天晚上进行自我反省，自我评价，提出改进措施，第二天按照自己设计的改进措施去解决企业的难题。

本时间管理设定每周末举行一次团队反省，交流个人的经验、教训和心得体会，以便大家共同提高。

本时间管理表每周递交一份给公司的董事长。董事长将根据每个人的工作内容对其做出新的工作安排。

［资料来源］：http：//blog. chinaceot. com/blog-htm-do-showone-type-blog-itemid-51831. html.

思考：通过案例中的策划你认为该公司的时间管理会有质的改变吗？

第一节 项目时间管理概述

一、项目时间管理概念及意义

1. 项目时间管理概念

项目时间管理（Project Time Management），又叫做项目工期管理或项目进度管理，是为确保项目按时完成所进行的一系列管理过程。制定一个进度计划，加强进度控制，使之不偏离项目运行的轨道，顺利交接，按时完成。例如估算项目各项活动的持续时间，并由此估算出整个项目的工期，就是一个重要的项目时间管理过程。加强项目时间管理，协调项目施工进度，才能使项目按预期、保质完成。

对于一个项目而言，项目时间管理是整个项目管理中最为重要的组成部分，可以说，项目时间管理是项目经理最为关心的话题。其中的道理不难想到，至少夜长梦多这个说法就不能不让人感到时间管理的重要性。有些工程项目，如奥运会，国庆节庆典工程等，这些项目对时间更是提出了绝对的要求。因此对项目进行富有成效的时间管理，是项目按照预定时间完成的有效手段。

在多数项目中，时间管理是一个软约束，项目晚几天完成只会减少收益，不能使项目完全失败，只有少数项目具有严格的时间期限。然而大多数项目的完成时间都是要与完成费用协调权衡的。可是，项目经理们大多把成本管理当作项目管理的主要内容，在我国更是如此，许多项目管理软件也是以成本管理为主线的。

进行项目时间管理的一个有效的办法就是项目计划管理。计划是项目组织为实现一定目标而科学地预测并确定未来的行为方案。通过完整且合理的项目计划，可以使得整个项目始终处于可控状态。因此可以说，项目计划管理是项目管理实际上的重头戏。没有有效的计划，任何项目的失败机率都将会大增。

当然，计划的实际操作性较强，所以说，在有了计划之后就得贯彻执行，并不断根据项目进展的实际情况调整计划，进行项目的计划控制和管理，使得项目进展按照有序的轨道进行。这就意味着要不断根据计划来执行工作，并且进行控制，使得项目工作范围在预算内按照进度完成。项目开始以后，就必须及时、定期的监控项目进度，以确保一切按计划进行。努力获取项目进展的最新消息，然后与原计划做比较，若有偏差就要修订计划与采取相应的措施了。

2. 项目时间管理意义

时间管理对于一切管理来说都是至关重要的。时间管理对于项目而言，更多的是指项目的进度管理。项目的进度安排决定了项目完成所需的成本预算、资源配置、质量水平等一系列相关问题。因此在项目管理中，时间往往是最重要的约束条件之一，实现对时间的有效控制是使项目管理成功的关键，是保证整个项目在计划预期的时间内成功实施的重要环节。一个项目能否在预定的时间内完成，这是项目最为重要的问题之一，也是进行项目管理所追求的目标之一。如果项目不能在合同工期内完成，会受到合同条款规定的惩罚。如果项目完成得过早，势必会给项目后期工作带来额外的维修、保养等压力。因此，项目最好是按照合同条款或约定按期、保质、保量的完成。

但在项目进行过程中，进度方面出现问题却是最为普遍的，同时也是最为突出的问题。特别是对于时间约束很强的项目，其项目时间表是对外公开的，例如大型会议或体育活动，在项目管理中对进度的优先考虑要优于费用考虑。还有一个原因就是时间和费用的稀缺性与可追加性，往往费用是可以追加的，但时机一错过就无法挽回了，例如奥运申办项目。可见，项目的时间管理在项目管理中非常重要，是成功实现项目目标的关键。此外，良好的时间管理和控制对保证项目按照时间期限在预算内完成项目全部工作范围具有重要的作用，有助于合理分配资源和发挥最佳工作效率，因此也有人说项目时间管理是项目控制工作的首要内容，是项目管理的灵魂。

对项目经理而言，有效地控制项目的实施过程，使其顺利达到合同规定的工期、质量及造价目标，是项目经理的中心任务，也是他们面临的最大挑战。项目进入实施阶段后，项目经理的一切活动都是围绕这个中心任务展开的。这就要求项目经理首先必须制定出周密的进度计划，然后在实施过程中还必须时刻紧跟进度计划，加强进度控制，使之不偏离项目运行的轨道。

二、项目时间管理绩效

项目时间管理绩效是指度量项目时间管理的维度，涉及项目时间管理计划的控制与优化的工具和技术。项目经理和团队成员都有各自的绩效测量方式，用来测量时间和成本，以加强控制、增强激励机制。这里主要考虑项目时间控制的基准和项目时间计划的控制和优化工具和技术。

1. 项目时间控制基准

（1）项目进度计划。是项目进度计划制定过程的主要里程碑，得到批准的项目进度计划在技术上和资源上都应该是可行的，称为进度基准计划。项目进度计划同时也是项目进度计划控制过程的最根本的依据，它是测定项目时间管理实际绩效和报告项目进度计划执行情况的基准。

（2）绩效报告。是项目沟通管理的一个重要输出文件，它可以提供有关进度绩效的信息，例如哪些项目活动按期完成了，哪些未按期完成，项目进度计划的总体完成情况等。另外绩效报告中的进度报告还可以提醒项目团队注意解决那些可能引起问题的因素或事项。

（3）项目变更请求。是对项目计划所提出的改动要求，可以多种形式提出，例如口头或书面的、直接或者间接的、从外部提出的或者从内部提出的、法律强制的或者可以选择的。项目变更请求可能会要求延长进度，也可能会要求加快进度。

（4）进度管理计划。是进度计划制定过程的一个输出，是项目整体管理中项目计划的一个附属部分，同时也是进度计划控制的主要依据之一。

2. 项目时间计划的控制和优化的工具和技术

（1）进度计划控制和优化系统。进度变更控制系统定义了改变项目进度计划应遵循的程序，包括书面文字工作、追踪系统以及核准变更与优化必须的批准层次。在程序方面则包括工期变动的申请程序、批准程序以及实施程序等。

（2）绩效测量。项目进度计划控制的一个重要问题是确认项目实际与计划之间的差距，并度量这种差距是否达到需要采取措施的程度。在项目沟通管理的绩效报告中介绍的绩效测量技术有助于估算发生变化的大小，为进度计划控制提供依据。进度计划控制的一个重要部分就是决定进度偏差是否需要采取纠正措施。例如，非关键路线上一项活动的延误，对整体项目进度可能影响不大，而处于关键路线或次关键路线上的活动即使有非常小的延误，也可能要求立即采取纠正措施。

（3）补充计划编制。在项目实施过程中，很少有项目能精确地按照预定计划进行，一些项目活动可能会按时完成，但另一些项目活动可能会提前完成或者延期完成，从而对项目未完成部分产生影响。未来变化可能需要新的或者修订的活动历时估计、更新的活动顺序或替代进度计划分析。

另外，在项目的实施过程中，各种变更可能会引起项目活动的增加或删除、项目活动的重新排序、项目活动持续时间的重新估算、对项目要求完工时间的变动等，从而对项目进度计划产生影响。因此，项目进度计划控制需要使用补充计划来反映由于各种情况的变更而导致的项目计划的变更。

（4）项目管理软件。项目管理软件能够跟踪和比较计划日期和实际日期，预测进度变更的结果，因此是进度计划控制的有力工具。

（5）偏差分析。在进度监控过程中进行偏差分析，这是时间控制的一个关键部分。将目标与实际预测的开始和结束日期相比较，可以为检测偏差、在进度延迟的情况下执行纠正措施等提供有用的信息。

三、项目时间管理内容

项目时间是由一些环环相扣的过程组成的，这些过程是按时完成项目所必须经历的，包括项目活动分解和定义、项目活动排序、活动资源估计、项目工期估算、项目时间计划的编制以及项目时间计划的控制等几个环节和内容。

1. 项目活动分解和定义

项目活动分解和定义是项目时间管理的前期准备工作之一，它是项目管理者在已完成的项目范围界定工作基础上，对项目范围的进一步细化，有关这方面的内容在上一章已经有详细论述了。

2. 项目活动排序

项目活动分解和定义以活动清单的形式给出了完成项目所必需进行的各项活动，并据此对项目各项活动的先后顺序进行安排和确定的工作。由此可见，活动排序首先必须识别出各项活动之间的先后依赖关系，这种先后依赖关系主要是由项目之间的关系，项目的各种假设、约束条件，项目活动安排人员的个人观念等来决定的。为制定项目计划，必须科学合理地找出和安排项目各项活动顺序。有关各活动之间逻辑关系的论述在上一章已经详细论述。

3. 基于资源需求估计的项目活动历时/工期估算

项目活动历时/工期估算在项目管理中起着很重要的作用，只有比较准确的估算出项目的时间之后，才能够进行项目进度的计算工作，生成进度计划，进而实现有效的项目进度管理。

为进行项目活动工期估算，首先需要了解项目活动持续时间的概念。项目活动的持续时间是指在一定条件下，直接完成该项活动所需时间与必要停歇时间的总和。项目活动持续时间估算也叫活动时间历时估计或活动工期估算，是根据项目范围、资源和相关信息对项目已确定的各种活动的可能持续时间长度的估算工作。项目活动持续时间的估计是编制项目进度计划的一项重要基础工作。如果活动持续时间的估计太短，则会认为造成被动紧张的局面；相反造成后续工作的无谓等待，延长工期，造成浪费。

在估计活动时间时，要尽可能客观、准确、不受活动的重要性及项目完成期限的限制，将工作置于独立的正常状态下进行估计。另外，大多数活动持续时间的长短都取决于分配给他们的人力、物力和财力资源的多寡，还受到分配给活动的人员能力、物质质量和设备效率的影响，因此要在考虑各种资源供应、技术、工艺、劳动定额等因素的情况下，对一项活动所需时间进行估算。最后，还要考虑到项目的延误时间和间歇时间，例如“混凝土浇铸”持续时间的估算必须考虑到因不同季节而可能需要的时间。

4. 项目时间计划的制定

项目时间计划制定是指根据项目活动的分解和定义、项目活动顺序、各项活动工期和所需资源进行的分析与项目计划的编制工作。项目的进度计划被认为是项目计划的基本要素之一。制定项目工期计划要定义出项目的起始、完成日期和具体实施方案与措施。在制定出项目工期计划之前，必须同时考虑这一计划涉及其他方面的问题，尤其是对于项目工期估算和成本预算的综合性考虑问题。项目进度计划是项目进度控制的基准，是确保项目在规定的合同工期内完成的重要保证。

项目进度计划编制所要参考的依据是指项目时间管理前期工作及项目其他计划管理所生成的各种文件，具体包括：项目网络图，项目活动历时估算，项目承包合同，项目的各种约束和假设条件，项目的设计方案。

根据进度计划所包含的内容不同，进度计划可分为项目总体进度计划、分项目进度计划、年度进度计划等。这些不同的进度计划构成了项目进度计划系统。当然，对于不同的项目，其进度计划的划分方法有所不同。例如，工程项目进度计划就可以分为工程项目总体进度计划、单项工程进度计划、单位工程进度计划等。

1）制定项目进度计划的目的。项目的主要特点之一就是严格的时间期限要求，制定项目进度计划的目的是控制项目的时间，因此进度计划在项目管理中具有重要的作用。制定进度计划时，项目主管要组织有关职能部门参加，明确对各部门的要求，各职能部门据此可拟订本部门的进度计划。具体来说，制定项目进度计划的目的主要有以下几点：

（1）保证按时获利以补偿已经发生的费用支出。

（2）协调资源。

(3) 使资源在需要时可以获得补偿。

(4) 预测在不同的时点上所需的资金和资源的级别以便赋予项目活动不同的优先级。

(5) 保障项目进度的正常进行。

从这五个目的中，可以看出：制定项目进度计划，主要就是确定项目活动的起始和完成日期。如果起始和完成日期不现实，则项目就不可大可能按期完成。在进度计划定稿之前，进度计划的编制过程必须反复进行。制定项目进度计划的目的是控制时间和节约时间，而项目的主要特点之一，就是有严格的时间期限要求，由此决定了进度计划在项目管理中的重要性。

2）项目进度计划的作用。凡事预则立不预则废。在项目时间管理上亦是如此。在项目实施之前，必须先制定出一个切实可行的、科学的进度计划，然后再按计划逐步实施。这个计划的作用有：

(1) 为项目实施过程中的时间控制提供依据。

(2) 为项目实施过程中的劳动力和各种资源的配合提供依据。

(3) 为项目实施有关各方在时间上的协调配合提供保障。

(4) 为在规定期限内保质、高效的完成项目提供保障。

3）制定项目进度计划的主要工作。为满足项目时间管理和各个阶段项目进度控制的需要，对同一项目往往需要编制各种项目时间计划，如建设项目，就要分别编制工程项目前期工作计划、工程项目建设总进度计划、工程项目年度计划等。这些进度计划的具体内容可能不同，但其制定的主要工作大致相似。一般包括收集信息资料，利用项目网络图进行项目目标和工作分解以及项目活动时间估算，在充分考虑资源需求、项目活动提前和滞后时间、风险管理、活动特性以及其他各种制约因素要求的条件下，运用甘特图、关键路径法、计划评审技术和图表评审技术，最终得到项目进度计划以及补充说明、项目进度管理计划和更新资源需求。

5. 项目进度计划控制

进度计划是项目时间管理前期工作的重要成果，是进度计划控制的基准文件。编制进度计划的目的，是指导项目的实施，以保证实现目标的工期目标。但在进度计划实施过程中，出于主客观条件的不断变化，计划亦需随之变化。凭借一个最优计划而一劳永逸是不可能的。同时由于项目进度计划只是根据 PERT 等技术对项目的工期进行估算，并预测项目每项活动的进度安排，因而在编制项目进度计划时事先难以预料的问题很多，在项目进度计划执行过程中往往会发生程度不同的偏差。因此，在项目进行过程中，必须对项目的实施进行全程跟踪，通过深入现场，查看原始记录、统计报表以及通过会议了解进程以确保各项工作都能按进度计划进行；同时必须不断掌握计划的实施状况，并将实际情况与计划进行对比分析，必要时应该采取有效的对策，使项目按预定的进度目标进行，避免工期拖延。这一过程称为进度控制，如图 7.1 所示。

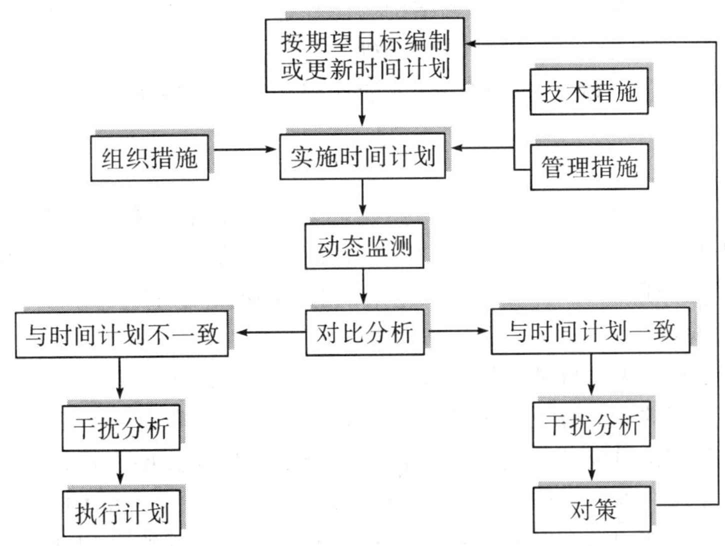

图 7.1　项目时间计划与控制过程

根据项目管理层次，项日进度计划控制可以分为项目总进度控制，即项目经理等高层管理部门对项目中各个里程碑事件的进度控制；项目主进度控制，主要是项目部门对项目中每一主要事件的进度控制，这是进度控制的基础，因为是有详细进度得到较强的控制才能保证主进度按计划进行，最终保证项目总进度，使项目按时完成。因此，项目进度控制应首先定位于项目的每一项活动之中。

由于各种因素的影响，项目进度计划的变化是绝对的，不变是相对的。进度控制的核心问题就是能根据项目的实际进展情况，不断的进行进度计划的更新。可以说，项目进度计划的更新既是进度控制的起点，也是进度控制的终点。

对项目进度变更的控制，可以利用一些技术工具来加以控制，例如各种图标、项目管理软件等。但是，重要的是要由项目经理及各级管理人员加强对人的管理和控制。

第二节　项目时间管理的工具和技术

一、活动定义的工具和技术

1. 分解技术

就活动定义过程来说，分解技术指把项目工作组合进一步分解为更小、更易于管理的组成部分。活动定义确定的最终结果是计划活动，而不是制作工作分解结构过程的可交付成果。活动清单、工作分解结构与工作分解词汇表既可以分先后完成，亦可以同时制定，均为确定编制活动清单的基础。工作分解结构中的每一个工作组合都分解成为提交工作组合而必需的计划活动。活动定义通常由负责这一工作组合的项目团队成员完成。

2. 样板

标准的或以前活动清单的一部分，往往可当作新项目的样板使用。样板中的有关活动属性信息还可能包括资源技能，以及所需时间的清单、风险识别、预期的可交付成果和其他文字说明资料。样板还可以用来识别典型的进度里程碑。

3. 滚动式规划

工作分解结构与工作分解词汇表反映了随着项目范围一直具体到工作组合的程度而变得越来越详细的演变过程。滚动式规划是规划逐步完善的一种表现形式，近期要完成的工作分解结构组成部分的工作，在工作分解结构较高层次规划。最近一两个报告要进行的工作应在本期工作接近完成时详细规划。所以，项目计划活动在项目生命周期内可以处于不同的详细水平。在信息不够确定的早期战略规划期间，活动清单的详细程度可能仅达到里程碑的水平。

4. 专家判断

专家判断是指由项目成本管理专家根据经验进行判断，最终确定和编制项目资源计划的方法。擅长制定详细计划项目范围说明书、工作分解结构和项目进度表并富有经验的项目团队管理专家，可以提供活动定义方面的专业知识。

专家判断法的优点是：不需要历史信息资料，适合于创新性强的项目。缺点是：由于专家的专业化水平和对项目理解程度的差异，使项目资源计划某些部分不尽合理。

5. 规划组成部分

当项目范围说明书不够充分，不能将工作分解结构某分支向下分解到工作组合水平时，该分支最后分解到的组成部分可用来制定这一组成部分的高层次项目进度表。项目团队选择并利用这些规划组成部分来规划处于工作分解结构较高层次的各种未来工作的进度。通常，规划组成部分包括：

（1）控制账户。高层管理人员的控制点可以设在工作分解结构工作组合层次以上选定的管理点上。在尚未规划有关的工作组合时，这些控制点用做规划的基础。在控制账户内完成的所有工作与付出的所有努力，记载于某一控制账户计划中。

（2）规划组合。规划组合是在工作分解结构中控制账户以下，但在工作组合以上的工作分解结构组成部分。这个组成部分的用途是规划无详细计划活动的已知工作内容。

二、活动排序的工具和技术

1. 紧前关系绘图法

紧前关系绘图法（Precedence Diagramming Method，PDM）也叫做节点法，是一种

用方格或矩阵形表示活动，并用表示依赖关系的箭线连接结点构成项目进度网络图的绘制法。图 7.2 就是用 PDM 绘制的一个简单项目进度网络图。这种技术又称之为活动节点表示法（AON），是大多数项目管理软件使用的方法。

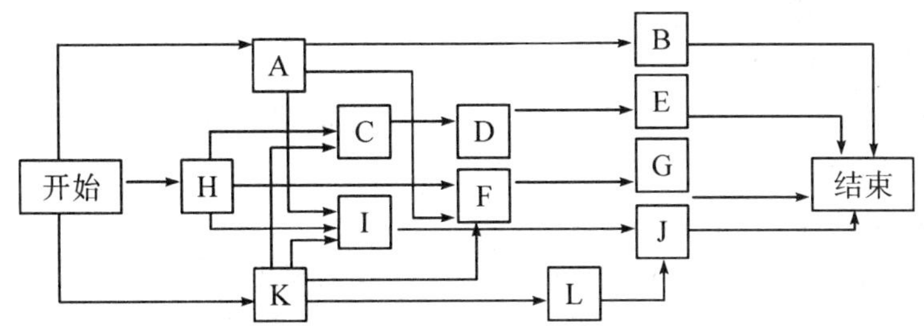

图 7.2 紧前关系绘图法（单代号网络图）

PDM 包括四种依赖关系或紧前关系：

（1）完成对开始——后续活动的开始要等到先行活动的完成。

（2）完成对完成——后续活动的完成要等到先行活动的完成。

（3）开始对开始——后续活动的开始要等到先行活动的开始。

（4）开始对完成——后续活动的完成要等到先行活动的开始。

在 PDM 图中，完成对开始是最常用的逻辑关系类型，开始对开始和完成对完成是比较自然的状态，而开始对完成关系在现实中很少用到。

2. 箭线绘图法

箭线绘图法（Arrow Diagramming Method，ADM）是一种利用箭线表示活动，并在节点处将其连接起来，以表示其依赖关系的一种项目进度网络图的绘制法。图 7.3 就是利用 ADM 绘制的一个简单网络逻辑图。这种技术也叫做活动箭线表示法（AOA）。ADM 虽然不如 PDM 使用普遍，但在教授进度网络图理论或在某些应用领域仍然使用。

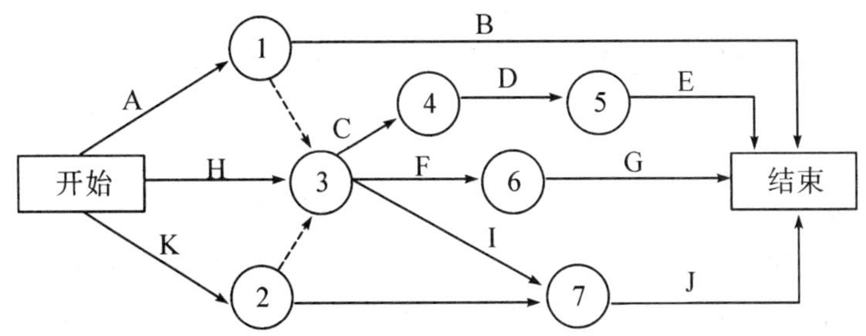

图 7.3 箭线绘图法（双代号网络图）

ADM 只使用完成对开始依赖关系，因此，可能要用被称为虚活动的虚关系才能正确定义所有逻辑的关系。虚活动以虚线表示，由于虚活动并不是实际上的计划活动，其持续时间在进行进度网络分析时赋予0值。

3. 计划网络图

在编制项目计划网络图时，可以利用标准化的项目进度网络图以减少工作并加快速度。这些标准网络图可以包括整个项目或仅仅其中一部分。项目进度网络图的一部分往往称为子网络或网络片段。当项目包括若干相同或者几乎相同的可交付成果时，子网络就会特别有用。

4. 利用时间提前和滞后量

项目管理团队要确定可能要加入时间提前与滞后量的依赖关系，以便准确的确定逻辑关系。与此同时，时间提前与滞后量以及有关的假设要形成文件。

利用时间提前量可以提前开始后续活动。例如，技术文件编写小组可以在写完长篇文件初稿整体之前10天着手第二稿（后续活动）。

利用时间滞后量可以推迟开始后续活动。例如，技术文件编写小组可以在写完长篇文件初稿整体之前10天着手第二稿。

利用时间滞后量可以推迟后续活动。例如，为了保证混凝土有15天养护期，可以在完成对开始中加入15天的滞后时间，这样一来，后续活动就只能在先行活动之后开始。

三、活动资源估算的工具和技术

本部分内容已在前面相关章节介绍了，这里不再叙述。

四、活动持续时间估算的工具和技术

1. 专家判断

由于影响活动持续时间的因素太多，如资源的水平或生产率，所以常常难以估算。只要有可能，就可以利用历史信息为根据的专家判断，头脑风暴法、德尔菲法等都是比较好的选择。各位项目团队成员也可以提供持续时间估算的信息，或根据以前的类似项目提出有关最长时间的建议。如果无法请到这方面的专家，则持续时间估计中的不确定性和风险就会增加。

2. 类比估算

持续时间类比估算是以从前类似计划活动的实际持续时间为根据，估算将来的计划活动的持续时间。当有关项目的详细信息数量有限时，如在项目的早期阶段就经常使用这种办法估算项目的持续时间。类比估算利用历史信息和专家判断。

当以前的活动事实上而不仅仅是表面上类似，并且准备这种估算的项目团队成员具备必要的专业知识时，持续时间类比估算最可靠。

3. 参数估算

将应当完成的工作量乘以生产率时，就可以估算出活动持续时间的基数。例如，对于设计项目，将图纸的张数乘以每张图用的工时，或者对于电缆敷设项目，将电缆的长度乘以敷设每米需要的工时，就可以估算出生产率。总的资产数量乘以每个工作班次的工时或每个工作班次的生产能力，然后除以使用的资源数目就可以确定各个工作班次的活动持续时间。

4. 三点估算

考虑原有估算中风险大小，可以提高活动持续时间估算的准确性。三点估算就是在确定三种估算的基础上做出的。

（1）最可能持续时间。最可能持续时间是在为计划活动分派的资源、资源生产率、可供该计划活动使用的现实可能性，对其他参与者的依赖性，以及可能的中断都已经给定时，该计划活动的持续时间。

（2）乐观持续时间。当估算最可能时间依据的条件形成最有利的组合时，估算出来的持续时间就是活动的乐观持续时间。

（3）悲观持续时间。当估算最可能时间依据是形成最不利的组合时，估算出来的持续时间就是活动的悲观持续时间。

利用上述三种估算的活动持续时间的平均值，就可以估算出该活动的持续时间。这个平均值常常比单点估算的最可能持续时间准确。

三点法首先估计出项目各个活动的三种可能时间：最乐观时间 T_a、最悲观时间 T_m、正常时间 T_b，假设这三个时间服从 β 分布，然后运用概率的方法得出各项活动时间的平均值，则有：

$$T=\frac{T_a+4T_m+T_b}{6}$$

例如，某一简单项目由三活动 A、B、C 组成，其项目网络结构如图 7.4 所示。活动 A、B、C 在正常情况下工作时间分别为 20 天、18 天、24 天，在最有利的情况下工作时间分别是 15 天、16 天、20 天，在最不利的情况下工作时间分别是 28 天、30 天、36 天，那么该项目各活动和整个项目最有可能的完成时间是多少？

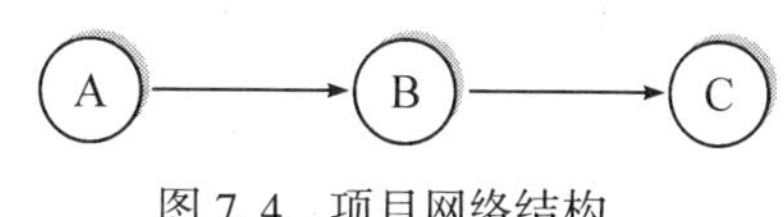

图 7.4 项目网络结构

根据以上公式：

活动 A 的最可能完成时间 $T=$（15+4×20+28）天/6＝20.5 天。

活动 B 的最可能完成时间 $T=$（16+4×18+30）天/6＝19.7 天。

活动 C 的最可能完成时间 $T=$（20+4×24+36）天/6＝25.3 天。

所以整个项目最可能完成时间为 20.5+19.7+25.3＝65.5 天。

5. 后备分析

项目团队可以在总进度表中以“应急时间”、“时间储备”或“缓冲时间”为名称增加一些时间，这种做法是承认进度风险的表现。应急时间根据活动持续时间估算值的某一百分比，或某一固定长短时间，或根据风险定量风险分析结果确定。应急时间可能全部用完，也可能只使用一部分，还可能随着项目更准确的信息增加和积累而到后来减少或取消。这样的应急时间应当连同其他有关的数据和假设一起形成文件。

五、制定进度表的工具和技术

1. 进度网络分析

进度网络分析是提出与确定项目进度表的一种技术。进度网络分析使用一种进度模型和多种分析技术，如关键路线法、局面应对分析，以及资源平衡来计算最早、最迟开始和完成日期，以及项目计划活动未完成部分的计划开始与计划完成日期。如果模型中使用的进度网络图含有任何网络回路或网络开口，则需要对其加以调整，然后再选用上述分析技术。某些网络路线可能含有路径会聚或分支点，在进行进度压缩分析或其他分析时可以识别出来并加以利用。

2. 关键路线法

关键路线法（Critical Path Method，CPM）是一种最常用的数学分析技术，它是一种运用特定技术的、有顺序的网络逻辑来预测总体项目历时的项目网络分析技术，它可以确定项目各项目活动最早、最晚的开始和完成时间。

1）项目的最早开始时间和最早完成时间。

（1）最早开始时间（Early Start Date，ES）：某项活动能够开始的最早时间。

（2）最早完成时间（Early Finish Date，EF）：某项活动能够完成的最早时间。

计算网络图中各项活动的最早开始或完成时间的具体原则如下：

（1）对于一开始就进行的活动，其最早开始时间为0。

（2）某项活动的最早开始时间必须相同或晚于直接指向这项活动的所有活动的最早完成时间中的最晚时间。

（3）计算每项活动的最早开始时间和最早完成时间以项目预计开始时间为参照点进行正向推算，对中间的活动，该活动的最早开始时间就是其前置活动的最早完成时间中的最晚时间。

（4）根据项目的最早开始时间来确定项目的最早完成时间。最早完成时间可在这项活动最早开始时间的基础上加上这项活动的工期估计进行计算，活动期望工期以DU（Duration）即EF=ES+DU，如图7.5所示。

最早开始时间（ES）+活动工期（DU）=最早完成时间（EF）

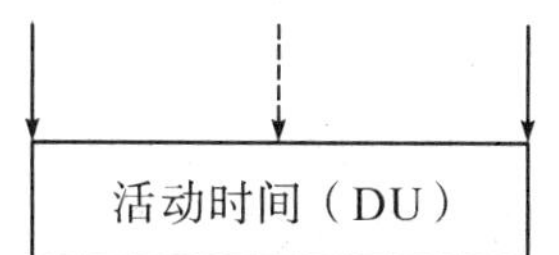

图 7.5 最早开始、最早完成、活动工期关系图

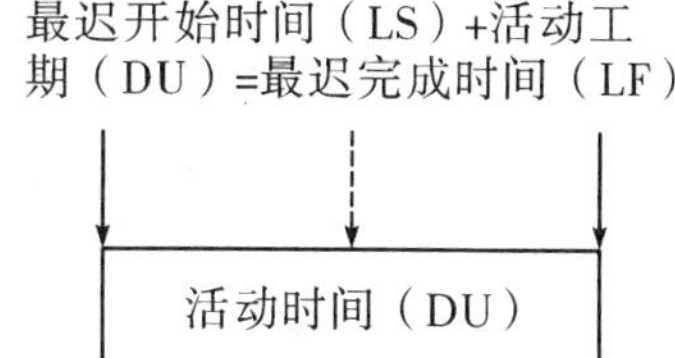

图 7.6 最早开始、最迟完成、活动工期关系图

2）最迟完成时间和最迟开始时间。

（1）最迟完成时间（Late Finish Date，LF）：在完工时间内为完成活动必须完成的最迟时间。

（2）最迟开始时间（Late Start Date，LS）：在完工时间内为完成活动必须开始的最迟时间。

计算网络中各项活动最迟开始和完成时间的具体原则如下：

（1）对于最后完成的活动，其最迟完成时间就是项目规定的完工期。

（2）某项活动的最迟完成时间必须相同或早于该活动直接指向的所有活动最迟开始时间的最早时间。

（3）计算每项活动的最迟开始时间和最迟完成时间以项目预计完成时间为参照点进行逆向计算，对中间的活动，该活动的最迟完成时间就是其后置活动的最迟开始时间的最早时间。

（4）最迟开始时间可以在该活动最迟完成时间的基础上减去该活动的工期得出，即 LS=LF-DU，如图 7.6 所示。

在计算出各项活动的最早开始时间、最早完成时间、最迟开始时间和最早完成时间，我们用节点法画网络图时，节点的格式可以定义如图 7.7 所示。

ES	N	EF
活动名称		
LS	T	LF

图 7.7 节点格式和内容

3）计算时差。时差也称“浮动时间”或“宽裕时间”，表明项目活动或整个项目的机动时间。时差分为两种类型：活动总时差和单时差。活动总时差是指在不影响项目在规定时间范围内完成的情况下，项目活动最迟开始时间和最早开始时间的间隔；活动的单时差则是在不影响下一个活动最早开始的前提下，该活动的完成时间所拥有的机动时间。由此可见，总时差是单时差的综合，当然不是单时差的简单加总。在实际的项目中，对这个时差没有特意的区分，统称为时差。时差越大，则表示项目的时间潜力也越大。时间可以通过下式来表示：

时差（F）= LF-ES-DU 或者（F）= LF-EF

如果项目某条线路的总时差为正值，这一正的总时差可以由该线路上所有的活动来共用，当该路线上的某项活动不能按期完成时，则可以利用该线路的总时差，而不必担心影响项目的进度；如果项目某条线路的总时差为负值，则表明该线路上的各项活动要加快进度，减少在该线路上花费的时间总量，否则项目就不能在规定的时间范围内顺利完成；如果项目某条线路的总时差为零，则表明该线路上的各项活动不用加速完成但是也不可能拖延时间。由此可见，项目网络图的管理精髓就是在于利用时差来调整整个项目的进度。

4）关键路线的确定。关键路线法的重点是确定项目的关键路线，关键路线的确定是将项目网络图中每条路线所有活动的历时分别相加，最长的路线就是关键路线，关键路线上的活动称为关键活动，关键路线的节点称为关键节点，关键活动的总时差为零。因此，关键路线就是网络图中由一系列活动构成的活动工期最长的那条路线，如果关键路线上的某项活动未如期完成，那么整个项目也不能如期完成；反之，如果关键路线上的某些活动能够提前完成，那么整个项目也有可能提前完成。由此可知，在编制项目进度计划时，关键路线上的活动是关注的重点。

确定关键路线的方法除了找出所有活动的历时相加最长的路线外，还有一种常用的方法就是找出那些具有最小时差的活动，既是用每项活动的最迟完成时间减去最早完成时间，然后找出时差值最小的各项活动，所有这些活动就是关键路线上的活动。

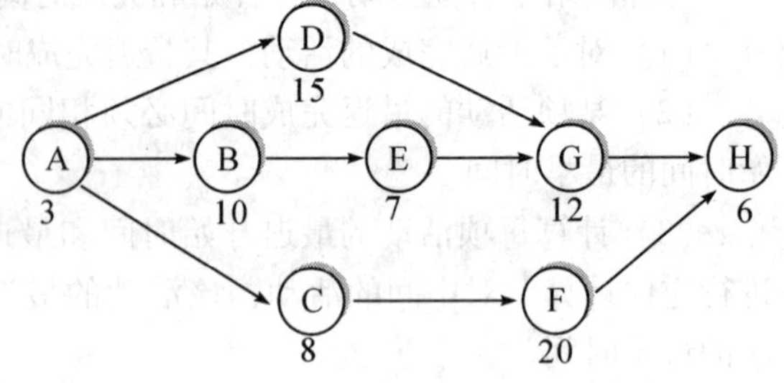

图 7.8　某项目的单代号网络图

例如，某项目的网络图如图 7.8 所示，该项目的规定完工时间为 42 天，使用两种方法确定该项目的关键路线。

解：

(1) 运用“时差最小值”来确定项目的关键路线。

从表 7.1 中总时差值可看出，活动 A、B、E、G 和 H 具有最小时差。因此，活动 A、B、E、G 和 H 构成了网络图的关键路线。

表 7.1　项目活动时间清单

活动	活动工期	最早		最迟		总时差
		开始时间	结束时间	开始时间	结束时间	
A	3	1	3	5	7	7
B	10	4	13	8	17	17
C	8	4	11	9	16	16
D	15	4	18	10	24	24
E	7	14	20	18	24	24
F	20	12	31	17	36	36
G	12	21	32	25	36	36
H	6	33	38	37	42	42

（2）运用“活动的时间相加最长的路线”来确定项目的关键路线。

在该项目的网络图上，有三条路线A、D、G、H；A、B、E、G、H和A、C、F、H。这三条路线的活动时间分别是36天、38天和37天，其中路线A、B、E、G、H活动时间相加是最长的，所以是关键路线。

由上述介绍可知，关键路线法是利用进度模型时使用的一种进度网络分析技术。关键路线沿着项目进度网络路线进行正向与反向分析，从而计算出所有计划活动理论上的最早开始与完成时间、最迟开始与完成时间，不考虑任何资源限制。由此计算而得到的最早开始与完成日期、最迟开始与完成日期不一定是项目的进度表，它们只不过指明计划活动在给定的活动持续时间、逻辑关系、时间提前与滞后量，以及其他已知制约条件下应当安排的时间段与长短。

由于构成进度灵活余地的总时差可能为正、负或零，最早开始与完成日期、最迟开始与完成日期的计算值可能在所有的路线上都相同，也可能不同。在任何网络路线上，进度灵活余地的大小由最早与最迟日期两者之间正的差值决定，该差值叫做“总时差”。关键路线有零或负值总时差，在关键路线上的计划活动叫做“关键活动”。为了使路线总时差为零或正值，有必要调整活动持续时间、逻辑时间、时间提前与滞后量或其他进度制约因素。一旦路线总时差为零或正值，则还可能确定自由时差。自由时差就是在不延误同一网络路线上任何直接后续活动最早开始时间的条件下，计划活动可能推迟的时间长短。

3. 计划评审技术

计划评审技术（Program Evaluation and Review Technique，PERT）是项目时间管理的另一项技术，当项目的某些或者全部活动历时估算存在很大的不确定性时，综合运用关键路线法和加权平均历时估算法，用来估计项目历时的网络分析技术。这种网络分析技术适用于不可预知因素很多，从未做过的新项目和复杂的项目。

计划评审技术网络图的画法与前面介绍的网络图画法是相同的，区别主要在于活动时间估计和分析。

计划评审技术的活动工期估计和项目活动时间估计方法与三点法非常相似，它假设活动时间是一个连续的随机变量，并且服从β概率分布，它一般涉及三个时间估计：

（1）乐观时间：在顺利情况下完成活动所需要的最少时间，用符号a表示。

（2）最可能时间：在正常情况下完成活动所需要时间，用符号b表示。

（3）悲观时间：在不顺利情况下完成活动所需要的最多时间，用符号c表示。

则活动期望时间$t=(a+4b+c)/6$

活动时间标准方差$\sigma=(c-a)/6$

活动期望值表示活动消耗时间的多少，活动的标准方差表示该活动在期望的时间内完成的概率，标准方差越小表明在期望时间内完成的概率越大，标准方差越大表明在期望时间内完成的概率越小。

网络图中关键路线上各项活动完成总时间的概率服从正态分布，其平均值等于各项活动时间期望之和，方差等于各项活动时间方差之和。所以，可以利用这些关系估算出项目完成时间的平均值，以及项目在规定时间完成的概率。

计算项目在规定时间内完成的概率时，可以依照下面的公式求出：

$$Z=(r-e)/\sigma$$

式中：r——要求的完工时间（最迟完工时间）；

e——项目关键路线所有活动时间的平均值（正态分布的平均值）；

σ——项目关键路径所有活动时间的标准差（正态分布的标准方差）。

通过查正态分布表就可以得到在平均值和要求完工时间之内完成的概率，然后把这一概率加上在项目完工期望值内完成的概率50%，就得到在项目规定时间内完成的概率。

现将项目活动时间估算的例子稍加修改来说明如何确定项目在规定时间内完成的概率。假设某项目的关键路线由三个活动A、B、C组成，活动A、B、C在正常情况的工作时间分别为20天、18天、24天，在最有利的情况下工作时间分别是15天、16天、20天，在最不利的情况下工作时间分别是28天、30天、36天，试分析该项目在68天内完成的概率。

解：活动A时间的期望值：(15+4×20+28）天/6=20.5天。

活动B时间的期望值：(16+4×18+30）天/6=19.7天。

活动C时间的期望值：(20+4×24+36）天/6=25.3天。

整个项目完成时间的平均值为20.5天+19.7天+25.3天=65.5天。

活动A时间的均方差=（28−15）/6=2.17天。

活动B时间的均方差=（30−16）/6=2.33天。

活动C时间的均方差=（36−20）/6=2.67天。

整个项目完成时间的标准差$=\sqrt{2.17^2+2.33^2+2.67^2}=4.15$。

于是有 $Z=\frac{68-65.5}{4.15}=0.6$，

查表得 $P_{(z)}=22.6\%$。

所以在规定的68天内完成的概率是22.6%+50%=72.6%。

4. 进度压缩

进度压缩是在不改变项目范围，满足进度制约条件、加强日期或其他进度目标的前提下，缩短项目的进度时间。进度压缩技术有：

（1）赶进度。对费用和进度进行权衡，确定如何在尽量少增加费用的前提下最大限度的缩短项目所需时间。赶进度并非总能产生可行的方案，反而常常增加费用。

（2）快速跟进。这种进度压缩技术通常同时进行按先后顺序的阶段或活动。例如，建筑物在所有建筑设计图纸完成之前就开始基础施工。快速跟进往往造成返工，通常还会增加风险。这种办法可能要求在取得完整、详细的信息之前就开始进行，如工程设计图纸。其结果是以增加费用为代价换取时间，并因缩短项目进度时间而增加风险。

5. 假设情景分析

假设情景分析就是对“情景 X 出现时应当如何处理”这样的问题进行分析。进度网络分析是利用进度模型计算各种各样的情景，如推迟某大型部件的交货日期，延长具体设计工作时间，或加入诸如罢工或申请许可证过程的变化下的外部因素。假设情景分析的结果可用于估计项目进度计划在不利条件下的可行性，用于编制克服或减轻由于出乎意料的局面造成的后果的应急和应对计划。模拟指对活动做出多种假设，计算项目多种持续时间。最常用的技术是蒙特卡洛分析，这种分析方法为每一计划活动确定一种活动持续时间概率分布，然后利用这些分布计算出整个项目持续时间可能结果的概率分布。

6. 资源平衡

资源平衡是一种进度网络分析技术，用于已经利用关键路线法分析过的进度模型中。资源平衡的用途是处理时间安排需要满足规定交工期的计划活动，处理只有在某些时间才能动用或只能动用有限数量的必要的共用或关键资源的局面，或者用于在项目工作具体时间阶段按照某种水平均匀的使用选定资源。这种均匀使用资源的办法可能会改变原来的关键路线。

关键路线的计算结果是初步的最早开始与完成日期、最迟开始与完成日期进度表，这种进度表在某些时间段要求使用的资源可能比实际可供使用的数量多，或者要求改变资源水平，或者对资源水平改变的要求超出了项目团队的管理能力。将稀缺资源首先分配给关键路线上的活动，这种做法可以用来制定反映上述制约因素的项目进度表。

资源平衡的结果经常是项目的预计持续时间比初步项目进度表长。这种技术有时候叫做“资源决定法”，当利用进度优化项目管理软件进行资源平衡时，尤其如此。将资源从非关键活动分配到关键活动的做法，是使项目自始至终尽可能接近原来为其设定的整体持续时间而经常采用的方式。

提高资源的生产率是另外一种缩短延长项目初步进度时间的持续时间的办法。不同的技术或机器，如电脑源程序的重用、自动焊接、电子管材切割机以及自动化生产线都能提高资源生产率。某些项目可能拥有数量有限但关键的项目资源，遇到这种情况，资源从项目结束日期开始反向安排，这种做法叫做按资源分配倒推进度法，但不一定能制定出最优的项目进度表。资源平衡技术提出的资源限制进度表，有时候叫做资源制约进度表，开始日期与完成日期都是计划开始日期与计划完成日期。

7. 关键链法

关键链法是另一种进度网络分析技术，可以根据有限的资源对项目进度表进行调整。关键链法结合确定性和随机性办法。开始时，利用进度模型中活动持续时间的非保守估算，根据给定的依赖关系与制约条件来绘制项目进度网络图，然后计算关键路线。在确定关键路线之后，将资源的有无与多少情况考虑进去，确定资源制约进度表。这种资源制约进度表经常改变了关键路线。

为了保证活动计划持续时间的重点，关键路线法添加了持续时间缓冲段，这些持续时间缓冲段属于非工作计划活动。一旦确定了缓冲计划活动，就按照最迟开始与最迟完成日期安排计划活动。这样一来，关键链法就不再管理网路路线的总时差，而是集中注意力管理缓冲活动持续时间和用于计划活动的资源。

8. 项目管理软件

项目管理进度安排软件已经成为普遍应用的进度表制定手段。其他软件也许能够直接或间接地同项目管理软件配合起来，体现其他知识领域的要求，如根据时间段进行费用估算，定量风险中的进度模拟。这些产品制定进行正向与反向关键路线分析和资源平衡的数学计算，这样一来，就能够迅速地考虑许多种进度安排方案。它们还广泛的用于打印或显示制定完毕的进度表成果。

所有项目管理软件都包含了作用不同的时间管理和进度控制功能，特别是当一项活动正在进行中或已经完成时，可将当前信息输入系统，软件系统便可自动更新进度。同样的道理，如果未来活动的预计工期发生了变更，软件会自动根据输入系统的这些变更来更新进度计划。软件生成的全部网络图、表格和报告均会更新，以反映最新信息。

9. 应用日历

项目日历和资源日历说明了可以工作的时间段。项目日历影响到所有的活动，例如因为天气原因，一年之中某些时间现场工作是不可能进行的。资源日历影响到某种具体资源或资源种类，反映了某些资源是如何只能在正常营业时间工作的，而另外一些资源分 3 班整天工作，或者项目团队成员在休假或参加培训而无法调用，或者某一劳动合同限制某些工人一个星期工作天数。

10. 调整时间提前与滞后量

提前与滞后时间量使用不当会造成项目进度表不合理，在进度网络分析过程中调整提前和滞后时间量，以便提出合理、可行的项目进度表。

11. 进度模型

进度数据和信息经过处理，用于项目进度模型之中。在进行进度网络分析和制定项目进度表时，将进度模型工具与相应的进度模型数据同手工方法或项目管理软件结合在一起。

六、进度控制的工具和技术

1. 绘制网络图

网络图的绘制是一个有逻辑、有顺序的过程，他需要考虑各项活动以什么样的顺序发生才能保证项目进度是有效的，一般有两种基本活动的网络开发方法，计划评审技术（PERT）和关键路线图（CPM）。PERT是20世纪50年代，由美国海军、博思管理咨询公司及洛克希德公司联合研制北极星导弹计划时创造的，他最初被用于研发（R&D）这样一个活动历时很难估计的领域，并用来做可能性分析。CPM与PERT几乎是同时产生，是由杜邦公司独立开发出来的，CPM过去通常被用在建筑业，它与PERT的主要区别在于对活动历时估计的假设上，CPM假设活动历时都是确定性的，而PERT相反，也就是说CPM假设活动时间历时更加容易确定，并且对于分配活动的时间更加确信。此外，CPM能更好的将项目活动的时间和成本联系起来，因此更容易控制时间与成本，特别是能够实现时间/成本的均衡以减少赶工。

2. 进度报告

进度报告及当前进度状态包括如下一些信息，如实际开始与完成日期以及未完成计划活动的剩余持续时间。如果还使用了实现价值这样的绩效测量，则也可能含有正在进行的计划活动的完成百分比。为了便于定期报告项目的进度，组织内参与项目的各个单位可以在项目生命周期内自始至终使用统一的样板，样板可以用纸，亦可以用电脑文件。

3. 进度变更控制系统

进度变更控制系统规定项目进度变更所应遵循的手续，包括书面申请，追踪系统以及核准变更的审批权限。进度变更控制系统的功能属于整体变更控制的一部分。

4. 绩效测量

绩效测量的技术是进度偏差（SV）与进度效果指数（SPI）。进度偏差与进度效果指数用于估计实际发生任何项目进度偏差技术。进度控制的一项重要作用是判断已发生的进度偏差是否需要采取纠正措施。例如，非关键路线计划活动的重大延迟对项目总体进度的影响甚微，而关键路线或接近关键路线上的一个短得多的延误，却有可能要求立即采取行动。

5. 项目管理软件

用于控制进度表的项目管理软件能够追踪与比较计划日期与实际日期，预测实际或潜在的项目进度变更所带来的后果，因此是进度控制的有用工具。

6. 偏差分析

在进度监视过程中，进行偏差分析是进度控制的一个关键职能。将目标进度日期同实际或预测的开始与完成日期进行比较，可能获得发现偏差以及在出现延误时采取措施所需的信息。在评价项目进度绩效时，总时差也是分析项目时间实施效果的一个必不可少的规划组成部分。

7. 进度比较横道图

为了节省分析时间进度的时间，使用比较横道图很方便，图中每一计划活动都画两条横道。一条表示当前实际状态，另一条表示经过批准的项目进度基准状态。此法直观的显示出何处绩效符合计划，何处已经延误。

第三节 进度计划的优化

在编制进度计划中，活动历时估计是项目工期的重要估算依据。但这种估计往往是根据定额或历史经验类比得到的，基于这样的数据得到的网络计划一般称作初始网络计划。该计划显示的工期如果与合同规定的工期不一致，特别是落后于合同规定时，要么活动历时重新估算，要么网络计划必须重新做出新的调整，或两者同时进行，以便使再次计算出的期望工期与合同规定相符。这个调整的过程叫做工期优化，它既可以发生在计划阶段，也可以发生在执行阶段，即当我们在实施过程中发现本来可以满足要求的工期计划可能要落后于工期要求时，必须对现有工期计划进行调整，那它又属于工期计划控制的范围了。进度计划优化主要有如下几种：

1. 时间压缩法

时间压缩法是在不改变项目范围的情况下寻找方法来缩短项目时间，以满足强制性日期的要求或其他时间计划目标。时间压缩法是数学分析方法的具体运用，包括赶工和快速跟进两种技术。

赶工方法是考虑怎样平衡时间计划与成本，从而以最低的成本进行最大限度的时间压缩。赶工方法并不总是生成一个有效的替代时间计划，而且常常会导致总成本的增加；快速跟进法是考虑如何并列进行那些通常会按顺序完成的活动，例如，在一个软件项目中，在设计工作完成之前就开始编写程序密码。快速跟进方法由于太早开始某些任务常常会增加项目风险并可能导致返工。

无论是赶工还是快速跟进，都应该将注意力集中于关键路径，只有压缩关键路径的总历时，才能加快项目的整体进度。否则，虽然加快了非关键路径上的进度，花费了不少开支，但对于项目的总进度却不会产生影响，另外，每次压缩活动历时，要注意压缩幅度并重新检查关键路径，因为在压缩某个活动历时之后，很可能会出现新的关键路径。

赶工与快速跟进是两种加快时间进度的基本思路，可以使用的具体方法有如下几种：

(1) 加强控制。首先，对近期内即将发生的活动加强控制，因为早控制早主动，这样能将进度尽快追回。其次，对工期估计最长或预算估计最大的活动加强控制，因为这些活动缩减时间历时的可能性最大，相对来讲也更容易。最后，对进度偏差予以密切关注，尽早发现偏差，尽早控制。

(2) 资源优化。首先，提高现有资源的利用效率，这样可以免除新资源进入所带来的附加成本和麻烦。其次，增加资源的数量或者质量。比如，在增加资源数量方面，可以从项目组外申请新的资源；在进行资源优化方面，可以将资源从负载较轻时段的任务转移一部分给资源负载较紧时段的任务。

（3）改变工艺或流程。变更关键路径上任务的分工或者操作方法，对关键路径上的某些任务进行分解或重排，使分解后的某些任务能够并行，或者重排后的任务能够改变任务之间的关系类型，比如由“完成—开始”变成“开始—开始”。

（4）加强沟通。其目的是，一方面，避免重复相同的工作，特别时候技术攻关工作，实现知识共享；另一方面，发挥“一加一大于二”的作用，使团队成员能更快攻克技术难关，推进项目。

（5）加班加点。这是个常用的方法，但不一定是个好方法，而且在项目后期，人困马乏，工作一般都比较紧张。另外如果偏差不大，可以采用加班的方式。但若偏差太大，采用长时间的加班后，项目成员会焦虑、疲惫。正常时间的生产效率会下降，出现错误或者返工的可能性会大大增加。

（6）外包。可以将风险比较小的部分关键任务外包给项目组外的组织或者个人来承担，也可以将风险较大或者项目组不太擅长的部分关键任务外包给项目组外对该任务更专业的组织。

（7）牺牲项目范围、质量等约束条件。

在得到项目发起人、项目最终客户、项目团队的上级管理层，甚至个别情况下还包括政府等项目关键干系人认可的情况下，缩小范围，适度降低质量也是加快进度最直接的方法。这些工作经过商议后可以作为二期工程继续施工。这种现象目前在大小项目中经常出现，甚至雅典奥运会的游泳馆，最后就是在没有吊顶的情况下交付使用的。

如上所述，时间优化即根据整个项目情况对计划进度的要求，努力缩短项目完工时间。可以采取的措施分为两大类：一是技术措施，依靠专业技术能力直接缩短关键活动的作业时间；二是组织措施或者管理措施，充分利用非关键活动的总时差，合理调配技术力量和人、财、物等各项资源，依靠优秀的管理手段来缩短关键活动的作业时间。

2. 时间—费用优化法

时间—费用优化法可以解决的问题是：如何在增加最小的情况下缩短项目工期，或在保证期望的完工时间的条件下，所需要的费用最少，或在限制费用的条件下，项目的完工时间最短。

一般可以通过使用最小费用计划模型来实现时间—费用优化。该模型的基本假设是活动的完成时间与完成项目的费用之间存在一定的关系：一方面，要有资金来直接促进各项活动的进行；另一方面，需要资金来维持整个项目的进行。与促进单个活动有关的称为活动的直接费用，计入项目的总直接费用。这些费用可能是与人工有关的费用，如加班费、雇佣更多的工人的支出，以及从其他岗位调用工人的费用；而另一些可能与资源有关，如购买或租赁附加设备、高效率设备，以及借用辅助设备的支出。

与为维持项目的正常运行有关的费用称为项目的间接费用，包括日常管理费用、设施维修费用、资源的机会成本，以及在有合同约束下的罚款和奖金支出等。活动直接费用和项目的间接费用随时间的变化而出现不同方向的变化，一般情况下，时间缩短，直接费用上升，间接费用下降；时间延长，直接费用下降，但间接费用会上升。所以，编制时间计划的关键问题之一就是寻找具有最小费用的项目工期，也就是时间和费用均衡的最优点。找到最优点的过程分为五步。假设某项目有四项活动，间接费用在项目的前八天保持不变（10 元），以后按每天 5 元速度增加。

1）先绘制网络图，并标注一些必要的信息，如图 7.9 所示。

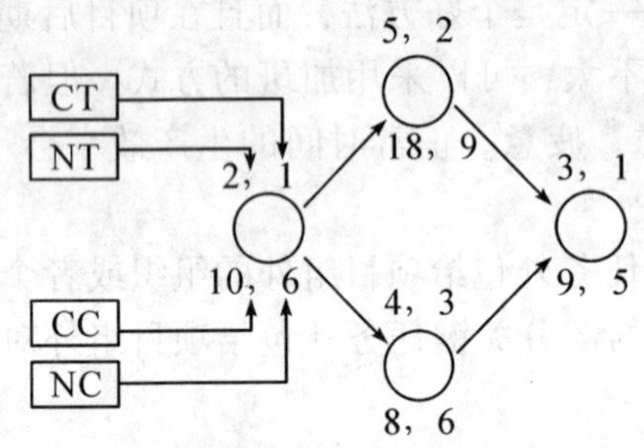

图 7.9　时间—费用均衡示例

图 7.10　寻找总成本最小的时间点

图中，需要的信息基本都标在上面了，包括：

（1）正常时间（Normal Time），指按照原先的时间进度计划，在正常条件下完成某项工作需要的估计时间。

（2）正常成本（Normal Cost），在正常时间下完成某项工作所需耗费的成本。

（3）赶工时间（Crash Time），在赶工情况下，完成某项工作的最快时间。

（4）赶工成本（Crash Cost），在赶工情况下完成某项工作所需要的成本。

2）确定每项活动的赶工费用率。赶工费用率可用公式：

（CC-NC）/（NT-CT）

直接算出，其过程如表 7.2 所示。

表 7.2　计算得到每项活动的可赶工天数以及赶工费用率

活动	CC-NC/元	NT-CT/天	（CC-NC）/（NT-CT）	活动可能缩短的天数
A	10—6	2—1	4	1
B	18—9	5—2	3	3
C	8—6	4—3	2	1
D	9—5	3—1	2	2

3）计算关键路线。注意，此时需以正常时间为基础计算项目的关键路径。该网络图较为简单，可得出关键路径为 A—B—D，初始工期为 10 天。

4）在费用增加最小的前提下缩短关键路径的完工时间。

5）做出直接费用、间接费用和总费用曲线，以制定最小费用计划，如图 7.10 所示。

上图中，间接费用曲线由前八天每天费用为 10 元，以后每天增加 5 元，项目总费用由间接费用与直接费用之和。该图也可以看出，总的费用曲线最小值是工期为八天计划。

3. 时间—资源平衡法

以上讨论的是资源和费用可增加的情况，其蕴含的假设是能够得到所需的追加资源。但现实的情况是，几乎所有的项目都受到资源的限制。所以不能将注意力只投在项目的时间计划上，还必须注意到所需资源的可得性上，以及对时间计划的影响上。所以，还有一种情况是值得考虑的，那就是资源约束明确，不能增加，这种情况如何对时间—资源进行综合考虑和权衡。在这种情况下，时间计划优化的结果是既可能缩短工期，也可能延长工期。

但是，由于某些项目活动繁多，涉及的资源利用情况也比较复杂，在编制时间计划时往往不可能一次就把项目的时间计划和资源利用都做出统筹合理的安排，常常需要进行几次综合平衡后，才能得出时间进度和资源利用都比较合理的时间计划。

时间—资源平衡有两种基本情况：一是在尽可能不延长工期的情况下均衡使用资源。减少资源的使用波动是降低资源使用成本的基本原理，坐飞机时，在起飞和降落阶段耗油是最大的。二是在资源约束型很强的情况下只能调整工期。具体做法用一个例子来介绍。在时间—资源平衡方面，应该掌握一些基本原则：

（1）优先安排关键活动所需要的资源。

（2）充分利用非关键活动的总时差，错开各活动的开始时间，拉开资源需求的高峰。

（3）在确实受到资源限制的条件下，不可强推项目，应推迟项目的完成时间。

有一种为中层和高层项目经理提供的项目管理信息系统软件（PMIS），利用分层的办法解决资源的分配问题。它使用拇指原则，指定低优先权的任务必须等到高优先权的任务完成之后才可以开始，或者指定项目是在预定截止时间之前或之后完成。

举例：时间—资源平衡，如图 7.11 所示。

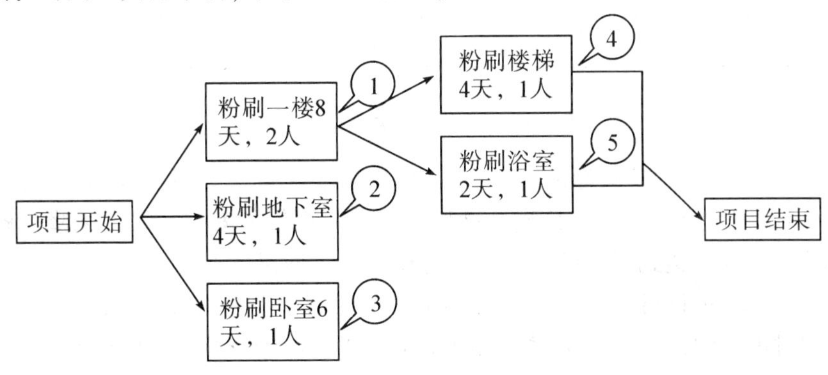

图 7.11　一个包含五个活动的小项目

这个图与以前见到的活动有所不同，其中包含了资源使用信息。总工期显然为 12 天，关键路径为活动 1 与活动 4。由此可以生成一个资源使用图表，如图 7. 12 所示。图中横线上方的数字，括号外的代表活动编号，括号内的代表用工数和工作天数。再由图7. 12进一步生成图 7. 13 所示。

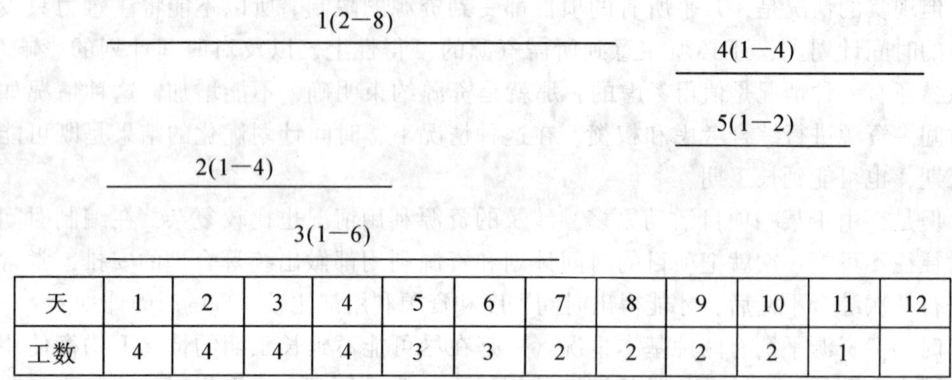

天	1	2	3	4	5	6	7	8	9	10	11	12
工数	4	4	4	4	3	3	2	2	2	2	1	

图 7. 12　该项目的资源使用图表

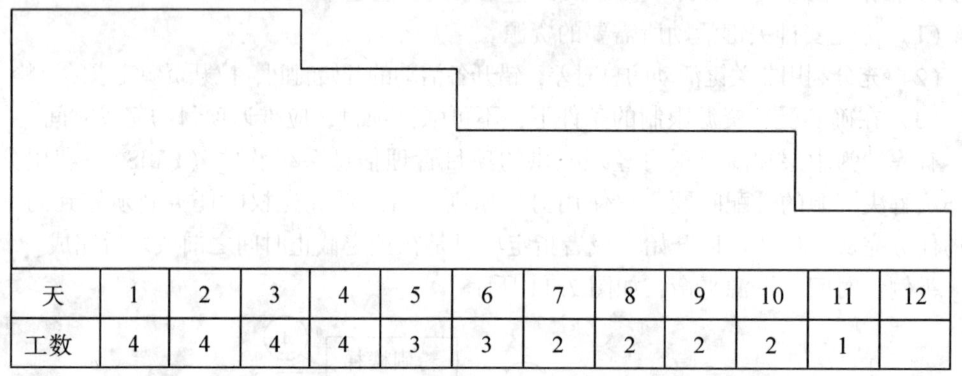

天	1	2	3	4	5	6	7	8	9	10	11	12
工数	4	4	4	4	3	3	2	2	2	2	1	

图 7. 13　该项目的资源使用图表

从图 7. 13 可见，在这短短的 12 天中，用工水平（资源使用）变换了三次（4—3, 3—2, 2—1），问题是能否找到比现在这种用工方式更好的安排方式，来降低资源的波动次数和波动幅度，达到平衡的目的，同时还维持工期保持不变。

细看一下这个项目可以发现，一开始的三个活动并不一定非要同时开始，这样的话，它们同时占用的人工数量太多。如果推迟一项不在关键路径活动上的活动，并不影响工期，还能错开用工高峰，达到均衡使用资源的目的。图 7. 14 和 7. 15 就是调整活动进度后的情况。

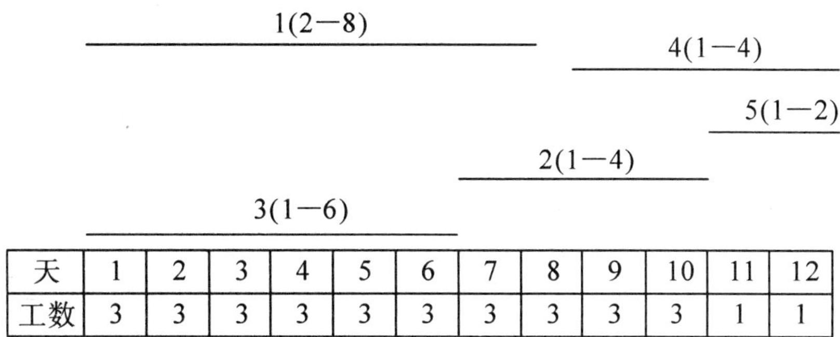

天	1	2	3	4	5	6	7	8	9	10	11	12
工数	3	3	3	3	3	3	3	3	3	3	1	1

图 7.14 调整活动进度后该项目资源使用表

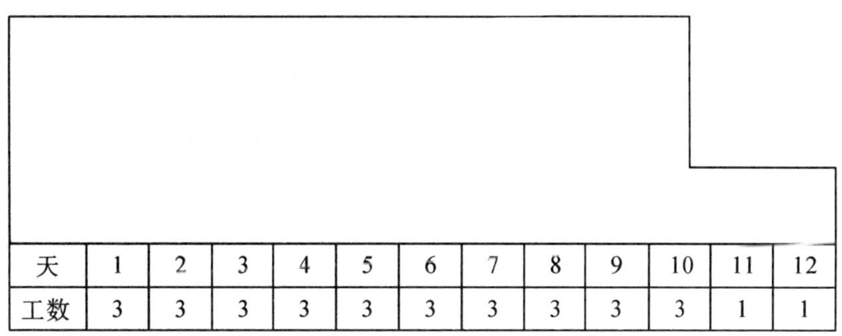

天	1	2	3	4	5	6	7	8	9	10	11	12
工数	3	3	3	3	3	3	3	3	3	3	1	1

图 7.15 调整活动进度后的该项目资源使用图表

从图 7.14 和 7.15 调整活动进度后的情况可见，用工水平在 12 天的工期当中，10 天保持了平稳使用，而且这种调整只是调整了个别活动的开始和结束时间，对项目工期没有影响。

同样的例子，看看如果资源限制性很强，对进度计划会产生哪些影响。比如只有 2 个工人，再也找不到新的人手了，而且每天工作量也不能加大，此时，12 天的工期还能保持吗？

从最原始的图 7.12 开始，这个显然已经不能适应现在讨论的情况了，那怎样基于最新的资源约束情况（只有 2 个工人）来进行进度调整。

首先还是优先保证没有松弛时间的关键路径上的活动。第一步，优先保证 2 个工人先全力投入工作 1，这样一直安排到第 8 天。在第 8 天以后，有四项工作，共需要 4 个工人。没有这么多工人，则需要继续调整工作进度。同时也注意到现在工期延长了 2 天。这一次仍然首先保证关键活动，当然此时活动 3（耗时 6 天）已经变成了新的关键活动，所以先安排活动 3。剩下的三个活动均不在关键路径上，优先做哪一个？选择松弛时间最小的，比如活动 2。这样得到图 7.16 和 7.17。

1(2—8)
4(1—4)
5(1—2)
2(1—4)
3(1—6)

天	1	2	3	4	5	6	7	8	9	10	11	12
工数	3	3	3	3	3	3	3	3	3	3	1	1

图 7.16　基于资源约束调整活动进度后的该项目资源使用图表

1(2—8)
4(1—4)
5(1—2)
2(1—4)
3(1—6)

天	1	2	3	4	5	6	7	8	9	10	11	12	13	14
工数	2	2	2	2	2	2	2	2	2	2	2	2	3	3

图 7.17　基于资源约束调整活动进度后的该项目资源使用图表

但是在 13 天和 14 天两天又遇到了新的问题，用工水平还是超过了 2 天，还需要继续进行进度调整。此时活动 2 又变成新的关键活动，活动 5 具有较多的松弛时间，故而可以拖后进行。经过多步调整后，终于实现了要么满足时间约束，要么满足资源约束的时间—资源均衡问题。它从一个侧面也反映了项目的资源计划和项目的时间计划是息息相关、互为因果的，因而在制订计划时必须具有全局的观念和视野。

	非变量	变量
资源平衡问题	完工时间	资源
资源限制问题	资源	完工时间

图 7.18　时间—资源均衡模型

结合上面的例子，有这样一个简洁的时间—资源均衡模型，如图 7.18 所示。它表明当资源水平和完工时间各为不能变动的变量时，实际上是在解决资源平衡和资源限制两类问题。

第四节 项目进度控制

一、项目进度控制概念

项目进度控制是对项目各阶段的工作内容、工作流程、持续时间和衔接关系编制计划，将该计划付诸实践，在实践过程中经常检查实际进度是否按计划要求进行、对出现的偏差分析原因，采取补救措施或调整、修改原计划，直至工程竣工，交付使用。进度控制的最终目的是确保项目进度目标的实现。

进度控制是项目建设中与质量控制、投资控制并列的三大目标之一。它们之间有着依赖和相互控制的关系。进度加快，需要增加投资，但项目提前竣工就可以提高投资效益。进度加快有可能影响项目质量，而质量控制严格，则有可能影响进度。但如因质量的严格控制而不返工，又会加快进度。因此，项目经理和计划人员就应该在工作中对三个目标全面系统的加以考虑，正确处理好进度、质量和投资的关系，提高项目建设的综合效益。特别是对一些比较大的项目，如何确保项目进度目标的实现，往往对经济效益产生很大的影响，尤其需要加以注意。

项目进度控制的意义其实是不言而喻的，如前所述，时间是一个项目经理最为关注的指标，或者说是项目经理主要职能的体现。随着社会经济和科学的高度发展，人类进入了信息化和知识化时代，项目越做越大，项目任务越来越复杂，外界的环境也是日新月异，项目时间拖得越长，项目的风险也就相应增长，所以说搞好项目进度控制工作是一件非常重要的事情。

二、项目进度控制的过程

当一个项目已经制定了基准计划和进度时，项目就可以正式开始了。但是谁都不能幻想说项目一定会按照计划往下走，更多的情况是项目会或左或右的偏离原来的基准计划。所以，当项目正式开始后，就必须时刻监控其进展情况，以确保每项活动都按照计划进行。如果项目实际进展远远落后于进度计划，原来的基准计划很可能难以为继。

所以，在计划制定且项目开始后，如何有效控制关键在于时刻监控项目实际进度，及时定期的将其与计划进度进行比较，并做出相应的反映，永远不要认为问题不会在不采取任何措施的情况下自动消失。进度管理是项目生命周期内一件常抓不懈的事情，是整个项目始终处于可控状态的重要保证。

项目进度管理的一般过程可以简单的概括为项目计划——项目跟踪——项目控制，如图 7. 19 所示。

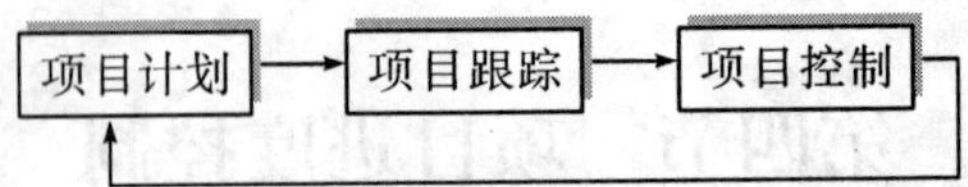

图 7. 19 项目进度控制一般过程

具体来讲，项目进度控制过程可以用图 7. 20 来表示。

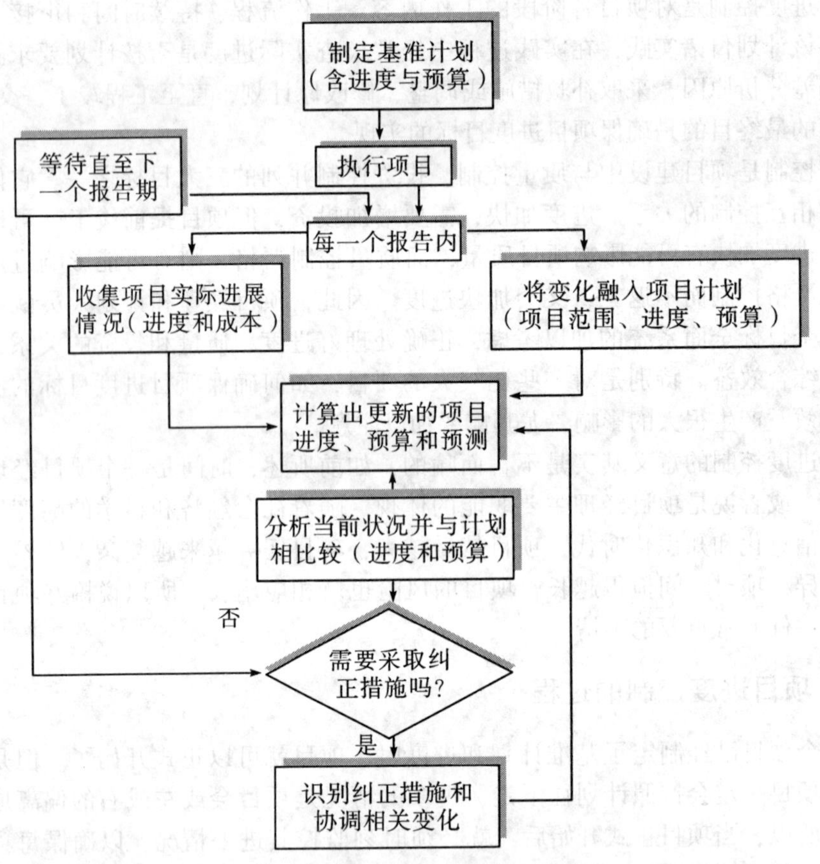

图 7. 20 项目进度控制的具体过程

下面根据“项目计划——项目跟踪——项目控制”及项目反馈来介绍项目进度控制的一般原理。科学的项目管理应利用现代科学的原理、理论、方法和技术，对项目管理问题做系统的分析和决策。根据管理科学的一些原理，如系统原理、反馈原理、封闭原理，讨论项目计划——项目跟踪——项目控制循环。

计划、跟踪与控制活动之间是一个统一体。要讨论跟踪，须先了解控制，要建立控制，又必须先弄清受控对象、内容以及控制如何实现，这又与计划有关。而要实现控制系统产出则必须有反馈信息输入，这就是跟踪的核心目的。项目的跟踪与控制是项目实施中不同性质的活动。跟踪是控制的前提，提供控制系统的反馈信息，控制是跟踪的服务对象。两者相互依存、相互促进。由此可见，项目计划——项目跟踪——项目控制在管理系统中是一个封闭循环过程，是一个系统过程。项目计划——项目跟踪——项目控制封闭循环存在于任何带有目的性的任务活动之中，存在于项目的自始至终的各项管理活动之中。

（一）项目计划

凡事预则立，不预则废。对于任何带有目的性的活动，都要在实施前制定工作计划。项目计划是项目前期工作的重要内容。它是对项目的全部活动做出的实现分析、策划和安排，包括对项目的跟踪及报告、控制活动的计划。

项目计划不变是相对的，变是绝对的；平衡是暂时的，不平衡是经常的。计划既是项目跟踪与控制的服务目标与对象，又是项目跟踪与控制的行动指南，因此一个好的项目计划应有利于项目跟踪与控制的实施和目标实现。

（二）项目跟踪

1. 项目跟踪概述

项目跟踪是指项目各级管理人员根据项目的规划和目标等，在项目的整个实施过程中对影响项目进展的内外部因素进行及时的、连续的、系统的记录和报告的系列活动过程。因此，跟踪系统的核心在于及时反映项目变化，提供有关信息报告。

人们常说现在的社会是信息社会，同样，对于项目管理来说，信息的收集也是非常重要的。随着项目复杂性和规模增大，随着项目实施环境变化的加快，对项目实施内外环境的跟踪和信息的采集、分析与加工，加强项目跟踪，建立项目管理信息系统的要求摆在了首位。

要策划项目的跟踪，首先要确定影响项目计划和目标实现的因素。在项目实施过程中，影响项目计划和目标实现的因素包括内外两个方面：

（1）外部因素。外部因素是来自项目外部的影响因素。像政府的政策、制度、市场价格、汇率、自然状况等。在一般情况下，外部因素的变化是不可控的。对于这类因素的跟踪，其主要目的是尽早预测、收集和报告变化的信息，以便项目管理层、控制层迅速采取应变措施。

（2）内部因素。内部因素是来自项目内部的各要素。如人力资源、资金筹集与应用、材料到位和投入、进度、质量等。这类因素一般都是可控的。项目跟踪的目的是收集和处理与目标控制决策有关的信息，以便对比项目的行动计划和目标，及时发现实施与预测不符之处并查找原因。

许多人可能会对项目管理者未能及时得到准确的项目进展和外部有关信息因而影响项目的进展大为不解。而项目经理则非常清楚，在实际中要及时了解和正确判断项目实施中的每一个进展是一件很难的事，需要科学有效、经济实惠的建立项目跟踪系统。

进度执行中的跟踪检查的具体工作主要是定期收集反映实际项目进度的有关数据。收集的方式一是以报表的形式，二是进行现场实地检查。收集的数据质量要高，不完成或不正确的进度数据，将导致不全面或不正确的决策。

许多事实说明，项目的失败，主要原因在于计划和控制，但究其深层次原因则是在其前期和实施时期，信息掌握得不够、不准或不实，从而使得项目管理人员对项目的实际进展情况心中无数，项目失败的概率就大大增加了。

2. 项目信息收集

随着社会的日益进步和科学技术的发展，现代项目也变的越来越大，涉及面也越来越广，使得现代项目管理越来越复杂，因此反映项目运动状态的信息量也就爆炸性的增大。一般根据项目活动状态决定项目控制方向、方法和手段，项目控制的基础是信息，而信息的获得是靠对项目的跟踪。因此建立项目控制系统的同时，必须建立项目实施跟踪系统。

项目跟踪包含了传统“控制”中所含的“预测”之意，即监督和测量。由于项目成员的素质、管理手段和水平的提高，“督”的作用越来越弱，而“测”的要求越来越高。现代项目管理要求采用数学方法和科学手段实现对项目进行定量测量。测量手段和水平越高，获得的信息就越多、越难、越及时。除“监测”之意外，预测中还包含按踪迹和线索跟踪变化及紧紧地、快速地跟进之意。预测中可能发生问题或刚开始发生问题的对象是项目跟踪的首要对象。因此，项目的跟踪应进一步理解为对影响项目目标实现的、自身可能发生变化的因素进行跟踪、检测、信息收集、记录、报告、分析与建议等活动的总称。

1）项目信息收集方式。信息是物质系统运动的质，所以项目运作过程也是项目信息流动的过程。项目活动中的信息载体丰富多样，信息的收集同样存在多种方式。对于信息的收集，一要善于总结、敢于创新，二要考虑针对性、可靠性与经济性。

一般项目信息采集可用下列五种方法进行：

（1）发生频率统计法。即对某一事件发生次数进行记录的信息收集方法。这方法常用于“投诉”、延误报告次数、无事故天数、计算软件故障次数等。这类信息容易收集，并常常以频率或百分比形式进行报告。

（2）原始数据记录法。即对项目运行中实际资源投入量和项目产出技术指标进行统计。如某活动已投入的工作日、资金、机器设备工作台时或技术性指标。

（3）经验法。经验法是指用人的主观意识来为指标进行定量或定级。例如用德尔菲法确定产品的质量等。

（4）指标法。在项目实施过程中，有一些对象的有关信息是较难甚至无法直接获得的，这时可以寻找一种间接的度量或指标。如要判断项目小组的工作效率，可以用项目变更指令下达速度以及变更指令被接纳、工作进入协调状态的速度来度量。而对项目变更的响应程度和速度，同样是项目成员沟通质量的指标。在用这种方法收集信息时，要先确定替代对象，特征指标及特征关系，这需要建立多个候选指标并对它们与测定对象的特征差异或关系进行分析和评价，选择差别最小或关系清楚而又易于测量的对象特征作为替代指标。

(5) 口头测定方式。这种方法常用于测定队员的合作质量、队员士气高低、项目组与业主之间合作程度等。但这种方式往往不成系统，但是效率高。

2）项目报告。

(1) 项目报告时间和内容。项目报告的目的是为了及时反映项目进展状况和内外部环境变化状况，发现存在的问题、发生的变化，分析潜在的风险和预测发展趋势，以便管理人员作出正确的判断和决策，实现项目管理的有效控制。

项目的情况报告，一般没有格式的特别要求，但项目报告内容应满足项目管理决策的信息需要。一般由五项组成：项目进展报告，项目近期走势，预算情况，困难与危机，人和事表扬。

当然，与项目有关的不同组织、不同部门和不同层次的人员，会提供广度、深度不同的项目信息报告，提供报告的频次也不一样。对于基层管理人员，他们所关心的是个人与小组工作任务的完成，因此所需要的信息主要是关于个人和小组的工作任务完成情况及其影响因素，而且报告的次数较多。而高层管理者所要求的信息，其内容细节少、综合性强，大多是综合性的项目进展情况，报告的次数少。

项目报告与项目行动计划和 WBS 的关系是确定报告内容和频次的关键。项目报告内容必须与按照特定行动计划进行过程控制的信息密切相关。报告的频次应达到在计划完成期间满足控制所需信息要求。原则上项目报告应及时给出，以便项目控制的实现。因此报告的时间一般要对应于项目里程碑时间。这就意味着项目报告不一定定期提供，除非是提供给高层管理者的进度报告。

项目里程碑的确定是项目控制的一个有效手段。对高层管理者，一个项目可能只有几个里程碑，即便是大项目也是如此。而对于基层管理者，在项目计划的实施过程存在着许多关键点，在这些关键之处有许多决策要做。但决策一经确定，建立在资源基础上的变化必然会发生。这些关键点包括关键技术是否可以实现，关键元器件供货是否准时。可以将这些关键点定位为里程碑，基层管理中的里程碑的确定还取决于项目进展中的细节内容。里程碑数量越多，所要求的报告的信息内容越详细、报告次数也越多。另外，信息报告应和计划、预算、进度系统的逻辑相一致，主要目的是保证通过控制实现项目计划。

(2) 项目报告形式。为了达到项目管理信息需求的目的，可以考虑以下形式的报告：

· 日常报告。日常报告是用来报告有规律、经常性的信息。但有规律的进行报告不一定意味着要按日历要求安排报告日常工作时间。对于高层管理者，进展报告常常是周期性提供的，但对项目经理和基层管理人员，报告则是根据工作实际需要给出的。一般按里程碑时间安排报告时间，有时候根据资源利用期限发出日常报告，也有时每周甚至每日提供报告。

· 例外报告。例外报告常用于两种场合，一是为项目管理决策提供信息报告，报告发给有关决策者；二是公布决策并为之做出解释的报告。如当某一决策建立在某一例外基础之上并必须以文件形式将此决策通知给有关管理人员时，可采用此类报告。

· 特别分析报告。特别分析报告常用于宣传项目特别研究成果或是对项目实施中发生的一些问题进行评述。这类报告可以给项目中的任何人。

项目报告除了用文字表达之外，图表亦是传递信息的重要工具。报告按传递方式不同可以分为书面报告、会议报告、口头报告等。

（3）项目报告中存在的问题。信息伴随着项目的进行，无处不有，无处不在，要想通过报告把任何情况都反映清楚是不可能的。不考虑项目资源的限制，不计较项目成员对信息的接受和忍受能力，仅粗制滥造报告或报告泛滥等都会影响管理与控制工作。

通过项目工作实践，总结出在项目报告中一般存一些问题。

报告由谁负责。项目技术人员或许不愿意把“大量的时间”白白花在他们认为意义不大的报告上，认为主要的事情他们能做到心中有数就可以了。而实际情况是技术人员不得不经常花费一定时间在报告上，因而造成一定的抵触情绪，致使报告质量不高，花了时间反而效果不佳。

报告细节内容太多，超越人们有限阅读的耐性，也阻碍了持续的信息采集工作，造成了成本高、流于形式、缺乏信任、互相扯皮等现象。

项目管理信息系统和母公司管理信息系统联系较少，两个系统的资料具有可比性不多。

3. 项目跟踪系统设计

在对项目建立实施跟踪系统时，要考虑的问题很多，诸如确定哪些信息需要收集、什么时候收集、用什么方式收集。对计划和方案要进行技术经济评估，并要考虑在信息收集过程中可能发生的问题和对策。

1）项目跟踪对象。在项目实施期间，凡是存在不确定性或可能发生的变化，并因此对项目实施和项目成功有影响的方面和因素都是项目跟踪的对象。但由于资源的短缺性，项目经理应集中优势资源，跟踪那些对决策作用量大、最可能发生影响决策变化的因素。项目实施中一般跟踪对象包括：范围、变更、关键假设、资源供给、非项目时间、主要里程碑、进度、项目组工作时间及任务完成情况、所有项目总结报告。

2）收集信息范围。

（1）投入活动信息，包括资金、材料设备到位率（量）、投入率（量）、已投入劳动工时、阶段成本、总成本等。

(2) 采购活动信息，包括采购量、供应量、库存量。

(3) 实施活动信息，包括工程进度（完成量）、执行中存在的问题、将产生的影响、技术性能指标（质量、工程变更范围和次数、业主态度变化）等。

(4) 项目产出信息，包括项目产品产量、收入、利润等。

3）项目跟踪过程。衡量项目跟踪活动有效与否的标准是项目跟踪能否获得及时、准确而又对项目决策有影响的信息。

建立规范跟踪程序、充分利用先进的科学方法并在制度上给予保证，是实现项目跟踪目的的关键。项目跟踪程序包括四个基本过程，具体如下：

(1) 观察。在变化或情况发生一开始就能够抓住非正常情况是需要敏锐的观察和判断能力。除此之外，还要设立恰当的观察点、观察时间及载体。

(2) 测量。测量是一门专门技术和手段，它离不开工具。常用于项目控制所需信息的测量工具包括职员工作时间（效率）、记录任务实际投入时间/成本的项目内部报告、每周状态报告、每周任务报告、项目总结报告等。

(3) 分析。分析是获取信息后的处理过程，无疑是重要的一环。分析过程要根据观测到的数据，根据本项目的实际特点，从而提出有关问题和解决办法。

(4) 报告。报告可以利用简单表格形式概括报告的信息，报告可以形成一种固定的模式和固定的制度，但同时也应当灵活加以对待。

总之，项目信息的获取是非常重要的一环，可以说它关系到整个项目的生死存亡。没有有效的项目信息，项目管理层就成了瞎子、聋子，这样的项目注定会失败。因此，项目管理人员应当根据项目的实际情况，为项目设计一个行之有效的项目信息收集系统，直至建立一个有效的项目信息收集制度。

三、项目进度控制方法

项目进度控制是项目实施期间的重要职能。项目进度控制是项目计划——项目跟踪——项目控制循环中的最后一环，其目的就是使项目按预定的轨迹运行和实现。大家都认为应按预定计划对项目进行控制，问题是如何有效的利用一切可行的工具和技术，达到实现计划的目的，即实现过程控制。

进行项目控制需要有计划和实际进展信息，对于这两个需要进行比较的东西，文中对后者做了较多的说明，其实要形成一个比较好的计划，计划资料等相应的保障也是很必要的，如详细的项目计划（包括人力计划、工作任务定义、时间安排、资源计划、职责等）、可测量的项目里程碑和检查点、良好的沟通、建立以项目经理为核心的领导机制等，都是进行项目实际与计划比较的必要前提。可以用图 7.21 来表示项目控制的一般过程及相关资料。

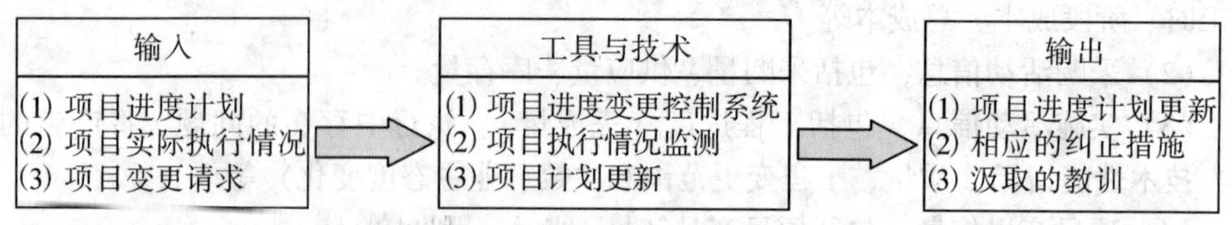

图 7.21　项目进度计划控制输入输出流

(一) 项目比较方法

在项目实际情况获得后，接下来就是将它与计划进行比较了。下面介绍几种项目实际进度和计划进度比较方法。

1. 横道图比较法

横道图不仅可以用来反应较为简单的计划，横道图比较法也是一种反映进度实施进展状况的方法。它将项目实施过程中所观察到的实际进度用横道线直接绘于计划的进度上，并将实际进度与计划的进度进行直观的比较。

（1）横道图比较形式一。形式一是一种相对简单的比较法，应用较广。当采用此种形式对计划进度与实际进度进行比较时，要求项目对象的各项工作均按匀速进行，即某项工作单位时间内完成的工作量相同（或工作量完成的百分比相同）。若用 r_{ij} 表示第 i 项工作在第 j 时刻（年、月、周、日等）的工作量（$i=1, 2, \cdots, m$，$j=1, 2, \cdots, n$,），则有：

$$r_{i1}=r_{i2}=\cdots=r_{ij}=\cdots=r_{in}$$

这里所提到的工作量可用不同的物理量来表示，通常采用的三种物理量是实物工程量、工时消耗和费用支出，而百分比则表示不同物理量的百分比、如实物工程量百分比、工时消耗百分比以及费用支出百分比。

形式一的具体作图方法是：首先在编制进度计划阶段做出横道线，如图 7.22（a）所示。为了反映实施进展情况，首先在图上标出进度检查日期，在原计划的横道线下方做一条平行的横道线（涂黑部分），此横道线长度应反映实际累计完成的百分比。例如，从图 7.22（b）中可知，在第三个月末按计划应完成 60%，而实际完成 50%，其长度应按比例做出。实际中，这条横道线的右端点不一定正好与检查日期相重合。若横道线右端点在检查日期左端，则表示此刻实际进度比计划进度拖后；反之，若横道线右端点在检查日期右侧，则表示实际进度比计划进度超前。另外，根据检查日期与横道线端点差距的大小，可知进度提前或拖后的大小。例如，从图 7.22（b）中可知进度拖延 10%。

值得注意的是，此种比较方法所表示的某项工作在从开始到结束的整个过程中，时间与累计完成工作量是成正比的，即工作进展是等速的，否则此种比较法不能够反映实际情况。

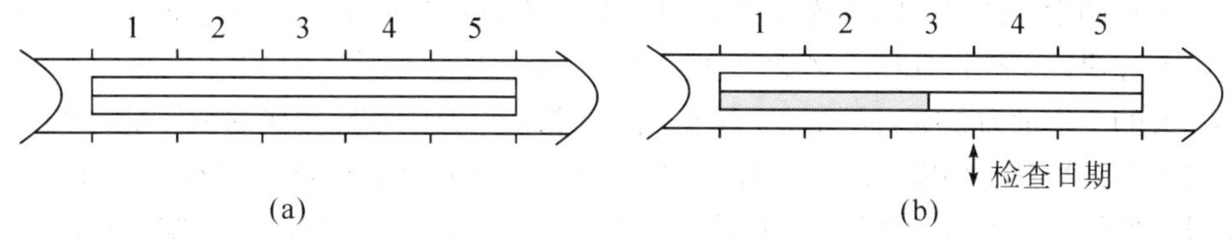

图 7.22 横道图比较形式一

（2）横道图比较形式二。从前面的分析可知，当工作按计划变速进展时，形式一的比较法不能真实反映实际进度是比计划提前，还是拖后，此时可以采用形式二绘制横道图。

首先，做出反映计划进度的横道图，做法与形式一相同，然后在横道线上方标出不同时间按计划累计应完成的百分比。做横道线如图 7.23（a）所示的累计完成工作量，图中表明在最后的两个月中（占总时间的 40%），按计划要完成工作量的 55%。

在项目实施过程中，每隔一定时间对进度执行情况进行检查，并将实际的进展情况标在原计划横道线下方，如图 7.23（b）中涂黑的部分。与形式一不同的是，该横道线的长度表示实际投入工作的时间。图 7.23（b）所反映的是该项工作实际开工时间落后于计划的开工时间。

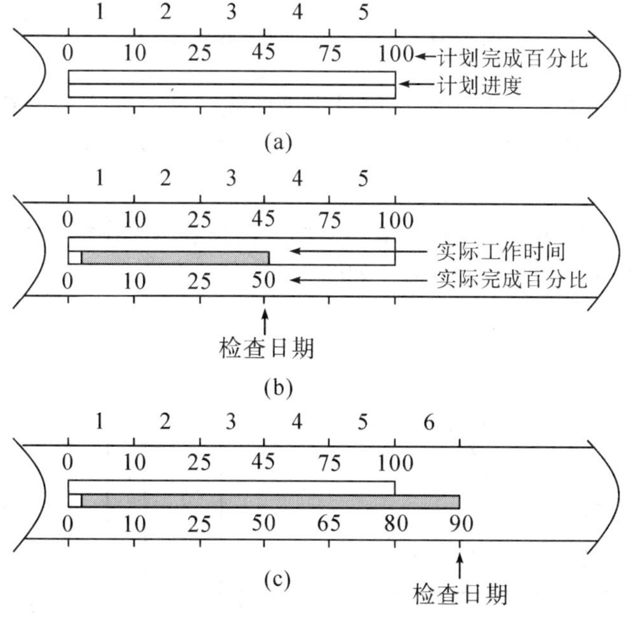

图 7.23 横道图比较形式二

为了在图中反映出实际工作量的完成情况，还需要在实际横道线的下方、检查日期处标上实际累计完成百分比。例如，在图 7.23（b）中，到第三月末（当前检查日期），实际完成的工作量为 50%。图 7.23（c）表示到第六个月末实际完成的工作量为 90%。进度计划控制人员只需将横道图上方计划累计完成量与横道图下方同一位置处实际累计完成量进行比较，便可知道项目的实际进展情况。例如，从图 7.23（c）可知，除在第三个月末实际进度比计划进度超前外，其余时间均是实际进度比计划进度拖延。

2. S 曲线比较法

S 曲线是一个以横坐标表示时间，纵坐标表示工作量完成情况的曲线图。如图 7.24 所示。

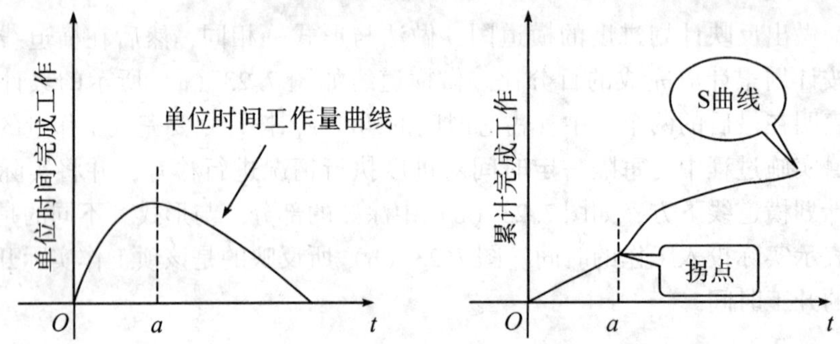

图 7.24　时间与完成工作量关系曲线

（1）S 曲线作图方法。首先确定项目进展曲线，该曲线主要反映不同时间工作量完成情况，例如，在任意时刻 t 完成的工作量 y 可用公式表示为：

$$y=f(t)$$

如图 7.25（a）所示，其中横轴表示时间，纵轴表示工作量。单位时间完成的工作量为离散型时，则某时刻 j 对应 y 值，如图 7.25（b）所示。

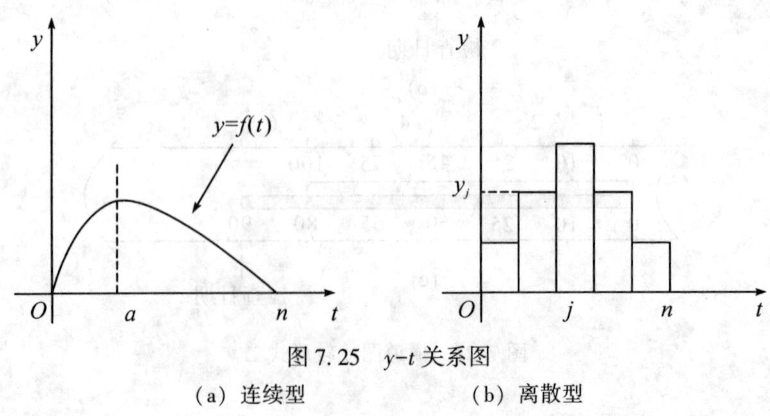

图 7.25　y-t 关系图

（a）连续型　　（b）离散型

其次是计算不同时间累计完成的工作量。根据 S 曲线的性质，在 t 时刻的累计完成量可以表示出：

$$y' = \int_0^t f(t)\,\mathrm{d}t$$

假若单位时间到的完成工作量为离散型，则有：

$$y'_j = \sum_{k=1}^{j} y_k$$

也可以表示为：

$$y'_j = y'_{j-1} + y_j$$

最后一个步骤就是根据不同时间的 y'值，绘制 S 曲线。最终结果如图 7.26 所示。

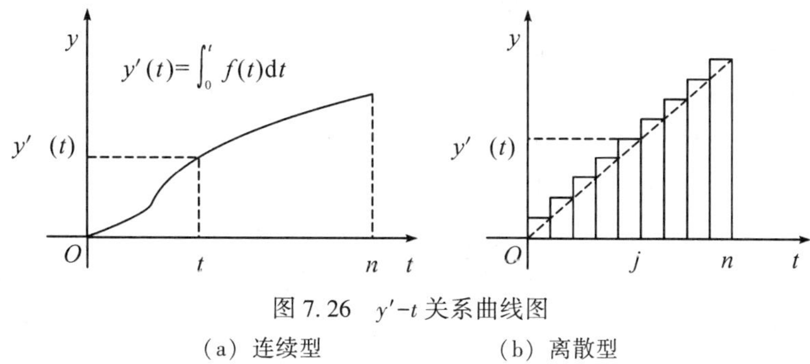

图 7.26　$y'-t$ 关系曲线图

（a）连续型　（b）离散型

（2）S 曲线比较分析法。如同横道图，S 曲线也能直观的反映项目实际进展情况。通常，负责项目进度控制的监理工程师要事先做出计划的 S 曲线。在项目施工过程中，每隔一段时间需将实际进展情况利用前述方法绘制在原计划的 S 曲线上进行直观比较，如图 7.27 所示。

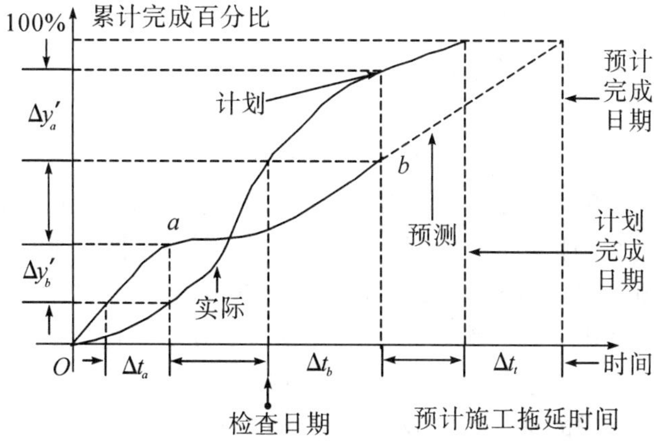

图 7.27　S 曲线比较图

（二）项目控制方法

随着经济和科学技术的发展，项目越来越大、越来越复杂。由于参加实施的组织多、不同性质的工作多、投入资源多，要在预定的资源约束下完成项目目标和计划，则主要取决于对项目信息和活动实现有效控制的系统及方法。

进度控制的主要方法包括进度控制的行政方法、进度控制的经济方法、进度控制的管理技术等，可以根据项目的实际情况采取组织措施、技术措施、合同措施、经济措施以及信息管理措施等。

项目控制的方法按是否使用信息技术，可分为传统和计算机辅助控制两种。传统项目控制方法是以各种文件、报表、图表等为主要工具，以定期或不定期地召开各类有关人员参与的会议为主要方法，再加上沟通各方面信息通讯联系制度。这种方法只能适用于中小型项目管理。而对于投入资源多、内容复杂、约束条件苛刻的现代大中型项目，还需要开发一种以计算机为基础的项目信息管理和控制系统。

1. 项目控制文件

在项目的工作范围、规模、工作任务、计划进度等明确后，就应准备项目控制所需的其他所有文件。项目控制文件主要有：

（1）合同。合同中签订的在项目实施过程中，各项工作应遵守的标准，它规定了双方的责、权、利，它是项目实施管理、跟踪与控制的首要依据，具有法律效应。尤其是在现代项目管理中，合同制管理变得越来越重要，它是项目管理一个值得注意并加以研究的趋向。

（2）工作范围细则。工作范围细则确定了项目实施中每一项任务的具体业务内容，它是工作变动的基准。

（3）职责划分细则。职责划分细则指明了项目实施过程中各个部门或个人所应负责的工作，包括工艺、过程设计、采购供应、施工、会计、保险、成本控制等各个方面。

（4）项目程序细则。项目程序细则是规定涉及项目组、用户以及主要供货商之间关于设计、采购、施工、作业前准备、质量保证以及信息沟通等方面协调活动的程序。

（5）技术范围文件。技术范围文件列出了项目的设备清单，制定了项目设计依据及将要使用的标准、规范、编码及手续、步骤等。

（6）计划文件。项目计划是项目实施工作进行以前预先拟定的具体工作内容和步骤。它包括实施计划、采购计划、人力组织计划、质量、成本、报表计划、应变计划等。

当然，根据项目的具体内容，还可以适当删减或增加项目控制文件。

在项目控制活动中，及时获得正确、有效、多方面的信息是非常重要的。因此为了保障项目控制活动顺利进行，控制系统与管理信息系统应建立全面沟通与协调一致的工作关系。当项目中的某项工作发生变动，相应的各有关文件均必须修正后方可投入控制工作，同时应尽早将所有变更事项和变化内容通知各方。

2. 项目控制会议

项目实施期间的会议很多。有定期例会，如工作小组每周一次的回顾与展望会议；有非定期特别会议，在必要时随时召开，如订购大型设备会、意外事故分析会等。但有一些是项目重要的控制会议，与项目里程碑计划时间或控制关键检查时间相对应。

控制会议的主要内容是检查、评估上一阶段的工作，分析问题、寻找对策，并布置下一阶段的主要任务和目标。具体有里程碑完成情况、计划未实现对后续工作的影响、未完成工作何时能完成、是否采取纠正措施 、何时及怎样才能回到计划轨道、下一步活动里程碑计划。

由于项目会议特别多，管理者应对会议进行管理和控制，否则，项目工作人员很容易陷入会海之中，从而导致时间的极大浪费。为开好会议，组织者一要做好会前组织和准备工作。二要做好会上的管理控制，如做好会议记录、确定会议核心人等，使会议开得既有效果又有效率。

总之，项目控制的方法总是因具体项目的实际情况而异，由于这个项目有效的控制方式对于其他项目或许就不适应，所以说跟信息收集一样，项目控制也要求项目管理人员应当根据本项目或者自己实际情况，为自己的项目设计一个行之有效的项目进度控制系统，直至建立一个有效的项目进度控制制度都是非常必要的。

（三）项目控制系统设计

1. 项目控制系统组成

项目控制目的是保证项目实施按预定计划进行。因此控制关心的是当前的实施现状，重点在于查找和鉴定实施对计划的偏离，并采取措施确保计划的实现。

一般来说，要实现项目有效控制，控制系统至少包括以下几个要素：建立系统目标、获得最新情况、偏差分析、评价、采取纠正措施、通知所有有关部门。

项目管理目标主要有质量、进度与成本，因此控制系统的标准是关于进度、成本和技术性能的指标体系。这就要求项目控制在这三大控制中谋求平衡。除了建立控制目标指标体系外，还要设立各控制指标的允许偏差值。允许偏差值是用来约束实施与计划轨迹偏离的允许波动范围的指标。

项目控制的管理功能是调整活动、资源与事件，以完成项目计划中规定的进度、成本和技术质量目标。要实现这一管理职能，必须对项目实施状态有一个准确深入的了解，以提供控制所需的状态信息。跟踪系统的功能就是提供项目进展报告。最新信息报告来自跟踪或管理信息系统。

偏差是实际与计划间的偏离程度。偏差越大，纠正难度越大、纠正成本越高，对项目成功的威胁也就越大。在项目实施过程中，不仅要不断寻找实际与计划的偏差，而且要分析它的发展趋势和成因，评价对项目最终目标实现的影响程度以及决定是否要采取纠正行动。确定偏差是一个技术性、协调性很强的工作。

2. 项目控制分析工具

不论是何种控制方式，也不论如何设计控制系统，项目控制都是依据反馈信息作用于项目控制全过程的。当然不同层次的管理需要不同层次的信息与进行不同的控制，如项目经理为了决策和管理，需要在有关问题产生之时就能抓住它或在问题出现之前预见它。而高层管理者主要根据对项目的审查来决定是否增加及如何增加项目的投入。项目审查关系到项目能否从一个里程碑走向另一个里程碑，如果项目只有某些方面存在问题，则会考虑其他的技术和替代方案，如果项目运行得很不好，则可能会让项目终止。因此，项目管理层应该紧紧依靠跟踪信息来控制项目。

在项目控制分析系统中，管理者最常用的分析工具是偏差分析、趋势分析和因果分析。

（1）偏差分析。偏差是指实际成本、进度或质量指标与相应计划之间的隔离程度。由于项目控制的反馈性，组织中各管理层都经常利用偏差来验证预算与进度系统。在验证预算和进度系统时，必须同时比较成本偏差与进度偏差。因为成本偏差只是实际成本对预算的偏离，它不能用于测量实际进度对计划进度偏差，而进度偏离亦不能反映成本偏离情况。

对于不同的项目或同一个项目不同阶段或不同管理层次，对偏差的控制程度不一样，制定偏差允许值的方法也不同。图 7. 28 反映了项目在不同阶段，偏差允许值大小的变化。随着时间的推移，风险减少了，因而偏差的容许度也降低。

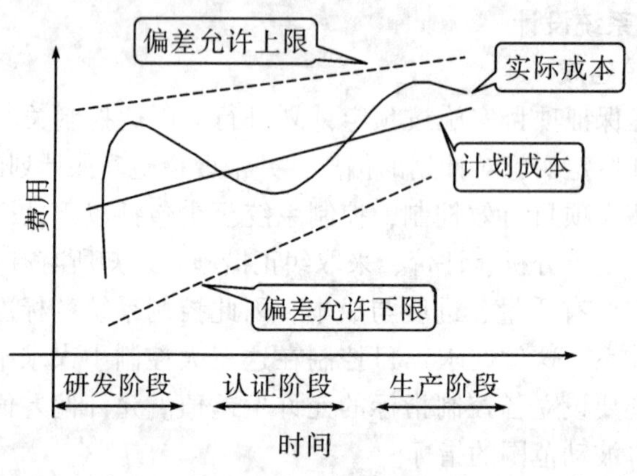

图 7. 28　项目周期阶段成本偏差

（2）趋势分析。项目在进行当中总会出现偏差，不管是预算挣得值还是进度都不可避免地发生这种情况，所以我们可以根据项目实施与项目计划的偏差情况进行项目的未来趋势预测。如图 7. 29 所示。

图 7. 29 中，对项目中的某一特定任务的某一指标而言，计划阶段代表项目计划情况，而实际段则是项目实施中的实际统计数据，两者在当前时刻进行比较。管理者根据实际的偏离情况并假设对已发生的偏差不采取纠正措施，预测实施将按未来某种项

目执行轨迹运行才能按预期实现项目的最终目标。对于新的计划轨迹，管理者应该考虑是否存在实现问题、要完成哪些任务等。

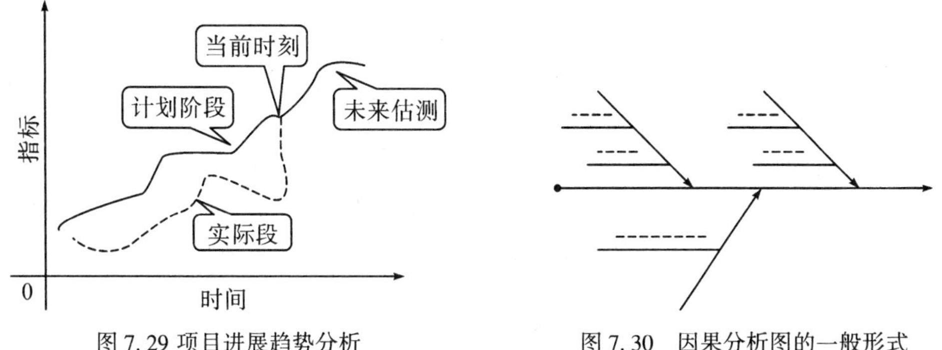

图 7.29 项目进展趋势分析　　图 7.30　因果分析图的一般形式

（3）因果分析。因果分析图常常用于质量管理当中，但在项目偏差因果分析时也是很适合的。因果分析的步骤：明确问题；查找产生该问题的原因；确定各原因对问题产生的影响程度；画出带有箭头的鱼刺图，如图 7.30 所示。

因果分析图是用来进行因果分析的一种较为常见的方法，它具有系统性、直观性等特点，同时也适合于进行定量分析，因此说它是一种较为常用的方式。

复习与思考

1. 你是如何理解项目时间管理的？
2. 阐述项目时间管理的各种工具有哪些？

案例讨论

建筑公司项目时间管理实例

我们承建的高层建筑工程，总建筑面积 7 万平方米，为 18+1 层框架结构，总工期为 330 日历天。项目部在施工过程中对时间计划管理重点及分析方法阐述如下：

我们进行时间管理的目的，是要按照承包合同规定的进度和质量要求完成工程建设任务，同时把项目费用控制在预算范围内，为企业获得合理的利润。时间管理职责包括：

1. 编制时间计划

我们在工程投标时已经按照招标文件或规定编制出粗略的施工方案和时间计划，中标后又根据现场施工条件和合同中的工期，编制出详细的施工时间计划。计划的内容包括确定开工前的各项准备工作、选择施工方法和组织流水作业、协调各个工种在施工中的衔接与配合、安排劳动力和各种施工物资的供应、确定各分项工程的目标工期和全部工程的完工时间等。

2. 组织时间计划的实施

将项目施工时间计划报业主审批后严格执行。把时间计划布置下去，调配人力、施工物资和资金，确保到位。及时检查和发现影响时间进度的问题，并采取适当的技术和组织措施，必要时修订和更新时间计划。

3. 与业主保持密切的沟通

我们定期向业主报告工程进展，对业主提出的“变更指令”和“赶工”或“加快指令”及时作出反映和处理。与业主的良好合作是顺利实施项目时间计划的一个重要条件。

4. 监督各分包单位的工作，及时协调分包单位的施工配合

工期指建设项目或单位工程从正式开工到全部建成投产或交付使用所经历的时间。合同工期除了上述规定的天数外，还应涉及以下情况的工期：工程内容或工程量的变化、自然条件的不利影响、业主违约及应由业主承担的风险等不属于承包商责任事件的发生、经过业主发布变更指令或批准承包商的工期索赔要求而合法延展的工期。我们在实际施工过程中使用网络计划技术进行时间计划的调整和控制。由于种种因素的影响，实际进度与计划进度存在差异，为保证合同工期内竣工，必须对时间计划进行必要的调整和补充。对有些工序采取组织措施（如采用三班制、增加人力、设备等），从而以可能的加快时间代替原来的工序计划所需时间。加快关键工序是最必要的。当关键工序缩短后，可能原来非关键工序变成了关键工序，若仍无法满足需求，则对新的关键工序也应进行调整。可延长一些非关键工序的持续时间，从非关键工序中调动一些资源到关键工作上，以缩短关键工序的持续时间。当上述办法仍不能满足工期要求时，应考虑新的工艺方案，开辟新的施工顺序和相互关系，如用平行作业代替流水作业等。

施工资源的合理分配是工程计划的一个重要组成部分。资源强度是指单位时段内使用某种资源的数量。各种资源对其强度的限制和均衡有不同的要求。人力资源，主要是某些技术工种的人力受到限制。施工机械的均衡和限制实际上是对大型施工机械而言，主要施工机械可能获得的台数或工作面可能布置的机械数量，常常决定了主要工程量可达到的最大施工强度。为此，安排强度的均衡也可使施工附属系统规模减小。施工用电强度的限制取决于当地电网的供电能力，施工用电强度经均衡后仍然超过限制，可增加临时发电机。主要材料及燃料等资源强度的限制不那么绝对，因为这些资源可以贮存，但在使用时间上的均衡可以减少库存规模和存储费用，并可减缓对外运输线路的紧张。

［资料来源］：杨坤．项目时间管理［M］．天津：南开大学出版社，2006.

问题：

（1）请根据以上材料阐述编制时间计划应注意哪些问题？

（2）请说明怎么处理好时间管理与资源管理的关系？

第八章

项目成本管理

要点提示

- ✍ 项目成本管理思想。
- ✍ 项目资源计划的重要性。
- ✍ 项目资源计划的依据、方法和工具以及结果。
- ✍ 项目成本估算的依据、方法和工具以及结果。
- ✍ 项目成本预算的特性。
- ✍ 项目成本预算编制的步骤。
- ✍ 项目成本预算的依据、方法和工具以及结果。
- ✍ 项目成本控制的内容。
- ✍ 项目成本控制的依据、方法和工具以及结果，重点掌握挣值法。

案例　精细成本之路——天津大港油田集团石油工程有限责任公司案例

1. 企业简介

天津大港油田集团石油工程有限责任公司具有国家化工石油工程和市政公用工程总承包一级资质，石油设备管道安装工程等多项专业施工资质和施工许可证。具有长城（天津）质保中心的2000质量保证体系认证，国家技术监督局计量认证中心的ISO10012计量检测体系认证和《中国质量信誉保证企业》等多项国家级的认证。是中国500家最大建筑企业之一，中国最大经营规模建筑业企业石油工业系统第9名。公司现有各类施工设备1456台套，建安劳动生产率26万元/人·年。公司成立近40年来，先后参加了国内外多座油田和兰成渝、西气东输等多项国家重点工程建设，建成各类油气处理厂、站、炼化装置、电力电讯设施百余座，建成各类油、气、水管道三万余公里。

2. 项目背景

建筑行业的体制改革打破了企业的生存方式，原有的政策支持、资金支持、市场支持已经不复存在，企业必须面临市场竞争的挑战。而随着我国加入WTO，市场进一步的开放和大量优势资金的进入，使得本已激烈的竞争更显残酷。建筑行业技术水平和人员素质低下的现状使行业进入门槛较低，这直接导致了市场的无序竞争；而激烈竞争的结果必然是价格的竞争，因此低价中标已经成为企业必须面对的竞争规则。当建筑企业面临市场竞争的时候，企业自身的管理缺陷也在逐步的暴露。社会负担沉重、组织结构臃肿、工作流程复杂和职责划分不清等问题导致内耗巨大；'以包代管'等落后的管理方法使项目资源浪费严重，项目成本居高不下。这些都成为建筑企业生存所必须面对和急需解决的问题。

3. 信息化动因

天津大港油田集团石油工程有限责任公司在市场化进程中也不可避免的遇到成本控制的问题，这些问题依靠企业当前的管理手段和方法已经无法解决，而这些问题解决与否又是企业是否在激烈竞争中生存的关键。

投标时套用社会定额报价以控制利润空间，甚至出现低于实际成本的报价；预算只能是总额控制，不能按时间或过程进行细分；实际成本不能及时归集，延迟时间太长；无法进行实际成本和预算的对比，成本控制只能事后弥补；项目历时数据无法积累，导致无法形成企业自己的定额。

4. 解决方案

建筑施工企业项目管理系统以先进的技术手段和成熟的管理思想构建了基于企业管理模式的三层体系架构，分为决策层，公司层，项目层。通过这样的结构结合以计划为龙头，以合同为约束，以进度为主线，以成本控制为核心的管理理念着重解决施工企业项目集中管理、项目监控、成本控制等难题。系统整体贯彻“全面成本管理体系”思想，以成本管理的科学性为依据，建立由全员参与、包含施工管理全过程的、全面的成本管理体系，让各部门全体员工自主改善不断降低成本，使经营层与各部门员工具有降低成本的一致性，谋求在最低成本状态下，进行施工管理与组织运作。

(1) 投标报价——成本预测。面临价格竞争的市场环境，在保证利润的前提下尽量的降低报价是企业在竞争中取得胜利的关键，而报价的依据就是定额。在原有的管理基础上各种资源消耗量比较笼统，不能成为定额编制的依据，因此企业只能套用社会定额。社会定额的平均性又不能反应个别企业的情况，这样的差距就使以此为依据的报价不具有准确性。更关键的是此报价将作为中标以后成本控制的依据，它的准确性将直接影响到成本控制的效果。工程项目管理系统以精细的 WBS 分解基础，利用计算机手段简化施工过程成本数据收集和分解的过程，为企业定额的编制提供可靠的数据基础；内置各种预算软件的接口和模板定义功能，不但软件本身支持预算功能，而且可以与其他系统进行交互，提高投标报价和预算的准确性。

(2) 施工准备——成本分解。天津大港油田建设工程公司现有的粗放式管理导致项目成本只是总额控制，这就使项目成本只能是事后管理。工程项目管理系统通过成本计划把各种资源按 WBS 层层分解，最终落实到施工过程的具体工序上，形成详细的目标成本。目标成本的分解不但可以反应项目每一部分的成本情况，还可以按照不同的范围汇总成本数据，比如按月统计项目的成本或者按工程部位进行统计，这是精细化成本控制的有力保证。

(3) 项目实施——成本控制。在项目实施的过程中建文工程项目管理系统提供精确到WBS节点上的成本控制管理。首先在WBS节点上放置时间信息，同工程进度计划结合起来。然后把工程成本的三种计费按WBS拆分到工程细部节点上。这样在WBS节点上既有进度计划时间，又有工程费用和人、材、机的预算量，系统同样根据WBS节点进行实际成本的汇总。在此基础上实时对比工程的计划和实际完成情况，动态的查看“四算对比”(合同预算、目标成本、计划成本、实际成本)，随时了解项目部工程的收入和盈亏情况。以便项目经理探索成本节超原因，纠正项目成本不利偏差，降低项目成本实现精细化管理。

(4) 竣工核算——成本分析。工程项目管理系统成本分析以科学的分析方法对各种成本（包括人工费、材料费、机械费、其他直接费）进行分析、管理和归集。系统地研究成本变动因素，检查成本计划的合理性，通过分析，深入揭示成本变动规律，需求降低施工项目成本的途径，为下一个工程提供可以借鉴的方法和数据。

5. 实施成果

(1) 提高项目计划和进度的控制能力。进度是施工项目管理的最基本内容，也是成本的最基本载体，项目的所有成本其实都是通过进度来组织和发生的，由于项目环节众多，如何实现进度的多级协同，如何合理的组织配套、材料、设备、采购的协调等问题，是项目经理非常关心的问题。

(2) 提升项目的成本管理水平，细化管理。近年来对一些工程项目的成本管理进行了比较系统的定量分析研究表明：传统的项目管理对成本过程很难控制，不少项目经理部月度都盈余，最后赔钱。其中项目成本过程控制不了是指成本形成过程中无法发现差异的产生，也无法提出应有的警示，更难于实时地采取应对的措施，不能干预成本形成过程、不能采取实时措施去降低成本是传统项目管理的致命要害。那么，如何将传统的事后计算成本变成在过程中进行有效的成本控制，如何实时进行成本分析，发现问题及时预警，从而加快问题的反映速度，是每个项目经理关注的核心。

(3) 积累完整的工程项目数据，完善企业定额。积累施工过程的各种数据和资源，例如企业定额的编制模板、材料总库、分包商、供应商库以及各种类型合同的编制模板，便于下个工程的直接调用和借鉴。同时，自动分析当前工程数据产生智能反馈，实现数据增值和经验沉淀。

［资料来源］：http：//www.leadge.com，编者整理。

思考：随着市场竞争环境的加剧，企业的利润空间不断的缩小，迫使企业成本管理理念发生变化，这个变化主要体现在哪些方面？

第一节 项目成本管理概述

项目成本，有时也被称为项目费用，是指由项日而发生的各种资源消耗的货币体现，项目成本一般由项目决策费用、项目设计费用、项目获取费用和项目实施费用构成。资源包括有限使用的资源（如简单的体力劳动者、通用设备以及一些无限使用的自然资源）和无限使用的资源（如钢材价格上涨后就成为稀缺资源）。

项目成本管理作为项目管理的九大管理体系之一，是指项目实际发生的成本不超过项目预算，使项目在批准的预算内按时、按质、经济、高效地完成既定目标而开展的项目资源计划编制、项目成本估算、项目成本预算、项目成本控制等方面的管理活动。也就是说，同时通过开源和节流，使项目的净现金流最大化，开源是增大项目的现金流入，节流是控制项目的现金流出。

一、项目成本管理的原则

项目管理的目标是在保证质量前提下，寻找进度和成本的最优解决方案，确保对成本、进度进行有效地控制。

所以，项目管理的重点之一就是项目成本管理，它是项目管理的基础和核心，进行项目成本管理必须遵循以下三个基本原则：

1. 成本—效益原则

成本控制所带来的经济效益，必须大于为了进行成本控制所付出的代价，才能为项目增加效益，这就是成本控制的“成本—效益”原则。效益的不确定性使得我们难以控制，但成本相对而言好控制一些。

要实现成本最低，首先要在意识上强化成本观念，在项目实施的各个环节重视成本控制，发动全员挖掘各种降低成本的方法，最终取得节约成本的成效；其次要分析实际状况，制定切合实际的可能达到的最低成本水平，并及时考核评比，做出调整；并且在研究降低成本的手段时，要注意研究降低成本的可能性和合理的成本最低化。

2. 精确原始统计工作，落实全面成本管理原则

全面成本管理是指全企业、全员、全过程的“三全”管理模式，而原始统计工作是一个项目的开端，也是一个项目的基础，必须高度重视，只有原始数据准确无误，才能保证项目成本统计的科学性。

另外，长期以来，项目成本核算存在严重的“三轻三重”问题，即重实际成本的计算和分析，轻全过程的成本管理和对其影响因素的控制；重施工成本的计算分析，轻采购成本、工艺成本和质量成本；重财会人员的管理，轻群众性的日常管理。因此，为了确保不断降低项目成本，达到成本最低化目的，必须进行全面成本管理。

3. 责权利相结合的原则

在项目管理过程中，项目经理各部门、各班组在肩负成本控制责任的同时，享有成本控制的权力，同时项目经理要对各部门、各班组在成本控制中的业绩进行定期的检查和考评，实行有奖有罚。只有真正做好责、权、利相结合的成本控制，才能收到预期的效果。

4. 项目成本管理和其他管理相结的原则

成本、质量、工期是项目管理的三大基本目标，这三个要素存在互相制约的关系，要提高质量就可能增加成本，要缩短工期也可能提高成本。项目管理就是要处理好三者的关系，使之在这三者之间达到一个平衡。

二、项目成本管理的内容

美国《项目管理知识体系指南》将项目成本管理过程定义为项目资源规划、项目成本估算、项目成本预算、项目成本控制等过程。编制项目资源计划，这是项目成本管理系统运行的基础和先决条件，目标就是要确定完成项目活动所需要的各种资源（人、设备、材料）的种类、数量及使用时间；成本估计过程指编制为完成项目各工序所需的资源的近似估算总费用；成本预算过程是将整个项目的估算价格分配到项目的各项工作和各个时间段上去，并建立确定项目执行情况、衡量项目管理水平的成本基准；成本控制过程是指控制项目预算的变更并及时调整以达到控制目的的过程。以下几节我们将分别讲述各部分的内容。

项目成本管理的各个内容不是彼此独立的，从图 8.1 可以看出四个过程相互影响，相互作用，有时也与外界发生交互影响。

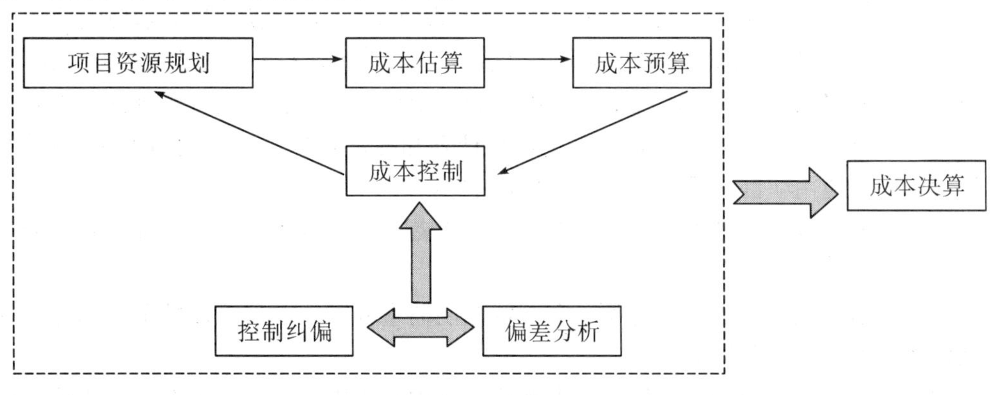

图 8.1 项目管理的内容

第二节 项目资源规划

项目实施需要消耗人力、设备、能源、设施等有形资源，同时也消耗一些无形资源，如服务、信息、时间等，项目耗用资源的质量、数量、均衡状况对项目的工期、成本有着不可估量的影响。在项目进展过程中，由于人员、设备和材料之间搭配不合理，常常会使项目在关键时段发生延误，耽误工期，从而增加项目的成本。

例如，人力成本会由于项目其他必需的资源不到位而导致项目工期推迟或需要加班加点赶进度而增加，设备成本可能会由于已经提前租赁或在急需时租赁不到而增加。在项目实施过程中，由于项目处于不同的生命周期，对资源的需求会有很大的差别。比如在项目的概念和规划阶段，主要工作是进行项目设计、可行性研究和项目目标的指定，这些工作需要由一些高级技术人才、系统分析师和财务管理人员来承担，此时项目对这类人员的需求量比较大而对原材料、机器设备等物质资料需求少；在项目的实施阶段，设备材料成为项目的主要需求对象；在项目收尾阶段，项目对各种资源的需求都大幅降低。可见项目资源规划在整个项目管理过程中的重要性。

项目资源计划，是指通过分析和识别项目的资源需求，确定出项目需要投入的资源种类（包括人力、设备、材料、资金等）、项目资源投入的数量和项目资源投入的时间，从而制定出项目资源供应计划的项目成本管理活动。

项目资源计划的编制是一项很繁琐的工作，如果某个项目同时需要很多种资源，那么在进行资源计划的编制时不仅要考虑每种资源与项目的工期进度安排相匹配，还要考虑资源与资源之间的匹配。因此，必须重视各种资源的协调平衡，力求减少资源利用中的波动，安排好项目各个不同阶段的人力、物力、财力的搭配，使各种资源在整个工期里保持平衡以顺利的完成项目目标。所以有效项目资源计划是项目成本降低的基础工作。

那么何为项目资源的有效性？资源是否有效受工作性质和组织方式等因素的影响，要通过合理的组织和配置，资源适当才能达到资源效用最大化。资源短缺或资源过剩都不能实现资源效用最大化，需要变更项目计划和提高项目经理的决策水平来解决。要最大限度的使用项目资源，就要实现以下目标：

（1）以整个项目生命期为对象，对人力、设备、资金等资源需求全面平衡，降低项目成本。

（2）减少或缓和人力、设备和资金等资源的需求峰谷，在尽可能的范围内尽力使高峰后移，以减少资金利息支出。

（3）使人员和设备的配置规模达到既能保证项目正常运行，又不至于造成浪费的最佳程度。

（4）按照经济效益最优的原则，确定合理的项目周期，尽量避免设备闲置和人员浪费。

一、项目资源计划编制的依据

1. 工作分解结构（WBS）

工作分解结构将工作分为不同要素，直到最后一层要素被确定，最终分解为工作细目。工作分解结构列出了完成该项目所要做的工作内容，每一项工作内容都需要消耗不同种类、数量、质量的资源。因此，WBS 是资源计划编制的基本依据。

2. 项目范围说明书

范围说明书描述了项目目标，项目产出物和项目工作范围等内容的全面说明和描述以及计划安排，所以哪些工作是项目该做的，哪些工作是不应该包括在项目之内都很明确，对它的分析可进一步明确所需资源的种类、数量、质量，所以编制项目资源计划时要特别加以考虑。

3. 组织政策

项目实施组织的组织方针体现了高层在资源使用方面的策略，可以影响到人员招聘、物资和设备的租赁和采购等的计划。如项目原材料是采用零库存还是经济批量的资源管理方法，劳务人员是用外包工还是本企业员工，设备室租赁还是购买，都会对资源计划产生影响。

4. 历史资料

历史信息记录了同类项目的资源需要和实际消耗情况等方面的信息，其对现在资源需求状况具有很好的参考作用，提高了资源计划编制的准确性。

5. 项目进度计划

项目进度计划反映在项目在什么时候需要完成什么任务，也就决定了各种项目资源的投入时间和投入数量。因此，资源计划是围绕进度计划的需要确定的。

6. 资源库描述

资源库描述说明了可用资源的用途、数量以及质量等特征。对它的分析可确定资源的供给方式及其获得的可能性。资源库详细的数量描述和资源水平说明对于资源安排有特别重要的意义。

二、资源计划编制的步骤

如果资源计划安排得不合理，就可能在计划工期内的某些时段出现资源需求的“高峰”，导致资源供不应求，而在另一时段则出现资源需求的“低谷”，致使资源供过于求。这种资源消耗的不均衡，必然会影响项目目标的实现。明确编制资源计划显得非常必要，制定资源计划的步骤如下：

1. 制定进度计划

资源计划是进度计划中必须考虑的一个内容，在许多项目中所需的各类资源的数量是有限的，某些工序对同一种资源具有竞争性，在制定资源计划之前，必须要有科学的进度计划，而制定进度计划的依据是工作结构分解。通过工作结构分解我们将项目划分到了足以详细的程度，以便于项目计划的设计和逐步、逐阶段地实现项目目标，同时也便于确定所需要的资源以及责任分工等。

2. 资源供需分析

资源需求要分析人员、材料、设备需求量、确定资源使用时间等。通过资源库可知已有资源存量的说明，资源供给可以从项目组织内部解决，也可以从项目组织外部解决，资源供给要分析资源的可获得性、获得的难易程度以及获得的渠道和方式。资源供过于求和供不应求都不利于项目目标的实现。

3. 资源组合

选择资源以及确定各种资源所占比例与组合方式。同样的任务选择不同的资源组合方式，其成本有时会有很大的差异。

4. 资源分配与计划编制

资源分配既要保证各项任务得到合适的资源，又不至于造成总量资源的浪费。在所有资源充分利用的基础上，利用资源计划编制工具进行资源计划编制。

三、编制资源计划原则及注意事项

在项目管理中制定资源计划时，我们必须要强调以下“两个原则”及“五个注意事项”。

1. 两个原则

（1）统一性原则。统一的资源计划可保证试验项目的每一个月、每季度、甚至每年的每一项工作都对项目群的战略意图的实现做出贡献。多个相互冲突的计划与没有清楚明确的计划同样有害。

（2）集中性原则。如果说计划的统一性可防止随着时间的推移而造成资源分散的话，那么计划的集中性就是防止资源在特定的时间内不会稀释。

2. 五个注意事项

（1）尽管同一资源可以在某一时间段同时为几个项目服务，但在另一阶段尽管从事的任务完全相同，但资源只能为一个项目服务。

（2）尽管同样的任务可以在某一时间段只需要一种资源，但在另一阶段尽管从事的任务完全相同，但必须安排不同的资源来完成。

（3）在安排同一资源做不同项目的同一工作时，在计划上必须考虑一定的时间富裕量并做好风险备份措施，以防意外时间造成几个项目同时受到伤害，也就是说资源计划必须要有弹性。

（4）在制定项目管理资源计划时，必须将所有的资源均放在同一个资源计划表中进行管理，而不能一个项目做一个资源计划。

（5）资源计划同进度计划一样，由于项目所处环境在不断地变化，资源计划的实施也会偏离基准。因此资源计划也必须要随环境和条件的变化而不断调整与修改，以保证各项目标的实现。

四、资源计划编制工具

（一）资源计划编制方法

1. 专家判断法

专家判断法指由项目成本管理专家根据经验和判断去确定和编制项目资源计划的方法。主要有专家个人意见集合法、专家小组法、德尔菲法、头脑风暴法、书写意见法等。专家判断法操作简单，但是主观性太强，而且由于对项目实际情况不是很了解，编制的项目资源计划容易与实际情况脱节。

2. 统一定额法

定额法是指项目实施所需要的某些资源（包括人力、设备、材料等）根据国家或行业统一标准定额或者权威部门制定的规则为标准制定的项目资源需求计划。定额法比较简单易行，只需按照行业规范和标准操作就可以，但是这些定额跟不上项目自身的发展状况，缺乏实效性。这种方法正在被遗弃或改良。

3. 资源均衡法

资源平衡（或均衡）法是制定使资源需求波动最小化的进度计划的一种方法，主要目的就是在满足交工日期的情况下，尽可能的平衡项目各资源间的负荷，达到资源的均匀和平衡使用。资源平衡的操作原理是将核心和稀缺资源尽可能的分配给关键路径上的任务，充分利用非关键路径上的浮动时间来灵活调整各个资源的使用，以达到平衡资源需求的目的。

4. 资料统计法

资料统计法往往参考类似项目的历史统计数据资料，计算和确定项目资源计划的方法。由于可以借鉴历史资料，计划结果比较准确合理，但是该方法要求参考资料具有历史可比性，适用于创新性不强、大众化的项目。

5. 软件分析法

软件分析可以大大提高分析的准确性和资源制定的效率。具体操作过程为：计算机系统与项目成本管理模式相结合形成统一的管理平台，各业务部门的业务单据、报表等均在此平台上流转、生成，成本数据信息适时归集、产生、并据此对资源调配提供支持，目的是在保证工期、质量的前提下使项目成本降至最低。

（二）资源计划的工具

项目资源计划的工具主要是一些方便、形象的资源统计或说明的图表，常用的主要有资源计划矩阵、资源数据表、资源甘特图、资源负荷图或资源需求曲线、累计资源需求曲线等。

1. 资源计划矩阵

资源计划矩阵能够说明完成项目中的工作需要的各种资源的情况，但是不能表明资源的投入时间。表 8.1 是一个资源计划矩阵。

表 8.1 资源计划矩阵

WBS 结果	资源需要					备注
工作包 1 工作包 2 …… 工作包 m−1 工作包 m	资源 1	资源 2	……	资源 n−1	资源 n	

2. 资源数据表

资源数据表（见表 8.2），列出了资源在项目周期各时间段上的数量需求情况。

表 8.2 项目资源数据表

需求资源种类	需求资源总量	项目进度阶段（时间）					备注
		1	2	3	……	n	
资源 1 资源 2 资源 3 资源 4 …… 资源 n							

3. 资源甘特图

资源甘特图（见表 8.3），是利用甘特技术对项目资源的需求进行的表达，用以反映资源在各个项目阶段被占用的情况，是资源数据表的更加直观的形式。

表 8.3 资源甘特图表

资源种类	时间安排							
	1	2	3	4	5	6	7	8
资源1 资源2 …… 资源n−1 资源n								

4. 资源负荷图

资源需求曲线以线条或柱状方式反映项目进度及其资源的情况。通过检查负荷图中的负荷情况，可以使管理者明确哪些资源是满负荷的，哪些资源未得到充分使用，还可以加载工作量。负荷图可以使管理者计划和控制生产能力的利用情况。资源负荷图分为反映项目不同时间资源需求量的资源需求曲线（见图 8.2）和反映项目不同时间对资源的累计需求的资源累计需求曲线（见图 8.3）。

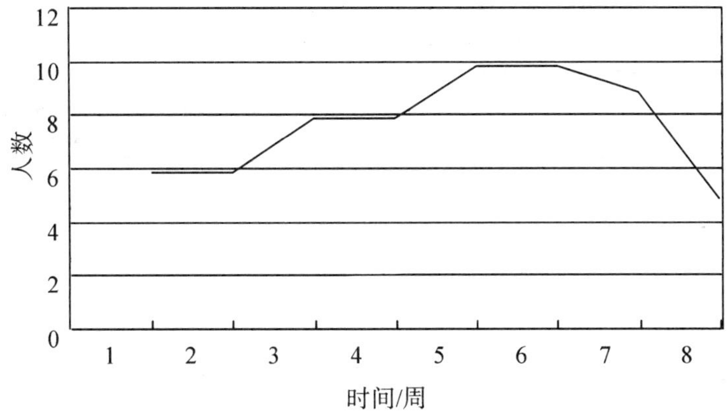

图 8.2　人力资源负荷图

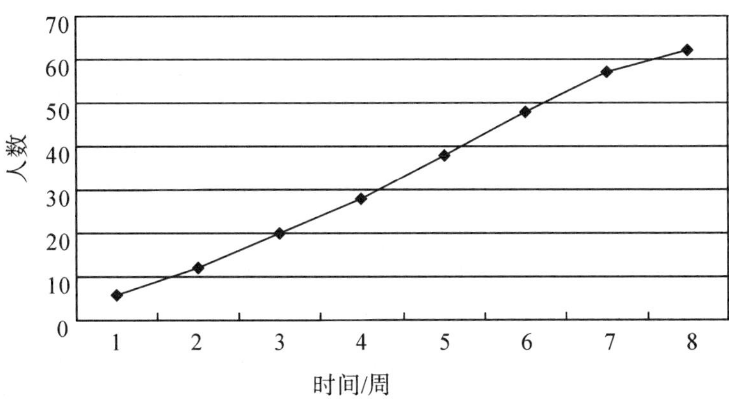

图 8.3　人力资源累计负荷图

五、资源计划的结果

资源计划最后形成的文件就是资源需求计划书，通常以表格形式反映出来，全面的说明对各种资源的需求及对计划加以描述，将资源的具体安排分解到具体的项目工作中。

例 8-1：已知某项目的甘特图表（见表 8.4）和总工作量的数据见表 8.5，绘制该项目的资源负荷图。

表 8.4　某资源甘特图表

代号	1	2	3	4	5	6	7	8	9	10	11	12	13	14	15	16	17	18	19	20	21	22
A	━	━	━	━	━																	
B	━	━	━																			
C					━	━	━	━	━	━	━	━	━									
D					━	━	━	━	━	━	━	━										
E	━	━	━	━	━	━	━															
F													━	━	━	━	━					
G																━	━	━	━	━	━	

表 8.5　工作量估计表

活动代号	持续时间/周	总工作量	工作量/周
A	5	25	5
B	3	9	3
C	9	45	5
D	8	40	5
E	7	28	4
F	5	30	6
G	6	48	8

步骤：

（1）由项目甘特图可得活动的持续时间，填入工作量估计表 8.5。

（2）由总工作量和活动持续时间计算平均每周的工作量，结果如表 8.5 所示。

（3）由资源甘特图及每周的工作量计算每周所需的各种资源的累计和，计算资源需求表，结果如表 8.6 所示。

表 8.6　资源需求表

工作量/周	1	2	3	4	5	6	7	8	9	10	11
需要量	12	12	12	12	19	19	14	14	10	10	10
工作量/周	12	13	14	15	16	17	18	19	20	21	22
需要量	10	16	11	6	14	14	14	8	8	8	8

（4）利用资源需求表绘制资源负荷图，如图 8.4 所示。

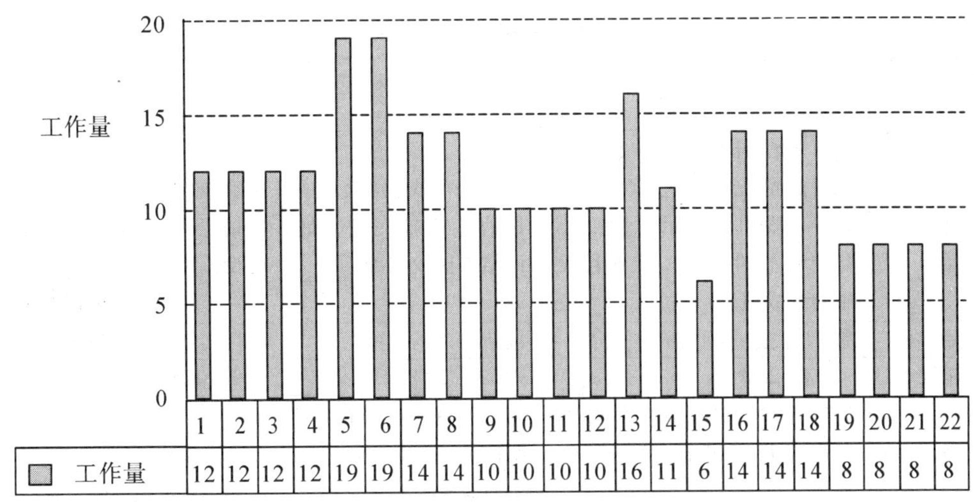

图 8.4 资源负荷图

第三节 项目成本估算

项目成本估算（Cost Estimating）是指根据项目的资源需求和计划，以及各种项目资源的价格信息，对完成项目各项任务所需要的资源成本的近似估算。

项目成本估算的意义在于：

(1) 成本估算是项目决策、资金筹集、评标定标的依据。

(2) 成本估算是承包商报价的基础。

(3) 成本估算是项目进度计划编制的依据。

(4) 成本估算是项目资源安排的依据。

(5) 成本估算是成本控制，即项目绩效考评的依据。总之，项目成本估算是项目成本管理的起点。

项目成本是由项目定义与决策工作成本、项目设计成本、项目采购成本和项目实施成本构成，按照精度的不同可以分为初步估算、控制估算和最终估算这三种类型。

项目周期的不同阶段，项目信息的掌握完备程度不同，需要使用的估算方式也不同。随着项目周期的推移，确定性条件越来越多，成本估算的精度越来越高。表 8.7 是初步估算、控制估算和最终估算的比较。

表 8.7 三种项目成本的比较

不同点＼种类	初步估算	控制估算	最终估算
特点	在可行性研究阶段，数据不完备的情况下，进行粗略估计。一般用流程示意图而不是结构图的方式表示项目设施的组成情况	在项目计划阶段，项目信息比较完备，估计结果比较精确	在实施阶段，项目的实际价格已知，不确定性风险减少，估计结果相对准确
采用价格	参考历史条件相当项目的价格	最新的市场价格	项目实施中的实际价格
精度	-25%~25%	-10%~25%	-5%~10%
作用	为项目审批提供初步的经济情况，并为筹措资金提供依据	为筹措资金提供依据，明确责任和目标，为实施成本控制做基础	完备、精确的项目信息是项目成本预算的依据，也是实施项目成本控制的工具
估算方法	类比估算	自上而下估算	WBS 估算

一、项目成本估算的依据

1. 工作分解结构 WBS

工作分解结构既是资源计划编制的基础，也是项目成本、项目范围、项目进度等的依据。

2. 资源需求计划

资源需求计划包含了项目所需资源的种类、数量、质量等标准，是成本估算的基础。

3. 资源价格

要估计项目成本，必须知道各种资源的单价（包括工时费、单位体积材料费、设备租赁费）等，资源需求计划提供了资源的需求量，资源价格和资源需求量二者共同估计项目成本。

4. 活动工期估算

通常，活动工期越长，耗费的各种资源越多，各种资源价格的不确定性越大，资金时间价值也越大，项目成本会越高。因此准确估计活动工期对项目成本的估计非常必要。

5. 项目历史信息

项目文档、商业成本估算数据库以及项目工作组的知识等都是参考的资料，从中选择与实施项目类似的参考对象是非常重要的。

6. 成本会计表格

会计表格说明了各种费用信息项的代码结构，应把不同成本对应到不同科目上，以保证成本估算的完整性和准确性。

二、项目成本估算的方法和工具

1. 自上而下估算法

自上而下估算法也称为类比估算法，是参考类似项目的成本，估算现有项目成本的一种方法。这种方法的步骤是：项目决策层成员收集大量与该项目背景类似的项目历史资料，专家通过对历史资料的评估，将估算的结果按照项目分解结构的层次传递给下层管理人员，各级管理人员对自己的任务进行初步估计，依次向下传达，直至基层人员。

自上而下估算法的优点是花费较少，操作简单，在估算的时间准备上获得优势。如果新项目和参考的项目有较高可比性，参考项目的数据具有完整性、准确性，则成本估算的准确性也比较高。通常在项目的初期或信息不足时，由于缺乏详细的资料，比较适用该方法。但是实际中，由于项目的一次性、独特性特点，没有两个完全一样的项目，仅凭历史资料的估算显然会降低估算的准确性。同时，下级人员认为不足以完成上级分配的任务时，往往不能表达自己对成本核算的意愿，从而在实际操作过程中遇到种种困难，任务执行不下去导致项目失败。

2. 自下而上估算法

自下而上估算法又称工料清单法，是以工作分解结构图为基础，将相对独立的工作包的估算成本相加而得到项目总成本。具体步骤为：基层项目管理人员计算出各个工作单元的估算成本，然后自下向上逐层累加，汇报给项目的高层管理人员。

该方法由于数据直接从项目基层人员获得，项目基层人员比起高层管理人员来讲，直接参与项目建设，因此更加清楚项目所需要的资源量，成本估算更加符合项目实际情况，估计结果也更加准确。但是由于上层人员和基层人员之间的博弈，项目基层人员为了顺利完成任务，向上级汇报时会争取充分的费用支持，上层人员本能的认为基层人员高估项目的成本而削减项目成本，基层人员也会考虑到这种情况，因此会高估估算结果，依次循环，不仅造成项目成本的浪费，而且在实际操作过程中也比较困难。

举个例子说明“自上而下”和“自下而上”两种方法的不同。装修 80 平方米房子大概需要花费多少钱。“自上而下”法，询问一下朋友装修了同样 80 平方米的房子大约是 5 万元装修费；“自下而上”法，计算一下 80 平方米的地板砖需要多少钱，墙面多少钱，厨具多少钱，人工多少钱……最后加总起来大概是 4.5 万元。算法不一样，得出的估算值也不一样，但是每一种估算方法都有一个范围，估算的范围一般跟实际有偏差，在适当的范围内是很正常的。无论任何时候使用“自下而上”方法的时候，都可以对照“自上而下”法，因为自上而下的估计路线简单但精度较差，自下而上的估计路线结果比较准确。像上面的这种情况，我们就需要检查项目成本估算中遗漏了什么，或是做了什么没有保证的、简化的假设。假设“自下而上”法的结果是 5 万元，“自上而下”法的结果是 4.5 万元，那么我们回头再考察“自下而上”法中的每个独立的工作包，是否存在超出的费用，对于所需要的工作量是否存在估算上的错误，然后对其估算结果纠偏。因此，两种方法可以互补使用，取长补短，这样项目所涉及活动资源的数量更清楚，估计结果也更准确。

3. WBS 基础上的全面详细估算

即利用 WBS 方法，先把项目任务进行合理的细分，分到可以确认的程度，如某种材料，某种设备，某一活动单元等；然后估算每个 WBS 要素的费用。采用这一方法的前提条件或先决步骤是：

(1) 对项目需求作出完整限定。项目需求的完整限定应包括工作报告书、规格书以及总进度表。工作报告书是指实施项目所需的各项工作的叙述性说明，它应确认必须达到的目标。如果有资金等限制，该信息也应包括在内。规格书是工时、设备以及材料标价的根据。总进度表应明确项目实施的主要阶段和分界点，其中应包括长期定货、原型试验、设计评审会议以及其他任何关键的决策点。如果可能，用来指导成本估算的总进度表应含有项目开始和结束的日历时间。

(2) 制定完成任务所必需的逻辑步骤。一旦项目需求被勾划出来，就应该制定完成任务所必需的逻辑步骤。在现代大型复杂项目中，通常是用箭头图来表明项目任务的逻辑程序，并以此作为下一步绘制 CPM 或 PERT 图以及 WBS 表的根据。

(3) 编制 WBS 表。编制 WBS 表的最简单方法是依据箭头图。把箭头图上的每一项活动当作一项工作任务，在此基础上再描绘分工作的任务。

进度表和 WBS 表完成之后，就可以进行成本估算了。在大型项目中，成本估算的结果最后应以下述的报告形式表述出来：

(1) 对每个 WBS 要素的详细费用估算。还应有一个各项分工作、分任务的费用汇总表，以及项目和整个计划的累积报表。

(2) 每个部门的计划工时曲线。如果部门工时曲线含有“峰”和“谷”，应考虑对进度表作若干改变，以得到工时的均衡性。

(3) 逐月的工时费用总结。以便项目费用必须削减时，项目负责人能够利用此表和工时曲线作权衡性研究。

(4) 逐年费用分配表。此表以 WBS 要素来划分，表明每年（或每季度）所需费用。此表实质上是每项活动的项目现金流量的总结。

(5) 原料及支出预测，它表明供货商的供货时间、支付方式、承担义务以及支付原料的现金流量等。

采用 WBS 方法估算成本需要进行大量的计算，工作量较大，时间和费用消耗也比较大。但这种方法的准确度较高，这种方法作出的报表不仅仅是成本估算的表述，还可以用来作为项目控制的依据。最高管理层则可以用这些报表来选择和批准项目，评定项目的优劣性。

4. 参数模型法

参数模型是根据项目成本重要影响因素的特性参数建立数学模型来估计项目成本的方法。在建立参数模型的时候，首先要确定成本要素，也就是说一个项目产品由哪些要素决定其成本消耗，这个模型的取得是建立在数学分析的基础上，利用历史数据、分析方法得出一个相应的数学模型。如发动机的成本和设计费的成本，是根据数百个航空发动机在过去制造的成本统计数据的基础上，确定影响发动机成本的基本要素，即是发动机本身的重量和它的马达推力。比方航空发动机的成本是：

$$C=L\ (aT^{0.4}+kM^{c})$$

式中，C 为成本；L 为设计费；T 为马达推力；M 为重量。这里 a、k 和 c 都是一个固定常数，一旦确定了这三个参数之后，就可以计算出航空发动机的成本。

5. 软件估算法

项目管理软件，如项目成本估算软件、计算机估算表、模拟和统计工具被广泛用来进行费用估算。工作人员只需输入成本的相关数据或自定义项目的成本函数，就可以方便快捷的得到项目成本的估算结果，软件估算使得估算效率大大提高。

三、项目成本估算的分析内容

PMI 成本估算的概念在我国常称作投资估算，即在对项目的建设规模、技术方案、设备方案、工程方案和项目实施进度等进行研究的基础上，估算项目的总投资。

（一）项目的现金流分析

项目成本管理的基础是编制财务报表，主要有财务现金流量表、损益表、资金来源与运用表、借款偿还计划表等。其中，项目的现金流量分析是最重要的项目管理报表。通过项目的财务现金流分析，可以计算项目的财务内部收益率、财务净现值、投资回收期等指标，从而对项目的决策做出判断。

1. 财务净现值

财务净现值（FNPV）是评价项目盈利能力的绝对指标，也可作为比较方案间的相对经济效果指标，反映项目在满足基准收益率要求的盈利之外所获得的超额盈利的现值。若得到的 FNPV≥0，表明项目的盈利能力达到或超过基准计算的盈利水平，项目可接受。

2. 财务内部收益率

财务内部收益率（FIRR）是指项目在整个计算期内各年净现金流量现值累计为零时的折现率，是评价项目盈利能力的相对指标。该指标可根据财务现金流量表中净现金流量用插差法计算，也可以直接利用微软 Excel 软件提供的财务内部收益率函数计算，计算得到的项目财务内部收益率与行业基准收益率（Ic）比较，如果 FIRR>Ic，即认为项目盈利能力能够满足要求。

3. 投资回收期

投资回收期（Pt）是反映项目真实偿债能力的重要指标，是指以项目的净收益抵偿项目全部投资所需要的时间。投资回收期越短，表明项目盈利能力和抗风险能力越强。

（二）项目的不确定性分析

根据拟建项目的具体情况，有选择性地进行盈亏平衡分析、敏感性分析和概率分析等。

1. 盈亏平衡分析

它是根据项目正常生产年份的产品产量（销售量）、固定成本、可变成本、税金等，研究项目产量、成本、利润之间变化与平衡关系的方法。当项目的收益与成本相等时，就可以求出产量、销售价格、单位产品变动成本、生产能力利用率等表示的盈亏平衡点（BEP）——盈亏平衡产量、盈亏平衡销售价格、盈亏平衡单位产品变动成本、盈亏平衡生产能力利用率。

2. 敏感性分析

敏感性分析通过研究项目的产品售价、产量、投资、建设期等不确定性因素发生变化时，项目财务评价指标（如财务内部收益率）的预期值发生变化的程度。通过敏感分析，可以找出项目的最敏感因素，使决策者能了解项目建设中可能遇到的风险，从而采取有力措施控制敏感因素的变动，降低项目风险，提高决策的准确性和可靠性。

（三）概率分析

概率分析通过计算出项目财务净现值的期望值小于或等于零时的累计概率，定量测定项目风险的不确定性分析方法。财务净现值的期望值小于或等于零时的累计概率越大，项目承担的风险越大，否则就越小。

四、项目成本估算的结果

1. 成本估算

成本估算是对完成项目各种资源的定量估计，描述了所需资源的数量、质量标准和成本，同时也包括不可预见性的意外成本。一般以货币作为计量单位，有时也可用其他一些单位如人时、工日等，有时必须采用多种计量单位表示，以便于适当的管理控制。

2. 详细说明书

详细说明书中说明了估计成本的过程及使用的方法，对以后项目成本估算具有借鉴意义，所以详细说明书的注释是有价值的。成本估计的详细说明包括成本估计的范围描述（通过 WBS 获得）、成本估算的详细工具和技术（如采用的估算方法、参考的国家有关规定等）、成本估计所作的任何假设（如资源价格水平的估计）、项目估算结果的误差范围。

3. 成本管理计划

成本管理计划描述当实际成本与计划成本发生差异时如何进行管理（差异程度不同则管理力度也不同）。一个成本管理计划可以是高度详细或粗框架的，可以是正规的也可以是非正规的，这些取决于项目相关人员的需要。这一计划的核心是通过识别和预测意外事件可能发生的概率和程度，说明费用偏差如何解决以及对以往的成本使用进行管理，最后提出计划和解决方案。

五、项目成本估算的注意事项

1. 项目成本估算难点

（1）管理层的压力与误解。业主或高层领导期望尽快、简单而又准确地估计项目的成本，并且以最少的费用完成项目，而成本计划部门则希望尽量扩大成本，为成本控制留有余地；申请阶段尽量压缩成本以获得批准，实施阶段再要求追加费用。二者不同的利益取向使得估算人员成本估算处于两难的境地，在二者之间进行折中又不利于项目成本的利用与控制，延误项目目标的实现。

（2）信息的复杂性。信息的复杂性和难以辨别性，给信息系统带来了无数的难以确定的因素。而且，随着项目的进展，许多具体情况的明确，项目的成本估算也会相应的有所变化。

（3）开发技术和工具的不断变化。开发工具软件的不断升级，技术方案不断更新，这些技术的进步让信息系统项目可以提供的功能越来越强，但同时也给信息系统项目的成本估算带来困难。

（4）信息系统研发人员技术能力的差异，缺乏专业和富有经验的人。不同人员的不同态度、经验和能力都会造成截然不同的效率，这也给信息系统的成本估算带来了困难。

（5）缺乏可靠的估算数据可供参考。有效的项目成本估算是建立在大量的同类项目成本估算的基础上的，没有大量的同类项目经验，信息系统项目的成本估算也就非常困难了。

2. 项目成本估算应避免的常见错误

（1）草率的成本估算。由于市场和管理层的压力，项目组成员或者管理者被迫需要在没有充分准备的情况下作出成本估算。

（2）在项目范围尚未确定时就进行成本估算。这种情况在信息系统中也非常常见，往往是项目组对该做什么，不该做什么还只有一个粗略的概念时就进行成本估算。

（3）过于乐观或者保守的估算。过于乐观的估算会给项目带来压力。保守的估算可能会使决策者放弃本来有利可图的项目。

第四节 项目成本预算

项目成本预算是在项目成本估算的基础上更精确的估算项目总成本，并将整个项目估算成本分配给项目的各个工作包，建立基准成本，并以此为依据度量和控制项目成本执行情况的项目管理工作。

项目成本预算与项目成本估算既有区别又有联系。“成本估算”和“成本预算”是两个过程，也就是指两个“动作”不是指“数值”的概念。成本估算的目的是估计项目的总成本和误差范围；而成本预算是将项目的总成本分配到各工作项目和各阶段上，输出的是成本基准线。估算一般用于项目立项，只要客户或发起人认为可以接受就可以了；而预算则用于具体的实施单位来控制费用，因此预算的输出就是预算基准。尽管二者的任务和目的不同，但实际过程中，项目中估算和预算是交叉着进行的，而不是截然分开的。而且成本估算的结果是成本预算的基础和依据；二者都是以工作分解结构为依据，所运用的工具和方法相同，二者都是项目成本管理中不可缺少的组成部分。

上一节我们以“自上而下”法和“自下而上”法估算装修房子的过程，在此，我们再看看预算的流程是什么样的。首先你要把装修分成几个活动，比如装修卫生间，装修客厅，装修卧室。然后你要对每一个活动进行估算（也有一个精度的问题），然后把每一个活动的估算值汇总，得出的是预算值，得出预算值后，你还要再按照时间或者按照活动再分下去，这样才完成了预算的过程，从而得到预算基准。从上面我们可以看出，预算实际上是把估算的活动进行了细化，本质还是估算的汇总和再分解，在这个程度上预算的精确度要高于估算的精确度。

一、项目成本预算的特性

1. 项目预算是一种分配资源的计划

项目成本预算具有投入资源的事先确定性，即为完成特定的项目而事先确定的、预期时间内投入的资源是既定的，而预算的实质是一种分配资源的计划——通过一系列的研究及其决策活动，判断项目中各种活动的资源分配量，并通过对该项目流程的研究，确定项目各流程之间的关系以及资源分配的先后关系，优先保证项目核心模块的实施。注意：在分配各项工作的成本预算时，既不能过分铺张浪费，又不能过分紧张，以保证各种资源都能得到充分利用，提高资源的利用效率。

2. 项目成本预算是一种项目成本控制机制

由于项目本身的不确定性，项目成本预算在实际实施过程中会出现一些危险情况。例如，费用已经超出了项目进度所对应的预算，但并没有突破总预算，在这种情况下可能不会引起管理者的重视，这些“突破”最后造成资金严重不足，以致项目被迫停工。

项目成本预算作为各项工作的全部成本定额，是度量项目各项工作在实际实施过程中的资源使用数量和效率的标准，项目的实际花费应尽量控制在项目的预算范围之内。因此，预算可以作为一种比较标准来使用，是一种度量资源实际使用量和计划使用量之间差异的基线标准，如果项目预算发生一定的偏离，就要对成本预算进行适当的调整，以使项目的实施与预算的偏差控制在最小范围内。

二、项目成本预算编制

1. 项目成本预算编制的基本流程

（1）明确项目目标和实施进度。明确项目目标就是说有哪些事情要做？项目成本预算要与项目目标相联系，包括项目质量目标和项目进度目标，三者之间既对立又统一。项目质量要求越高，项目进度越快，项目预算成本越高，因此，编制成本预算要与项目质量计划和成本计划相结合，保持平衡，防止顾此失彼，相互脱节。

第二个问题就是说什么时候要做好？实际上就是完成每项工作的最晚时间，时间就像悬在项目组成员头上的令箭，时时刻刻督促着他们向前走，非常规地开展自己的工作。当然，项目组人员也不能时时刻刻紧蹦着弦，项目经理在设计实施步骤时，就需要缓急结合，轻重有序，从而使整个项目组发挥最大的协同效应。

（2）评估项目资源。根据项目目标、工作细节和实施进度，分析人、财、物三方面资源的需求。人力资源需求方面，重点是安排合适的人去做合适的事情。由于项目管理不同于日常的企业管理，往往需要有经验的人员，对效率、生产率的要求高，因而对团队人员的精力要求很高。在人力资源的成本预算时，考虑到这些因素，不能按照常规的企业管理人员来激励他们。项目开始时，充分估计到要做的工作及其所必备的工作平台，配备相应的物质资源，技术资料、测试平台等，都需要作详细分析。这些事情考虑得越早，未来的工作就越主动。所有这些工作都与成本相关，特别是当项目的开展涉及到重大投资时，对这些重大投资的提前预算，将对项目的成败起着关键的作用。

（3）切实展开项目预算。列出所有与成本相关的子项，在项目组内进行反复地评估，宁多毋缺，充分考虑各种风险。对不了解的子项，需要请教相关专家，做到心中有数。对每个子项，确定其成本的合理水平；对所有不经常性的子项进行摸底，部分特别重大的子项需要多方询价，以便将预算定在合理的水平。同时将这些附有成本的子项与项目推进的时间表进行核对，落实每个子项发生的时间区间，从而完善项目的预算表。另外，由于国际、国内政治经济形势变化、自然灾害、通货膨胀等预料之外的事情发生，这些事情也可能对项目成本预算产生大的影响，因此，项目成本的预算应当有一定的弹性。通常在整个项目预算中留出10%～15%的不可预见费，以应付项目进行过程中可能出现的意外情况。

(4) 反复评估。对完成的项目预算表进行反复评估，不断细化，合理化。采用项目成本预算查验表进行评估是一种有效的手段。但是，查验表并不能解决所有的问题，因为每个项目都有它特殊的地方，还需要熟悉项目开发技术、质量控制、生产制造等相关专家的参与和评估。这些专家对项目预算中子项的实现具有丰富的经验。他们往往会给项目组提出许多有建设性的建议和指导，使项目少走弯路，从而节省成本和时间。与此同时，具有决策权的领导参与，对预算表的确认和未来项目的推进具有决定性意义。

(5) 预算的批准。根据项目规模的不同，项目预算将由不同级别的机构来批准。部分项目只需总经理批准，重大投资的项目需报项目管理委员会、董事会甚至股东大会批准。越是重大的项目，越需要完善的项目预算与控制体系。

2. 项目成本预算的步骤

(1) 将项目成本估计分摊到项目工作分解结构（WBS）的各工作包中。项目总成本将按各成本要素（人工、原材料、机械等）分摊到工作分解结构中适当的工作包，就可以得到一个费用分解结构（CBS），在 CBS 中，每个工作包的成本之和就是该工作包的总预算成本（Total Budgeted Cost，TBC）。为每一个工作包建立 TBC 的方法有两种：一种是自上而下法，即根据项目建议书时期估计的总项目成本，按照每个工作包的相关工作范围来考察，以总项目成本的一定比例分摊到各个工作包中；另一种方法是自下而上法，它是根据与每个工作包有关的具体活动而进行成本估计，每个工作包的 TBC 就是组成各工作包的所有活动的成本加总。无论是自上而下法还是自下而上法，都可用来建立每个工作包的总预算成本，在把所有工作包的预算加总时，它们不能超过项目总预算成本。

(2) 将每个工作包的预算分摊到整个工作包的工期内，从而确定任何时点预算应当支出多少，一旦为每个工作包建立了总预算成本，项目预算过程的第二步就是将 TBC 分摊到各工作包的整个工期中去。每期的成本估计是根据组成该工作包的各个活动所完成的进度确定的。当每个工作包的 TBC 分摊到工期的各个区间，就能够确定在某一时点用了多少预算。按进度把每一期的成本累加起来就可以得到每期预算成本，这一合计数称作累计预算成本（Cumulative Budgeted Cost，CBC）。CBC 将作为分析成本绩效的基准。

三、成本预算的依据和方法

1. 成本预算的依据

项目成本预算的依据主要有成本估算、工作分解结构、项目进度计划等。

(1) 项目成本估算。项目成本估算提供初步预算所需的各项工作和活动的预算定额，是项目成本预算的前提和基础。

(2) 工作分解结构。依据工作分解结构，进一步分析和确定项目各项工作和活动在成本估算中的合理性，以及项目预算定额的估算。

(3) 项目进度计划。依据项目进度计划可以安排项目的资源与成本预算方面的工作。项目进度计划的目的，是为了控制时间和节约时间。项目进度计划规定了每一任务所需要时间的每项活动所需要的人数和资源，所以它也是项目预算编制的依据。

2. 成本预算的方法

项目成本估算中所运用的工具和方法同样适用于编制各项工作成本的预算，如自上而下的项目预算方法、自下而上、参数模型法、项目管理软件法等都可以用来进行项目成本预算，具体内容可参见上一章的讲述，这里不再重复。

四、成本预算结果

项目成本预算的主要结果是获得基准预算，具体体现在以下几个方面：

1. 项目基准预算

项目基准预算，是把预算成本按时间累加形成的，以时间为自变量，成本为因变量，被用于度量和监督项目执行成本。许多大型项目，可能有多个项目预算基准和资源基准或消耗品生产基准来度量项目绩效的不同方面。项目基准预算表示方式有两种：一种是在总体时标网络图上表示（见图 8.5）；另一种是利用时间——成本累计曲线表示（见图 8.6）。

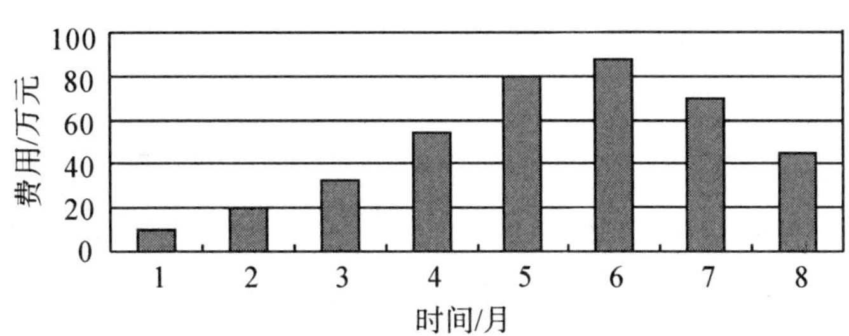

图 8.5　时标网络图的成本预算

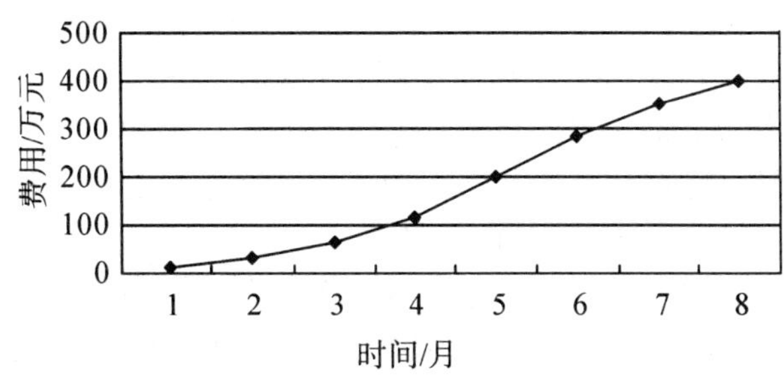

图 8.6　时间—成本累计曲线图

2. 成本预算单和成本预算表

成本预算单和成本预算表，如表 8.8 所示。

表 8.8 项目预算表

项目名称: 日期: 制表人:

项目	时间		数量（单位）	预算成本
	开始	结束		
1. 人员 (1) 项目团队成员 (2) 承包商 (3) 咨询师 ……				
2. 原材料 (1) (2) (3) ……				
3. 租用器具 (1) (2) (3) ……				

五、项目成本预算的调整

预算编制环节虽然对于防止和制止预算偏差出现具有重要作用，但其无法解决在预算执行过程中出现新的收支需求。所以，预算调整是在预算执行阶段纠正预算偏差的最后措施。成本预算的调整可以分为初步调整、综合调整。

(1) 初步调整。初步调整主要是指在预算编制出来之后，为了促进预算更加精确，常常会对一些不够精确的地方根据实际情况进行修正。在编制成本预算时，无论是依据 WBS、项目成本估算、成本进度计划，还是事先做了充分的准备工作，都有可能遗漏一些工作，有时候可能增加一些不必要的工作，这些都使项目预算出现一些偏差，需要进行预算调整，以制定更加准确的项目成本预算。

(2) 综合调整。项目所处的宏观经济环境总是处于不断变化之中，例如，国家实行紧缩性的财政政策，项目的融资成本必然上升，预算成本也相应的提高；由于通货膨胀的影响，预算成本也提高了。综合调整不如初步调整那么明确，很多时候是根据高层管理者对政治和经济的直觉和敏感而做出判断的。综合调整一般是在初步调整的基础上通过变动一定比例的百分比实现的。

例 8-2：已知某项目的成本估算结果是 100 万元，项目网络图如图 8.7 所示。试编制成本预算图。

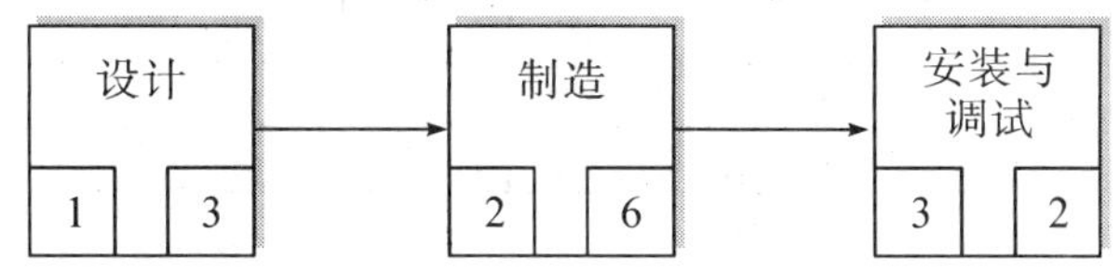

（左下角表示活动序号，右下角表示工期估计）

图 8.7　项目网络图

步骤：(1) 依据工作分解结构，该项目分为设计、制造、安装和调试三个活动。将 100 万的成本估算分摊到这三个活动中，分摊到各阶段的数字表示为完成所有与各阶段有关的活动的总预算成本，各活动预算成本之和不能超过项目预算总成本。结果如图 8.8 所示。

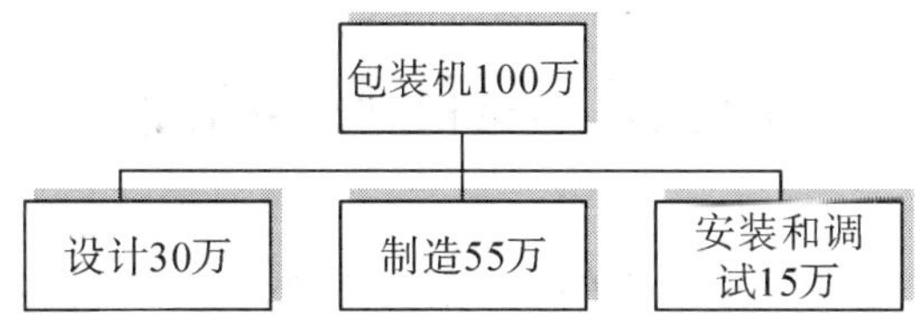

图 8.8　包装机的分解结构

(2) 结合项目网络图，将项目总预算成本分配到各阶段的整个工期中，并计算各个工期的累计成本如表 8.9 所示，根据表 8.9 绘制的图 8.9。

表 8.9　各个阶段的各项成本

项目活动	TBC（万）	周										
		1	2	3	4	5	6	7	8	9	10	11
设计	30	7	8	15								
制造	55				6	7	9	10	13	10		
安装与调试	15										8	7
合计	100	7	8	15	6	7	9	10	13	10	8	7
累计成本		7	15	30	36	43	52	62	75	85	93	100

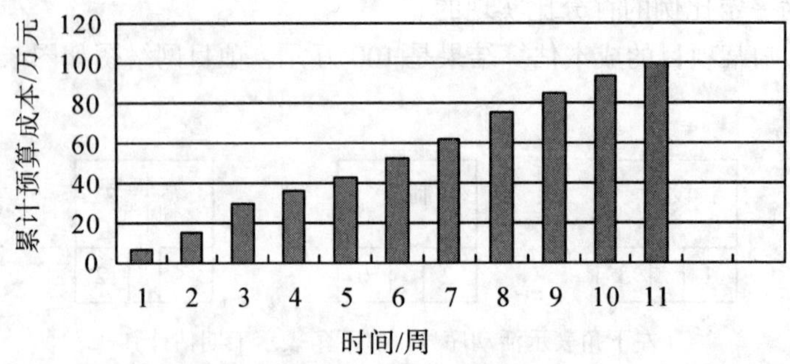

图 8.9 时间–成本累计曲线图

（3）整个项目的累计预算成本或每一阶段的累计预算成本，在项目的任何时期能与实际成本和工作绩效作对比。一旦发现实际成本超过累计预算成本，就可以在不算太晚的情况下及时采取改正措施。

第五节 项目成本控制

项目成本控制工作是在成本预算的基础上展开的，对项目实施过程中的实际成本与预算成本进行比较，检查、监督、引导和纠正，在项目实施过程中尽量使项目实际发生的成本控制在项目预算范围之内的一项项目管理工作。项目成本控制涉及对于各种能够引起项目成本变化因素的控制（事前控制），项目实施过程的成本控制（事中控制）和项目实际成本变动的控制。

一、项目成本控制原则

项目成本控制原则是企业成本管理的基础和核心，对项目施工过程进行成本控制时，必须遵循以下基本原则。

（1）成本最低化原则。在实行成本最低化原则时，应注意降低成本的可能性和合理的成本最低化。一方面挖掘各种降低成本的能力，使可能性变为现实；另一方面要从实际出发，制定通过主观努力可能达到合理的最低成本水平。

（2）全面成本控制原则。全面控制原则包括两个涵义，即全员控制和全过程控制。一是项目全员控制，成本控制涉及到项目组织中的所有部门、班组和员工的工作，并与每一个员工的切身利益有关，因此应充分调动每个部门、班组和每一个员工控制成本、关心成本的积极性，真正树立起全员控制的观念；二是项目全过程成本控制，项目成本的发生涉及到项目的整个周期，项目成本形成的全过程，从准备阶段开始，经实施阶段至竣工移交后的保修期结束。因此，成本控制工作要伴随项目施工的每一阶段。

（3）动态控制原则。项目是一次性的，成本控制应强调项目的中间控制，即动态控制，因为项目准备阶段的成本控制，只是根据组织设计的具体内容确定成本目标、编制成本计划、制订成本控制的方案，为今后的成本控制做好准备；而竣工阶段的成本控制，由于成本盈亏已成定局，即使发生了差错，也已来不及纠正。成本控制的动态管理主要有以下几个方面：中期考核要素按时间划分（例如年、半年、月等）；项目目标控制集中为三项：质量控制、进度控制、成本目标；常用的目标成本控制方法有网络计划法、香蕉曲线控制图、S 型曲线控制法等。

（4）目标管理原则。目标管理的内容包括：目标的设定和分解、目标的责任到位和执行、检查目标的执行结果、评价目标和修正目标、形成目标管理的计划、实施、检查、处理循环，即 PDCA 循环。

（5）责、权、利相结合的原则。在项目实施过程中，项目经理各部门、各班组在肩负成本控制责任的同时，享有成本控制的权力，同时项目经理要对各部门、各班组在成本控制中的业绩进行定期的检查和考评，实行有奖有罚。

二、项目成本控制的主要内容

（1）分解预算成本。预算成本是对预算所列价值在成本项日的核算内，根据工程量和预算单价计算、分析、归类得到的。其中有直接成本的人工费、材料费、机械及备件使用费，根据工程量和预算清单计算求得。其他直接费用、直接成本的管理费，按类别、计算基础和费率计算。

（2）做好计划。成本计划是在多种成本预测的基础上，经过分析、比较、论证、判断之后，以货币形式预先确定计划期内生产的资源消耗和成本所要达到的目标水平，并且确定各个成本项目预计达到的降低额和降低率，提出保证成本计划实施所需要的主要措施。它是实施成本控制的主要依据。

（3）实施成本控制。降低项目成本的途径，应该是既开源又节流。只开源不节流，或者只节流不开源，都不可能达到降低成本的目的，至少是不会有理想的降低成本效果。

三、项目成本控制的依据

项目成本控制的目标是把影响项目成本的各种成本控制在成本计划和成本标准之内，并尽可能使耗费最小。对项目成本控制而言，其主要依据如下：

1. 基准成本线

基准成本线是按时间分段的成本预算计划，可用来测量和监督项目成本的实际发生情况，并能很好地将初步支出和工期进度联系起来。

2. 执行情况报告

项目执行报告一般提供了范围、进度、质量等方面的信息，也提供了项目实施中成本方面的信息，如哪个阶段或哪项工作的成本没有超出预算，哪些成本超出了预算，超出预算的原因是什么，执行报告还提醒项目队伍注意将来可能会引起问题的事项。

通常有以下指标可以分析项目执行过程中的项目成本绩效：项目计划作业的预算成本(TBC)，是按预算价格和预算工作量分配给每项作业活动的预算成本；累计预算成本(CBC)，把每个工作包的预算按时点加总起来的累计预算成本；累计实际成本（CAC），截止到某一时点所发生的实际成本总和；累计盈余量（CEV），已完成工作的预算成本，由每个工作包的总预算成本乘以该工作包的完工比率得到；成本绩效指数（CPI），CPI>1说明成本效率较高（后面会细述）；成本差异（CV），CV>0 表示执行效果比较好。

3. 变更申请

项目很少能够按照期望的成本预算执行计划，不可预见的各种情况要求在项目实施过程中重新对项目的成本做出估算和修改，形成项目变更请求。具体来讲，变更申请是指项目的利益相关者提出有关更改项目工作内容和成本的请求，其结果是这些改变可能要增加或减少预算，项目实施者要根据变动后的工作范围或成本预算来对项目实施控制。变更申请的表达方式可以是口头的或书面的、直接的或间接地、外部的或内部的、强制的或选择的。

4. 项目成本管理计划

项目成本管理计划确定了当项目实际成本和计划成本发生偏差时如何进行管理，提出控制和解决方案，为确保在预算范围内完成项目提供一个指导性的文件，是项目成本控制的有力保证。

四、项目成本控制的方法和工具

项目成本控制是一个系统的过程，它包括成本变更控制、执行情况测量和补充计划编制等方面的内容。项目成本控制的方法有很多，重点介绍以下几种：

（一）成本变更控制系统

项目成本变更控制系统是通过建立项目变更控制体系，对项目成本进行有效控制的方法，包括成本变更申请、核准成本变更申请和变更项目成本预算三个方面的内容。项目成本变更控制系统和整体变更控制系统相结合，成本变更结果与其他变更结果（范围变更、时间变更、质量变更等）相协调。

（二）成本分析表法

成本分析表法以表格的形式可以清晰的比较各项成本的使用情况，常见的有月成本分析表、成本日报表、成本周报表、月成本计算以及最终预测报告表几种形式。

（1）月成本分析表，如表 8.10 所示，标明期限、成本费用项目、生产数量、成本、单价等。例如对于大型机器项目而言，其费用细分项目有操作费、修理更换费、折旧费等。

表 8.10 月成本分析表

项目名称				
项目费用名称				
本月计划量			实际完成量	
完成比率				
项目费用	单价		成本	
操作费	本月	计划	本月	累计
人工费				
材料管理费				
操作费小计				
修理及更新费				
切割机床				
修理及更新费小计				
折旧费				
切割车床设备总计				
使用时间				
使用效率				

（2）成本日报表或周报表，分别见表 8.11 和表 8.12 所示。

表 8.11 成本日报表

项目名称： 日期：

使用效率	月 日		月 日	
	数量	单价	数量	单价
备注				

成本会计师：

表 8.12 成本周报表

项目名称： 日期：

科目编号	工程种类	间接成本	数量			单价		成本			预算比较	
			单位	总计	现在施工量	预算	现在实际费用	预算总计	现在实际费用	最终预测	节约	超支

成本会计师：

（三）挣值法

挣值法，又叫偏差分析法，通过分析目标实施和目标期望之间差异，在对范围、进度和成本进行综合测量的基础上评价项目绩效的一种方法。挣值法通过测量和计算已完成的工作预算成本与已完成工作的实际成本和计划成本，得到有关计划实施的进度和费用偏差，达到判断项目预算和计划执行情况的目的。挣值从实际完成工作的角度看“绩效”，而不是传统上从预算动支的情况看“绩效”，真正实现了投资额到项目成果的转化，反映了满足质量标准的项目实际进度。它的独特之处在于以预算和费用来衡量工程的进度。

挣值法有三个优点：一是用货币量代替工程量来衡量工程的进度；二是用三个基本值（BCWS、ACWP、BCWP），而不是一个基本值来表示项目的实施状态，并以此来预测项目可能的完工时间和完工时可能的成本；三是使每一个工序在完成之前就可以分析其偏差，并且可对其发展趋势进行预测，为项目管理人员在后续工作中采取正确的措施提供依据。

1. 挣值法的三个基本参数

挣值法（Earned Value Analysis，EVA）用三个基本值来表示项目的实施状态，并以此预测项目可能的完工时间和完工时的可能费用，三个参数是：

（1）计划工作量的预算成本 BCWS（Budgeted Cost of Work Scheduled）。BCWS 指项目实施过程中某阶段计划要求完成的工作量所需的预算成本。BCWS 主要反映进度计划应当完成的工作量。如果合同没有变更，则在项目实施中一般保持不变。如果合同变更影响了项目的进度和成本，经过批准认可，BCWS 基线也作相应的更改。

BCWS=计划工作量×预算定额。

（2）已完成工作量的实际成本 ACWP（Actual Cost of Work Performed）。ACWP 指项目实施过程中某阶段实际完成工作量所消耗的成本，主要反映项目执行的实际消耗指标。

（3）项目已完成作业量预算成本 BCWP（Budgeted Cost of Work Performed）。BCWP 又简称为 EV（Earned Value），指项目实施过程中某阶段按实际完成工作量及预算定额计算出来的成本。

BCWP=已完工作量×预算定额，或 BCWP=已完成工作的百分比×完成这项工作预计需花费的成本。

2. 项目挣值法的指标分析

在项目实施过程中，挣值、计划预算值、实际支出值三者之间发生的偏离，通常通过计算投资偏差、进度偏差、投资绩效指数和进度绩效指数等指标来衡量。

1）项目投资偏差（CV）。CV 是指在某个检查点上 BCWP 与 ACWP 之间的差异，计算公式为 CV=BCWP - ACWP。

当 CV 为负值时，表示执行效果不佳，实际消耗人工（或费用）超过预算，即超支。

当 CV 为正值时，表示实际消耗人工（或费用）低于预算值，即有节余或效率较高。

当 CV 等于 0 时，表示实际消耗人工（或费用）等于预算值。

2）项目进度偏差（SV）。SV 是指在某个检查点上 BCWP 与 BCWS 之间的差异，计算公式为 SV=BCWP – BCWS。

当 SV 为正时，表示进度提前；当 SV 为负值时，表示进度延误；当 SV 等于零时，表示实际进度与计划进度一致。

项目成本差异和项目进度差异的计算是项目挣值法中最简单的，通过它们可以获得更有用的数字信息，可以计算两个有用的指数变量，对项目成本计划和进度计划进行直接的绩效度量。

3）项目投资绩效指数（CPI）（投资效率），即在某一时点项目挣值与项目实际成本之比 CPI=BCWP/ACWP。

当 CPI>1 时，表示低于概算，即实际费用低于概算费用；当 CPI<1 时，表示超出概算，即实际费用高于概算费用；当 CPI=1 时，表示实际成本与预算成本吻合。

4）项目进度绩效指数（进度效率）（SPI），即在某一时点项目挣值与项目计划成本之比 SPI=BCWP/BCWS。

当 SPI>1 时，表示进度提前，即实际进度比计划进度快；当 SPI<1 时，表示进度延误，即实际进度比计划进度慢；当 SPI=1 时，表示实际进度等于计划进度。

使用上述公式有助于预测项目完工时的成本和项目完工日期。把以上四个指标综合起来，可以归纳为以下几种情况：

当 CV 为负值且 CPI<1 时，表示实际费用高于概算费用。如果是因为市场上的材料价格高于概算价格很多，那么应该采取相应的措施，在必要的时候要申请调整概算。如果是采购费用和其他费用过高，那么应该加强管理，降低费用。

当 CV 为正值且 CPI>1 时，表示实际费用低于概算费用。也要仔细分析原因，不能认为正偏差是理所当然的事。有时节支是因为已完工程实际投资的计算有差错，有时是因为工程偷工减料。若出现以上情况应该采取措施加强管理和监督，保证产品的质量。只有在保证产品的质量和计算不出错的前提下节支才有意义。如果是由于工作效率高，项目管理好，那么我们要及时的总结经验并且把成功的经验运用到以后的管理中，这样可以在以后的项目管理中产生很好的投资控制效果。

当 SV 为负值且 SPI<1 时，表示实际进度比计划进度延误。如果是因为工人的工作效率低造成，那么公司管理者就应该要求承包商加强管理，提高劳动效率；如果是因为工作场面太小影响工作效率，那么业主就应该出面协调各个承包商的工作安排避免相互干扰；如果是由于地质与预期的不同，难度更大，那么业主可以采用降低计划或督促承包商采用先进的设备。

当 SV 为正值且 SPI>1 时，表示实际进度比计划进度速度更快。分析进度超前是不是由于工程量在以前完工但在本期签证，致使本期的完工工作量超过计划工程量。分析进度超前的同时，投资是否超支。

在四个指标中两个是绝对指标，两个是指数指标，在运用时绝对指标和指数指标所得到的结果是一样的。为了比较的方便一般使用指数指标。单独使用这两个指数指标中的一个意义不是很大，要把这两个指数指标结合起来使用。比较的结果见表 8.13。

表 8.13　CPI 和 SPI 结合起来比较的结果

种类	方案 1	方案 2	方案 3	方案 4
CPI	>1	>1	<1	<1
SPI	>1	<1	>1	<1
后果	投资节约且工期提前	投资节约但工期拖延	投资超支但工期提前	投资超支且工期拖延

当出现 CPI>1 和 SPI>1 时，质量又得到了保证这种情况是最理想的，应该总结经验并在以后的管理中推广使用。当出现 CPI<1 和 SPI<1 时，是最糟糕的情况，公司应该重点关注，应该加强管理提高工作效率降低成本。当出现 CPI>1 和 SPI<1 时，投资节约但是工期延误，增加投资加快进度同时应该加强管理提高效率。当出现 CPI<1 和 SPI>1 时，投资增加，工期提前，要分析投资增加的比重是不是比工期提前更多，如果不是那样就要分析原因，找出投资增加比重大于工期提前的原因，降低投资，提高工作效率。一般情况下不可能使得 CPI 和 SPI 的值刚好为 1，根据工程具体情况确定它们的变动范围一般在［0.8，1.2］是比较正常。

SV 和 CV 结合起来有六种情况，如表 8.14 所示。

表 8.14　SV 和 CV 结合起来比较的结果

序号	图　像	参数关系	分　析	措　施
1	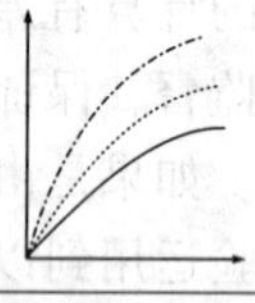	ACWP>BCWS>BCWP CV<0，SV<0	效率低下 投入超前 进度较慢	高效率的人员替换低效率的人员
2	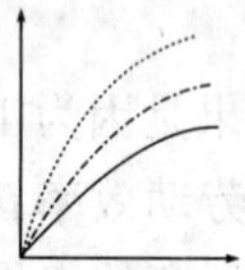	BCWS>ACWP>BCWP CV<0，SV<0	效率较低 投入延后 进度慢	提高工作效率 增加投资
3	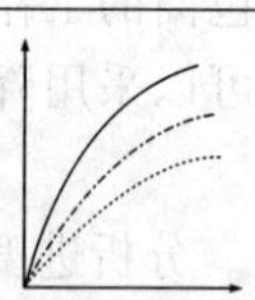	BCWP>ACWP>BCWS CV>0，SV>0	效率较高 进度快 投入超前	减少投资量 抽出部分人员 放慢进度

（续表）

4	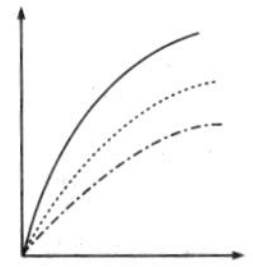	BCWP>BCWS>ACWP CV>0，SV>0	效率高 进度较快 投入延后	如果偏离不大 可以维持现状
5	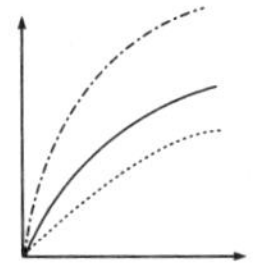	ACWP>BCWP>BCWS CV<0，SV>0	效率较低 进度较快 投入超前	抽出部分人员 增加少量骨干人员
6	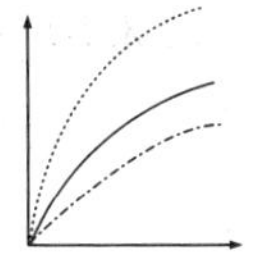	BCWS>BCWP>ACWP CV>0，SV<0	效率较高 进度较慢 投入延迟	迅速增加人员投入

注：·—·—代表 ACWP；---代表 BCWS；——代表 BCWP

通过挣值法的三个参数和上述指标的计算，我们还可以得到项目完工时的预测成本和预测时间等指标。

5）项目成本预测值。

（1）假定项目保持目前的状态，项目报告接受时完工成本的预测公式由两部分组成：项目的实际支出和项目未来成本的预测值。预测项目最终成本可由如下计算得出：

EAC＝ACWP+（BAC−BCWP）×ACWP/BCWP＝ACWP+（BAC−BCWP）/CPI

EAC 为项目完工时的预测成本，BAC 为项目的总预算。

（2）若目前的状态不能延续到未来，未来是按计划执行的。

EAC＝ACWP+（BAC−BCWP）

（3）若目前的状态不能延续到未来，未来也不会按计划执行的，则

EAC＝ACWP+对剩余工作的重新估计费用总值

6）项目工期预测值。假定项目以目前的趋势继续保持的话，整个项目期间此公式都由两部分组成：到报告日期的已经消耗的时间加上预计到项目完工还需要的时间。

ETTC＝ATE+（OD−ATE×SPI）/SPI。其中，ETTC 是项目完工时间预测；ATE 是项目实际所花时间；OD 是项目最初估算工期。

7）完工差异（VAC）。VAC＝BAC−EAC

在项目的实际操作过程中，最理想的状态是 BCWP，BCWS，ACWP 三条曲线靠得很紧密，平稳上升，预示着项目走势和人们所期望的差不多，朝着良好的方向发展。如果三条曲线的偏离和离散度很大，则表示项目实施工程中有重大的问题隐患，或者已经发生了严重问题，应该将它提出，作进一步的原因分析。

五、项目成本控制的结果

成本控制的结果是实施成本控制后的项目所发生的变化，包括修正后的成本估算、成本预算更新、完成估算、经验与教训等，成本控制的结果往往反映了项目实施的成功与否。

（1）修正后的成本估算。成本控制反馈出成本重新估算的更为有效地信息，这就要求在不改变计划方向的前提下重新对成本估算进行完善。修正后的成本估算可能要求对项目计划的其他方面进行调整。

（2）成本预算更新。随着项目的进展，项目的不确定性因素日趋明朗，成本预算随着成本估算的修改而更新，也更加接近于项目实施的实际情况。

（3）纠正措施。纠正措施是为了使项目未来工作所花费的实际成本控制在项目计划成本以内的行动总称。在项目实施过程中，由于国家政策的变化、材料价格上涨、通货膨胀、自然灾害等等的出现，项目的实际运行情况与计划总有偏差，项目控制主要的目的之一就是防止偏差的进一步扩大，对此就需要大量的控制措施，在必要的时候重新制定初步计划。在任何一个项目中，如何采取纠正措施解决项目出现的各类问题往往是项目管理中最重要的问题。

（4）完成估算。根据项目执行情况对项目总成本进行预测，包括项目工期的预算。

（5）经验与教训。我们不可能对项目所有成本控制的环节都进行控制研究，重点研究的是核心环节，其他的环节主要是依靠经验和诀窍，这时参考以前类似项目的经验就非常必要，这样不仅降低了成本控制的成本，而且降低了成本控制中的风险，保证项目的顺利实施，在这个过程中项目管理也更加规范，管理者的水平也提高了。

复习与思考

1. 说明编制项目资源计划的重要性？
2. 试比较自上而下法和自下而上法的优缺点，并如何将他们有机结合起来？

案例讨论

成本分析

一个预算 100 万的项目，为期 12 周，现在工作进行到第八周，一直以来成本预算是 64 万，实际成本支出是 68 万，净挣值为 54 万。

［资料来源］：http://hi.baidu.com/iatu/blog/item/d2a99d130cf98c816438db25.html

问题：

计算成本偏差（CV），进度偏差（SV），成本绩效指数（CPI），进度绩效指数（SPI）。

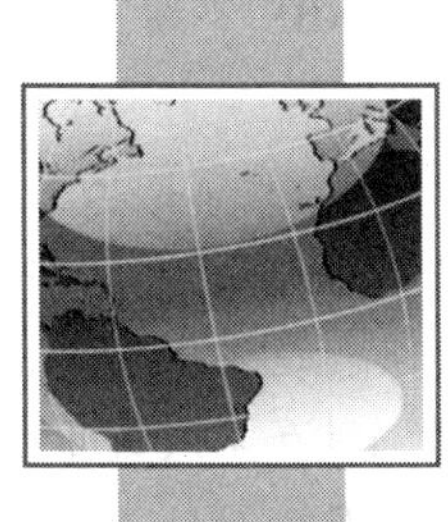

第九章 项目质量管理

要点提示

- 项目质量管理的过程及主要内容。
- 项目质量规划、质量保证、质量控制的程序及方法。

案例　英国SBS公司的质量问题

在深圳格兰云天酒店，英国**SBS**公司市场经理尼克斯与设计部经理克瑞斯就是否继续竞标深圳某合资公司300万美元的两台大型玻璃窑炉项目产生了激烈的争执。由于**SBS**是一个仅有200人的公司，深圳之行的目标是在两台大型炉和四台中型炉中争取到一项订单。在已接受了深圳某公司的280万美元的四台中型工业隧道窑炉的订货以后，克瑞斯坚持认为公司已经没有能力再接受另外两台大型玻璃窑炉的定单。而尼克斯则坚持利用有利时机，争取再拿到两台大型炉的定单。由于双方争持不下，决定电话请示英国**SBS**公司总部。同样就六台工业窑炉的招标问题，深圳某合资公司的设备部长王林和副部长小泉一郎也争得面红耳赤，英国**SBS**公司在四台中型窑炉的低价位令王林产生了在两台大型窑炉的招标中再节省一笔可观的设备费用的想法。而小泉一郎根据自己20年的设备制造经验，坚持认为**SBS**没有能力在一年内制造出六台工业窑炉。由于双方争持不下，决定在谈判中视价格和交货期而定。

三天以后，由于**SBS**公司比竞争的日本设备厂家的价格低20万美元，同时承诺10个月的交货期，**SBS**公司再次中标并签订了供货合同，在格兰云天酒店双方举办了合同签字的庆贺酒会。

五天以后，在进一步的技术交底中，尼克斯指出合资公司主任设计师铃木提供的设备图纸规格中没有炉顶至厂房顶部的排烟管道，炉子下部没有排水管道等七处遗漏，上述项目不在**SBS**公司的报价范围内，如制造需追加设计和制造费20万美元。

一个月以后，英国沃尔沃翰普顿市报纸以头版头条位置登出**SBS**公司在中国获得580万美元订单的消息。

六个月后，王林携员赴英国监造设备，发现由于任务工作量巨大，**SBS** 不得不委托沃尔沃翰普顿市附近的大量小作坊对项目进行二次承包和三次承包。

10 个月以后，到货的四台中型窑炉由于包装不善，在海运中遇浪进水。炉壁间的岩棉隔热层需在工地进行炉体分解后更换，**SBS** 公司支付材料、工时费 20 万元人民币。11 个月以后，在安装中发现，四台中型炉的 480 个温度控制热电偶孔没有按制造图纸加工，由于 480 个温度控制热电偶孔散布在炉层中间，支付安装队现场加工费 10 万元人民币。由于 **SBS** 现场工程师人手不足，临时雇佣工程师理查德负责 2 号大型窑炉安装。

12 个月以后，两台大型炉进行试车验收，发现 2 号大型炉运载工件间歇蠕动。时有玻璃工件断裂发生。深圳合资公司拒绝验收 2 号大型窑炉。

18 个月以后，由于开工生产需要，2 号大型窑炉获得条件验收，**SBS** 公司负有继续努力解决运载工件间歇蠕动问题的责任。

24 个月以后，**SBS** 公司三次派安装工程师携解决方案来深圳工作未果，放弃努力。**SBS** 公司深圳项目经理皮特和现场安装部经理卫金斯被解职。

三年以后，2 号大型窑炉由于运行轨道磨损严重，需更换轨道。王林利用停产 15 天时间雇佣安装队重新安装运行轨道，工件间歇蠕动问题消失。

10 年后，尼克斯退休，小泉一郎退休，王林退休。克瑞斯升任 **SBS** 公司副总经理。克瑞斯获悉深圳合资公司扩建需再定制大型工业窑炉一台后携员赴深圳。在格兰云天酒店宴请老朋友王林，席间谈及深圳合资公司扩建一事，王林不无感慨地谈到："人生有些决策失误可以弥补，有些则不得不承受一生了"。翌日，克瑞斯携员"打道回府"。

[资料来源]：项目管理技术杂志，2005.

思考：案例包含了项目的典型质量问题。这些问题与企业经营中重复性连续过程的质量问题截然不同。项目中的质量问题有时是毁灭性的，要求在项目的每一个步骤中都不能失误。通过此案例，你认为在质量管理方面需要注意哪些问题？

第一节　项目质量管理概述

项目的信誉是靠质量树立的，效益是质量带来的，项目质量管理是项目管理的灵魂。项目质量管理的重点是质量规划、质量保证（**QA**）和质量控制（**QC**），随着市场竞争尤其是国际市场竞争的加剧，各国企业越来越重视质量问题。质量保证存在于所有行业（医疗、卫生、建筑、航空航天、军事、服务业等等），质量有保证维护着所有行业的信誉。实施质量保证，"神六"成功返回，"神七"才有希望；实施质量保证顾客才相信医院医生的医术，医院才有效益；实施质量保证，业主才购买房地产开发商的商品房，房地产才能够更好的发展。

一、质量与质量管理

(一) 质量的内涵

人类社会的发展，使现代社会的人们生活在“质量大堤”的后面，质量对人类的社会、生活有着深远的影响。“质量大堤”的安危关系着人类社会的生死存亡。这是美国质量管理学家朱兰（**J. M. Juran**）关于质量与社会关系的精辟论述。随着科学技术水平的发展和人们认识水平的提高，质量的内涵在不断的扩展与完善，关于质量的定义也越来越难统一。朱兰认为：“质量就是产品的适用性，即产品在使用时能够满足用户需要的程度。”国际标准化组织（**ISO**）对质量的定义是：“质量是反映实体（产品、过程或活动等）满足明确的和隐含的需要的能力特性总和。”

综合起来，质量的概念应该包括以下几个方面的特点：

（1）广义性。顾客不仅对组织的产品提出要求也可能对过程提出要求，而过程同样具有固有特性，因此质量不仅包括产品质量也包括过程质量。

（2）规定性。质量是指固有特性满足要求的程度，将赋予特性与固有特性予以区分。

（3）适用性。产品必须能够满足顾客的某些需求，能够解决顾客提出的问题，因此产品的适用性要求对于产品能否在市场上生存也是至关重要的。

（4）经济性。产品或服务不但要满足顾客功能上的要求，还要满足顾客经济上的要求，努力为顾客节约投入。

（5）实效性。由于顾客对组织的产品或过程的需求和期望是不断变化的，因此，质量也在变化，这就要求组织不断地调整对质量的要求。

（6）相对性。既然将质量定义为“满足顾客要求”的程度，不同顾客的要求是不同的，因此对质量的要求也是不同的。

(二) 质量管理的基本概念

国际标准化组织（**ISO**）对质量管理的定义是：确定质量方针、目标和职责，并在质量体系中通过诸如质量计划、质量控制、质量保证和质量改进等手段来实施全部管理职能的所有活动。

质量管理涉及的几个关键概念的定义如下：

（1）质量方针：质量方针是由组织的最高层管理者正式发布的一个组织总的质量宗旨和质量方向，是质量管理的核心和出发点。

（2）质量体系：质量体系是为实施质量管理所需要的组织结构、程序、过程和资源的总称。科学、完善的质量体系是全面开展质量管理的基础。

（3）质量计划：质量计划是确定质量的目标和要求，以及确定采用质量体系要素的目标和要求的活动过程。

（4）质量控制：质量控制是为达到质量要求所采取的作业技术与活动，主要包括：确定质量控制对象、制定控制标准、明确应采用的方法，规定对质量的检验方法、做好相关的质量记录等内容。

（5）质量保证：质量保证是为了保证实体能够满足质量要求，并提供足够的证明以表明实体保证能够满足质量要求，而在质量体系中实施，并根据需要进行证实的、全部有计划和有系统的活动。

（6）质量改进：质量改进是为向本组织及其顾客提供更多的收益，在整个组织内所采取的旨在提高活动和过程的效益及效率的各种措施，从而不断地对质量进行改进，使质量达到更高的水平。

（三）质量管理的内容

人类在质量管理领域的理论和实践都在不断地完善，从全面质量管理 **TQM** 到 **ISO** 9000，再到当前的六西格玛，这些质量管理体系都特别强调如下方面：

（1）客户满意。即理解、管理和影响需求，从而设法满足或超越客户的期望。它不仅需要符合要求，即项目应生产出其承诺的产品，而且应该具有适用性，即产品或服务必须满足实际需要。

（2）预防重于检查。即通过一些防错技术来避免出现质量事故，不要等到产品生产出来后再检查其好坏。

（3）管理职责。质量管理是全体员工的职责，其中管理者应负主要责任。管理者应为项目提供良好的管理、沟通、政策、文化、技术环境及所需的资源。

（4）质量改进。质量总可以做得越来越好，质量改进永无止境，在质量管理实践中，应树立持续改进的思想。

二、项目质量与项目质量管理

（一）项目质量

结合质量的定义以及项目的特性，项目质量是指项目管理和项目成果的质量，它不仅包括项目的成果，即产品或服务的质量，也包括项目管理的质量。项目质量不但要满足规定的要求，还要力争实现顾客满意。

（1）满足规范要求：项目产品与预先定义的产品要求相符合，这些要求既有客户的要求，也有功能上的要求以及更为详细的要求。有的要求可能会指定组织适用的工程、技术设计标准或规范。这些标准或规范除了对项目的时间和成本提出要求外，也会对项目产品所具有的各种能力以及所要达到的服务级别设置具体的要求。

（2）达到项目目的：当项目产品交付使用时，它所生产的产品能够解决顾客的问题，使项目产品达到制造它的目的。

（3）满足顾客要求：这里所指的顾客要求，不仅包括顾客明示的要求，也包括顾客隐含的要求。

(4) 令顾客满意：在满足顾客要求的基础上让顾客满意是项目质量的较高要求，也是项目的终极目的。顾客对他们所面临的问题有自己的看法，并形成一个解决方案，这一方案会以要求的形式，按照项目的方式一步一步进行，最终项目产品必须满足顾客的要求，在此基础上努力使顾客满意。因此，在实现这一较高要求时，项目组织或个人应该在追求满足顾客要求与令顾客满意之间进行权衡，若因实现“顾客满意”而造成大量的成本投入使项目无利可图时，项目的质量目标则应锁定在满足顾客要求即可。

(二) 项目质量管理

按照 **PMBOK** 的规定，项目质量管理过程包括保证项目满足原来规定的各项要求所需的实施组织的活动，即总体管理功能中决定质量方针、质量目标与责任的所有活动，并通过诸如质量规划、质量保证、质量控制、质量持续改进等方针、程序和过程来实施质量体系。

项目质量管理是确保项目的可交付成果满足客户的需求。项目团队必须与客户建立良好的关系，理解他们的需求，因为客户是项目质量是否达到要求的最终裁判者。

项目质量管理包括两个方面的理念：一是质量是项目的生命线；二是质量提高的项目未必是满意的项目。

项目质量管理的概念与质量管理的概念有许多相同之处，也有不同之处，不同之处是由项目的一次性等特性决定的。质量管理是针对日常运作所进行的活动，日常运作是重复做某件事，一旦过程设计好了，其工作重点就在质量监控上。在运作管理中，通常也会采用破坏性的测试，测试之后产品就会报废。在项目中，由于只有一次做好的机会，无法进行这种破坏性测试，因此必须在项目的早期强调质量保证和质量控制。

(三) 项目质量管理的内容

项目质量管理包括项目工作的质量管理和项目产品的质量管理两个方面。其管理过程又包括质量规划、质量保证和质量控制，如图 9.1 所示。因而，把这三个方面作为项目质量管理的内容来进行分析。

(1) 质量规划是指确认项目相关的标准，以及这些标准适用于工艺、产品和流程的程度。如行业标准对每一个具体项目来说都是适合的。这就确定了工作质量目标水平，并为后续的质量控制提供了检测和检查的基础。

(2) 质量保证确定了项目的执行标准，从而保证项目的流程是起作用的，而且确信该项目将达到质量规划中所制订的标准。这一职能要求采用全面的项目质量方法和测量手段以确保产品质量。

(3) 质量控制用来测量工作成果与标准之间的差异，以确保工作成果符合标准所确定的产品性能、特征和功能。测量工作成果常常使产品得到认可，或者由质量控制人员检测出瑕疵品。

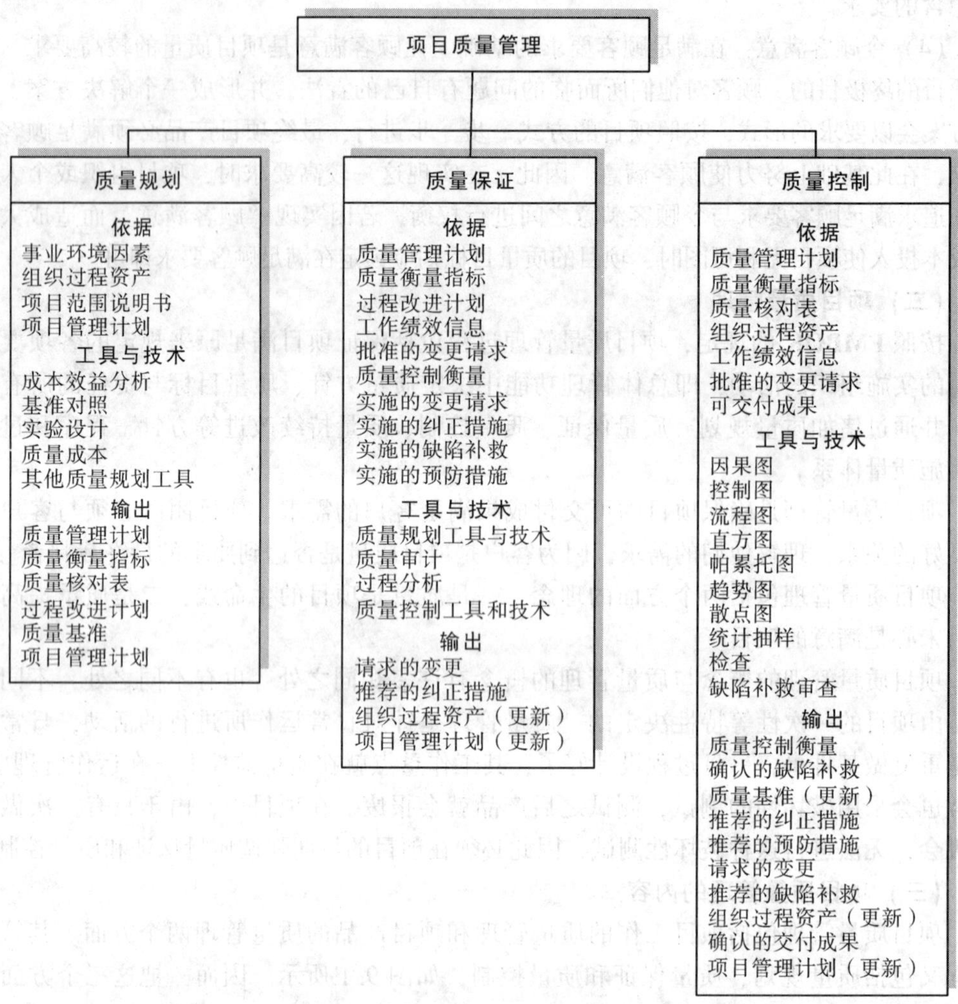

图 9.1　项目质量管理概况

（四）项目质量管理的发展

1. 传统质量管理阶段

这个阶段主要是指 19 世纪末资本主义的工厂逐步取代分散经营的家庭手工业作坊以前的时期。该时期受小生产经营方式或手工业作坊式生产经营方式的影响，产品质量主要依靠工人的实际操作经验和简单的度量衡器测量而定。工人既是操作者又是质量检验、质量管理者。因此，有人又称之为“操作者的质量管理”。

2. 质量检验阶段

质量检验作为一种科学的管理方式，形成于 20 世纪初至 20 世纪 30 年代。20 世纪初随着科学管理理论的推广以及企业生产规模的扩大，对零件的互换性、标准化的要求也越来越高。大多数企业设置了专职部门和检验人员，负责产品质量的检验和管理，依靠检验手段挑选出不合格品，并对不合格品进行统计。这种检验制度以半成品、产成品的事后检验为主。因此，在大批量生产条件下这种检验制度，往往难以实现对产品进行100%的检验。

3. 统计质量控制阶段

统计质量控制形成于20世纪30年代。1924年，美国贝尔电话试验室的沃特·A.休哈特（**Walter A. Shewhart**）应用数理统计的原理首创了工序控制图。1930年，道奇（**Dodge**）和罗米格（**Roming**）提出了统计检验原理和抽样表，解决了全数检验和破坏性检验在应用中的问题。20世纪40年代，美国军方在军需物资供应商中推广统计质量控制技术，制定了战时标准。统计方法的应用提高了质量管理的效果，开创了质量管理的新局面。但是，由于统计质量控制过分强调了质量控制，使人们误认为“质量管理就是统计方法”，同时由于数理统计是比较深奥的一门学科，又使人们误认为质量管理是统计学家的事情，对质量管理产生了高不可攀、望而生畏的感觉。这就导致了对新的质量管理理论的需求。

4. 全面质量管理阶段

全面质量管理（**Total Quality Management，TQM**）就是一个组织以质量为中心，以全员参与为基础，目的在于通过让顾客满意和本组织所有成员及社会受益而达到长期成功的管理途径。20世纪50年代末，美国通用电气公司的费根堡姆和质量管理专家朱兰提出了“全面质量管理”的概念，认为“全面质量管理是为了能够在最经济的水平上，并考虑到充分满足客户要求的条件下进行生产和提供服务，把企业各部门在研制质量、维持质量和提高质量的活动中构成为一体的一种有效体系”。60年代初，美国一些企业根据行为管理科学的理论，在企业的质量管理中开展了依靠职工“自我控制”的“无缺陷运动”（**Zero Defects**），日本在工业企业中开展质量管理小组活动，使全面质量管理活动迅速发展起来。

全面质量管理的基本方法可以概括为“四句话十八字”，即，一个过程，四个阶段，八个步骤，数理统计方法。一个过程，即企业管理是一个过程。企业在不同时间内，应完成不同的工作任务。企业的每项生产经营活动，都有一个产生、形成、实施和验证的过程。四个阶段，根据管理是一个过程的理论，美国的戴明博士把它运用到质量管理中来，总结出“计划（**Plan**）—— 执行（**Do**）—— 检查（**Check**）—— 处理（**Act**）”四阶段的循环方式，简称**PDCA**循环，又称“戴明循环”。八个步骤，为了解决和改进质量问题，**PDCA**循环中的四个阶段还可以具体划分为八个步骤。

（1）分析现状，找出存在的质量问题。

（2）分析产生质量问题的各种原因或影响因素。

（3）找出影响质量的主要因素。

（4）针对影响质量的主要因素，提出计划，制定措施。

（5）执行计划，落实措施。

（6）检查计划的实施情况。

（7）总结经验，巩固成绩，工作结果标准化。

（8）提出尚未解决的问题，转入下一个循环。

在应用 **PDCA** 四个循环阶段、八个步骤来解决质量问题时，需要收集和整理大量的书籍资料，并用科学的方法进行系统的分析。最常用的有排列图、因果图、直方图、分层法、相关图、控制图及统计分析表七种统计分析方法。这套方法是以数理统计为理论基础，不仅科学可靠，而且比较直观。

5. 21 世纪的质量管理

朱兰在美国质量大会上提出，21 世纪是质量的世纪。因此，进入 21 世纪，质量管理呈现出许多新的特点和趋势。

（1）国际质量认证标准的推广。随着国际贸易规模的迅速扩大、产品和资本的流动日趋国际化与全球经济一体化，企业的竞争范围逐渐扩大，随之而来的是国际产品质量保证和产品责任问题。制定质量管理国际标准以促进国际技术经济合作、消除技术贸易壁垒成为世界各国共同的需要。国际标准化组织（**ISO**）提出的 **ISO** 9000 标准已为许多国家所采用，它标志着现代质量管理向规范化、系列化、科学化和国际化的新高度在不断地深入和发展。

（2）全面质量管理由制造向设计和服务延伸。自 20 世纪 80 年代以来，全面质量管理的重点已经由制造向设计和售后服务两侧延伸。售后服务质量和产品质量同等重要。在设计和售后服务中坚持以顾客为导向，通过持续改进，增强顾客满意，使顾客忠诚。

（3）6**σ** 管理。6**σ** 管理是在全面质量管理基础上发展起来的一种有效的管理方法，它通过减少波动、不断创新，达到接近于“零缺陷”的质量水平，成为一种持续改进和突破的有效方法，其核心特征是顾客与组织的双赢以及经营风险的降低。

该方法重视领导的作用，非常强调数据的收集和处理，倡导一切以数据说话，提出满足和超越客户的需求与倾听客户的声音，一切改进工作以提高客户满意度为目标，改进过程超越了产品质量和服务质量的局限，注重流程的改进与管理，强调全员参与改进，提倡消除部门间的隔阂，发展跨部门的协作，认为质量永无止境，只要存在过程就有改进的余地。在利用传统的改进和过程控制工具的同时，提出了 **DMAIC** 改进流程。**DMAIC** 是指定义（**Define**）、测量（**Measure**）、分析（**Analyze**）、改进（**Improve**）、控制（**Control**）五个阶段构成的过程改进方法，一般用于对现有流程的改进，包括制造过程、服务过程以及工作过程等。目前，6**σ** 管理已经成为了现代质量管理发展的一个方向。

第二节 项目质量规划

一、项目质量规划概述

“质量出自规划，而不是出自检查”，这是项目质量管理的基本宗旨，只有做出精确的质量规划，才能指导项目的实施、做好质量控制。

质量规划，就是确定项目应当采取哪些质量标准以及如何达到。质量规划是保证项目成果的过程之一，应当同项目其他规划过程结合起来。事先不规划，指望在项目实施过程中靠检查和督促来保证项目质量是不行的。

项目质量规划是指识别哪些质量标准适用于本项目，并确定如何满足这些标准的要求。通过规划确定项目质量目标，这样才能使后续的保证、控制与改进措施得以实施。规划的正确与否直接影响到后续工作的实施并将影响到项目最终可交付物的质量。

通过质量规划输出项目质量目标、项目质量管理计划、项目质量改进计划、项目质量检查表等项目质量规划的成果。

二、项目质量规划的依据

编制项目质量规划的依据包括：项目质量方针、项目范围说明书、成果说明书、标准和规范以及其他项目管理方面的信息。

（1）质量方针。质量方针是由最高管理者发布的该组织的质量宗旨和方向，提供评审质量目标的框架。质量方针一旦确定和颁布，就对组织的每一个成员产生强有力的约束力，各成员都应理解、贯彻和执行。项目团队应充分了解项目的质量方针，并可以根据项目的实际情况，对项目的质量方针进行适当的调整。

（2）范围说明书。项目范围说明书确定了项目的范围，即需要完成的各种事项，说明了投资者的主要要求。

项目范围说明书的内容包括：项目与产品的目标、产品或服务的要求与特性，产品验收标准，项目边界，项目要求与可交付成果，项目制约因素，项目假设，项目初步组织，初步识别的风险，进度里程碑，初步工作分解结构，项目配置管理要求等。

（3）成果说明书。项目成果说明书是对项目说明书中的项目可交付成果的进一步说明，一般包括技术说明和可能影响项目质量的其他注意事项的详细内容。

（4）标准和规范。不同行业和领域的项目都有相应的质量要求，项目管理班子必须考虑到对该项目可能产生质量影响的任何应用领域的专用标准和规范。在进行质量规划时，应明确这些标准和规范对项目质量产生的重要影响。一般来说，质量规划的标准为目前国际通用的 **ISO** 9000 系列标准。

国际标准化组织（**ISO**）对标准和规范的定义规定如下：标准是一个“由公认的组织批准的文件，是为了能够普遍和重复使用而为产品、过程或服务提供的准则、指导政策或特征，它们不是强制执行的”。目前，标准已经涉及全部的行业，按照范围可以分为国家标准、行业标准、国际标准。

规范是一种“规定产品、过程或服务特征的文件，包括使用的行政管理条例”，与标准所不同的是规范具有强制性。

（5）其他过程结果。除了范围说明书和项目成果说明书外，其他领域的过程结果也可能对质量策划产生影响，例如项目进度计划、项目采购管理等。

三、项目质量规划的工具和技术

（一）成本/收益分析

质量规划过程必须考虑项目质量成本和项目质量收益的平衡。收益指项目各项工作做得好，满足质量要求，减少返工，提高生产率，降低成本，提高项目当事人的满意程度。而成本是指实施质量管理活动所需要的开支。

一定水平的质量总是建立在相应的费用基础上的，项目质量管理应努力使收益超过成本，提高质量，降低成本，实现资本增值赢利最大化，这是企业和项目的一项重要任务与经营指标。

1. 质量成本的定义

质量成本（**Cost Of Quality**，**COQ**）是指评估产品或服务符合要求及产品或服务不符合要求（如返工）所发生的所有费用。简单说，质量成本可以分为一致性成本和非一致性成本两类。其中一致性成本是指企业为确保产品质量而支出的预防费用和鉴定费用等外部质量保证费用，是主动性质量过程的成本。非一致性成本是指因未达到质量标准而发生的内部损失和外部损失，是控制失效的损失。

2. 成本效益分析

当组织耗费在预防行动上的时间较多时，预防成本就可能增长。但经过一段时间后，由于质量检验的需要下降了，鉴定成本就会降低。当然，最大的节约来自于返工、报废等内部损失成本的降低。当生产出合格产品时，外部保证费用也会下降，于是质量的总成本下降。

为了使项目的质量总成本达到最低水平，各类质量成本之间需要优化与平衡。将由鉴定成本预防成本、对外质量保证成本等组成的一致性成本曲线和由内外部损失成本构成的非一致性成本曲线绘制于图 9.2 中，随着一致性成本的增加，内外部损失成本降低。在 **A** 点的合格率水平上，质量成本最优。

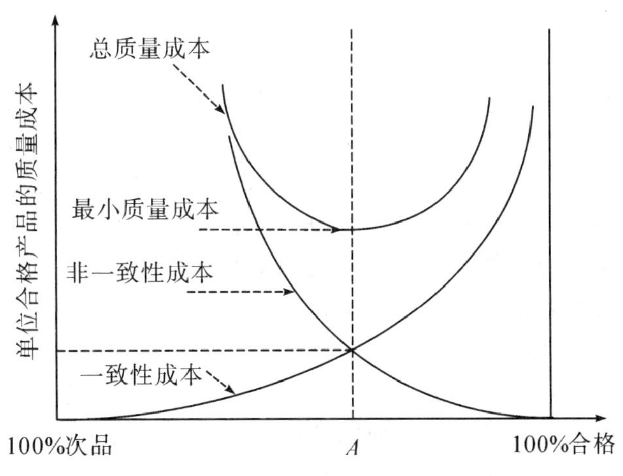

图 9.2 质量成本分析

(二) 流程图

流程图是用来表示系统各组成部分相互关系的图。在项目质量管理中用来描述项目工作流程和项目流程各个环节的相互关系。所有的流程图都具有以下几个基本要素，即活动、决策点和过程流向。项目流程图有助于预测项目发生质量问题的环节，有助于分配项目质量管理的责任，有助于找出解决项目质量问题的环节。因此，项目流程图有助于项目质量规划的编制。

(三) 因果图

因果图，又称鱼刺图，是描述现有结果与潜在原因之间关系的一种图示工具。(见图 9.3)

通过对影响质量的因素进行全面系统的整理与分析，可以明确影响质量的因素与质量问题之间的关系，为最终找出解决问题的途径提供有力支持。造成质量问题的原因可以归为以下几类：设备；工作方法；环境；组织；材料(包括原材料、半成品、能源、数据和信息)；人员（涉及人员知识、技能、态度、风格和行为方式)；工具（主要指设施)；管理层（涉及管理层知识、技能、态度、风格和行为方式)；信息；计量。主要的五类原因为人员、设备、原材料、工作方法和环境，即 **4M1E** 因素。可预先列出这些因素，然后把各种原因从大到小、从粗到细分解，直到能够采取措施消除这些原因为止。

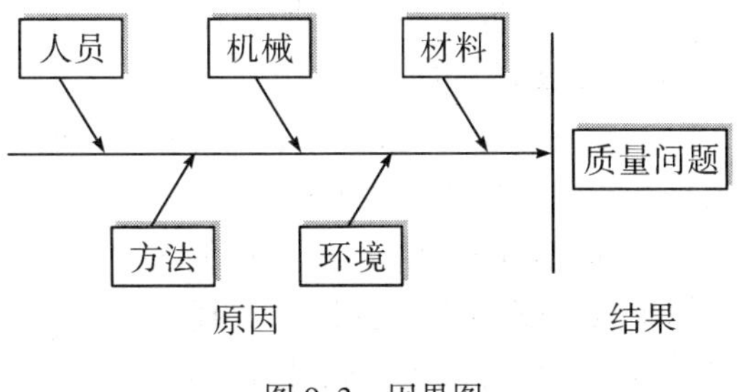

图 9.3 因果图

（四）质量标杆法

标杆管理是指根据某行业、职能部门、系统或过程中公认的表现最佳者的情况对组织进行测量的一种方法。其目的是为改进组织绩效提供目标。它以改进过程输出或实际过程的绩效为目标，同时通过激发组织争做行业最佳来培养整体竞争力。标杆管理根据最佳者的标准来测量并分析组织的各个方面，从而为组织提供共同努力的目标。

标杆管理主要分为内部标杆管理和竞争标杆管理。其中内部标杆管理是指在组织内部寻找更好的类似过程和部门作为基准目标来改进绩效。竞争标杆管理是指以竞争对手为对象实施的标杆管理方法。通过分析竞争对手，并将其与组织的绩效进行比较，以此为基础，改进组织的绩效。

项目的临时性、项目组织文化的多元性增加了项目实施标杆管理的难度。但是，为了成功地改善项目的质量绩效，需要跟踪最好的案例，因此标杆管理就成为改善业务的一种比较理想的工具。在项目质量管理中，利用杠杆法进行管理是指将其他项目实际的或计划的质量结果或项目质量管理计划作为新项目的质量参照体系和比较目标，通过比较，进行项目质量策划或制定出新的项目质量管理计划方法，是对产生最佳绩效的最优经营管理实践的探索。通过收集资料、分析、比较、跟踪学习等一系列规范化的程序，改进绩效，赶上并超过竞争对手，成为市场中的领先者。

实施质量标杆法的环节主要包括四个方面：

（1）收集信息。为了树立学习的榜样，首先需要选择标杆，并收集反映标杆对象的过去、现在状态的信息和未来发展趋势的信息。

（2）分析信息、资料。对收集的信息和资料要进行对比分析与研究，以确定问题的关键点。

（3）找出差距。将本项目与标杆进行比较，以确定存在的差距。

（4）制定对策。根据找出的差距，制定相应的对策。对策包括提高项目质量水平、改善项目特征、完善质量管理措施等。

（五）质量功能展开

（1）质量功能展开的概念。质量功能展开（**Quality Function Deployment**，**QFD**）是由日本学者赤尾洋二 1966 年首次提出的，**QFD** 是将客户要求进行多层次的转化分析，转变为产品的设计要求、零部件特征、工艺要求、生产要求的质量规划、分析、评估的工具。**QFD** 自产生以来，其应用领域不断扩大，已经由最初应用于新产品的开发设计推广到服务改进、软件开发业务、规划、建筑管理等领域。**QFD** 的核心部分是质量屋，质量屋由以下几个部分组成：

左墙：客户需求及其重要程度排序。

天花板：设计要求或质量特征要求。

房间：关系矩阵，确定客户需求与设计要求的关系。

地板及地下室：设计要求或质量特征的目标值及其重要程度、技术竞争能力评估。

屋顶：相关矩阵。

右墙：客户竞争能力评估。

(2) 制定质量屋的步骤为：

第一步，确定客户需求和期望及其重要程度。

第二步，将客户需求或期望转变成可以测量的设计要求或质量特性要求。

第三步，用关系矩阵确定客户需求与设计要求或质量特征要求的关系。

第四步，确定设计要求或质量特征要求的目标值。

第五步，用相关矩阵确定设计要求或质量特征要求之间支持、冲突和相关程度。

第六步，完成市场和技术竞争评价。包括：根据客户要求的重要度和关系矩阵，确定设计要求或质量特征要求的重要度；技术竞争能力评价，针对每项设计要求或质量特征对竞争对手技术能力及本企业的技术能力进行评价；技术目标值的设定，结合各项设计要求或质量特征要求的优先权重以及本企业的技术能力，确定每项设计要求或质量特征要求的技术目标值。

(六) 试验设计

试验设计是一种统计分析方法，它有助于鉴定哪些因素对项目质量产生的影响大，从而找出影响项目质量的关键因素，为项目质量规划提供方便。这种技术常用于项目产品分析，也可用于项目管理，解决成本和进度计划平衡问题。例如，高级发动机比低级发动机成本高，但它能用较短的时间完成所分配的工作。通过试验设计可以了解项目中各种高级、低级发动机组合装置的成本和使用寿命，于是可以做出正确的决策。

四、项目质量规划的结果

(1) 质量目标。项目质量目标需要在相关层次上进行分解。当然，仅仅规定项目的目标是不够的，质量目标还应该包括过程的目标。质量目标应以可以测量的方式给出，如故障率、可靠性指标等。

(2) 项目质量管理计划。项目质量管理计划是项目质量管理工作的核心性和指导性文件，是质量规划工作的重要结果，是项目质量管理体系的重要载体。质量管理计划应说明项目组织具体执行质量方针的过程，包括实施质量管理的组织结构的确定、责任、程序、工作过程以及具体执行项目管理所需的资源的确定。

(3) 项目质量控制标准。项目质量控制标准是指根据项目质量管理计划所制定的具体项目质量控制的标准，有两层含义：第一层是活动的控制参数，第二层是标准化的控制过程。项目质量控制标准与项目质量目标是不同的，主要表现在：项目质量目标给出的是项目质量的最终要求，项目质量控制标准是根据这些最终要求所制定的控制依据和参数。

(4) 质量核对表。质量核对表作为一种结构化的工具（见表9.1），其用途是检查和核对某些必须采取的步骤是否已经付诸实施，具体内容因行业而异。通过编制各种质量核对表，确保整个项目生命周期的质量。

表9.1　项目管理质量核对表

项目计划阶段	谁负责制定项目计划？他们的职责是什么 项目计划应包括哪些内容 制定项目计划需要哪些信息？从何处获取 项目管理过程将会用到哪些工具和技术 项目管理将会用到哪些资源 哪些部门会受到项目的影响？这些部门的职责是什么
项目实施、跟踪、控制阶段	如何进行交流和沟通 如何激励员工 如何评估项目的进展 如何获取项目进展的数据？需要哪些数据 什么时候开展项目会议？如何确定议题 项目的文档如何分类？由谁来保存 如何评估项目的变更？由谁来批准 如何汇报项目执行情况 如何处理各种冲突

(5) 过程改进计划。过程改进计划是项目管理计划的从属内容。过程改进应该详细说明过程分析的具体步骤，一边通过过程分析确定非增值活动，一边通过过程改进消除这些非增值活动，可以为顾客创造更多的增值。

第三节　项目质量保证

一、项目质量保证概述

ISO9000：2000质量管理体系——基础和术语中对质量保证的定义是：质量管理的一部分，致力于提供质量要求会得到满足的信任。也就是说，质量保证是为了提供足够的信任，表明产品或过程能够满足质量要求，而在质量管理体系实施中进行的全部有计划和有系统的活动。

由该定义可知，“质量保证”具有特殊的含义，与一般概念“保证质量”有较大区别。保证满足质量要求是质量控制的任务，就项目而言，用户不提质量标证的要求，项目实施者仍应进行质量控制，以保证项目的质量满足用户的要求。用户是否提出

“质量保证”的要求，将决定项目实施者是否必须让用户知道在项目进行过程中是如何进行质量控制的。如果项目较简单，其性能完成可由最终检验反映，则用户只须把住“检验”关，就能得到满意的项目成果。但是，随着技术的发展，项目越来越复杂，对其质量要求也越来越高，项目的有些性能已不能通过检验来鉴定。就这些项目而言，用户为了确信项目实施者所完成的项目达到了所规定的质量要求，就要求项目实施者证明项目设计、实施等各个环节的主要质量活动确实做得很好，且能提供合格项目的证据，这就是用户提出的“质量保证”要求。针对用户提出的质量保证要求，项目实施者就应开展外部质量保证活动，就应向用户提供项目设计、实施等全过程中某些环节活动必要证据，使用户放心。

由此可知，质量保证的概念已不是单纯地为了保证质量。保证质量是质量控制的任务，而“质量保证”则是以保证质量为目标，进一步引申到提供“信任”这一基本目的。为此，项目实施者应有计划、有步骤地采取各种活动和措施，使用户能了解其实力、业绩、管理水平、技术水平以及对项目在设计、实施各阶段主要质量控制活动和内部质量保证活动的有效性，使对方建立信心，相信完成的项目能达到所规定的质量要求。因此，如果说项目质量控制强调的是项目交付成果的质量，则项目质量保证强调的是项目实施过程的质量。

项目质量保证的作用是提出质量改进措施，提高项目质量，质量提高包括为提高项目效率和效果而采取的措施，从而向项目当事人提供额外收益。

二、项目质量保证的内容

（1）制定质量保证标准。要科学、合理、可行地制定各种定性、定量的指标、规则、方案等质量标准。在评估项目质量规划的执行情况时，制定科学合理的质量标准是非常必要的。项目质量标准可以根据以前的项目经验、国家或行业的质量标准来制定，并力求在质量管理过程中达到或超过质量标准。

（2）制定质量控制流程。对不同行业和不同类型的项目，或同一项目的不同构成部分和不同实施阶段，质量保证应采取不同的深度和力度。如医药、食品生产所需的卫生环境及产品质量要有严格的标准和要求；而对高新技术项目、新开发研究的项目，则应该注意摸索一套新的质量管理办法和质量管理标准，要抓住一些新问题，不应照搬一般方法和标准。另外，项目各有关方应各负其责，各有侧重地开展质量保证工作。应坚持全过程管理与对应的影响因素相结合的原则，将项目的质量控制过程看成是在项目生命周期内的一个过程体系，在此基础上结合具体的项目确定项目的控制流程。

（3）建立质量保证体系。为了使项目顺利实施，保证各项质量要求达到预期的目标，项目要建立起完善的质量保证体系。建立完善有效的质量保证体系，全面开展质量保证活动是项目质量保证最重要的一项工作。项目质量保证体系是实施项目质量保证所需的组织结构、工作程序、质量管理过程、所需资源等构成的一个系统。

为了确保质量保证体系的建立和完善，组织要开展以下工作：制定质量方针、目标、质量控制流程；建立项目质量管理组织机构并分配相应的职责；为质量保证体系分配相应的资源；持续开展质量改进活动；对计划活动、实施活动进行全程的控制，必要时还要提供相应的证据。

以某大型产品研制生产企业质量保证系统为例来说明，它由质保管理、质保工程、质保材料、质量检验和质量审计五个部门组成。质保管理负责质保部内本系统的运行管理，是质保部的日常办事机构；质保工程负责技术管理，进行监督控制等质量预防性工作，包括质保计划、工艺控制、纠正措施和软件质量控制；质保材料负责对供应商实行监控，对购入材料进行接收检验和储存监督；质量检验负责现场检验和验收，确保被检验物符合质量要求；质量审计负责审计整个质量保证系统，有较大的监督权，如图 9.4 所示。

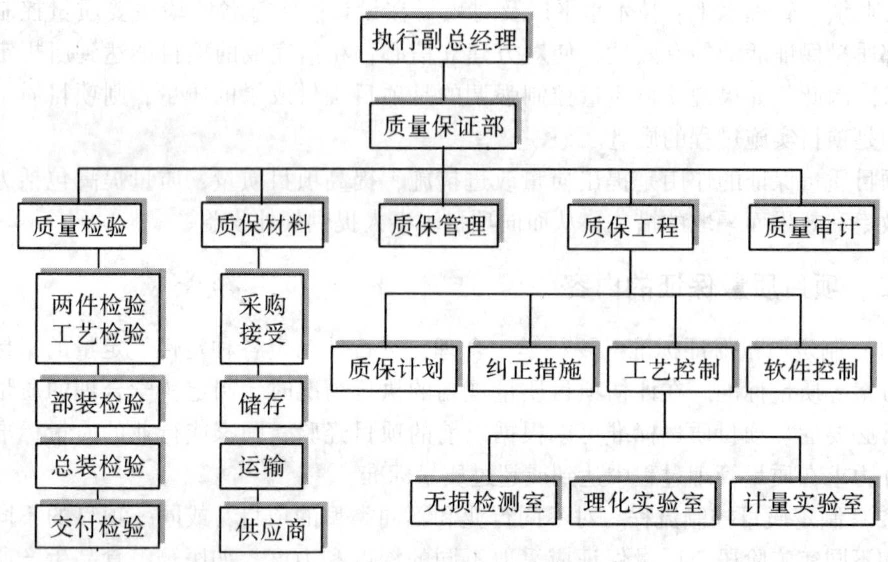

图 9.4　某企业质量保证体系

三、项目质量保证模式

（一）项目质量保证的主要依据

项目质量保证工作的依据主要包括如下几个方面：

（1）项目质量管理计划。

（2）项目质量测量指标。

（3）过程改进计划。

（4）工作绩效信息。

（5）批准的变更请求。

（6）质量控制衡量。

（7）实施的变更请求。

（8）实施的纠正措施。

（9）实施的缺陷补救。

（10）实施的预防措施。

其中，项目工作绩效信息是指为完成项目所开展的活动的工作状态和信息，包括技术性能值、项目可交付成果状态、需要的纠正措施、绩效报告等，它是质量控制的重要依据，可用于质量审核和过程分析等。

纠正措施是指为消除已发现的不合格或其他不期望情况的原因所采取的措施。这里需要指出的是，纠正措施针对的是“不合格”的原因，根据不合格的原因采取措施，而不是针对不合格品或不合格项采取的措施，针对不合格品或不合格项所采取的措施称之为纠正。纠正和纠正措施是两个不同的概念。

预防措施是指为消除潜在的不合格或其他潜在不期望情况下的原因所采取的措施。例如在分析控制图时，过程数据虽未超过控制限，但数据折线有突破上下控制限的趋势，针对造成这种趋势的原因采取的措施就是预防措施。

（二）项目质量保证模式

1. 贯彻 ISO 9000 质量管理体系国际标准

（1）标准简介。ISO 9000 系列标准是由国际标准化组织于 1986 年起陆续颁布的、用来指导各类组织建立与实施质量管理体系的国际标准。自正式颁布以来，已经经历了 ISO 9000：1987，ISO 9000：1994，目前已改版为 ISO 9000：2000，该系列标准自发布以来得到了各国认证认可机构的认可与推广，在各行各业都获得了广泛的应用。ISO 9000按照过程模式进行组织和实施。

（2）ISO 9000 质量管理体系的建立。通常要经过以下几个阶段：决策阶段、文件编制阶段、建立与运行阶段。

第一，决策阶段。建立质量管理体系设计组织的方方面面，事关组织的全局，在建立基于 ISO9000 的质量管理系统前，要在领导层形成统一意见，作出决策，统一全体员工的思想，为文件编制和质量管理体系的建立奠定基础。在决策阶段最高管理者要给予高度重视，深入学习 ISO9000 质量管理体系的内涵。在领导层统一意见后，要做出贯彻标准的决策，并以文件形式下发。然后，对广大员工进行贯彻 ISO9000 族标准及建立质量管理体系的教育，使其全面理解并掌握标准的基本内容及贯彻的原则、方法和应注意的问题。组建精干的贯彻标准和建立质量管理体系的工作机构，并制定相关的工作计划。

第二，文件编制阶段。首先通过搜集资料，调查现有文件及其执行情况，对现有质量管理体系进行评价与分析；然后按照 **ISO**9000 族标准的要求，结合本企业的实际情况建立一套完整的质量管理体系文件。质量管理体系文件通常包括以下三个层次，即质量手册、程序文件和记录。

第三，建立与运行阶段。质量管理体系文件编制完毕，并由最高管理者以发布令的形式批准发布后，质量管理体系进入建立与运行阶段。这一阶段要建立组织结构和设置相应的管理岗位，各级组织认真学习、理解和贯彻以企业标准的形式发布的已被批准的各种质量管理体系文件，确定资源要求并提供必需的资源，以实现质量方针并达到质量目标。

2. 实施全面质量管理

全面质量管理（**Total Quality Management，TQM**）主要构成要素为员工定位、以客户满意为中心、持续改进以及定量的测量方法四大要素。强调调动组织内部员工的积极性，使员工们主动参与到质量改进的日常工作中来。全面质量管理为组织提供了一种系统的运作方式，使其内部各层面和各项活动的绩效得以不断改进，组织应以团队合作、团队成员之间的相互尊重和信任为基础，营造出良好的持续改进的工作氛围，应检查质量改进的过程是否以持续、系统、全面的方式运作，应持续运用定量的测量方法，并不断扩大其在过程改进方面的知识和专业技能。全面质量管理是一个不断学习的过程，周而复始，循环推进。全面质量管理强调顾客至上，引导顾客参与质量管理工作，组织应了解并熟悉顾客，要围绕顾客的需求开展工作。

TQM 所坚持的主要指导原则如表 9.2 所示。

表 9.2　TQM 所坚持的质量管理原则

以顾客为关注焦点，引导顾客参与质量管理	实施目标管理
·员工经常拜访顾客 ·熟悉并了解顾客 ·围绕顾客的需求开展工作，做更多的事情，而不仅限于满足顾客的期望 ·满足顾客需求是头等大事 ·系统收集顾客不断变化的需求信息并以此为指导改进工作 ·避免出现而不是处理投诉问题	·制定激励人心的愿景和任务，并与组织各层沟通 ·提出某一时间段内实际的具体目标，并围绕目标开展工作 ·管理者的所有行动都以实现目标为宗旨 ·对质量改进过程进行指导 ·最高管理层需要有致力于持续改进的决心
全员参与	**基于事实的行动**
·全体员工的自觉参与 ·团队成员公开进行意见沟通、相互尊重、相互信任，通过团队合作学习知识，加强凝聚力	·根据事实而不是传言或个人情绪开展工作 ·根据“计量后便了解”这一原则分析问题的原因和结果

（续表）

·通过“实践学习”发展技能 ·在全体通过的基础上做决定 ·鼓励员工畅所欲言 ·在知识学习方面投资 ·给员工授权 ·组织各层使用创新的方法并加强领导艺术	·收集与实现目标有关的数据，并加以分析说明 ·根据书记进行计量，用数据说明问题 ·对质量成本进行分析
以过程为导向	**重视持续改进**
·同时满足内部顾客 ·过程重于结果，重视取得成果的方式而不只是成果 ·评估过程的有效性 ·将结果标准化 ·将过程的标准执行步骤记录下来，形成文件和方案 ·视供方为伙伴，并与之建立长期友好关系 ·将全面质量管理文化推广至供方 ·不断减少过程的偏差	·员工在自我完善、改进工作的同时帮助他人及组织进一步得以完善 ·视问题为取得改进成果的一种手段，同时也是完善过程的良机 ·将重点放在杜绝产生问题上，而非解决问题上 ·有计划地进行整体改进，并将改进过程记录下来 ·成立由多专业、多学科成员组成的质量改进团队 ·形成持续改进的工作氛围，使持续改进成为一种运作方式 ·实现组织的整体改进，而非部门改进

通过PDCA循环，持续改进质量管理体系，实现全面质量管理。这一循环过程包括四个阶段：计划、实施、检查和处理。

（1）计划阶段（P）：发现问题，分析原因，起草解决问题的行动方案，明确质量目标与成功的关键因素，确定效益指标，在过程中收集分析必要的数据，制定解决问题的方案，选择、确定最可行的解决方案，并把它付诸实践。

（2）实施阶段（D）：首先在小范围内执行计划或以试验的方式来验证是否能达到所提出的改进目的。这个阶段的关键是收集数据，培训所有参与者使用质量改进的方法和技术，描述改进过程并成立项目团队来操作全过程。

（3）检查阶段（C）：根据效益指标对项目进行评估。确认所进行的改进是否成功，总结从中学到的经验。

（4）处理阶段（A）：按照已经验证的方法采取行动。提出方案并进行调整，或否定该方案。将已经验证的改进过程的标准按步骤列出，并让全体参与的员工清楚地了解该过程，从而能够在以后的工作中加以利用。一般情况下，这一循环会在不同的条件下反复进行，以验证成果的可靠性。

第四节　项目质量控制

一、项目质量控制概述

在项目的实施过程中，我们需要对项目质量的实际情况进行监督，判断其是否符合相关的质量标准，并分析产生质量问题的原因，制定出相应的措施来消除导致不符合质量标准的因素，确保项目质量得以持续不断地改进。因此，PMBOK 将项目质量控制定义为："监视项目的具体结果，确定其是否符合相关的质量标准，并判断如何杜绝造成不合格结果的根源。"

项目质量控制相当于疾病治疗，其目的是采取一定的措施消除那些偏离质量要求的偏差，为弥补项目质量保证遗留下来的缺陷，追求质量零缺陷。项目质量控制应贯穿于项目的始终。可以从以下几个方面来理解项目质量控制的内涵。

1. 控制主体

控制主体是指承担控制责任的人员或组织。根据控制的任务和责任不同，可以将控制主体分为不同的层次，一般可划分为两个层次：

（1）直接控制层。直接控制层是指直接履行控制任务的人员或组织。在项目质量控制中，项目经理部或项目团队、QC 小组等均属于直接控制层。

（2）间接控制层。间接控制层也称战略控制层，是指间接履行控制任务的人员或组织。间接控制层主要根据直接控制层的反馈信息进行控制。在项目质量控制中，业主的质量控制人员或组织、质量监督人员、承包商的决策层等属于间接控制层。

2. 控制对象

项目质量控制的对象是项目的成果，这里所说的项目的成果既包括项目成果，例如各阶段和最终可交付成果，也包括项目质量成果，例如制定的项目计划、绘制的网络图、编制的费用预算、签订的各种合同文件、费用的实际开销和进度的实际进展等。

3. 控制依据

项目质量控制的依据是项目质量标准，项目质量标准是根据项目质量目标与计划给出的项目质量最终要求而制定的控制依据和参数，是项目质量管理计划和项目质量工作说明的具体体现。通常这种参数要比项目目标与依据更为严格和更具操作性。因为，如果不严格，就会经常出现项目质量失控的现象，就会经常需要采用项目质量回复措施，从而形成较高的质量成本。

4. 控制过程

项目的质量控制是对项目实施过程的作业和活动进行持续不断的检查、度量、评价和调整的过程。质量控制的基本过程包括：按照项目质量目标的要求，制定过程或活动的控制标准，分阶段地进行检查，及时地获取信息并与标准相比较，作出合格与否的判定，对于不合格过程，要及时采取纠偏措施，保证项目预期目标的实现。项目质量控制的基本程序如图 9.5 所示。

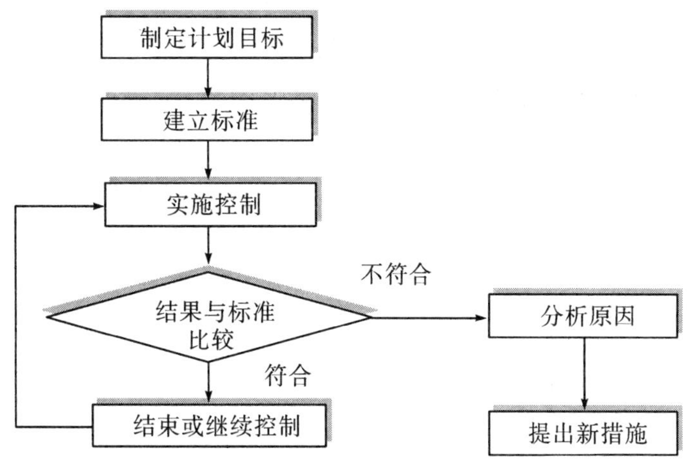

图 9.5　项目质量控制的基本程序

5. 控制目的

通过选择特定的方法来监控项目控制对象的输出是否满足输入的要求，通过对比分析找出不符合要求的原因，并采取相应的措施来消除不合格，以确保项目的实施过程符合标注的要求。

二、项目质量控制的工具和方法

在进行项目质量控制时，可采用的工具和技术有很多，常见的有因果图、控制图、流程图、直方图、帕累托图、散点图、趋势图等。

1. 帕累托图法

帕累托图（Pareto Charts）又叫排列图、主次图，是按照发生频率大小顺序绘制的直方图，表示有多少结果是由已确认类型或范畴的原因所造成。它是将出现的质量问题和质量改进项目按照重要程度依次排列而采用的一种图表。可以用来分析质量问题，确定产生质量问题的主要因素。按等级排序的目的是指导如何采取纠正措施：项目班子应首先采取措施纠正造成最多数量缺陷的问题。从概念上说，帕累托图与帕累托法则一脉相承，该法则认为相对来说数量较少的原因往往造成绝大多数的问题或缺陷。帕累托法则往往称为二八原理，即百分之八十的问题是百分之二十的原因所造成的。

帕累托图将数据按重要性降序排列，有两个纵坐标轴，左侧纵坐标轴表示累计频数，右侧坐标轴表示累计频率。图中横坐标轴表示影响产品质量的各个因素或项目，按影响质量程度的大小，从左到右依次排列。每个直方形的高度表示该因素影响的大小，在排列图上，通常把曲线的累计百分数分为三级，与此相应的因素分为三类：A 类因素，对应累计频率 0%~80%，是影响产品质量的主要因素；B 类因素，对应累计频率 80%~90%，是次要因素；C 类因素，对应累计频率 90%以上属于一般影响因素。运用排列图，便于分清矛盾的主次，将注意力集中在最关键的问题上，因此它可以协助作出决策。

为了方便理解，下面举个例子。某酒杯制造厂对某日生产中出现的 120 个次品进行统计，做出排列图，如图 9.6 所示：

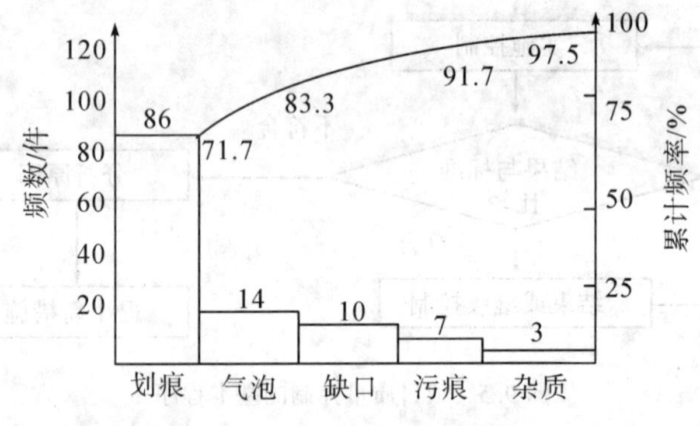

图 9.6　酒杯质量问题排列图

排列图表明：酒杯质量问题的主要因素是划痕和气泡，一旦这些问题得到纠正，大部分质量问题即可消除。

2. 直方图法

直方图是一种显示数据在一组连续值中的分布情况的条形图，也称频率分布图。在图中，数据由一系列等宽不等高的条形图表示。直方图可以清晰地显示出频率最高的值所在位置以及数据分布情况，也是用于明确过程最佳效果的一种工具。根据有关过程行为的数据信息，可以确定需要优先改进的行动。

3. 控制图

影响产品质量的因素很多，有静态因素也有动态因素，有没有一种方法能够即时监控产品的生产过程、及时发现质量隐患，以便改善生产过程，减少废品和次品的产出？控制图（Control Chart）法就是这样一种以预防为主的质量控制方法，它利用现场收集到的质量特征值，绘制成控制图，通过观察图形来判断产品生产过程的质量状况。

控制图又叫管理图，它是一种带控制界限的质量管理图表。运用控制图的目的之一就是，通过观察控制图上产品质量特性值的分布状况，分析和判断生产过程是否发生了异常，一旦发现异常就要及时采取必要的措施加以消除，使生产过程恢复稳定状态。也可以应用控制图来使生产过程达到统计控制的状态。

控制图是生产过程质量的一种记录图形，图上有中心线和上下控制限，并有反映按时间顺序抽取的各样本统计量的数值点。中心线是所控制的统计量的平均值，上下控制界限与中心线相距数倍标准差。多数的制造业应用三倍标准差控制界限，如果有充分的证据也可以使用其他控制界限。

4. 因果分析图

问题的特性总是受到一些因素的影响，我们需要找出这些因素，并将它们与特性值一起，按相互关联性进行整理，使其层次分明、条理清楚，并能突出重要因素。所谓因果分析图，就是将造成某项结果的众多原因，以系统的方式图解，即以图来表达结果（特性）与原因（因素）之间的关系。因其形状如鱼骨，所以又叫鱼骨图，它是一种透过现象看本质的分析方法。因果分析图以结果作为特性，以原因作为因素，在它们之间用箭头联系来表示因果关系。某项结果形成，必定有原因，应设法利用图解法找出原因。

复习与思考

1. 回顾项目质量管理的基本框架和内容，思考它们与项目质量之间的关系。
2. 列举通过质量成本收益分析而改进项目质量的例子。

案例讨论

A 自行车制造公司产品滞销原因何在？

A 自行车制造公司成立与 20 世纪 80 年代，其产品主要是生产标准的或者定制的自行车。公司所有者一直希望打入竞争激烈但更有利可图的赛车市场，但是由于缺乏资本，并且其产品的性能与质量尚不足在该市场进行竞争而未果。

A 公司的营业收入在整个 20 世纪 80，90 年代一直保持了平稳增长，但是进入 21 世纪以后，该公司却未能跟上市场规模的增长，其市场份额开始萎缩。

该公司从内部评估中认识到设计、制造、客户服务质量中的一些问题其实在过去的三四年里一直存在，调查表明这些问题在过去的几年里正在严重蚕食公司的销售额和利润额。根据质量调查的结果，该公司管理层正在制定他们需要的、全新的、大力度的管理措施来改进该公司的产品质量。

[资料来源]：www. mypm. net.

问题：

（1）如果你是这个公司的总经理，你认为应该如何进行产品质量管理？

（2）A 自行车制造公司产品滞销的原因何在？你能否采用帕累托图分析影响自行车质量的主要原因？

第十章 项目风险管理

要点提示

✍ 风险、项目风险、项目风险管理的概念、特征、意义与作用。

✍ 风险识别的技术与工具。

案 例 “风险”的由来

“风险”一词的由来，最为普遍的一种说法是，在远古时期，以打鱼捕捞为生的渔民们，每次出海前都要祈祷，祈求神灵保佑自己能够平安归来，他们在长期的实践中，深深的体会到“风”给他们带来的无法预测无法确定的危险，他们认识到，在出海捕捞打鱼的生活中，“风”即意味着“险”，因此有了“风险”一词的由来。

而另一种据说经过多位学者论证的“风险”一词的“源出说”称，风险（RISK）来源于意大利语的“RISQUE”一词。在早期的运用中，也是被理解为客观的危险，体现为自然现象或者航海遇到礁石、风暴等事件。大约到了19世纪，在英文的使用中，风险一词常常用法文拼写，主要是用于与保险有关的事情上。

现代意义上的风险，已经大大超越了“遇到危险”的狭义含义，而是“遇到破坏或损失的机会或危险”，可以说，经过两百多年的演义，风险一词越来越被概念化，并随着人类活动的复杂性和深刻性而逐步深化，并被赋予了从哲学、经济学、社会学、统计学甚至文化艺术领域的更广泛更深层次的含义，且与人类的决策和行为后果联系越来越紧密，也成为人们生活中出现频率很高的词汇。

无论如何定义风险，其核心含义是“未来结果的不确定性或损失”，也有人进一步定义为“个人和群体在未来遇到伤害的可能性以及对这种可能性的判断与认知”。如果采取适当的措施使破坏或损失的概率不会出现，或者说智慧的认知，理性的判断，继而采取及时而有效的防范措施，那么风险可能带来机会，由此进一步延伸的意义，不仅规避了风险，而且可能带来比例不等的收益，有时风险越大，回报越高、机会越大。

因此，如何判断风险、选择风险、规避风险继而运用风险，在风险中寻求机会创造收益，意义更加深远而重大。

[资料来源]：金库网论坛，（编者整理）。

思考：项目管理中的风险有何特定的内涵？如何进行项目的风险管理？

第一节 项目风险管理概述

一、风险与项目风险

1. 风险的概念

风险（Risk）在日常生活中含义十分广泛，由于人们对风险理解的不一致，因此对风险也没有一个统一的定义。一般情况下，风险有两种定义：一种定义强调了风险表现为不确定性；而另一种定义则强调风险表现为损失的不确定性。

风险是人们无法对未来结果进行准确的预测而造成的实际情况与主观预测之间的差异，所以这种差异不仅能带来损失，还可能带来获利的机会。若风险表现为不确定性，说明风险产生的结果可能带来损失、获利或是无损失也无获利，属于广义风险或投机风险，如金融风险、天气情况的变化等。而风险表现为损失的不确定性，说明风险只能表现出损失，没有从风险中获利的可能性，属于狭义风险或纯粹风险，如战乱、财产损失连带责任等。

2. 项目风险的定义与特征

PMBOK 把项目风险定义为“一旦发生，会对项目目标产生积极或消极影响的不确定事件或者情况”。由于项目所处环境和条件的不确定性，项目的最终结果与项目干系人的期望产生背离，并给项目干系人带来损失的可能性。项目的不确定性造成项目风险，而不确定性是项目团队无法充分认识项目未来的发展和变化造成的，这种不确定性不能通过主观努力来消除，而只能通过努力来降低。项目风险一般具有以下特征。

（1）客观性和普遍性。作为损失发生的不确定性，项目风险是不以人的意志为转移的客观存在，在项目的全生命周期内，项目风险无处不在。虽然人类不断致力于认识和控制风险，但直到现在也只能在有限的空间和时间内改变风险存在和发生的条件，降低其发生的频率，而无法也不可能完全消除风险。项目风险的客观性和普遍性要求项目管理者采取正确的态度承认风险，正视风险，树立风险意识的同时，积极地管理风险。

（2）偶然性和必然性。某一具体风险的发生具有偶然性，但大量同类风险的发生却是必然的。任何具体风险的发生都是在项目运行过程中众多风险因素和其他因素共同作用的结果，是一种随机现象。而且每一因素的作用时间、作用点、作用方向、作用强度、作用顺序等都必须满足一定条件，才能导致项目风险事故的发生。项目风险的偶然性意味着在时间上具有突发性，在后果上具有灾难性，从而给人们的精神和心理带来巨大的忧虑与恐惧，这种忧虑与恐惧的影响甚至大于风险事故所造成的直接财产损失和人员伤亡对人们的影响。个别风险事故的发生是偶然的、无序的、杂乱无章的，但对大量同类风险事故资料的观察和统计发现，风险事故的发生呈现出明显的规律性，这使人们有可能利用概率和损失程度等工具去预测和把握它，这也促进了项目风险管理研究的迅猛发展。

（3）可变性。在不同的情况下，项目的风险在质和量上是可以变化的。项目本身和环境发生变化，项目的风险也会随着发生变化。随着项目的进行，有些风险会得到控制，有些风险会发生并得到处理，同时在项目的每一阶段也可能出现新的风险，尤其是在大型项目中，由于风险因素众多，风险的可变性更加明显。一般情况下，项目风险可变性包括：项目风险性质的变化、项目风险后果的变化和新风险的出现。

（4）多样性和多层次性。大型项目周期长、规模大、涉及范围广、风险因素数量多且种类繁杂，导致大型项目在全生命周期内的风险多种多样。另外，大量风险因素之间内在关系的错综复杂、风险因素与外界因素的交叉影响又使风险显示出多层次性，这是大型项目中风险的主要特点之一。

（5）可测性。项目风险是不确定的，但这并不意味着人们对它的变化全然无知。项目风险是客观存在的，人们可以对其发生的概率及其所造成的损失程度作出主观判断，从而对发生的风险进行预测和评估。对此，人们可以充分发挥自己的主观能动性，选择适当的客观尺度予以测量。现代的计量方法和技术提供了可用于测量项目风险的客观尺度。人们可以利用这些工具近似地勾勒出项目风险的动态规律，为制定项目风险管理的战略和选择方法提供依据。

3. 项目风险的分类

为了认识特定的项目风险，并有针对性地进行管理，有必要将风险分类。项目的多样性造成项目风险的类型及表现形式千差万别。从不同的角度、按不同的标准，项目风险可划分为不同的类型。总体来看，项目风险可以从以下几个方面分类。

（1）按照项目风险的阶段性划分，可分为概念阶段的项目风险、开发阶段的项目风险、实施阶段的项目风险、收尾阶段的项目风险。

（2）按照项目风险的表现形式划分，可分为信用风险、市场风险、完工风险、金融风险、生产风险、政治风险、环境保护风险。

（3）按照项目的投入要素划分，可分为人员、资金、技术、时间、其他风险。

（4）按照项目风险的可控制性划分，可分为项目的核心风险、项目的环境风险。

二、项目风险管理的概念与意义

1. 项目风险管理的概念

项目风险管理是对项目风险从识别到分析乃至采取应对措施等一系列过程，它包括将积极因素所产生的影响最大化和将消极因素产生的影响最小化两方面内容。从系统和过程的角度来看，项目风险管理是一种系统过程活动，是项目管理过程中的有机组成部分，涉及诸多因素，应用于许多系统工程的管理技术方法。根据美国项目管理学会的报告，风险管理有三个定义：

（1）风险管理是系统识别和评估风险因素的形式化过程。

（2）风险管理是识别和控制能够引起不希望的变化的潜在领域和事件的形式、系统的方法。

（3）风险管理是在项目期间识别、分析风险因素，采取必要对策的决策科学与艺术的结合。

综上所述，我们认为：项目风险管理是指项目管理组织通过风险识别、风险评估去认识项目可能遇到的风险，并以此为基础合理地运用各种管理方法、技术手段对项目风险实行有效的控制，妥善处理风险所造成的不利后果，以科学的管理方法，以最少的成本实现最大安全保障和项目总目标的实践活动的总称。

项目风险管理的目标是控制和处理项目风险，防止和减少损失，减轻或消除风险的不利影响，以最低成本取得对项目安全保障的满意结果，保障项目的顺利进行。项目风险管理的目标通常分为两部分：一是损失发生前的目标，二是损失发生后的目标，两者构成了风险管理的系统目标。

项目风险的来源、风险的形成过程、风险潜在的破坏机制、风险的影响范围以及风险的破坏力等错综复杂，单一的管理技术或单一的工程技术、财务、组织、教育和程序措施都有其局限性，都不能完全奏效。因此，风险管理是识别和评估风险，建立、选择、管理和解决风险的可选方案的组织方法，项目管理组织综合运用多种方法、手段和工具辅助项目管理者管理项目风险、理解项目出现偏差的危险信号，尽可能早地采取正确的行动，以最小的成本将各种不利后果降到最低程度。项目风险管理是一种综合性的管理活动，其理论和实践涉及自然科学、社会科学、工程技术、系统科学、管理科学等多种学科，项目风险管理在风险估计和风险评价中使用概率论、数理统计及随机过程等理论和方法。

项目风险管理的主体是项目管理组织，特别是项目经理。项目风险管理要求项目管理组织采取主动行动，而不应仅仅在风险事件发生之后被动地应付。项目管理人员在认识和处理错综复杂、性质各异的各种风险时，要统观全局，抓住主要矛盾，创造条件，因势利导，将不利转化为有利，将威胁转化为机会。

项目风险管理的基础是调查研究，调查和收集资料，必要时还要进行实验或试验。只有认真地研究项目本身和环境以及两者之间的相互作用和相互影响，才能有效地识别项目面临的风险。

项目风险管理包括风险管理规划、风险识别、风险分析、风险应对与控制。其目标是提高有利于实现项目目标的事件发生概率并增强其后果，降低不利于实现项目目标的事件发生概率并减轻其后果。

2. 项目风险管理的意义和作用

随着科学技术和社会生产力的迅猛发展，项目的规模化以及技术和组织管理的复杂化突出了项目管理的复杂性和艰巨性。作为项目管理的重要一环，项目风险管理对保证项目实施的成功具有重要的作用和意义。

（1）项目风险管理能促进项目实施决策的科学化、合理化，降低决策的风险水平。项目风险管理利用科学的、系统的方法，管理和处置各种项目风险，有利于项目组织减轻或消除各种经济风险、技术风险、决策失误风险等，这对项目科学决策、正常经营具有重大意义。

（2）项目风险管理能为项目组织提供安全的经营环境。项目风险管理为处置项目风险提供了各种措施，从而消除了项目组织的后顾之忧，使其全身心地投入到各种项目活动中去，保证项目的稳定发展。

（3）项目风险管理能够保障项目组织经营目标的实现。项目风险管理的实施可以使项目组织面临的风险损失减少到最低限度，并能在损失发生后及时合理地提供补偿，从而能促使项目组织增加收入和减少支出，并获取稳定的、不断增长的赢利，保障组织目标的实现。

（4）项目风险管理能促进项目组织经营效益的提高。项目风险管理是一种以最小成本达到最大安全保障的管理方法，它将有关处置风险管理的各种费用合理地分摊到产品、过程之中，减少了费用支出；同时，项目风险管理的各种监督措施也要求各职能部门提高管理效率，减少风险损失，这也促进了项目组织经营效益的提高。

第二节 项目风险识别

一、项目风险识别概述

1. 风险识别的定义和作用

项目风险识别（Risk Identification）是项目风险管理的基础和重要组成部分，风险识别就是判断何种风险有可能影响到本项目并记录其特征的过程。

风险识别的任务包括项目管理者识别风险来源、确定风险发生条件、描述风险特征并评价风险对项目产生的影响。风险识别的参与者应尽可能包括：项目队伍、风险管理小组、来自公司其他部门的某一问题的专家、客户、最终使用者、其他项目经理、项目干系人和外界专家等。

风险识别需要确定三个相互关联的因素。

(1) 风险来源：时间、费用、技术、法律等。

(2) 风险事件：给项目带来积极或消极影响的事件。

(3) 风险征兆：又称为触发器，是指实际的风险事件的间接表现形式。

风险识别是风险管理的基础，风险识别是建立明确的项目风险管理目标的依据。通过风险识别，可以将那些可能给项目带来危害和机遇的风险因素识别出来，没有风险识别的风险管理是盲目的。其作用主要有以下几点：

(1) 通过风险识别可以帮助找到项目进程中最重要的合作伙伴，它们应成为项目管理的重点对象。

(2) 风险识别为风险分析提供必要的信息，是风险分析的基础工作。

(3) 通过风险识别可以辅助确定被研究的体系或项目的工作量。

(4) 通过项目风险识别，可以明确项目的不确定性，有利于项目组成员树立项目成功的信心。

2. 风险识别的依据

(1) 风险管理规划。项目风险管理规划是项目风险管理的框架，决定如何对待、规划和执行项目的风险管理活动的过程。它定义了项目组织及成员风险管理的行动方案及方式，指导项目组织选择风险管理方法。项目风险管理规划针对整个项目生命周期制定如何组织和进行风险识别、风险评估、风险量化、风险应对及风险监控的规划。

(2) 项目规划。其中的项目目标、范围、进度计划、费用计划、资源计划、采购计划及项目参与各方和其他利益相关者对项目的期望值等都是项目风险识别的依据。

(3) 风险种类。风险种类指那些可能对项目产生正负影响的风险源。一般的风险种类有技术风险、质量风险、过程风险、管理风险、组织机构风险、市场风险及法律法规变更风险等。项目的风险种类应能反映出项目所在行业及应用领域的风险特征。

(4) 历史资料。历史资料是项目风险识别的重要依据之一，即从本项目或其他相关项目的档案文件中、从公共信息渠道中获取对本项目有借鉴作用的风险信息。以前做过的，同本项目类似的项目及其经验教训对于识别本项目的风险非常有用。项目管理人员可以翻阅过去的项目档案，向曾参与该项目的有关各方面征集相关资料。这些人手头保存的档案中常常有详细的记录，记载着一些事故的来龙去脉，于本项目的风险识别极有帮助。任何可能显示潜在问题的资料都可用于风险的识别，这些资料包括如下内容：工程系统的文件记录；产业分析或研究；生命周期成本分析；技术绩效测评计划或分析；计划或工作分解结构的分解；模型（影像图）；进度计划；决策驱动者；文件规定；专家判断；文件记录的事件教训；估计成本底线；假象分析。

(5) 制约因素和假定。项目的建议书、可行性研究报告、设计等项目计划和规划性文件一般都是在若干假设前提条件下估测出来的。这些前提和假设在项目实施期间可能成立，也可能不成立。因此，项目的前提和假设之中隐藏着风险。

项目必然处于一定的环境中，受到许多因素的制约。其中，国家的法律、法规和规章等因素都是项目活动主体所无法控制的。这些构成了项目的制约因素，其中隐藏着风险。

为了说明项目计划和规划的前提、假设和限制，应当对项目的所有管理计划进行审查。范围说明书能揭示出项目的成本、进度目标是否定得太高，而审查其中的工作分解结构，则可以发现以前未曾注意到的机会或威胁。审查人力资源与沟通管理计划中的人员安排计划，能够发现对项目的顺利作用，这样就可以发现该项目潜在的威胁。审查项目采购与合同管理计划中有关合同类型的规定和说明。不同形式的合同，规定了项目各方承担不同的风险。外汇汇率对项目预算产生影响，项目相关方的各种改革、并购及战略调整给项目带来直接和间接的影响。

二、项目风险识别过程

风险识别过程是寻找风险、描述风险和确认风险的活动过程。项目风险识别是风险管理六个过程中的第一个过程，而项目风险识别过程一般可以分为以下五个步骤。

1. 确定目标

项目风险识别的目标就是要识别风险，这个目标是明确的。然而依据项目性质的不同、项目合同类型的差别，项目风险管理的目标会有一些差异。依据项目管理规划，项目发起人项目组、设计项目组、监理项目组、施工项目组、承包商项目组等要分别确定本项目组工作项目风险管理的目标、范围和重点。

2. 明确最重要的参与者

根据项目组风险管理的重点和范围，确定参与项目风险识别的人员。项目风险识别需要项目组集体共同参与，因此项目经理不仅要了解项目的工程信息，还要了解项目涉及的人员信息，明确最重要的参与者。这些参与者应具有经营及技术方面的知识，了解项目的目标及面临的风险，应具备沟通技巧和团队合作精神，及时沟通和分享信息，这对项目风险识别是非常重要的。

3. 收集资料

（1）项目产品或服务说明书。项目产品或服务的形式具有多种不确定性，在某种程度上决定了项目可能遇到什么样的风险，例如项目产品投入市场的不确定性，项目产品市场需求的不确定性。因此，识别项目的风险可以从识别产品或服务的不确定性入手，而项目产品或服务的说明书可以为我们提供大量风险识别所需的信息。通常情况下，应用较新技术的产品或服务可能遇到的风险比应用成熟技术的产品或服务要大，项目产品或服务的说明书可以从项目章程、项目合同中得到，也可以参考用户的需求建议书。

（2）项目的前提、假设和制约因素。可从审查项目其他方面的管理计划来得到项目所有的前提、假设和制约因素。

项目范围管理计划：审查项目成本、进度目标是否定得太高等。

人力资源与沟通管理计划：审查人员安排计划，确定哪些人对项目的顺利完成有重大影响。

项目资源需求计划：除了人力资源外，项目所需的其他资源，比如物种设备或设施的获取、维护、操作等对项目的顺利完成是否造成影响。

项目采购与合同管理计划：审查项目合同采取的计价形式，不同计划形式的合同对项目组承担的风险有很大影响。在通常情况下，成本加薪酬类合同对业主不利，然而如果项目所在地的人工费、材料价格预期会下降，则成本加薪酬类合同也可能对业主有利。

（3）与本项目类似的案例。借鉴过去类似项目的经验和教训是识别项目风险的重要手段。一般的项目公司会积累和保存所有项目的档案，包括项目的原始记录等。通常可以通过如下渠道来获得经验和教训：查看项目档案，阅读公开出版的资料，采访项目参与者。

（4）估计项目风险形势。项目风险形势估计就是要明确项目的目标、战略、战术以及实现项目目标的手段和资源，以确定项目及其环境的变数。项目风险估计还要明确项目的前提和假设。通过估计项目风险形式可以找出项目规划时没有被意识到的前提和假设。明确了项目的前提和假设可以减少许多不必要的风险分析工作。

（5）根据直接或间接的症状将潜在的项目风险识别出来。为了便于进行风险分析、量化、评价和管理，还应该对识别出来的风险进行分组或分类。分组或分类有多种角度，一般可以按项目阶段划分，也可以按管理者划分。建设项目的风险可以分为项目建议书、项目可行性研究、项目融资、项目设计、项目采购、项目施工及运营。建设项目施工阶段的风险则可按管理者分为业主风险和承包商风险两类。每一组和每一类风险都可以按需再进一步细分。项目管理是一个不断改进和完善的过程，因此任何一个阶段的工作结果都包括对前面工作进行改进的建议和要求，项目风险识别工作的结果当然也应包括对前面工作进行改进的建议和要求，项目风险识别工作的结果当然也应该包括对风险识别过程中发现的项目管理其他方面的问题进行完善和改进的建议和要求。

三、项目风险识别的技术与工具

风险的范围、种类和严重程度经常容易被主观夸大或缩小，使项目的风险评估分析和处置发生差错，造成不必要的损失。项目风险识别的方法有很多，任何有助于发现风险信息的方法都可以作为风险识别的工具。以下是一些常用的方法：

（一）从主观信息源出发的方法

1. 头脑风暴法

头脑风暴法，也称集体思考法，是以专家的创造性思维来获得未来信息的一种直观预测和识别方法。该方法由美国人奥斯本于 1939 年首创，从 20 世纪 50 年代起就得到了广泛应用。头脑风暴法一般在一个专家小组内进行。以“宏观智能结构”为基础，通过专家会议，发挥专家的创造性思维来获取未来信息。这就要求主持专家会议的人在会议开始时的发言中能激起专家的思维“灵感”，促使专家感到急需回答会议提出的问题，通过专家之间的信息交流和相互启发，从而诱发专家们产生“思维共振”，以达到互相补充并产生“组合效应”，获取更多未来信息，使预测和识别的结果更为准确。

2. 德尔菲法

德尔菲法，又称专家调查法、反馈匿名函询法，它是20世纪50年代初美国兰德公司（Rand Corporation）研究美国受前苏联核袭击风险时提出的，并在世界上快速地盛行起来。它是依靠专家的直观能力对风险进行识别的方法，现在此法的应用已遍及经济、社会、工程技术等各领域。用德尔菲法进行项目风险识别的过程是由项目风险小组选定项目相关领域的专家，并与这些适当数量的专家建立直接的函询联系，通过函询收集专家意见，然后加以综合整理，再匿名反馈给各位专家，再次征询意见。这样反复经过四至五轮，逐步使专家的意见趋向一致，作为最后识别的根据。我国在20世纪70年代引入此法，已在许多项目管理活动中进行了应用，并取得了比较满意的结果。

3. 情景分析法

情景分析法是由美国科研人员 Pierr Wark 于1972年提出的。它是根据发展趋势的多样性，通过对系统内外相关问题的系统分析，设计出多种可能的未来前景，然后用类似于撰写电影剧本的手法，对系统发展态势作出自始至终的情景和画面的描述。当一个项目持续时间较长时，往往要考虑各种技术、经济和社会因素的影响，可用情景分析法来预测和识别其关键风险因素及其影响程度。情景分析法对以下情况特别有用：

（1）提醒决策者注意某种措施或政策可能引起的风险或危机性的后果；建议需要进行监视的风险范围。

（2）研究某些关键性因素对未来过程的影响。

（3）提醒人们注意某种技术的发展会给人们带来哪些风险。

情景分析法是一种适用于对可变因素较多的项目进行风险预测和识别的系统技术，它在假定关键影响因素有可能发生的基础上，构造出多重情景，提出多种未来的可能结果，以便采取适当措施防患于未然。

情景分析法从20世纪70年代中期以来在国外得到了广泛应用，并产生了目标展开法、空隙添补法、未来分析法等具体应用方法。一些大型跨国公司在对一些大项目进行风险预测和识别时都陆续采用了情景分析法。因其操作过程比较复杂，目前此法在我国的具体应用还不多见。

（二）从客观信息源出发的方法

1. 核对表法

核对表一般根据项目环境、产品或技术资料、团队成员的技能或缺陷等风险要素，把经历过的风险事件及来源列成一张核对表。核对表的内容可包括：以前项目成功或失败的原因；项目范围、成本、质量、进度、采购与合同、人力资源与沟通等情况；

项目产品或服务说明书；项目管理成员技能；项目可用资源等。项目经理对照核对表，对本项目的潜在风险进行联想相对来说简单易行。这种方法也许揭示风险的绝对量要比别的方法少一些，但是这种方法可以识别其他方法不能发现的某些风险。

2. 流程图法

流程图法首先要建立一个工程项目的总流程图与各分流程图，它们要展示项目实施的全部活动。流程图可用网络图来表示，也可利用 WBS 来表示。它能统一描述项目工作步骤；显示出项目的重点环节；能将实际的流程与想象中的状况进行比较；便于检查工作进展情况。这是一种非常有用的结构化方法，它可以帮助分析和了解项目风险所处的具体环节及各环节之间存在的风险。运用这种方法完成的项目风险识别结果，可以为项目实施中的风险控制提供依据。

3. 财务报表法

通过分析资产负债表、营业报表以及财务记录，项目风险经理就能识别本企业或项目当前的所有财产、责任和人身损失风险。将这些报表和财务预测、经费预算联系起来，风险经理就能发现未来的风险。这是因为，项目或企业的经营活动要么涉及货币，要么涉及项目本身，这些都是风险管理最主要的考虑对象。

尽管这些方法是分别被介绍的，但在实际应用过程中可同时应用从主观和客观信息源出发的方法来识别风险，以便减轻风险被主观夸大或缩小程度和减小风险被遗漏的可能性。例如，项目负责人可根据流程图法和核对表法，大概拟出项目各个环节可能会出现的风险列表；各个环节实施之前再应用头脑风暴法，补充和完善该风险列表。

第三节 项目风险分析

一、项目风险的定性分析

对项目风险进行定性分析，可以从宏观上对项目是否可行有一个初步的概括与了解，可以加深项目管理人员对项目风险的认识与了解。

一般来说，对项目风险进行定性分析有助于确认项目风险的来源、确认项目风险的性质、估计项目风险的性质、为项目风险的定量分析提供条件。

项目风险定性分析的技术与方法主要包括以下几种：

1. 故障树分析法

故障树分析（Fault Trees Analysis，FTA）技术是美国贝尔电报公司的电话实验室于 1962 年开发的，它采用逻辑的方法，形象地进行危险的分析工作，特点是直观、明了，思路清晰，逻辑性强，可以做定性分析，也可以做定量分析。体现了以系统工程方法研究安全问题的系统性、准确性和预测性，它是安全系统工程的主要分析方法之一。一般来讲，安全系统工程的发展也是以故障树分析为主要标志的。1974 年美国原子能委员会发表了关于核电站危险性评价报告，即“拉姆森报告”，大量、有效地应用了 FTA，从而迅速推动了它的发展。

故障树是指在项目风险定性分析过程中通过对可能造成项目失败的各种因素进行分析，画出逻辑框架图，从而确定可能导致项目失败的原因的各种可能组合方式的一种树状结构图。

故障分析是以故障树为模型，对项目可能发生的风险进行定性分析的过程。故障树分析把项目实施中最不希望发生的事件或项目状态作为风险分析的目标，在故障树中称为项目事件；继而找出导致这一事件或状态的所有可能的直接原因，在故障树中成为中间事件；再跟踪找出导致这些中间事件发生的所有可能的直接原因，在故障树中称为底事件，直到追寻到引起中间事件发生的全部原发事件为止。故障树分析法是一种演绎的逻辑分析方法，遵循从结果找原因的原则，分析项目风险及其产生原因之间的因果关系。它是一种具有广阔应用范围和发展前途的风险分析方法。

2. 头脑风暴法

这种方法在项目风险管理定性分析中主要用于对未知风险进行探求性讨论的过程，运用这一方法可以对潜在的项目风险因素进行挖掘性分析。尤其对无先例可参照的项目实施风险的分析，其作用更为突出。

3. 德尔菲法

德尔菲法是最常用的定性分析方法之一，它试图通过“专家小组意见的一致性”来进行预测分析。

4. 外推法

外推法是合成估计的一种方法，在预测和信号处理等学科中已大量采用。可以分为前推、后推和旁推三种类型。

前推法。根据历史经验和数据推断出未来事件发生的概率及其后果的方法。如果历史数据具有明显的周期性，那么外推就可以认为将来的情况是历史的简单重现，也就是将历史数据的序列特性直接投射到未来的状况中。据此直接对项目风险作出周期性的评估和分析。

如果从历史记录中看不出明显的周期性或历史数据不能构成很好的序列，则可简单认为已获得数据只是应有数据序列的一部分，并且这一序列又服从某一曲线或分布函数可以表示的趋势。那么就可以根据现有数据通过拟合曲线或函数之后再进行外推。

此外，在运用这一方法进行外推时，在必要的时候还需要根据逻辑上或实践上的可能性去推断过去发生过的时间在将来发生的可能性。这是因为历史记录可能会有失误或者不完整的地方，另外，毕竟每个项目的情况不可能完全一致，各种环境的变化都会影响项目的实际运作。同时，在运用这种方法进行分析时，还得注意历史数据的不完整性和主观性，并需要结合个人或集体的经验进行判断。

后推法。在手头没有历史数据可供使用时采用的一种方法。由于项目的一次性和不可重复性，所以在项目风险评估和分析时常使用后推法。后推就是把未知的想象的事件及后果与某一已知事件及后果联系起来，即把未来风险事件归结到有数据可查的造成这一风险事件的一些初始事件上，从而对风险作出评估和分析。

旁推法。利用类似项目的数据进行外推，用某一项目的历史记录对新的类似项目可能遇到的风险进行评估和分析的方法。

5. 主观评分法

主观评分法由项目管理人员对项目运行过程中每一阶段的每项风险因素给予一个主观评分，然后分析项目是否可行的做法。这种分析方法更侧重于对项目风险的定性评价，它将项目中每个单位风险都赋予了一个权值。例如从 0 到 10 之间的一个数，0 代表没有风险，10 代表风险最大，然后通过计算整个项目的风险并通过与风险基准的比较来分析项目是否可行。另外，还可以通过这种方法比较项目每个阶段或每种风险因素的相对风险的大小。

二、项目风险的定量分析

（一）确定性项目风险的量化

项目风险是由项目的不确定性导致的，不确定性对项目的影响：一是结果与目标发生正偏离，二是结果与目标发生负偏离。后者对项目来说意味着风险。但有时人们可通过经验或历史资料等对项目的未来状况作出确定性的判断，从而得知发生项目风险所带来的损失。这种情况属于确定性项目风险。量化确定性项目风险通常采用以下方法。

1. 盈亏平衡分析

盈亏平衡分析是在一定的市场、生产能力及经营管理条件下，研究项目成本与收益平衡关系的方法。盈亏平衡分析又称平衡点（临界点、分界点、分歧点、保本点、转折点）分析，广泛应用于预测成本、收入、利润，编制利润计划，估计售价、销量、成本水平变动对利润的影响，为各种决策提供必要信息，并可用于项目的安全性分析。

盈亏平衡分析是将成本划分为固定成本和变动成本，根据收益、成本之间的关系，进行预测分析的技术方法。

平衡点是针对某一因素来说的，当某一因素的值等于某数值时，恰好使方案决策的结果达到临界标准，则称此数值为该因素的盈亏平衡点。这里说的某一因素就是影响项目风险的确定性因素。

将盈亏平衡分析应用于项目风险量化是指根据盈亏平衡分析的基本原理和基本方法，假设与项目相关的各种风险因素不发生变化，在此基础上进行的平衡点分析。一般适用于项目的费用分析或收益分析。

2. 敏感性分析

影响项目目标的诸多因素处于不确定性的变化中，出于决策的需要，测定并分析其中一个或多个因素的变化对目标的影响程度，以判断各个因素的变化对目标的重要性，就是敏感性分析。具体讲，是指在确定性的基础上，重复分析假定某些因素发生变化时，将对项目产生影响的程度。

敏感性分析的目的是研究影响因素的变动将引起项目目标变动的范围；找出影响项目的关键因素，并进一步分析与之相关的可能产生不确定性的根源；通过敏感性大小对比和可能出现的最有利与最不利的范围分析，用寻找替代方案或对原方案采取某些控制措施的方法来确定项目风险的大小。

（二）不确定性项目风险的量化

导致项目风险的因素有些是可以事先确定或判断的，有些则难以判断，或者人们可以知道未来项目会有几种状态以及每种状态所发生的概念，但不知道哪种状态一定会发生，这种情况就是不确定性风险的类型。不确定性项目风险量化的方法通常有三种。

1. 概率分析法

概率分析是通过研究各种不确定性因素发生不同变动幅度的概率分布及其对项目经济效益指标的影响，对项目可行性和风险性以及方案优劣作出判断的一种不确定性分析法，常用于对大中型重要若干项目的评估和决策之中。

概率分析，通过计算项目目标值（如净现值）的期望值及目标值大于或等于零的累积概率来测定项目风险大小，为投资者决策提供依据。进行概率分析具体的方法如下：

（1）期望值法。在项目评估中应用最为普遍，是通过计算项目净现值的期望值和净现值大于或等于零时的累计概率，来比较方案优劣、确定项目可行性和风险程度的方法。

（2）效用函数法。所谓效用，是对总目标的效能价值或贡献大小的一种测度。在风险决策的情况下，可用效用来量化决策者对待风险的态度。通过效用这一指标，可将某些难以量化、有质的差别的事物（事件）给予量化，将要考虑的因素折合为效用值，得出各方案的综合效用值，再进行决策。效用函数反映决策者对待风险的态度。不同的决策者在不同的情况下，其效用函数是不同的。

（3）模拟分析法。即利用计算机模拟技术，对项目的不确定因素进行模拟，通过抽取服从项目不确定因素分布的随机数，计算分析项目经济效果评价指标，从而得出项目经济效果评价指标的概率分布，以提供项目不确定因素对项目经济指标影响的全面情况。

2. 决策树法

决策树法是进行风险量化的有效方法。它把有关决策的相关因素分解开来，逐项计算其概率和期望值，并进行方案的比较和选择。决策树法不仅可以用来解决单阶段的决策问题，也可以用来解决多阶段的决策问题，具有层次清晰、不易错的优点。

决策树的结构较简单，以方块或圆圈为结点，用直线连接结点而形成一种树状结构。方块结点代表决策点，由决策点引出若干条直线，每条直线代表一个方案，故称其为方案分支。圆圈结点代表状态点，由状态点引出若干线，每条直线表示不同的自然状态发生的概率，故称其为概率分支。在概率分支的末端列出各方案在不同状态下的损益值。

3. 项目风险量化的其他分析方法

（1）期望值优化。期望值优化是一种加权平均数，权数是概率，而概率有主观概率和客观概率之分，其结果可能会有不同的解释。这种方法的优点是考虑问题全面，考虑了所有可能发生的情况。缺点是期望收益可能将风险掩盖起来。期望值优化法在解决一次性问题时风险很大，因为项目是一次性的，不允许多次发生。

（2）计划评审技术（Program Evaluation and Review Technique，PERT）。即安排项目进度的方法，在安排和表示进度的形式方面与关键路线法有相似之处，但基础资料收集的难度及处理这些资料的复杂程度要比关键路线法复杂许多。所以，计划评审技术多用于一些难于控制、缺乏经验、不确定性因素多而复杂的项目中。

这类项目往往需要反复研究和反复认识，具体到某一工作环节，事先不能估计其需要时间，而只能推测一个大致的完成时间的范围。如果用关键路线法安排进度，每一工作环节都用肯定的估计时间，做出的进度计划就没有实际价值了。利用计划评审技术，可以把每个工作环节的不确定性及对完成该工作环节的信心因素加入其中，从而给出更有价值的信息。

PERT 首先是建立在网络计划基础之上的，其次是工程项目中各个工序的工作时间不肯定，过去通常对这种计划只是估计一个时间，到底完成任务的把握有多大，决策者心中无数，工作处于一种被动状态。在工程实践中，由于人们对事物的认识受到客观条件的制约，通常在 PERT 中引入概率计算方法，由于组成网络计划的各项工作可变因素多，不具备一定的时间消耗统计资料，因而不能确定出一个肯定的单一的时间值。

在 PERT 中，假设各项工作的持续时间服从 β 分布，近似地用三时估计法估算出三个时间值，即最短、最长和最可能持续时间，再加权平均算出一个期望值作为工作的持续时间。在编制 PERT 网络计划时，把风险因素引入到 PERT 中，人们不得不考虑按 PERT 网络计划在指定的工期下，完成工程任务的可能性有多大，即计划的成功概率，亦即计划的可靠度，这就必须对工程计划进行风险估计。

在绘制网络图时必须将非肯定型转化为肯定型，把三时估计变为单一时间估计，其计算公式为：

$$t_i=\frac{a_i+4c_i+b_i}{6}$$

式中：t_i 为 i 工作的平均持续时间；a_i 为 i 工作最短持续时间（亦称乐观估计时间）；b_i 为 i 工作最长持续时间（亦称悲观估计时间）；c_i 为 i 工作正常持续时间，可由施工定额估算。其中，a_i 和 b_i 两种工作的持续时间一般由统计方法进行估算。

（3）模拟技术——蒙特卡洛法。蒙特卡洛法，或称统计实验法、随机模拟法，是一种基于"随机数"的计算方法。通过对随机变量的统计实验、随机模拟求解数学、物理、工程技术问题近似解的数学方法，其特点是数学方法在计算机上模拟实际概率过程，然后加以统计处理。

人们最关心的问题是系统的动态性，但目前各种变量技术所运用的数学模型很少能反映随时间变化的复杂过程，尤其当变量本身涉及不确定性问题时，使所考虑的问题更复杂，构造数学模型也更困难。蒙特卡洛法可以随机模拟各种变量间的动态关系，解决某些具有不确定性的复杂问题，被公认为是一种经济而有效的方法。

（4）层次分析法（Analytic Hierarchy Process，AHP）。由美国著名运筹学家汤姆斯·萨蒂于20世纪80年代创立的，是一种强有力的系统分析方法——运筹学方法，对多因素、多准则、多方案的综合评价及趋势预测相当有效。面对由"方案层—因素层—目标层"构成的递阶层次结构决策分析问题，给出了一整套处理方法和过程。AHP最大的长处是可以处理定性与定量相结合的问题，可以将决策者的主观判断与政策经验导入模型，并加以量化处理。

第四节　项目风险规划

一、项目风险应对计划

风险应对计划就是针对风险定性、定量分析的结果，为降低项目风险的负作用而制定的风险应对措施。风险应对计划必须与风险的严重程度、成功实现目标的费用有效性相适应，必须与项目成功的时间性、现实性相适应。同时，它必须得到项目所有利益相关者的认可，应由一个专人负责。风险应对计划通常是从几个备选方案中挑选出的最优的一个。

制定项目风险应对计划的主要依据包括以下几个方面：

1. 风险管理计划

在风险管理阶段制订的风险管理计划将是指导风险应对时期工作的依据，如风险应对的主要内容、负责人、可使用的工具以及可能程序等。

2. 项目风险的特性

项目风险应对计划主要是根据风险的特性制定的。例如，对于有预警信息的项目风险和没有预警信息的项目风险就必须采用不同的风险应对措施。

3. 风险排序

就是采用风险定性、定量分析方法，将风险按其发生的可能性、风险后果的严重程度、缓急程度进行排序，表明各种风险的相对重要程度。

4. 风险认知

对可放弃的机会和可接受的风险认知。组织的认知度会影响风险应对计划。

5. 可接受风险水平

项目组织的可接受风险水平将对风险应对计划产生重要影响。项目主体抗风险能力决定了项目班子能够承受多大的项目风险，也决定了项目组织对于项目风险应对措施的选择。项目组织抗风险能力包括项目经理承受风险的心理能力、项目组织具有的资源和资金能力等。

6. 可供选择的风险应对措施

如果对于一个具体项目风险而言只有一种选择，那这一项目风险的应对措施就很简单。但是，如果多于一个选择，就需要通过选择最有效的措施制定出项目风险的应对措施。

二、项目风险应对计划的策略和方法

在项目风险管理中有多种风险应对策略。针对某一具体风险，应选择最为有效的策略，在选择风险应对策略时，可以选择主导策略和备用策略。常见的风险策略如下：

1. 规避风险

规避风险是通过变更项目计划，从而消除风险本身或产生风险的条件，或者保护项目目标免受风险的影响。在项目早期出现的某些风险征候或征兆，可以通过明确需求、加强沟通、获取信息、集思广益等方式加以合理的规避。此外，对于风险较高的项目，采取缩减项目范围、延长项目时间、增加项目资源、运用稳妥的方案、选择熟悉的分包商等方法，都可以有效规避项目风险。

2. 转移风险

转移风险就是设法将风险的结果连同对风险进行应对的权利一并转移给第三方。转移风险只是将管理风险的责任转移给另一方，它并不能消除风险。在财务风险的应对中，转移风险责任是最有效的办法。当然，风险转移要付出相应的成本，这类成本包括保险费、履约保证金、担保费用等。也可以使用合同方式，将某些特定风险转移给另一方。常用的转移风险的方法有：投保，使用履约保证函，使用保证，使用分包商。

3. 缓解风险

缓解风险主要是针对风险的两个方面，即发生概率和后果，它是采取一定措施将某一负面风险事件的概率、后果降低到一种可以承受的限度。缓解风险可以通过以下手段实现：通过采取一定措施降低风险发生的概率来缓解风险，如进行更多实验、挑选更稳定的买方；或采取一定措施降低风险后果来缓解风险，如应急方案、挽救方案等。

4. 接受风险

接受风险是指当某一风险的影响在可接受的范围之内，或者项目团队没能找到其他合适的风险应对策略时，项目团队决定不改变原有的项目计划去应对某一风险。接受风险分为积极接受和消极接受两种，积极接受包括制订一个应急计划，以备风险发生时之用。消极接受不需要采取任何行动，仅让项目团队在风险发生时去应对风险。

三、项目风险应对计划的成果

1. 风险应对计划

风险应对计划是风险应对计划编制的最重要成果，包括以下主要内容：

（1）已识别的风险及风险的特征描述，对项目中哪些部分造成影响，风险的来源及如何影响项目的目标。

（2）定性和定量风险分析过程的结果。

（3）针对风险应对计划中的每一项具体风险，所采取的应对策略，如规避、转移、缓解或接受等。

（4）风险策略实施后预期的残余风险水平。

（5）用于执行选定的风险应对策略的具体行动计划。

（6）风险应对的预算和时间。

（7）应急计划和反馈计划。

2. 确定残余风险

残余风险是指在对风险采取了回避、转移、缓解、接受等应对措施之后依然残留的风险，也包括可以被接受的小风险。

3. 确定次生风险

次生风险是由于实施风险应对措施而直接导致的新风险，它们也应该与主要风险一样来加以识别并计划应对措施。

4. 签订合同协议

为避免或减轻威胁可以针对具体风险或项目修订保险、服务或其他必要的合同协议，明确各方对于某些特定的风险所应负的责任。

5. 为其他过程提供的依据

大多数风险应对措施要求投入额外的时间、费用和资源，并且要求对项目计划作出改变。项目组织通常会要求对于一定风险水平的资源消耗是合理而公正的。执行这些风险应对措施的信息及相关结论都必须反馈到相关领域，成为其过程计划、变更和实施的依据。

6. 作为修改项目计划的依据

风险应对计划过程的结果必须整合到项目计划中，确保所制定的行动计划作为正在进行的项目的一部分，得到执行并受到监测。

第五节 项目风险监控

一、项目风险监控概述

风险监控就是通过对风险规划、识别、估计、评价、应对全过程的监视和控制，从而保证风险管理能达到预期的目标，是项目实施过程中的一项重要工作。监控风险实际是监视项目的进展和项目环境，即项目情况的变化。其目的是：核对风险管理策略和措施的实际效果是否与预见的相同；寻找机会改善和细化风险规避计划；获取反馈信息，以便使将来的决策更符合实际。在风险监控中，及时发现那些新出现的以及随时推延而发生变化的风险，然后及时反馈，并根据对项目的影响程度，重新进行风险规划、识别、估计、评价和应对。

风险监控的主要依据包括：

（1）风险管理计划和风险应对计划。

（2）项目沟通，工作成果和多种项目报告可以表述项目进展和项目风险。一般用于监督和控制项目风险的文档有：事件记录、行动规程、风险预报等。

（3）项目进展报告，随着项目的进展，在对项目进行评估和报告时，可能会发现以前未曾识别的潜在风险事件。应该对这些风险继续执行风险识别、估计、量化并制定应对计划。

项目评审，风险评审者检测和记录风险应对计划的有效性，以及风险主体的有限性，以防止、转移或缓和风险的发生。

二、项目风险监控的技术和方法

1. 项目风险应对审计

在规避、转移风险的时候，风险审计员检查和记录风险应对措施的有效性。因此，风险审计在项目整个生命周期的各个阶段中都会起到一定的作用。

2. 定期项目评估

风险等级和优先级可能会随项目生命周期而发生变化，而风险的变化可能需要新的评估或量化，因此，项目风险评估应定期进行。实际上，项目风险应作为每次项目团队会议的议程。

3. 赢值分析

赢值分析时按基准计划费用来监控整体项目的分析工具。此方法将计划的工作与实际已完成的工作比较，确定是否符合计划的费用和进度要求。如果偏差较大，则需要进一步进行项目的风险识别、评估和量化。

4. 附加风险应对计划

如果未曾预料到该风险，或其后果比预期的严重，则事先计划好的应对措施可能不足以应对，因此有必要重新研究应对措施。

5. 独立风险分析

项目办公室之外的风险管理团队比来自项目组织的风险管理团队对项目风险的评估更独立、公正。

6. 技术因素度量

即度量在项目执行过程中的技术完成情况与原定项目计划进度的差异，如果有一定的偏差（例如没有达到某一阶段规定的要求），则可能意味着在完成项目预期目标上存在一定的风险。

三、项目风险监控的成果

项目风险监控的成果主要表现在以下几个方面：

（1）随机应变措施。随机应变措施就是在消除风险事件时所采取的未事先计划到的应对措施。这些措施应有效进行记录，并融入项目的风险计划中。

（2）纠偏措施。纠偏措施包括实施应急计划和附加应对计划。

（3）变更请求。实施应急计划经常导致对风险作出反应的项目计划变更请求。

（4）修改风险应对计划。当预期的风险发生或未发生时，当风险控制的实施消减或未消减风险的影响或概率时，必须重新对风险进行评估，对风险事件的概率和价值以及风险管理计划的其他方面作出修改，以保证重要风险得到恰当的控制。

（5）风险数据库。该数据库的目的是整理、更新和分析收集的数据，有助于在整个组织过程中进行风险管理，并且随着时间的推移，逐步累积有关风险的基础资料。

（6）更新风险判别检查表。根据经验不断更新核查表有助于将来的项目风险管理。

复习与思考

1. 如何根据项目的实际将项目风险的定性、定量分析方法结合起来使用。
2. 风险应对的办法有哪些？请给每一种方法举例说明。

案例讨论

“彗星”飞机项目的失败和波音飞机的成功

喷气飞机早在 1939 年便诞生了。第二次世界大战末期和第二次世界大战后不久，英、美、苏等国就将喷气战斗机和喷气轰炸机达到了实用化。那么，喷气发动机能否用于民航客机呢？喷气发动机的故乡英国给出了答案。英国德·哈维兰公司研制的“彗星”式喷气客机表明，喷气发动机不仅可以用于客机，而且还能带来革命性的变化：飞行速度更快、飞行高度更高、乘坐更加舒适；潜在的优势还有：航程更远、载客量更大。

1949年7月9日，由公司研制的世界上第一架4发中程喷气式客机“彗星”号诞生，7月27日首航，飞行持续了31分钟，“彗星”喷气式客机的出现使民航客运的平均速度由400千米/小时提高到800千米/小时，其意义十分重大，飞行高度也突破了1万米，可达到1.2万米。在1950年英国举行的范堡罗航展上，“彗星”号飞机以贴着屋顶的高度在会场上空呼啸而过时，引起来宾阵阵惊呼。在蔚蓝的天空上，“彗星”号划过一道长长的白色航迹。这么快的速度，这么高的高度，以前是在科幻小说中才可能见到的怪物。航空界被震动了，“彗星”飞机成为第二次世界大战后欧洲航空工业第一颗闪亮的明星。但“彗星”号的展示并没为公司引来更多的定单。主要原因是“彗星”全部采用头等舱布局，只能带36名旅客，经营成本太高，难以赢利。随后的一年试飞中该机创造了一系列飞行纪录，平均时速超过675公里。这种速度优势终于吸引了加拿大太平洋航空公司、法国空海联合运输公司和法国航空公司等众多航空公司前来定货。

一枝独秀霸市场　空难噩梦惊首相

正当英国准备用“彗星”号大展宏图之际，噩梦却开始了。

该机自投入使用后，接连出现了几次重大的空难事故。自1952年加入航线到1970年，重大事故就发生了21起，直接导致乘客死亡的事故就有11起。最惨重的一次发生在1970年7月3日，“彗星”4型客机满载112名乘客，结果所有乘客包括机组人员全部遇难。其余还有7起是机组与乘客全部死亡。短短的一年时间，交付的9架“彗星”1号客机就有4架坠毁，其中3架又是在空中解体的，这不能不引起英国政府和航空专家重视。连续发生空难，令全世界为之震动。英国首相丘吉尔下令，要不惜一切代价，搞清飞机爆炸原因，由一个庞大的专家组展开了历史上少有的详尽调查。

水槽模拟找元凶　金属疲劳毁“彗星”

“彗星”号飞机采用了当时最好的制造材料与技术，在制造中经过严格的试验和检验，质量比所有当时使用的飞机都要好，而且失事的三架飞机都已经过两三千小时的飞行检验，没有发现任何事故迹象，系统和部件都处于最佳使用状态。调查人员一一排除了炸弹爆炸、飞机在空中突遇强烈气流和飞机设计出现偏差等原因。究竟是什么力量把它撕得粉碎？各种猜测接踵而来，有的说是在高空遇到了急流，有的还以此推测有高空“暗洞”，也不乏有人大肆宣扬一种神秘的力量摧毁了飞机。

所有的“彗星”号飞机再次被勒令停飞。英国海军出动舰队，从上百米深的海底打捞起失事飞机的残骸，送到皇家航空中心。科学家和工程师被集中在一起，对几千块碎片进行各种试验和分析。甚至不惜成本，先后将3架“彗星”客机整体放入水槽进行模拟试验，这种水槽专用于模拟飞机在空气中的飞行。

在四次事故中，第一次可能属于飞行员操纵失误，第二次可能是飞机在巡航飞行时遇到了湍流，后两次完全是由于结构破坏导致空中解体，而引发结构破坏的元凶是机体结构的疲劳。这次事故调查结束了“彗星”1号的生命，换来的是飞机设计师和结构专家首次注意到金属在连续受到增压和减压作用会发生疲劳，从而使结构强度降低。“彗星”1号由于巡航高度较高，在上升下降过程中就连续受到这种气压增减的疲劳作用。

终于，爆炸的原因被查清楚。元凶是制造飞机机体结构的金属材料产生疲劳。金属机体表面存在细小的裂纹，飞机增压舱内方形舷窗处的机身蒙皮，在反复的增压和减压冲击下，不断地来回弯曲变形，使裂纹逐步扩展，反复数次，最终招致金属疲劳断裂。在高空中，疲劳断裂导致座舱内外瞬间的压差如同压缩空气一样爆炸，使飞机顷刻解体。

这就是人们后来才弄清楚的“疲劳破坏”。从这以后，飞机设计学中专门增加了一个新学科——“疲劳学”。在此后的几年中，德·哈维兰公司卧薪尝胆，大刀阔斧地对“彗星”号客机进行了重新设计，尤其是结构着重进行了加强。“彗星”4是最终改进的成果。

但之前几次重大事故彻底毁掉了德·哈维兰公司。“彗星”2和3订货的取消，使该公司无力继续进行改进设计，只好向政府伸手。英国为了保住“彗星”飞机，直接拨款650万英镑给德·哈维兰公司，使之暂时渡过了难关。在“彗星”4于1958年走下生产线时，英国首相麦克米伦发去了贺电。到50年代末，公司因缺少订货而难以为继，于是不得不宣布“投降”。1959年12月17日，德·哈维兰公司与霍克·希德利公司达成了合并协议。新公司仍然称霍克·希德利公司，实际上等于德·哈维兰公司被兼并了。

对杰弗里·德·哈维兰这位67岁的老人来说，遭受的打击实在太大了。他的一家都致力于航空事业，为航空事业的发展做出了巨大贡献，也付出了惨痛的代价。他的两个儿子因驾机飞行而牺牲，一个驾驶“蚊”式飞机，一个是试飞DH-108喷气式飞机。现在，他的又一个儿子“彗星”号也接近走向死亡的边缘。他在回忆录中说，失去两个儿子给了他很大的打击，是他人生的最大悲剧，可“彗星”的陨落给他的打击同样强烈。“彗星”虽然退出了舞台，但它呼唤起更多的后继者如图-104、快帆、波音707、DC-8走进了喷气客机舞台，并确立了喷气客机在航空运输领域的牢不可破的地位。这就是“彗星”的最大贡献。

借“机”下蛋度陈仓　圆窗最终胜方窗

1952年4月22日，波音公司在西雅图总部召开了一次非同寻常的会议。会议最后宣布，波音公司立即启动研制一种全新的喷气客机，客机的编号为707。这个编号据称来自于机翼设计。在最初的设计方案中，机翼后掠角取为45度，这个角度的正弦和余弦值都为0.707，飞机由此得名，尽管后来的设计将机翼的后掠角改为35度。

当时各大航空公司已经为买新的螺旋桨客机耗尽了资金，没有剩余资金来关注新喷气计划，银行也不愿意对并不看好的喷气客机提供贷款，波音公司完全是自筹资金来研制波音707。这笔资金大约为1600万美元，几乎占了波音全部资产的四分之一。如果波音707搞出来以后没有市场，公司就不得不宣布破产。

为使计划不引起竞争对手、特别是道格拉斯公司的注意，波音采用一种借“机”下蛋的办法，将707的原型机取了一个367-80的军用代号，给外界造成一种为空军研制新军用运输机的假象，实际上是双管齐下，军民两种型号同时进行。为了使飞机在飞行中绝对不出意外事故，设计者专门为飞机设计了两层玻璃夹一层乙烯基化学物质“钢化玻璃”，并特别用一门加农炮发射一只“死鸟”，模拟飞行中被鸟撞后的情况，检验这种“钢化玻璃”驾驶舱能否经受得住相对速度高达每小时800公里的鸟的“撞击”。

正当707原型机紧锣密鼓地装配时，“彗星”号爆炸的消息传来。设计人员马上对707的结构进行了针对“疲劳”问题的重新核检。他们在用材问题上没有发现漏洞，特别是707采用的是圆形舷窗，比“彗星”号的方形舷窗在受力上要合理得多。1954年7月15日，波音707进行首飞，尽管其技术上与“彗星”号没有根本性的不同，但由于设计人员对飞机内部到外部的每个细节都考虑得非常细致，所以综合优势明显胜于“彗星”号。

“彗星”陨落，江山易主707不战而胜了。

［资料来源］：技术与设计［M］．南京：江苏教育出版社，2006.

问题：

试从项目风险管理的角度分析“彗星”飞机项目的失败和波音飞机的成功。

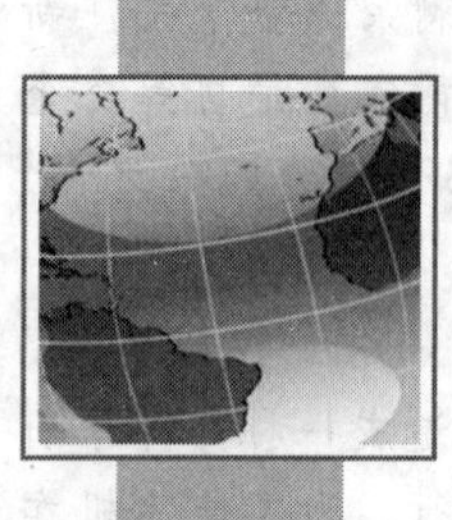

第十一章 项目人力资源管理

要点提示

✍ 项目人力资源与一般人力资源的异同点。

✍ 项目人力资源规划的流程以及最后的成果。

✍ 项目团队建设的过程。

案例　某工程公司核心人才的招聘配置规划与选拔培养

一、项目背景

某工程公司以建筑工程施工为主，同时兼有勘察设计、科学研究、工程监理、技术咨询等功能的国家一级施工企业。该工程公司在发展的过程中取得了辉煌的业绩，多次获得国家和省（部）级优秀奖。近年来，随着国家总体经济的快速发展，也给该公司带来了良好的发展机遇。但随之而来的问题是人力资源的数量和质量不能满足企业快速发展的需求，尤其是项目经理、项目总工程师、各专业工程师、项目财务总监等关键岗位的人员出现匮乏。因此，公司需要对关键岗位的人力资源做出2~3年的规划，并制订相应的培养计划，以满足未来公司发展对人力资源的需求。

公司期望所作出的项目人力资源规划满足以下项目目标：

（1）对公司的两大关键岗位——项目经理和项目总工程师做出2~3年的人力资源规划，建立后备人才梯队。

（2）建立两大关键岗位的胜任力模型，明确选拔的标准和要求。

（3）根据以上胜任力模型，对这两个岗位可能的后备人才的综合素质进行评价，挑选出这两个岗位的后备人才人选。

（4）根据两个岗位后备人才的能力素质特点，明确其发展方向、与目标岗位的差距和培养提升要求。

（5）制定个性化的职业发展计划与培养计划。

最终由诺姆四达公司对关键岗位的人力资源做出2~3年的规划，并制订相应的培养计划，以满足未来公司发展对人力资源的需求。

二、实施方案

1. 前期调研，进行人力资源的需求预测——预估将来需要的人力资源

(1) 调查、收集和整理涉及企业战略决策和经营环境的各种内外部信息。

(2) 收集公司整体战略规划、企业组织结构（尤其是项目管理部的结构设置）、市场预期与规划、新项目规划等数据信息。

(3) 了解公司与两个关键岗位相关的人力资源政策、公司文化特征、公司行为模式特征、薪酬福利水平、培训开发水平、绩效考核制度、在职人员的人事信息、人员的流动率、人员的年龄结构等方面的数据信息——为制定行动计划做准备。

(4) 选取同行业的一些标杆企业进行调研，了解其在人才的规划和培养方面的成熟做法。

(5) 在以上调研访谈的基础上撰写《公司关键岗位人力资源诊断分析报告》。

(6) 制订项目管理部中两个关键职位的职务编制计划和两个关键岗位的人力资源需求预测。

2. 对现有人力资源进行评价（人力资源普查），进行内部人力资源的供给预测——评价现有的人力资源

(1) 在工作分析访谈的基础上，分别构建两大关键岗位（或岗位系列）的胜任力模型，明确其岗位任职资格要求。

(2) 确定两大关键岗位后备人选的范围（即接受测评的人员的范围）。

(3) 根据两类岗位的胜任力模型，对这两个岗位可能的后备人才的综合素质进行评价。

(4) 根据后备人才的测评结果，结合两类岗位的胜任力模型，分别提出每一岗位后备人才的继任等级，如，一级继任（★）；二级继任（★★）；三级继任（★★★）。

(5) 根据以上评价结果，提出公司内部两类核心岗位人员的供给预测。

(6) 根据公司两类人员的配置计划（人力资源供给预测结果），制订两类人员的接替和提升计划（接班人计划或后备人才计划）。

(7) 根据人员配置计划的实现情况，分析人员供给的缺口。

(8) 综合以上结果，提出公司内部人力资源的供给预测报告。

3. 对内部人力资源的供给缺口进行分析，对外部人力资源的供给进行预测

(1) 针对缺口提出弥补方案（外部招聘和内部培养）。

(2) 明确需要外部补充的人员数量、质量和结构等方面要求。

(3) 外部补充人员的来源（社会招聘、校园招聘、短期聘用、人才租赁等）及可靠性分析。

(4) 结合两类岗位人才市场的相关调研和分析，提出外部人力资源的供给预测（分年度）。

4. 进行供需平衡分析，制订公司的人力资源总体规划——制定满足未来人力资源需要的行动方案

(1) 人员供给计划——主要阐述人员供给的方式（外部招聘、内部招聘等）、人员内部流动政策、人员外部流动政策、人员获取途径和获取实施计划等。

(2) 人员招聘计划——招聘的流程、评价的方法体系等。

(3) 员工培训计划——根据测评结果进行有针对性的培训，包括培训政策、培训需求、培训内容、培训形式、培训考核等内容。

5. 基于测评结果的反馈（培训的预热阶段或动员阶段）

(1) 对每一名继任人选的测评结果进行反馈，使其能充分认识到自己的优势和不足。

(2) 采用一对一沟通的形式，帮助每个人了解自身综合能力素质状况，为未来的针对性培训发展创造有利的条件。

(3) 与继任人选就其有待发展能力的提升方法进行探讨，并提出相应的培养建议。

6. 基于测评结果的后备人才能力提升培训方案设计

(1) 总体要求。基于测评结果的个性化的培训；针对目标岗位的培训；基于组织与个人的双途径培训体系。

(2) 相关建议。根据测评结果，结合个人的能力与素质特点及公司对后备人才的发展要求，提出每一名后备人才的使用建议；针对后备人才有待进一步发展的能力和素质，提出相应的培养和提升途径，以此作为公司后备人才能力培养和提升的资源。对于“一级继任”和“二级继任”的后备人才，建议针对目标岗位（两类核心岗位）的要求进行有针对性的培养和使用，对于“三级继任”人员，建议重新设计自己的职业发展计划，在公司和本人对其职业生涯计划确认的基础上，为其设计个性化的培养计划；由外部测评专家、公司人力资源部或后备人才的直接上级以及后备人才本人三方共同研讨，形成后备人才的个人职业发展与培养计划；公司人力资源部负责分别与后备人才、相关职能部门或责任者（如直接上级）签订《后备人才能力培养与提升目标责任书》，并制定相应的监控措施或制度；具体制订什么样的培养计划，开发什么样的培训课程，需根据对公司两类核心岗位的胜任力模型和个人测评结果的分析后进行相应的设计与开发；后备人才的培训按能力素质的专题进行，如，根据胜任力模型的特点开发8~10个专题培训课程，分阶段集中进行专题培训，培训后要求被培训者结合自己的培养计划制订培训的后期跟踪计划，测评机构协助公司人力资源部或后备人才的直接上级对被培训者的执行情况进行监督和反馈；每年对所有的专题进行一次轮训。培训期间，可以适当扩大培训的范围，保证培训人数符合培训形式的要求（如小组活动）；除此之外，公司还应辅以岗位轮换、内部教练（直接上级的指导）、工作经验研讨与分享、项目实践等形式对后备人才的有待提升的能力素质加以培养和强化。

三、测评环节的实施形式

1. 主题

公司员工职业发展规划与辅导培训以职业发展规划辅导与培训的方式进行本次测评活动可以达到以下目的：淡化后备人才选拔的主题，使被评价者能将真实的自我展现出来，有利于对被评价者的岗位胜任力作出准确评价；避免在测评过程中对被评价者造成较大的心理压力，在测评结果反馈时对其积极性造成一定的负面影响，从而影响到其在公司内部发展的稳定性；在某种程度上将培养活动与测评活动真正结合起来，使测评过程本身对其能力的认知与提升产生积极效果；真正将后备人才的培养和使用结合起来；大大提升后备人才自我提升的积极性，为公司后备人才的培养创造良好氛围。

2. 形式

(1) 专家讲座。测评专家主讲“如何规划自己的职业生涯”；通过讲座为项目的顺利开展做一些心理和认识方面的铺垫，增进被评价者与测评专家在测评与培训活动中的合作；使后备人才真正作为一个自我职业生涯规划的主体参与到项目中去，提高项目的针对性和实效性。

(2) 测评方法。标准化心理测验（了解一般的潜能、管理风格、团队角色、个性特征等）；结构化行为面谈；案例分析；公文处理（管理事件处理）；角色扮演；管理游戏。

［资料来源］：价值中国网. 2008年9月（编者整理）。

思考：项目人力规划在项目人力管理中的作用越来越重要，通过未来项目人员供需关系情况和调配关系的预测，保障项目战略目标实现的谋划具有重要的作用。那么做项目人力资源规划前需要哪些方面的信息？

第一节　项目人力资源管理概述

天时、地利、人和是成功的三大因素。在项目管理中，“人和”的因素显得更加重要，项目组织的一大特点是其成员多数是从组织外部临时借调来的，各来自不同的职能部门或组织机构，为了一个既定的目标暂时工作，因此“人”的作用更加重要。如何充分发挥“人”的作用，对于项目的成败起着至关重要的作用。

一、项目人力资源管理的概念

“人力资源”是1954年彼特·德鲁克在《管理的实践》中首次提出的，他说“企业或事业唯一的真正资源是人。管理就是充分开发人力资源以做好工作。”21世纪组织之间的竞争是产品之间的竞争，是技术与管理的竞争，归根结底是人才的竞争。人力资源逐渐成为管理的核心，在自然资源、信息资源、资本资源、人力资源等项目实施所必须的资源中，人力资源是最基本、最重要、最具创造性的资源，是影响项目成败的关键因素。

人力资源管理是指对人力资源的取得、开发、保持和利用等方面进行系统管理的活动过程。人力资源管理的根本任务就是通过制定充分发挥员工才干的管理制度，有效地对员工进行发展规划，达到企业价值和员工个人价值最大化的有机统一，实现企业的战略目标。

对于项目而言，人力资源就是所有同项目有关的人的能力。项目人力资源包括项目发起方、项目业主、项目建成后的经营管理者、项目产品的用户或服务的接受者、项目资金投入者、咨询设计公司、承建商、供应商、项目所在地及其周围地区受项目影响的民众、项目管理层成员等等。其中项目管理层成员属于内部人力资源，而其他则为外部人力资源。项目人力资源管理就是根据项目的目标、进展和外部环境的变化对项目的有关人员所开展的有效规划、积极开发、合理配置、准确评估、适当激励等工作。项目人力资源管理的目的是调动所有利益相关者的积极性，在项目承担的组织内部和外部建立有效地工作机制，以实现项目目标。

二、项目人力资源管理的特点

项目人力资源管理与一般的企事业单位人力资源管理具有很多共同点，可以说，项目人力资源管理是基于一般的人力资源管理理论来进行的。然而，由于项目本身所具有的特点，如短期性、临时性、目的性、责任关系的相对复杂性等，使得其与企业的人力资源管理又存在着差异。这就需要项目经理在运用一般的管理理论进行项目人力资源管理的同时，根据项目的进展情况，并紧密结合项目管理的其他方面来进行人员调配，使人力资源及时满足项目的实际需要，进而保证项目目标的实现。具体的，项目人力资源管理有以下特点：

1. 项目人力资源更强调团体性

项目的一次性、临时性决定了项目成员来自不同的部门，背景复杂、横向联系多、冲突多；项目组织人员可以根据项目进展的需要随时调整、更替、它的成员可以是兼职；另外，由于项目本身的独特性，团队成员的脑力劳动实际上是一种创造性劳动。项目人力资源的这些特点使得项目团队中的成员普遍具有自主性的需求，他们不习惯于被约束的太死板，往往需要自主的工作方式以及弹性的工作时间，这样更有利于创造性的发挥。所以项目团队成员要互相体谅对方，才能高效率的完成工作。

因此，一个临时性的组织要在短时间内以低成本、高质量完成项目，建设一个和睦、朝气、高效的项目团队非常重要，项目人力资源管理更需要强调团队精神的地位和作用。

只有项目管理层成员个人和项目整体在完成项目工作时精神高扬、默契配合、相互支持、团结一致、全神贯注才有利于提高成员个人和管理层整体解决问题的能力，才能极大地提高项目的进度，更好地保证项目的质量。在目标一致的和谐环境中，项目管理层成员才不至于为内部摩擦、人际关系的复杂所苦恼，才能全身心地投入到项目工作中去。

2. 项目人力资源管理要适应项目生命周期

项目管理中的人力资源管理区别于企业中其他的人力资源管理，项目管理中的人力资源管理具有明显的周期性，项目结束该人力资源管理也随之结束，因此项目管理中的人力资源管理是非系统化的。在项目周期的不同阶段，项目组织成员的数量和质量都会有明显的差别、工作负荷不断发生变化、人力资源的强度也呈现出多样性的特点。在项目人力资源选聘和解聘方面往往也不是按既定的程序进行，有一定的权变和随意性，本着不求所有但求所用的原则，如可以向各方去租借所需人员，在项目结束时解聘或退还。

3. 项目人力资源管理模式不同

一般企事业大多是金字塔型的纯职能式的组织结构，它是一种层级模式，上级对下级实行一级管一级，而下级往往只对上一级负责，成员比较多的是按指令工作。而在项目管理中，组织结构更多的采用扁平化的管理模式，项目经理直接面对项目团队成员，团队成员将获得项目经理更多的授权，有更大的自主性，并且在更大的程度上直接对项目利益相关各方负责。扁平化的项目团队管理更加注重对客户和市场的反应效率，更注重人的主观能动性、员工间的相互交流、各方面持续不断的改进、员工的业务培训以及上上下下对决策的积极参与。

三、项目人力资源管理的内容

项目人力资源管理是在一般人力资源管理的基础上发展起来的，但是由于项目的特性，使得项目人力资源管理的内容与一般的人力资源管理有所区别。具体而言，项目人力资源规划包括以下内容：

1. 人力资源规划

它是指项目为了实现目标而对所需人力资源进行预测，并为满足这些需要而预先进行系统安排的过程。具体有：确保组织和部门在需要的时间和岗位上获得所需的合格人员；在组织目标和个人目标最大化一致的情况下使人力资源的需求和供给达到平衡；分析组织在环境变化时的人力资源需求，并制定必要的政策和措施加以满足。

2. 工作分析

它是指收集、分析、整理关于某种特定工作信息的一个系统性程序，具体的说明为完成该项工作，每一个人的工作内容、必要的工作条件和员工的资格，以确保人与工作之间实现最佳匹配。其结果是形成工作描述和工作说明书。

3. 员工招聘

一般企业在人员招聘和选择上都是按照规范的程序进行招聘、考试、录用。项目人力资源经常采用非常规的程序，特别是对于项目急需的人员，租借也是一种可能的使用方式，在项目结束时或不需要使用时，也采用非常规的方法直接解聘或退还。在人员安排上，也不像一般的人力资源管理以平均工作强度为原则，而是尽可能分配给每个项目组成员高强度的工作，一旦任务完成立即调整其工作或调离项目团队。

4. 员工培训与开发

培训的重点是为了目前的工作，而开发则是为员工策划准备未来的工作。培训作为一种人力资本的投资形式，是为了更好的发挥人力资源潜能。对于新员工来说，培训也是对他们的一种激励手段，在培训的过程中不仅可以收获到知识，也达到了沟通的目的。培训与开发的目的是为了建立学习性组织，它是一种扁平的、柔性的、符合人性的、能持续发展的组织。具有持续学习能力，充分发挥员工的创造性思维。

5. 激励与报酬

相对于一般的人力资源，项目人力资源往往是临时雇佣，项目组织随着项目完成而解散，缺乏应有的忠诚度，所以物质激励的效果更明显，提升、表彰等精神激励效果不明显。

6. 绩效考核

项目人力资源的考核就是指对项目组织人员的工作做出评价。绩效考核是一个动态的过程，受到各种因素的影响，具有过程性与非人为性特点。项目的一次性、临时性特点决定了项目绩效考核具有明确的成果性，强调短期考核，绩效评估以业绩为主。

以上是项目人力资源管理的核心内容，在管理程序上已经很规范化了。在管理的内容上，项目人力资源管理部分内容是属于制度化的人力资源管理，是有章可循，程序比较固定的，如结构化管理主要包括人力资源规划、工作分析、员工招聘、员工培训和开发、薪酬管理和绩效评估等六项内容。

非结构化管理主要包括领导艺术、群体激励、管理沟通和团队精神、企业文化建设等内容。对于结构化的管理，只需按照规范的程序去做就可以了；对于非结构化的管理，并无固定做法而言，项目经理的个人魅力和能力显得非常重要。

第二节 项目人力资源规划

一、项目人力资源规划含义

项目人力资源规划实际上就是项目管理者通过对未来项目人员供需关系情况和调配关系的预测，做出科学的人力资源获取、利用、保持和开发策略，以确保项目对人力资源在数量和质量上需求的实现，保障项目战略目标实现的谋划过程。

从内容上分，项目人力资源规划有广义和狭义之分。广义的项目人力资源规划包括预测项目组织未来的人力资源供求状况、制定行动计划及控制和评估计划等过程；狭义的项目人力资源规划是指提供具体的项目人力资源的行动计划（如项目人员招聘计划、项目人员使用计划、辞退计划等）的过程。

从范畴上分，它可以包括宏观计划和微观计划。宏观计划是指项目计划和预测项目组织短期和长期的项目人力资源需求；微观计划是指根据项目人员的技术和能力的要求对项目组织的职务进行分析，即工作分析。

二、影响项目人力资源规划的因素

1. 充分考虑项目同其所在环境的联系

从项目管理的角度，可将这些联系分为三类：组织联系、技术联系和个人间的联系。

组织联系指项目组织与利益相关方之间的信息沟通和请示汇报关系。技术联系指项目各阶段不同技术专业之间的联系和项目各阶段之间的技术衔接。技术层面既存在于项目各阶段之中，（例如，土木工程师提出的设计方案必须与结构工程师提出的上层构造方案相匹配），也存在于项目各阶段之间（例如，当自动系统设计小组将它的工作结果交付给具有交通工具制造能力的生产小组时）。个人间的联系包括正式的职责关系和非正式的私人关系。

在实际应用中，这些层面往往同时存在，例如，当一个设计公司雇用的建筑师向建筑承包商的项目管理小组解释关键性的设计思路，而该项目小组与他并无直接关系时，上述各个层面就同时存在。这些客观存在的联系对项目规划造成了种种限制和约束，只有基于上述联系，才能制定出合理的项目人力资源规划。

2. 分析项目参与人员的要求

项目所需要的人员在什么样的范围内、要求具备什么样的才能、需要组建怎样的项目团队等，具体包括性别、年龄、性格、品德、学历、专业技能、责任心、何时需要、需要多长时间、现在正在承担的工作等各方面的情况。

3. 限制和约束人力资源规划的各方面情况

制约因素是限制项目小组选择自由的因素，常用的影响项目人力资源规划的制约因素有以下几个：项目上级组织的组织结构和规章制度、劳动人事方面的法律法规、项目组成员的工作习惯以及将来合作共事的对象。

三、项目人力资源规划的步骤

1. 调查分析

通过调查研究取得项目制定规划所需的信息资料，为后续阶段做准备。在这个阶段，要认清项目战略目标和内外环境的变化趋势，不仅要了解表面现象，更要认清潜在问题。

调查分析的具体内容包括与项目有关的资料、项目目标、项目范围、项目目标分析、工作分解结构、项目进度计划、项目组织结构、项目团队、项目实施的制约因素、已具备的资源条件等，要特别注意对项目人力资源流动的调查分析，人力资源流动直接影响到人力资源的供需现状与预测结果。

2. 预测阶段

在分析人力资源信息的基础上，依据经验判断和其他方法对人力资源的供需情况进行预测，以期达到供需平衡。项目人力资源预测是项目人力资源规划中较具技术性的关键部分。

3. 制定规划

本阶段制定项目人力资源开发与管理的总规划，根据总规划制定各项具体业务规划以及相应的人事政策，如岗位计划、人员配备计划、人员需求与供给计划等。将项目人力资源规划与项目投资规划、项目进度计划、各项业务计划、资源分配计划等进行衔接，综合考虑各项规划的综合平衡。在满足各计划实施对人才需要的同时，还要进行各类人员的需求比例平衡，各类人员需求规划与供给规划的平衡。

4. 规划实施、评估与反馈

项目管理班子将人力资源规划与各业务计划付诸实施，并根据实施的结果进行项目人力资源规划的评估，并及时反馈评估结果，修正项目人力资源规划。

四、项目人力资源规划的方法

1. 样板法

虽然每个项目都是独一无二的，但大多数项目都会在某种程度上与其他项目类似。样板法，即借鉴以前类似的成功项目人力资源规划成果，并结合该项目的实际情况进行本项目人力资源规划。运用一个类似项目的任务或职责的定义或报告关系有助于加快组织规划程序的运行，达到事半功倍的效果。

2. 一般的人力资源管理知识和惯例

项目管理知识体系的一部分是一般管理知识和惯例，这些知识和惯例被广泛的运用和检验，可以借鉴这些知识和惯例。如项目人力资源管理具有一般人力资源管理的特征，项目人力资源规划可以借鉴一般人力资源规划的方法。如组织理论是人类长期实践的总结，现在已经相当的成熟，组织理论是组织规划的理论基础，虽然仅有一小部分是以项目组织为专门目标的，但可以借鉴组织理论的主旨和主要思想。另如许多组织制定各种各样的方针、原则和程序，人力资源规划时可以参照这些已有的东西。如果不知道如何确定项目经理、项目工程师、项目估算员的职责，那么就可以参考本组织过去编写的资料，明确项目人员各自的任务和职责并分配下去。

3. 人力资源经验

许多组织有各种政策指导和程序，在组织规划的各方面为项目管理小组提供帮助。

4. 项目干系人分析

各个相关人员的需求应得到仔细分析，保证他们的需求能得到满足。

五、项目人力资源规划的结果

项目人力资源规划的完成，应当有形成文字的成果作为实施项目人力资源管理的根据。一般包括：组织结构图、项目责任矩阵、人员配置管理计划。无论是采用结构图、矩阵结构还是文字叙述方法，它们的目的都是一样的，即为了确保每个工作包都有一名明确的负责人负责，并且所有团队成员都对他们的角色和职责有明确的了解。

1. 组织结构图

在识别了项目需要哪些人员和哪些重要技能之后，项目经理就应与高层管理者和项目团队成员构造一个项目组织结构图。

组织分解结构（Organization Breakdown Structure，OBS）是由项目管理中工作分解结构演化而来的一种方法，它是一个在组织范围内分解各层次人员的方法。项目的组织分解结构（OBS）是关于项目内部组织的，而不是组织要素与其母体组织、矩阵或其他机构的关系。

OBS 与 WBS 不同之处在于，OBS 是按照组织内现有部门、单位和团队而组织的，把项目活动和工作包列在现有各部门下，比如信息技术部或采购部只需找到所在的组织分解结构位置，就可以明确其在项目中承担的责任。而 WBS 是按可交付成果的分解而组织的，也可表明高层级职责范围。从 OBS 中可以看出项目团队人员的构成以及明确个人在团队中的位置。结合责任矩阵，每一名成员都可以明确自己在实施项目中的任务，并了解其他人员在实施项目中的任务和职责。

如图 11.1 所示，这是个人计算机的组织结构图，表 11.1 为 OBS 表，表 11.2 为个人计算机的 WBS 和 OBS 表。其中的一个交付物为磁盘存储器，它由三个子交付物构成——软磁盘存储器、光磁盘存储器、硬磁盘存储器。硬磁盘存储器又由四个子交付物构成——电机、电路板、底座和读写头，各子交付物又由工作包构成。工作包和组织结构的交叉点就是整个工作和责任的项目控制点，即成本项目。

在表格中我们赋予了各交付物的成本数值，左侧表示硬磁盘存储器的工作分解，右侧表示负责完成硬磁盘存储器的组织结构分解，它是参照工作分解结构编制而成。可以看出，OBS 汇集了 WBS 中的预算信息，并且 OBS 与 WBS 在最高层级的范围和预算都是一样的。

本例中，硬磁盘存储器的预算是 1660，汇总 OBS 中的预算结果也是 1660；硬磁盘存储器的工作分解与 OBS 中各部门的交付物也是相同的。所以，通过编制项目 OBS，可以更好的控制项目成本。

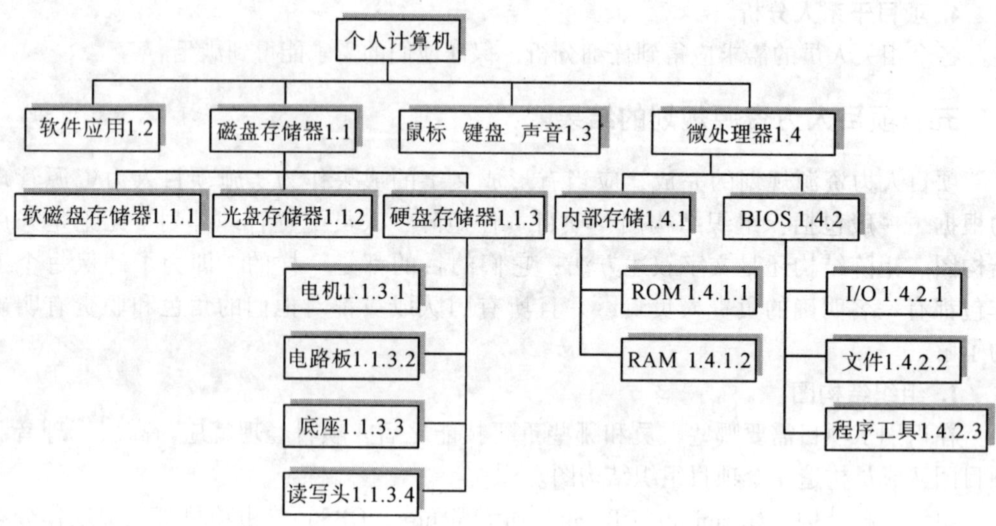

图 11.1 个人计算机的组织结构

表 11.1 OBS 表

组织结构	制造	设计		成本项目		1.1.3.4.1
		生产		成本项目		1.1.3.4.2
		测试		成本项目		1.1.3.4.3
		采购		成本项目		1.1.3.1.1
		软件		成本项目		1.1.3.2.1

表 11.2 个人计算机的 WBS 和 OBS

WBS			OBS		
1.1.3 硬磁盘存储器	1660		设计	600	
			1.1.3.2 电路板		300
			1.1.3.4 读写头		300
1.1.3.1 电机	10		生产	650	
采购		10	1.1.3.2		400
			1.1.3.3 盘片		50
			1.1.3.4 读写头		200
1.1.3.2 电路板	1000		测试	220	
设计		300	1.1.3.2 电路板		120
生产		400	1.1.3.4 读写头		100
测试		120			
软件		180			

（续表）

1.1.3.3 盘片	50		采购	10	
设计		50	1.1.3.1 电机		10
1.1.3.4 读写头	600		软件	180	
设计		300	1.1.3.2 电路板		180
生产		200	总计	1660	
测试		100			

2. 项目责任矩阵

责任分配矩阵（Responsibility Assignment Matrix，RAM）就是将 WBS 中描述的项目工作与 OBS 中负责实施的人员相匹配的矩阵（见表 11.3）。责任矩阵反映了与每个人相关的活动或与每项活动相关的所有人员，确保每个工作包都由一名明确界定的责任人负责，每项任务必须有且只有一名明确界定的责任人负责，并且项目组所有成员都对其角色（谁做什么）和职责（谁决定什么）有明确的了解。

项目角色和职责应当与项目的范围界定紧密联系，不应当设虚名、虚职。项目角色和职责在项目管理中必须明确，否则容易造成同一项工作没人负责，最终影响项目目标的实现。为了使每项工作能够顺利进行，就必须将每项工作分配到具体的个人（或小组），明确不同的个人（或小组）在这项工作中的职责，而且每项工作只能有唯一的负责人（或小组）。同时由于角色和职责可能随时间而变化，在结果中也需要明确这层关系。

RAM 按期望的详细程度将工作分配给负责和执行具体工作的组织、团队或者个人。对于小型的项目来说，最好将 WBS 中的每一项工作指派给个人。而对于大型的项目来说，将工作指派给组织部门或团队更有效。RAM 除了用来分配详细的工作活动以外，还可以用来界定项目的角色和责任。这种 RAM 能够包括项目中的干系人。表 11.4 给出了一个 RAM 例子，显示了项目干系人是否对项目负责或者只是项目的参与者，此外还反映出要求项目干系人提供项目的输入、评审还是要求他们签收项目。这个简单的工具可为项目经理对重要的项目干系人的期望进行沟通提供一个非常有效的方法。

有些组织使用 RACI（Responsible、Accountable、Consult 、Inform）表来表示项目干系人的四种角色，分别是责任人（R）、批准人（A）、审核人（C）和知会人（I）。如表 11.5 所示，RACI 表中的列是任务，行是个人或组，每个单元含有一个 R、A、C 或 I。每一个任务可以有多个 A、C 项目的组织分解结构（OBS）是关于项目内部组织的，而不是组织要素与其母体组织、矩阵或其他机构的关系。但是明确特定的人或组对每项任务的责任，每项任务只能有一个 R。

表 11.3　责任分配矩阵 RAM 示例

WBS 活动 / OBS 单元	1.1.1	1.1.2	1.1.3	1.1.4	1.1.5	1.1.6	1.1.7	1.1.8
系统工程	R	RP					R	
软件开发			RP					
硬件开发				RP				
测试工程	P							
质量保证					RP			
配置管理						RP		
综合物流支持							P	
培训								RP

注：R 为责任组织单元；P 为执行组织单元。

表 11.4　RAM 显示的项目干系人角色

干系人 / 事项	A	B	C	D	E
单元测试	S	A	I	I	R
集成测试	S	P	A	I	R
系统测试	S	P	A	I	R
用户验收测试	S	P	I	A	I

注：A 为责任人；P 为参与人；R 为评审需求；I 为输入需求；S 为签收需求。

表 11.5　RACI 示例

组 / 事项	A 组	B 组	C 组	D 组	E 组
测试计划	R	A	C	C	I
单元测试	C	I	R	A	I
集成测试	A	R	I	C	C
系统测试	I	C	A	I	R
用户验收测试	A	I	C	R	A

3. 人员配置管理计划

人员配置管理计划描述人员在何时，以何种方式加入和调离项目团队。人员配置管理计划可能是正式的，也可能是非正式的，可能是十分详细的，也可能是框架概括型的，根据项目的需要而定。人员配置管理计划常是项目管理计划的一个部分。组织的人员配置管理计划应反映出组织为完成某项或某些特定的工作需要的人员的类型、每种类型的人员所需的数量、他们的技术能力结构和年龄结构、需要这些员工的时间、人力资源将如何被聘任、培训、奖励和项目结束后的再分配等。所有这些对满足项目、职员和组织的需要是很重要的。

对任何组织来说，人员配备的前提都是进行恰当的工作分析，并据此制定人才配备计划。工作分析要回答七个问题：Why（为什么做，即工作目标）；What（做什么，即工作内容）；Who（由谁做，即责任者）；When（何时做，即工作时间安排）；Where（在哪里做，即工作地点）；How（如何做，即工作方法）；Whom（为谁做，即为谁负责），然后以文字形式记录下来。工作分析的目的是要明确所要完成的任务以及完成这些任务所必需的人的特点。

人员配置管理计划过程可以归纳为以下步骤：

（1）确定资源库。资源库详细说明了资源可获得类型、层级（如技能和经验）以及可获得的时间。

（2）评估项目人员技能水平。

（3）确定项目小组规模。确定项目小组规模取决于两个因素；一是所需要执行的任务数量；二是完成各项任务所需的人员数量。

（4）明确资源情况。

（5）组建团队。

（6）创建人力资源图表。

人员配置管理计划通常以资源直方图的形式表现出来，表示随着项目进行分配给项目的资源数量。图 11.2 给出一个资源直方图用于半年期的 IT 项目的例子。纵坐标表示每个领域所需的人员数量，包括经理、业务分析员、编程人员和技术文档书写员。从纵坐标的叠加图上能够看到每月所需人员的总量。在决定了项目所需的人员之后，项目人力资源管理接下来的步骤就是获取所需的人员，建设项目团队。

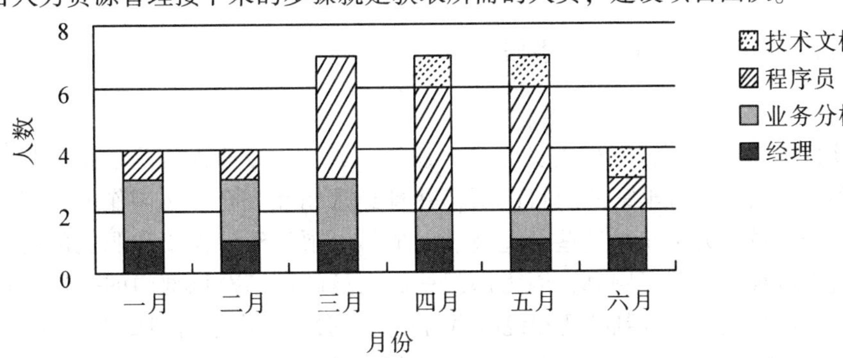

图 11.2 资源直方图示例

第三节　项目人员配备

一个成功的项目需要配备合适的项目成员，不仅知识和技能要达到要求，与项目成员和睦相处，创造一个良好的工作氛围也是至关重要的。项目人员配备的工作内容包括从各种渠道物色团队成员、同有关负责人谈判、将合乎要求的人员编入项目团队、将项目人力资源规划阶段确定的角色连同责任分配给各个成员并明确他们之间的配合、汇报和从属关系等。

一、项目人员配备的原则

1. 项目人员配备以实现项目目标为原则

项目团队成员配备的首要原则是必须以实现项目目标为中心。项目团队的根本目标就是成功的完成该项目，所以项目经理、项目团队成员的选拔都是以符合项目的需要而定的。

2. 项目人员配备要遵循精简、高效、节约的原则

当项目组织缺少内部人员完成项目时，要特别强调利用外部人力资源，一般采用临时雇用的形式。另外，在人员配备中提倡减少项目层次，精简项目组织机构、降低配备人员数量，达到精简、高效、节约的目的。

3. 项目人员配备应合理安排各类人员的比例

包括技术工作人员和辅助工作人员的比例、项目管理人员和实施人员的比例、知识型人才和技能型人才的比例。另外，对于一些特殊项目还需要合理安排不同专业或工种的人员和不同管理人员的比例关系，从而使各个专业或工种之间的人员能力实现合理的平衡，减少和消除窝工和人力资源浪费的现象。

二、项目人员获取与配备的手段

1. 协商

协商是项目内部获得项目管理人员的主要途径。通常，专业人员是隶属于某一职能部门，这些人员大多具有丰富的项目阅历，并且经常相互配合、协调作战，因此是项目团队的首选人员。为了获得这些合适技能的成员，项目经理需要和职能部门经理进行协商。这个过程一般并不顺利，因为部门核心人员的调离对该部门的平稳运行是不利的。这时候项目经理的谈判技巧和说服力将在人员分配协商中起到重要作用。

一般情况下，项目经理对项目团队成员的控制力是有限的，所以项目经理在选拔项目成员的时候要考虑适合项目需要的专门知识和技能人才，带有明确的目标与职能经理协商。另外，项目管理小组与其他项目管理小组需要的人员有冲突时，需要与其他项目管理小组进行协商，目的是适当获取稀缺的或特殊的人力资源。

2. 事先指派

在某些情况下，可以预先将人员分配到项目中。这些情况常常是：

（1）该项目是完成一项提议的结果，而使用特定的人员是该项提议允诺的一部分。

（2）该项目是一个内部服务项目，项目人员的分配已在项目安排表中有规定。

3. 临时雇用

项目采购管理可用于开展项目工作而取得特定个人或团队的服务。当执行组织缺少内部工作人员去完成这个项目时，就需要临时雇用人员。

三、项目团队人员组建过程

项目人员配备必须先进行项目人员组建，不仅要达到知识和技能的匹配，项目组成员和谐的人际关系对项目的成功也是至关重要的。

1. 预选项目组成员

首先，通过工作分析明确项目需要人员的知识和技能要求，在工作分析的基础上，了解和定义完成项目各项工作都需要何种角色，这些角色都需要具备哪些知识和技能、何时需要这些角色等信息。从人力资源信息系统中了解项目中哪些人具备担任这些角色所必需的技能，有哪些人有过类似的经验，有哪些人有合适的时间能够担任这些角色。在此基础上，预选项目组成员。角色需要的能力可以通过员工所拥有的基础素质(包含基本技能、知识等)、经验、构件和态度而得到。按照国际项目管理协会（IPMA）的定义，能力是知识、经验和态度的集合。但是，用构件来代替个人的经验可能是更有效的。构件是企业利用其他项目中积累的经验提炼而成的技术化产品。有了构件，可以缩短员工为积累个人经验而需要的时间，也比个人经验具有更高的可靠性。

通常，团队成员的整体能力水平与团队的业绩是息息相关的。项目团队由什么类型的人在一起合作会最融洽，为了一起有效地工作，团队成员必须在哪些方面是相容的等问题，Belbin 的团队角色模型回答了这个问题，他提出了九种团队个性类型。

（1）协调者。这类人的特点是沉着，值得信任，公正，为人所接受，积极思考，自我约束和自信。他们往往致力于与人打交道，能耐心倾听他人的意见，但也能坚决地拒绝。由于对团队目标的实现负有承诺，因而会将目标分类，进行角色、职责与义务的分配，组织群体讨论。但是，协调者在团队中智力水平并不见得就是出类拔萃的。

（2）塑造者。这类人的特点是精力充沛，并常怀有极高的成就动机。他们致力于目标的实现和任务的完成，为了实现目标会想办法改变他人。在实现目标过程中，他会挑战，争论，不同意他人的观点，表现出攻击性。如果一个团队中有两个或三个这样的人就会引起冲突、摩擦和唇枪舌剑。

(3) 培养者。这类人的特点是拥有高智商和善于内省。他们比较关注的是重大问题而不是细枝末节。缺点是有不顾实际细节和争论的倾向。

(4) 资源调查者。这类人的突出特点是好奇，多才多艺，社交能力强，创新和善于言谈。他们从不愿意傻呆在办公室里，喜欢探索各种机调，想法签订各种合约。他们是好的谈判高手，以社交性和热情为特征，善于润滑工作和探索团队外部的资源。缺点是兴趣易转移，且往往不会提出原创观念。

(5) 公司员工/实施者。这类人的特点是能意识到外部的责任，守纪律，讲良心，有一个好的自我形象。他们意志坚定，讲求实际，值得信任，具有忍受力，尊重既定的传统和规矩。以低焦虑和现实的方式为团队工作。保守，不太灵活，对新事物反应较慢，倾向于做别人不愿做的工作，能迅速洞察大型团队中的职责。

(6) 监督/评估者。这类人的特点是公正，严谨，睿智，成就需要较低。由于他们不会为情绪争论而分散精力，严肃认真，做出决策较慢且以不出错为傲，因此，他们在关键的决策时刻往往能做出突出贡献。其缺点是给人的感觉过于死板，让人厌烦或给人以吹毛求疵的感觉。此外，这类人往往也不善于鼓舞他人。

(7) 团队工作者。这类人的特点是喜好社交，敏感，倾向于保持积极向上的团队精神。他们的外交技能和幽默感是团队的宝贵财富。他们在倾听，对付难缠的人物方面具有高超的技巧。

(8) 完成者。这类人的特点是关注细节。他们强调任务的时间性并注重任务的完成。缺点是，过度焦急，在授权方面有困难，举轻若重。

(9) 专家。这类人的特点是高度内向，焦急，倾向于自我启动，投入，有承诺感。他们往往为团队提供所稀缺的各种知识与技术技能。其缺点是缺乏对他人问题的兴趣，一根筋。

注意：第一，由于项目团队的功能千差万别，因此个体在不同项目团队中可能会扮演不同的角色，但也不排除由于行为的一贯性和一致性，个体表现出某种形式的固有可能；第二，高效团队中各种角色都有其独特的存在意义与价值，必须加以妥善利用。

2. 对预选成员进行人气/性格、团队角色和谐性分析

工作分析明确项目需要人员的知识和技能，根据这些要求预选项目组成员，属于人与工作的匹配。除此之外，团队成员的性格、处事风格、人际关系、团队成员间的互动都会直接影响到其他成员的绩效，所以有必要对其进行分析。另外，团队成员之间性格和角色分配上的和谐性能够弥补许多激励方面的不足，如果有人明显与其角色分工不和谐或在性格/人气方面与其他团队成员有冲突，则需要重新选择。

如图 11.3，性格可以分为直性、柔性、豁达和拘谨四种类型。几种性格结合起来就形成了以下四种人员的分类，各种性格的特点如下。

(1) 指导型。指导型的人大多具有雄心壮志、敢说敢做，具有冒险精神，宏观把握事物的能力比较强、善于进行决策，善于引导成员掌握工作的方向。办事比较认真，喜欢面向工作，但是不太关注工作细节和人的情感问题。

(2) 社交型。这种人一般性格比较开朗、善于交际、表达力很强、待人热情。与人交往时往往会缩小距离感，给人一种容易相处的感觉。但是他们更注重的是感情而不是工作，精力更多的放在了交际上，也比较缺乏耐心。

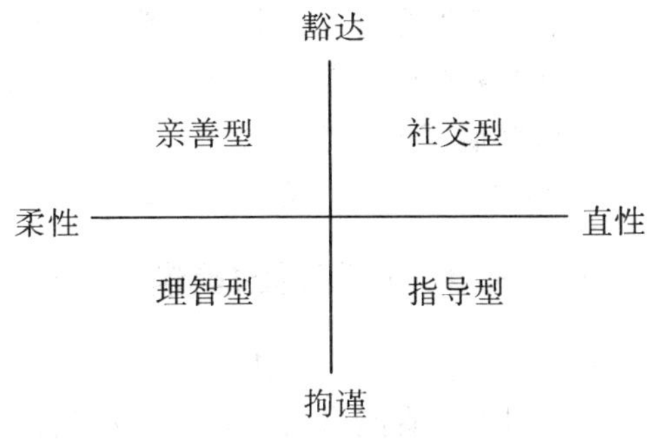

图 11.3 性格特征所属

(3) 亲善型。亲善型的人对人比较随和，人缘也很好，感情细腻，善于倾听别人的意见或想法，是一个很好的倾听对象。说话比较有节制，善于采纳别人的建议，很少把自己的观点强加于人。但是不善于表达自己，也很少袒露自己的想法或感情，比较回避风险。

(4) 理智型。理智型的人比较看重工作，做事比较认真，时间观念比较强，不苟言笑，给人一种矜持和不紧不慢的感觉。理智型的人疏于人际关系，感情也比较淡薄，有时会不知灵活变通，比较死板，一根筋。

在项目团队中，指导型的人能使项目组保持前进的方向，使项目小组树立成果意识，激发团队成员不断接近目标，对于那些以实现最终关键任务的项目来说，指导型的人发挥主要作用；社交型的人善于调和人与人之间的矛盾和冲突，他们更关注的是成员的心里起伏和变动，尽力塑造一个团结的气氛；亲善型的人可以包容不同的观点，在团队的相互协调中的作用不可忽视；理智型的人具有严密的思维逻辑、本着对工作精益求精的精神，他们能够帮助项目组界定项目范围和识别项目风险，能够制定可靠的项目计划并确保工作质量能够得到控制。

现实中很少有人完全符合上述性格分类，大多数人都具有几种复合性格。在项目团队中，四种性格的人适合不同的场景，各自发挥自己的特长，需要团队协作时，四种性格可以互补。

指导型和社交型是一对自然组合，培养领导型人才；指导型和理智型是一对互补组合，培养商业人才；理智型和亲善型组合产生教育家；指导型和亲善型是一对矛盾组合。

3. 进行角色分工，初步确定项目团队成员

根据人员的类型和项目团队的需要，选择需要的项目团队成员并对其进行角色定位。

4. 判断团队与项目客户及其他利益相关方的性格/人气和谐性

项目很少能由项目团队单独完成，它的成功一般需要利益相关方之间的配合。如果没有利益相关方尤其是客户对项目的支持，项目最终成果无法达到客户的需求，项目目标也就难以实现。预选的项目组成员和客户关系很融洽，无疑是非常有利的；如果项目组成员和客户合不来，当然，这种人际关系的不足也可以通过团队成员高超的技术能力等来弥补，但对于很多项目来说，这样做的代价会很大。

5. 最终确定项目组成员

最终确定正式项目成员之后要编制各成员对于每一项活动或任务认识的准确清单。

四、项目人员获得的渠道

人力资源获取是指组织为了发展的需要，根据人力资源规划和工作分析的要求，寻找、吸引那些有能力又有兴趣到本项目任职，并从中挑选出适宜人员予以录用的过程。人力资源的获取是指根据组织战略和人力资源规划的要求，通过各种渠道识别、选取、发掘有价值的员工的过程。这一获取过程有广义和狭义之分，狭义的人力资源获取仅指项目通过组织外部和内部渠道招聘员工的活动，而广义的人力资源获取则在狭义的基础上，涵盖了从组织内部发现员工的新价值、通过培训使得员工人力资本增值等过程。所以，人力资源获取方式可以有人力资源的取得和开发两种不同方式。在这里称通过招聘引进高质量的人才为人力资源的取得，把为获得高质量的人才对现有人力资源的培训称人力资源的开发。

1. 内部招聘

内部招聘是指在单位出现职务空缺后，从单位内部选择合适的人选来填补这个位置。内部招聘主要有以下几种方式。

(1) 提拔晋升。选择可以胜任这项空缺工作的优秀人员，这种作法给员工以升职的机会，会使员工感到有希望、有发展的机会，对于激励员工非常有利。从另一方面来讲，内部提拔的人员对本单位的业务工作比较熟悉，能够较快适应新的工作。然而内部提拔也有一定的不利之处，如内部提拔的不一定是最优秀的；还有可能在少部分员工心理上产生“他还不如我”的思想。因为任何人都不是十全十美的。一个人在一个单位呆的时间越长，别人看他的优点越少，而看他的缺点越多，尤其是在他被提拔的时候。因此，许多单位在出现职务空缺后，往往同时采用两种方式，即从内部和外部同时寻找合适的人选。

(2) 工作调换。工作调换也叫做“平调”，是在内部寻找合适人选的一种基本方法。这样做的目的是要填补空缺，但实际上它还起到许多其他作用。如可以使内部员工了解单位内其他部门的工作，与本单位更多的人员有深的接触、了解。这样，一方面有利于员工今后的提拔，另一方面可以使上级对下级的能力有更进一步的了解，也为今后的工作安排做好准备。

（3）工作轮换。工作轮换和工作调换有些相似，但又有些不同。如工作调换从时间上来讲往往较长，而工作轮换则通常是短期的，有时间界限的。另外，工作调换往往是单独的、临时的，而工作轮换往往是两个以上的、有计划进行的。工作轮换可以使单位内部的管理人员或普通人员有机会了解单位内部的不同工作，给那些有潜力的人员提供以后可能晋升的条件，同时也可以减少部分人员由于长期从事某项工作而带来的烦躁和厌倦等感觉。

（4）人员重聘。有些单位由于某些原因会有一批不在位的员工，如下岗人员、长期休假人员、已在其他地方工作但关系还在本单位的人员（如停薪留职）等。在这些人员中，有的恰好是内部空缺需要的人员。他们中有的人素质较好，对这些人员的重聘会使他们有再为单位尽力的机会。另外，单位使用这些人员可以使他们尽快上岗，同时减少了培训等方面的费用。

内部招聘的做法通常是企业在内部公开空缺职位，吸引员工来应聘。这种方法起到的另一个作用，就是使员工有一种公平合理、公开竞争的平等感觉，它会使员工更加努力奋斗，为自己的发展增加积极的因素。这无疑是人力资源开发与管理的目标之一。

2. 外部招聘

外部招聘是指从组织外部吸收申请人。可以采用多种形式，较普遍的方法有：广告招聘、职工引荐、校园招聘、中介机构、信息网络招聘。

3. 招聘方式选择

内部招募具有准确性高、激励性强、费用较低等优点。缺点是因处理不公、方法不当或员工个人原因可能在组织造成一些矛盾，产生不利影响，容易抑制创新。外部招募优点是可以带来新思想和新方法，有利于招聘一流人才，树立企业形象。缺点是筛选难度大、时间长、进入角色慢、招募成本大、决策风险大、影响内部员工的积极性。

通常企业在内部没有合适的人才或者企业的情况不适合内部招聘时，才可考虑外部招聘的方式，而对于普通员工，则可以优先考虑外部招聘。

五、人员组织的输出

1. 人力资源配备

当合适的人选被信任地分配到项目中并为之工作时，项目人员配置就完成了。依据项目的需要，项目人员可能被分配全职工作，兼职工作或其他各种类型的工作。

项目经理对项目人员类型要做到心中有数，至少清楚以下问题：

（1）项目管理职位（或角色）对人员有什么要求。

（2）各项目管理职位（或角色）需要补充多少人员，什么时间需要。

（3）所需人员何时得到，从内部还是外部。

(4) 采用何种项目组织形式，如何分工，管理幅度多大。

2. 项目团队成员清单

项目团队成员清单罗列了所有的项目小组成员和其他关键的项目相关人员。通过项目团队成员清单，我们可以很容易的了解到各个项目管理岗位的详尽职责、工作内容、技能要求、负责人员等。表11.6项目团队成员清单示例。

表11.6 项目团队成员清单

角色	要求			已到位人员名单	工作起止时间
	工作描述	技能要求	人数		
项目成员	·协调和综合子系统任务 ·协助确定技术和人才需求 ·根据技术进度、进度计划和预算来预测和分析项目的执行	·计划编制 ·协调 ·分析 ·了解组织			
业务经理	·进行方案权衡 ·根据制定的进度和预算对技术进行指导	·专业基础知识 ·权变分析 ·任务实施管理 ·对任务专家的领导			
项目经理	·项目计划编制与控制 ·了解利益相关方的需求 ·建立项目组织并配备人员 ·全面领导项目计划的实施	·全面领导大型项目 ·组建团队 ·解决冲突 ·管理多种职能任务 ·计划编制和资源配置 ·协调利益相关方			
项目总监	·通过各项项目负责管理多项目任务，其中每一业务由一项目经理领导 ·企业规划和发展，制定大型项目管理指导方针 ·培养人才	·领导能力战略计划编制 ·大型项目业务指导和管理 ·组织建设 ·关键人员的挑选和开发 ·新业务的开创和发展			

第四节 项目团队建设

团队建设是把一组人员组织起来实现项目目标，是一个持续不断的过程，它是项目经理和项目团队的共同职责。团队建设能创造一种开放和自信的气氛，成员有统一感，强烈希望为实现项目目标做出贡献。

一、项目团队的创建过程

1. 规划团队建设

首先，项目的目标必须明确。由于团队目标是建立在明晰的项目目标基础之上的，因此，项目经理必须在项目计划中，清晰地列出项目总体目标以及项目工作范围、工作分解结构、质量标准、预算要求以及进度计划等。并且，由于团队成员在加入项目时往往会有着自己的个人目标，因此，项目经理在制订项目分目标时应充分考虑个人目标的因素，如能合理地分解项目目标，并与项目成员个人目标有机地结合起来，那么今后在项目开展过程中就可以得到团队成员的极大支持。

其次，工作的流程必须清晰。项目经理应该规划好一个流程组，不仅包括项目的实施流程，如网络图等，而且应包括成员间的沟通、汇报流程，问题发现与解决的流程，召开会议的流程等等，在各个流程中，项目经理应设法穿插团队建设方面的环节和节点，使团队建设在不知不觉中融入到项目的工作流程中。例如，在问题发现与解决的流程中，项目经理可以增设一个讨论地点的节点，规定项目成员在发现问题后，应聚集到某个办公室进行面对面的探讨而不是通过互相发送电子邮件来解决问题。通过这个节点的增加，项目成员间的距离缩短了，成员间彼此沟通的强度加大了，问题的解决就会变得更为迅速。这样，清晰的工作流程不仅为项目成员有序开展工作指明了方向，而且为团队建设注入了活力。

再次，成员的职责必须分明。项目经理应充分利用诸如工作分析结构、职责矩阵、甘特图等工具明确划分每个成员的工作任务，并对每个成员的工作范围、内容作尽可能详细的描述。每个成员的工作职责划分得越清晰，项目各成员的工作内容就会越明确，工作中彼此间的协作就会越容易，因为彼此都了解自己和对方的工作范围。而如果项目成员的角色和职责含糊不清或者一些成员的职责出现了明显的重复，那么在今后的项目开展过程中，就会极易出现项目成员间互相推诿、互不负责或者工作重复、发生冲突的局面，从而严重影响团队工作的协作性和团队工作的效率。项目成员的职责明确后，就为项目成员的合理甄选奠定了基础。

2. 获取团队成员

在上一节人员配备中我们知道一个项目的成功与否与该项目成员的素质密切相关，

这种素质不仅体现在项目成员的技术、能力、经验方面，而且体现在他们的工作风格、协作精神、责任心甚至个性等方面，即他们是否能够成为一个有助于团队发展的成员。而获得一些优秀的项目团队成员并不那么容易，即便在一个纯项目型的组织中，项目经理也可能没有充分的权利来挑选成员，一些新聘的成员可能并不能达到预期的要求。而在一个矩阵型的组织中，这个问题就会变得更加复杂。项目经理到职能部门去甄选成员时，往往不能得到职能经理的支持，因此，项目经理为了成功地挑选到所需成员并建设起一个出色的团队，就必须充分运用其个人的影响力，去争取那些最合适的人选到项目组中来。在挑选人员方面所作出的妥协，将会给今后的项目开展和团队建设带来不必要的麻烦和困难。

3. 召开启动会议

项目启动会议标志着项目的正式开始运作。项目启动会议既是成员间的第一次碰头会，又是一次非常好的成员间沟通交流、相识相知的机会。对于各成员来说，他们将组建成一个新的团队。面对这个新的团队，多数成员会有这样或那样的顾虑。例如，他们在这个项目中处于什么样的地位、是否会得到足够的重视，个人价值是否可以在这个项目中得以体现等，对于项目经理来说，他应尽可能在启动会议上就消除成员的这些顾虑。

由于项目组成员大多来自于各个职能部门甚至是外部公司，而成员今后的办公地点也往往不在一起，有些成员可能因为项目的需要会异地办公，大家聚在一起的机会不多，因此项目经理应充分利用启动会议的机会，为成员间的第一次聚会创造良好的沟通氛围。虽然启动会议是由项目经理来主持的，但项目经理必须注意到，会议应是双向甚至是多向交流，而不应是单向交流，让各成员熟悉项目经理固然重要，但是让各成员彼此互相熟悉则显得更为重要。启动会议结束后，项目经理要把会议上已经明确的内容以书面形式提供给项目团队中的每位成员，使成员可以各司其职、各尽其责。并且，项目经理还要把启动会议上项目成员提出探讨的问题进行汇总，并与各有关成员一起讨论或单独交流，使项目成员感受到自己的意见会被受到重视，从而愿意在项目中提供更多的付出。良好的开端是成功的一半。在项目一开始就营造起无拘无束的项目氛围，让成员能够自由交流，发表见解，增进友谊，对项目今后的团队建设将会起到至关重要的作用。

4. 赢得团队承诺

每个成员在加入项目工作时，都会有自己的个人目标，他们往往出于各自不同的目的参与到项目中来，因此，他们对项目经理所谓的项目总目标会有各自不同的理解和看法。特别是在项目开展的初期，由于项目进展成果的不确定性，他们并不愿意较早地作出承诺，他们倾向于等待，等到他们确信他们会继续为此项目付出努力时，他们才会对承诺真正有所考虑。并且，即便他们对项目的目标表示出认同，他们对该项目的重要性方面、优先执行方面也会有不同的理解。因此，项目经理获取团队的共同承诺需要有一个过程，这个过程往往是缓慢推进的，项目经理必须理解这样一个过程，并尽可能加快这个过程的进程。

只有在项目成员取得了共识，有了共同承诺、共同目标后，项目组成员的凝聚力才会不断加强，项目执行的效率才会大大提高。获取团队承诺的一个行之有效的措施是：项目经理在项目实施初期，就创造条件让尽可能多的项目成员参与到项目中来。例如，在项目计划阶段就让项目组的主要成员参与进来，参与越多，付出越多，对项目就越有亲近感，也就越愿意付出承诺。

5. 丰富沟通渠道，加强团队建设

项目成员间的默契配合，是建立在彼此充分了解基础之上的。如果没有一个良好沟通渠道的建立，就会阻碍项目成员间的交流，就不可能促使成员彼此尽快熟知，也就不可能创建一个良好协作的团队。另外，如果缺乏一个有效的沟通，项目进展的各种信息就不能在成员间充分交流、分享，就会制约项目的有效开展。因此，为了尽快地组建起一个有效的工作团队，项目经理必须确保尽早建立一个完善的沟通网络。许多项目成员习惯用签发文件、电子邮件等方式进行沟通，然而，项目经理必须意识到，在一个有效的沟通网络里，项目经理要尽量创造机会促使双向沟通，通过有效的双向沟通，增进成员间的了解和友谊，培养起团队协作的精神。加强双向沟通和团队磨合的方式多种多样，目前最常用、也是比较有效的一种沟通方式就是召开会议。

除此之外，还要加强团队建设。使团队成员社会化会促进团队建设，团队成员之间相互了解越深入，团队建设得越出色。项目经理要确保全体成员能经常相互交流沟通，并为促进团队成员间的社会化创造条件，团队成员也要努力创造出这样的条件。团队建设可以采用以下形式：

（1）项目团队可以要求团队成员在项目过程期间，被安排在同一个办公环境下进行工作，当团队成员被安排到一起时，他们就会有许多机会走到彼此的工作区进行交谈。同样，他们会在如走廊这样的公共场所经常碰面，从而有机会在一起交谈。谈论未必总是围绕工作。团队成员很有必要在不引起反感的情况下，了解彼此的个人情况。项目过程中会发展起许多个人的友谊。安排整个团队在一起工作，就不会出现因为团队一部分成员在大楼或工厂的不同地方工作而产生“我们对他们”的思想。这种情形导致项目团队成为一些小组，而非一个实际的团队。

（2）项目团队可以举办社交活动庆祝项目工作中的事件，例如项目的重要里程碑阶段，也可以是为放松压力而定期举办的活动。团队为促进社会化和团队建设，可以组织各种活动。如体育活动、周末聚会、各种团体比赛等，一定要让团队中每个人都参加这类活动。也许有些成员无法参加，但一定要邀请到每个人，并鼓励他们参加。团队成员要利用这个机会，尽量与更多的其他团队成员（包括参加活动的家庭成员）

相互结识，增进了解。一个基本规律是试图与不太熟悉的人在一起聊天，提了一些问题，听他谈论，发现共同兴趣。要尽量避免让人们形成几个人组成的小团体，在每次活动中老是聚集在一起。参加社会化活动，不仅有助于培养起忠诚友好的情感，而且能使团队成员在项目工作中更容易进行开放、坦诚的交流沟通。

(3) 除了组织社交活动外，团队还可以定期召开团队会议。相对项目会议而言，团队会议的目的是广泛讨论如下问题：作为一个团队，我们该怎样工作？有哪些因素妨碍团队工作？我们如何克服这些障碍？我们怎样改进团队工作？如果项目经理参加团队会议，对他应一视同仁。团队成员不应向经理寻求解答，经理也不能利用职权，否决团队的共识。因为这是团队会议，而不是项目会议，只讨论与团队相关的问题而与项目无关。

6. 规范冲突管理

项目工作中冲突是不可避免的。在项目实施期间，冲突可能来自于各种情形。它可能涉及到项目经理、项目成员甚至是客户等各种利益关系人，工作内容、工作流程、进度安排、资源分配、人员调度、费用计划等都可能成为冲突的来源。冲突处理恰当，可以激发讨论，澄清观念，发掘思路，活跃气氛，促进团队建设。然而，如果处理不当，它将会影响成员沟通，阻碍成员协作，降低彼此信任，对项目团队产生很不利的影响。因此，项目经理必须对冲突的发生有着充分的思想准备。事先制订一个冲突管理流程，明确冲突发生后的解决途径，将会有助于引导冲突向有利于团队建设的方向发展。研究人员提出的五种冲突处理方法，包括回避、施压、调停、妥协以及正视问题，应根据冲突发生的类别有针对性的予以合理应用。

7. 建立完善的激励系统

在项目开展过程中，团队建设离不开激励系统的建立。只有项目组成员愿意在该项目中投入足够的时间和精力，才会有较好的团队协作。因此，一个完善的激励系统的建立，对项目成员工作积极性的提高、团队协作的加强会有巨大的推动作用。美国哈佛大学心理学家威廉·詹姆斯在研究中发现：通常，员工的能力可发挥20%~30%；受到充分激励后，其能力可发挥80%~90%，由此可见有效激励的重要性。对项目人员实施的激励主要有物质激励和精神激励两类。物质激励通常可采用发放奖金、福利等形式；精神激励可采用口头表扬、书面表扬、增加信任感、委以重任等形式。

另外还有一些措施也能起到激励的作用，它们包括赋予独立的办公室，可以使用公司汽车，可以拥有秘书，免于考勤，免费体检，业务时间培训费用的报销，提供内训机会，赋予股票期权，给予假期福利等等。但是，项目经理必须明白，个人激励与团队激励是有区别的。个人激励必须公平，否则会影响到项目成员间的协作。团队激励可以鼓舞士气，促进团队建设的开展。

每位项目成员都希望自己能参与到一个非常重要的项目开发工作中，通过实践，丰富资历，分享荣耀，实现自我。根据亚伯拉罕·马斯洛（Abraham Maslow）提出的关于人的需求层次理论，其中自我实现的需要是一个人的最高层次需求。因此，项目经理如果将人的这种需求理念融入到项目的激励系统中，鼓励成员实现自我、成就事业，就可以更为有效地赢得成员的自愿加入，创造良好的团队建设环境。项目经理可以在项目实施期间，创造一种学习氛围，使成员能从他们所从事的工作中获得知识。项目经理应相信，所有成员都是有上进心的，对项目组都是有价值的，成员通过不断学习，可以做出更大的贡献。项目经理应鼓励成员积极进取，不怕出错，充分肯定成员的工作，通过适当授权，显示对成员工作能力的信任，并经常就自我发展的重要性与项目成员进行交流、探讨，使成员感受到自身价值将会随着项目的发展而不断增长。可能最为有效的激励就是项目的重要性了。

经验表明，当一个项目团队面临一项非常重要的工作时，该项目的团队建设往往会变得非常成功。然而，并非每个项目都会有其举足轻重的地位，许多项目可能由于比较小，一时无法引起项目成员的重视。在这种情况下，项目经理就要善于挖掘项目的独特之处，引导项目成员去发现项目的美好前景和带来的收益，引发成员的关注。

在激励时必须注意的是：每个项目团队成员需求的侧重点是不同的，应根据其需求特点有针对性地激励，以此达到预期的激励效果。而且，由于团队个体的需求在不同时间是不一样的，在一阶段达到了某一需求后，他会追求更高层次的需求，所以在实施激励时，也应坚持动态原则，根据个人及项目团队的发展而有所改进。同时还应坚持实事求是的原则，对某些成员提出的不切实际的需求应及时地予以解释和拒绝，以免期望越大，失望越大。为了使激励机制更加公开化、公平化，激励机制的制定不仅要有当事人参加，如果可能还应包括同事以及项目经理等，并及时传达激励的信息，接受项目成员的反馈。

综上，在项目中开展团队建设对于项目成员凝聚力的提高、项目目标的实现起着至关重要的作用。团队建设的开展不会自觉进行，必须加以引导、建立，团队建设必须尽早地开展，并应贯穿于项目过程的始末，使其真正服务于项目目标的实现。

二、项目团队发展

项目管理二十几年的研究表明，项目团队的发展没有任何标准的模式，小组成员的态度和行为是在不断的动态调整中，项目经理必须要有敏锐的洞察力和辨识各种冲突的性质，制定并实施切实可行的团队建设措施，建立全科学的授权与控制机制，使项目团队能长久保持高绩效的运作状态，确保项目任务的顺利完成。

项目团队一般要经历形成、磨合、规范、执行、解散五个阶段。各阶段的工作任务和冲突关系各不相同，项目经理应采用不同的领导策略加以适应。

1. 形成阶段

在形成阶段，项目组成员刚刚开始在一起工作，总体上有积极的愿望，急于开始工作，但对自己的职责及其他成员的角色都不是很了解，他们会有很多的疑问，成员既有兴奋感又有焦虑感，谨慎的研究和学习适宜的举止行为，以期找到自己的角色。

在这一阶段，项目经理应使项目组成员了解项目目标，并为他们描绘未来的美好前景及项目成功所能带来的效益，公布项目的工作范围、质量标准、预算和进度计划的标准和限制，使每个成员对项目目标有全面深入的了解，建立起共同的愿景。明确每个项目团队成员的角色、主要任务和要求，培养成员对项目团队的归属感，激发其责任感，努力建立项目团队与项目组织外部的联系与协调关系。

在项目团队形成初期，除了让团队成员明确项目目标以及角色定位以外，还需要强调的一点就是团队文化的构建和完善。项目团队中要努力塑造出这样一种文化氛围：团队成员是一个利益共生体，只有相互信任、相互合作，才能创造共赢。任何团队成员的道德风险损害的都是大家共同的利益。

2. 磨合阶段

在磨合阶段，成员与成员之间、成员与环境之间、新旧观念与行为之间三方面的差异导致冲突比较多，需要适应一段时间。

(1) 成员与成员之间的磨合。团队进入磨合期后，成员之间由于立场、观念、方法、行为等方面的差异必然会产生各种冲突，什么工作行为、任务目标、工作指导等统统忘却于脑后。此时，人际关系陷入紧张局面，甚至出现敌视、强烈抵触情绪及向领导者挑战的情况。其结果是一些人可能暂时回避，一些人准备退出。

(2) 成员与环境之间的磨合。首先，这种磨合体现在成员与组织技术系统之间的磨合。如团队成员在新的环境中可能对团队采用的信息技术系统或新的制作技术不熟悉，经常出差错。这时最紧迫的是进行技能培训，使成员迅速掌握团队采用的技术。其次，成员与组织制度系统之间的磨合。在团队建设中，组织会在其内部建立起尽量与团队运作相适应的制度体系，如人事制度、考评制度、奖惩制度等。但是，由于这些制度是在组织范围内制定和实施的，相对于小范围的团队来说，未必有效。再次，团队成员与组织其他部门之间的关系磨合。团队在成长过程中，与组织其他部门要发生各种各样的关系，也会产生各种各样的矛盾冲突，需要进行很好的协调。最后，团队与社会制度及文化之间的关系也需要协调。

(3) 新旧观念与行为之间的磨合。磨合阶段是团队内激烈冲突的阶段。随着工作的开展，这些方面问题会逐渐暴露。成员们可能会发现，现实与理想不一致，任务繁重而且困难重重，成本或进度限制太过紧张，工作中可能与某个成员合作不愉快。这些都会导致冲突产生、士气低落。在这一阶段，项目经理要营造这样的一种环境：团队里的成员关系是开放、友善的，团队员工愿意坦诚地将不满的原因暴露出来，而不必担心会遭到任何攻击或报复，其他人也愿意积极换位思考，以使达成一种共赢的结局。同时，在团队成员之间发生冲突时，建立切实可行的行为和工作标准，在团队中树立威信、排除冲突、以理性的、无偏见的态度来解决团队成员之间的争端。否则，团队成员有不满也不一定立即表现出来，而一旦爆发已造成难以挽回的局面。当团队员工表现出不满情绪的时候，我们不能回避或者视而不见，积极的态度是正视问题，表现出愿意就面临的问题广泛交换意见，并尽力通过大家的合作努力解决问题的姿态。

3. 规范阶段

在这一阶段，团队将逐渐趋于规范。团队成员经过磨合阶段逐渐冷静下来，开始表现出相互之间的理解、关心和友爱，建立了友谊、忠诚和信任，团队成员大量交流信息、观点和感情，亲密的团队关系开始形成，同时，团队开始表现出凝聚力。一般情况下，高效的、有凝聚力的团队与一般团队的产能比是 2 :1 或 3 :1，所以项目经理能不能把自己的团队打造成一个高效的、有凝聚力的团队事关项目的最后的成败。

另外，团队成员通过一段时间的工作，开始熟悉工作程序和标准操作方法，对新制度，也开始逐步熟悉和适应，新的行为规范得到确立并为团队成员所遵守。通过磨合期以后，沟通和协作的必要性得到广泛的认可，团队逐渐建立一种公认行为标准或价值观，团队绩效和士气开始增加，这时会产生强烈的团队身份感和友谊关系。团队成员中的自我意识逐渐被团队意识所取代，团队工作效率得到明显提高。当团队结构稳定下来，团队对于什么是正确的行为基本达成共识时，这个阶段就结束了。

对于前三个阶段来说，专权的管理人员和集权式的管理风格都是需要的，因为处于不稳定的时期需要项目经理去做决策。与磨合期相比，规范期授权的比重明显增加，集权的比重逐渐下降。另外，在这个阶段，项目经理在项目成员及任务间进行适当的资源配置也是比较重要的。

4. 执行阶段

在这一阶段，团队的结构完全功能化并得到认可，内部致力于从相互了解和理解到共同完成当前工作上。团队成员一方面积极工作，为实现项目目标而努力；另一方面成员之间能够开放、坦诚及时地进行沟通，互相帮助，共同解决工作中遇到的困难和问题，创造出很高的工作效率和满意度；每个人的自我管理和自我约束能力已经从最初的抵制变成了一种习惯。在这个时期会产生大量的交付成果。这个阶段，做事认真、时间观念比较强的人应成为主流、他们会将其专业能力发挥的淋漓尽致。

在这一阶段，项目经理的领导人物主要是适当的授权和分派工作，让成员自主完成工作任务，通过有效的控制、尊重和信任来激发成员。

5. 解散阶段

为完成某项特定任务而组建的团队，伴随着任务的完成，团队会因任务的完成而解散。此时，高绩效不是压倒一切的首要任务，注意力转移到了团队的收尾工作。这个阶段，团队成员的反应差异很大，有的很乐观，沉浸于团队的成就中，有的则很悲观，惋惜在共同的工作团队中建立起的友谊关系，不能再像以前那样继续下去。在这个阶段，既需要专权型的人确保项目交付，又需要善于合作的人对业绩评价进行调和，还需要擅长社会活动的人使团队成员对团队留下美好记忆，以消除他们对未来工作可能出现的彷徨，而其他的人必须保证项目交付物的质量，以免团队离开后出现问题。

三、项目团队的管理

（一）提高项目团队凝聚力

项目团队的凝聚力不仅是维持项目团队存在的必要条件，而且对项目团队潜能的发挥、项目团队生产效率的提高有重要作用。因此项目经理应注意在工作中采取必要的措施不断增强项目团队的凝聚力，并引导团队成员努力为实现项目目标而工作。具体有以下几个方面：

1. 建立共同的愿景

愿景是项目经理与项目组织成员共同建立起来的、融项目目标与个人目标于一体的、项目组织成员们努力要追求的目标。有了这样一个目标，项目团队就可以对团队成员产生强大的吸引力，从而增强团队的凝聚力。另外，愿景使组织目标与团队目标高度一致，因此可以使团队的生产效率大大提高。

2. 采取适当的激励措施

除了建立共同的愿景之外，在项目建设的过程中，项目经理应注意采取必要的措施满足项目组织成员各种物质和精神需求，使其不断受到激励，从而增强团队对他们的吸引力。如通过使成员承担的工作内容更有挑战性，授予他们在工作中更大的自主权，来满足他们希望实现自我价值的精神需要；通过为成员提供学习的机会，来满足他们希望不断提高自身价值、不断成长的需要；通过公平合理的工资和奖金的发放，来满足他们希望不断改善生活条件的需要；通过各种各样丰富多彩的业余活动的安排，如聚餐、郊游等，来满足他们希望与人交往、沟通的需要。

3. 成为具有超凡魅力的领导者

美国的罗伯特·豪斯认为具有超凡魅力的领导者具有以下特点：自信；有远见；能清楚表述目标；对目标的实现具有坚定信念；不循规蹈矩；努力变革；对环境敏感。有超凡魅力的领导者对下属有什么样的影响呢？罗伯特·豪斯对此也进行了研究，研究表明，有超凡魅力的领导者与下属的高绩效和高满意度之间有着显著的相关性。为有超凡魅力的领导者工作的员工，会因为受到激励而付出更多的工作努力，而且，由于他们喜爱和敬佩自己的领导，也会表现出更高的满意度。而满意度越高，团队的凝聚力越强。

（二）项目团队文化建设

团队文化是团队的灵魂，直接关系到项目目标的实现，项目团队文化建设的好坏直接决定着团体的生命力和活力。团队文化建设就是要培养、教育员工爱岗敬业、树立责任意识，增强对团队的信心，激励员工乐观向上，工作积极上进和学习进步。只有团队成员充满活力和激情时，才能促进和带动团队的活力。我们可以从以下几个方面加强项目团队文化建设。

1. 优秀的团队领导

曾巴赫（Katzenbach）和史密斯（Smith）于1993年提出了优秀团队领导的六项原则，或者更准确地说，是优秀团队领导应该做到的六点：

（1）好的团队领导总是帮助团队阐明目标与价值观，并且保证团队成员的行为过程不会偏离目标与价值观。

（2）努力建立起每个团队成员以及整个团队的认同与信任。他们善于抓住机会展示团队是如何积极行动的，鼓励人们评价其他人的能力与技术，并在团队成员为自己的目标努力时表示赞赏。通过这种做法，团队成员的个人行动与团队整体行动相一致，并建立起责任与自治。

（3）坚持不懈强化团队的综合技术水平。如果需要的技术与占有的技术不一致，没有任何一支团队会获得成功。团队领导要经常评价团队成员的业绩，并指出发展机会。

（4）管理与外界的关系，排除团队道路上的障碍。项目领导对团队与外界之间的关系负责。他需要保护团队成员，避免无故责难或可能降低团队工作质量的管理压力。

（5）为他人创造机会。团队领导要将团队置于自我之上。通过靠后站并让团队成员负起责任或学会如何执行新的任务，团队领导为每一位团队成员创造发展机会。

（6）团队领导也要做实际的工作。团队领导要确保团队中每一个人，包括他们自己对团队具有大致相同的贡献。而且，他们要主动承担困难或别人厌恶的工作，表现出对团队负责的态度。通过这种做法，团队领导用行动证明：他们的确相信团队，并且准备为其尽最大的努力。

2. 进行有效沟通，善于解决冲突

每个人由于不同的经历、阅历、修养以及看待问题的角度不同等因素产生冲突，可能由于没有进行及时沟通而愈演愈烈，如何解决冲突成为工作中一个很关键的问题。解决冲突要做到以下几点：

（1）对事不对人。在处理事件中加入个人的感情色彩，必然会扭曲事实的真相，只能导致冲突的复杂化。

（2）善于倾听不同意见。善于从不同意见萃取精华，使自己的意见更加完善，更加富有系统性。

（3）以集体利益为重。各方发生冲突时应以大局为重，在各方利益中找到一个平衡点是一个最佳的选择。

（4）遏制冲突事态扩大化。事件的进一步冲突对任何一方都没有好处，反而会损害团队的凝聚力。所以一个成熟的团队应该善于把握进程、控制冲突的进程、严格控制任何冲突扩大化的苗头，力求通过对话达成共识。

3. 强调团队学习

团队学习是提高团队成员相互配合、整体协调和实现共同目标的能力的学习活动和过程。这一学习过程不但包括对项目团队价值的理论、方法、知识技巧的接受和掌握，还应包括团队全体成员对外部的学习研究以及内部互相理解、配合和模仿，以及对形式的共同感受、分析、理解和提出有价值的对策。通过团队学习不仅提高了成员的工作能力，而且在思想上统一了认识，十分有利于形成共同的价值观和信仰，有利于团队文化建设。

复习与思考

1. 为什么要进行项目人力资源管理？
2. 项目人员配备中内部选派和和外部招聘的方式各有哪些？如何进行项目人力资源选择？
3. 试述项目团队发展各阶段的特点？项目经理在各阶段的侧重点有什么不同？
4. 团队建设应从哪些方面着手，并结合案例进行分析？

案例讨论

A公司的项目人力资源管理

A公司是一家玻璃制造厂，是集开发，生产、销售为一体的私营独资企业，工厂生产规模宏大。公司主要生产高硼硅玻璃、玻璃仪器、玻璃烧器、玻璃器皿、灯饰玻璃等。另外还包括压制各种酒瓶及异型玻璃、刻花玻璃、有色玻璃制品。

公司成立于1998年，在经历2000至2003年的高速扩张后，于2004年初放缓了发展的脚步，因为总经理感受到高速扩张带来的两个头痛问题：一是高速扩张后带来的管理人才紧缺，特别是经理层次人员的空缺常使公司陷入被动局面，管理机制出了一些问题。公司原有总经理3名，部门经理级人员10名，其他员工90名。一年后，总经理人员离职1名，退休1名；部门经理级人员离职3名，退休1名；其他人员离职6名，退休6名。

[资料来源]：http：//wenwen. soso. com/z/q132684444. htm（编者改编）.

问题：

如果该企业规模维持不变，你将如何编制人力资源规划？

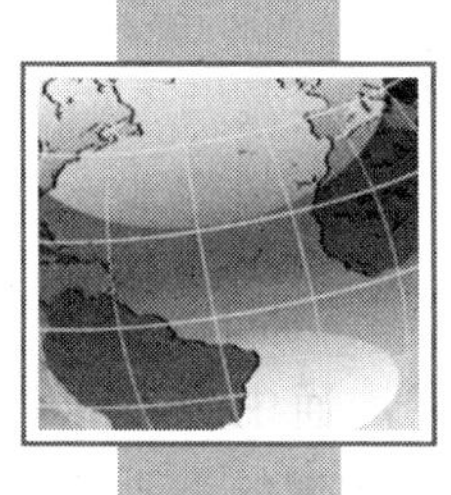

第十二章 项目沟通管理

要点提示

- 项目沟通管理在项目管理中的作用。
- 项目沟通管理的主要内容。
- 项目沟通规划的依据、方法和成果。
- 项目各种沟通方式的优缺点及其适用性。
- 项目各种沟通渠道的传播途径。

案 例 听的艺术

美国知名主持人林克莱特一天访问一名小朋友，问他说："你长大后想要当甚么呀?"

小朋友天真的回答："嗯…我要当飞机的驾驶员!"林克莱特接着问："如果有一天，你的飞机飞到太平洋上空所有引擎都熄火了，你会怎么办?"小朋友想了想："我会先告诉坐在飞机上的人绑好安全带，然后我挂上我的降落伞跳出去。"当现场的观众笑得东倒西歪时，林克莱特继续注视着这孩子，想看他是不是自作聪明的家伙。没想到，接着孩子的两行热泪夺眶而出，这才使林克莱特发觉这孩子的悲悯之情远非笔墨所能形容。于是林克莱特问他说："为什么要这么做?"小孩的答案透露出一个孩子真挚的想法："我要去拿燃料，我还要回来!"

你听到别人说话时，你真的听懂他说的意思吗？如果不懂，就请听别人说完吧，这就是"听的艺术"：

(1) 听话不要听一半。

(2) 不要把自己的意思，投射到别人所说的话上去。

[资料来源]：http：//www.stpxw.com 编者整理.

思考：联系日常生活中的场景，想想有哪些沟通障碍，为什么会出现这种状况？

第一节 项目沟通管理概述

管理上有一个著名的双50%现象，即经理人50%以上的时间用在了沟通上，如开会、谈判、指示、评估等等；然而，工作中的50%以上的障碍都是在沟通中产生的。蒙牛集团也有一个98%定律，即98%的沟通都缘于误会。由此可见有效沟通的重要性。项目组所有人员最重要的工作之一就是沟通，他们通常花在这方面的时间应该占到全部工作时间的75%~90%。良好的交流才能获取足够的信息、发现潜在的问题、控制好项目的各个方面，从而确保在适当的时间、以合理的成本、恰当的方式使工作人员获得准确、及时的信息。因此，项目沟通管理是整个项目建设过程中的神经中枢。

项目管理协会（PMI）在其《项目管理知识体系指南》中，把沟通管理定义为“项目沟通管理这一知识领域包括保证及时与恰当地生成、收集、传播、存储、检索和最终处置项目信息所需要的过程。它在人员与信息之间提供取得成功所必需的关键联系。”

项目沟通管理具有以下特征：每一个项目的建立都与大量的公司、企业、人员、政府机构等密切相关。另外，大部分项目都是由特意为其建立的项目团队进行实施的，具有临时性，项目是开放的复杂系统。项目的确立将全部或局部地涉及到社会政治、经济、文化等诸多方面，对生态环境、能源将产生或大或小的影响，这就决定了项目沟通管理应从整体利益出发，运用系统的思想和分析方法，全过程、全方位地进行有效的管理。

一、项目沟通的重要性

对于项目来说，要科学地组织、指挥、协调和控制项目的实施过程，就必须进行信息沟通。没有良好的信息沟通，对项目的发展和人际关系的改善，都存在着制约作用。项目沟通的重要性，具体来说，主要表现在以下几个方面：

1. 项目沟通是计划、组织、领导和控制管理过程的依据和手段

只有通过信息沟通，掌握项目班子内部的各方面情况，准确、完整、及时的掌握各方面的信息，才能为科学管理提供依据，提高项目班子的组织效能。

2. 项目沟通是建立和改善人际关系必不可少的条件

信息沟通，意见交流，将许多独立的个人、团体、组织贯通起来，成为一个整体，减少人与人的冲突，改善人与人、人与项目班子之间的关系。

3. 项目沟通是项目经理成功领导的重要手段

项目经理是通过各种途径将意图传递给下级人员并使下级人员理解和执行，如果沟通不畅，下级人员就不能正确理解和执行领导意图，最终导致项目混乱甚至失败。

二、项目沟通的原则

1. 有效沟通的原则

对信息的接受和理解是否符合信息发出者的思维宗旨，接受者和发出者之间是否存在歧义，是衡量沟通是否有效的主要标准。沟通过程主要在信息源与接受者之间传送。信息首先被转化为信号形式（编码），然后通过媒介物（通道）传送至接受者，由接受者将收到的信号转译回来（解码），但整个过程也容易受到噪声的影响。

在沟通的过程中信息源把头脑中的想法进行编码而生成了信息，被编码的信息受到四个因素的影响：技能、态度、知识和社会（文化系统），并且用于传递意义的编码和信号群、信息本身的内容，以及信息源对编码和内容的选择与安排所作的决策，都影响着信息的传递。所以其中任何一个阶段出现差错都会造成沟通障碍，有效沟通的目的就是要尽量避免沟通障碍，使信息的发送者和接受者二者理解一致。

2. 尽早沟通原则

尽早沟通要求项目经理考虑问题要有前瞻性，尽早和定期在用户与项目成员中建立沟通，及时发现问题，解决问题，并预测和寻找潜在的问题。在项目管理中出现问题并不可怕，可怕的是问题没被发现，沟通越晚，问题暴露越迟，造成的损失就越大。

3. 主动沟通原则

在项目管理中“提倡主动沟通”，而不能回避和拖延，尤其是必须要去沟通的时候。当沟通是项目经理面对用户或上级、团队成员面对项目经理时，主动沟通不仅能建立紧密的联系，更能表明你对项目的重视和参与，会使沟通的另一方满意度大大提高。

4. 节约成本的原则

项目管理中的沟通是有成本的。项目管理的管理有效性取决于项目管理的沟通成本，而沟通成本一般取决于项目管理组织设计中项目管理的协作性，也就是说取决于项目成员之间的沟通意愿和沟通能力。项目管理中的成本具体表现为两方面：一是沟通所花费的时间和精力；二是沟通过程中信息的失真和损失。在项目管理的过程中要尽量降低上述两类沟通成本，提高沟通效率。

三、完整的沟通管理体系的内容

建立沟通管理体系主要包括以下四项内容：

1. 沟通计划编制

确定项目干系人的信息沟通需求——谁要什么信息，何时需要，如何获得信息。

项目沟通计划是项目整体计划中最重要的部分。在编制项目沟通计划时，最重要的是理解组织结构和做好项目干系人分析。项目经理所在的组织结构通常对沟通需求有较大的影响，比如组织要求项目经理定期向项目管理部门做进展分析报告，那么沟通计划中就必须包含这条。项目干系人的利益要受到项目成败的影响，因此他们的需求必须予以考虑。最典型也最重要的项目干系人是客户，而项目组成员、项目经理以及他的上司也是较重要的项目干系人，所有这些人员各自需要什么信息，在每个阶段要求的信息是否不同，信息在传递的方式上有什么偏好都是需要细致分析的，比如有的客户希望每周提交进度报告，有的客户除周报外还希望有电话交流，也有的客户希望定期检查项目成果，种种情形都要考虑到。分析后的结果要在沟通计划中体现出来并能满足不同人员的信息需求，这样建立起来的沟通体系才会全面、有效。

当某人接替一个项目经理的职位，首先应当做的不是召开项目组会议、约见客户、检查项目进度，而是检查整个项目的沟通计划，清晰地了解计划中所规定的项目信息的收集和归档结构、信息的发布方式、信息的内容、沟通方式、进度计划等等。只有对这些做到心中有数，才能把握好沟通，在此基础上控制项目的各个方面。

2. 信息发布

使项目干系人及时得到所需要的信息，包括实施沟通管理计划，以及对预料之外的信息索取做出反应，信息公布应做好公布后的反馈问题。信息发布时，发送方要做到发送及时完整，内容清晰准确。接收方要做到接受完整，信息理解无误。这就要建立项目管理信息系统，它是专门用于收集、综合、散发及其他过程结果的工具和技术的总和，可以快速查找和处理繁冗复杂的事件。信息发布包括以下内容：

（1）经验教训。包括问题的起因，采取的纠正措施及依据等，这可以成为本项目及以后项目的历史数据库的组成部分。

（2）项目记录。项目记录可包括函件、备忘录、及项目描述文件，也包括个人项目笔记中的重要记录。

（3）项目演示介绍。项目团队向项目干系人提供的正式或非正式有关项目的介绍情况、实地勘察情况、会议记录情况等。项目干系人的通知以及反馈包括：问题的征求意见，项目变更信息，以及项目干系人对问题的反馈意见，最终决定等，有关项目干系人的签字以及对信息意见的文字记录。

3. 绩效报告

绩效报告收集并发布有关项目绩效的信息，包括状态报告、进展报告和预测。绩效报告一般应包括范围、进度计划、费用和质量等方面的信息，有的也包括风险和采购信息，结果是形成绩效报告和变更要求。绩效报告必须选择合理的绩效报告的工具和技术（绩效评审、偏差分析、趋势分析、挣值分析），使绩效报告与项目的实际情况最接近，常用的格式包括条形图、S 曲线、直方图及表格。

4. 管理收尾

管理收尾产生、收集和发布信息，以使阶段或项目的完成正规化。管理收尾活动不能等到项目结束才进行，项目的每个阶段都要进行适当的收尾，保证重要的、有价值的信息不流失。管理收尾包含项目结果文档的形成，如项目记录收集、对符合最终规范的保证、对项目成功或教训进行的分析以及这些信息的存档以备将来利用。

四、几种重要的项目干系人的沟通

一个成功的项目与范围、时间、成本、质量、人力资源、风险、采购、沟通等因素是紧密相关，不可分离的。但是在项目实际的操作过程中，可以发现无论是项目管理中的哪个因素，与其关联最多、涉及活动最多的都是项目干系人。项目管理中的时间、成本、质量、人力、风险、采购等很大一部分是与人的沟通、与人的管理，如何做好人的管理，如何组建一个成功的项目团队、如何在项目中发挥团队的所有潜力、如何与客户的关系日趋完善、如何做到让客户满意，这些都是在"沟通"管理中项目经理必须掌握的要素。所以，项目经理除了在项目前期编制良好的沟通计划外，更要懂得如何科学地管理团队，如何艺术化地与"项目干系人"进行沟通，站在各角色人的立场上，想客户所想，急客户所需，这样才能做到通过我们的项目成果使客户得到最大收益，让客户满意，才能成功实现一个项目的目标。如果脱离这些，项目是很难成功的。

1. 项目经理与高层管理者的沟通

高层管理者的援助和支持会对项目的成败起关键性作用，他们不仅提供项目所需的资源，还提供承诺、支持和促进项目目标实现的努力。如果高层管理者积极参与目标实施，项目团队可能打破官僚层次，快速决策，达到理想目标的授权。相反，高层管理者给予项目一般性的支持或者支持乏力，项目的地位或必要性受到怀疑，项目资源可能无法及时供给，项目进展不能及时保证。

项目经理对高层管理者的重要内容是汇报工作。工作汇报的认真、及时、全面，就有助于及时发现项目执行过程中的漏洞，避免不必要的损失，因此，项目经理在汇报之前要做好充分的准备工作。

2. 项目经理与业主的沟通

项目经理最重要的职责是保证业主满意。要取得项目成功必须取得业主的支持。在项目实施过程中，项目经理要按照业主的要求实施项目。但是在需求传达的过程中由于知识结构、经验、沟通方式、记忆能力、情绪等各方面的原因容易导致沟通不畅或误解，所以在项目进行的每个阶段有效地沟通能保证项目顺利完成，节约项目成本。

3. 项目管理者与供应商的沟通

将供应商的产品根据质量与成本两类因素划分为四种类型，针对不同类型的供应商采取相应的措施。一是产品质量好，但成本高（见图 12.1 第一区间），这类供应商往往掌握某些核心技术或在市场上处于领导地位。采购方若想得到好的价格，必须认真分析其成本构成，采取谈判的方式争取成本的降低。在这种情况下，谈判前的准备工作非常重要，它能帮助采购方在谈判过程中掌握主动权。二是产品质量好，且成本也令人满意（见图 12.1 第二区间）。这是采购方需要极力去维护的供应商，与其进行定期的交流与评估，并可适当采取一些激励措施或与其建立长期的战略伙伴关系来保持良好的绩效。三是产品质量不好，但成本令人满意（见图 12.1 第三区间）。采购方必须对这一类供应商进行分析，如果产品质量问题是由可以改善的因素造成的（如工艺流程不合理、质量记录不完善等等），采购方可以与供应商一起攻关，在尽量不增加成本的前提下找到改善的最佳途径。如果经过努力仍无法改善或属于无法改善的因素造成的品质低劣，采购方应着手更换供应商。四是产品质量不好，且成本高（见图 12.1 第四区间）。采购方必须立即着手寻找替代供应商进行更换，否则项目将被迫支付大量的额外成本。

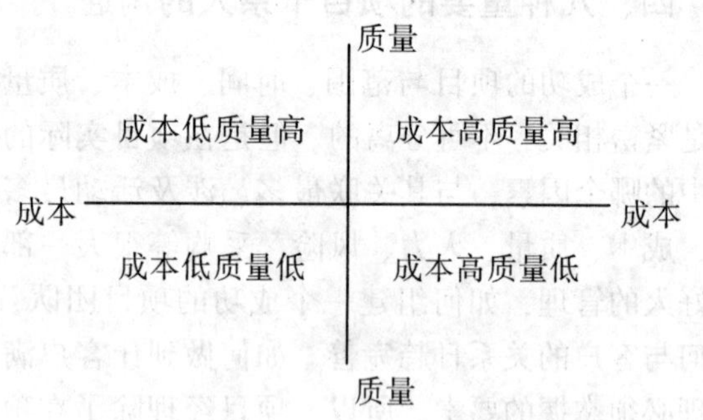

图 12.1　供应商的产品分类

4. 项目内部成员之间的沟通

对于项目管理者来说，要尽可能地与员工们进行交流，使员工能够及时了解管理者的所思所想，明确责权赏罚，而平级之间及下级与上级之间的沟通则尽量消除彼此之间的误解，或者了解彼此心中的真实意图，使团队在工作中发挥出更大的效能。由于受等级观念、官本位思想、趋炎附势心态的影响，在沟通中往往存在一定的误区：

（1）对上沟通没有“胆”：下级怕遭到上级责难和同事非议不敢到上级面前沟通。

（2）平级沟通没有“肺”：平级之间以邻为壑，缺少知心知肺的沟通交流，因而相互猜疑或者互挖墙角。

（3）对下沟通没有“心”：有些个别领导错误地认为决策是领导做的，部下只需要执行上级决策，不需要相互沟通。其实沟通是双向的，领导要使决策合理和有效必须要广泛搜集信息、分析信息，才能做出科学判断。

在实际生活中，影响沟通的主要因素是领导没“心”，缺少热忱。一些领导也注意跟员工的沟通，但是由于没有交心，隔靴搔痒，沟通的效果也就大打折扣。上级对下沟通，关键是要一个“诚”字，用心去沟通。作为一名项目管理者，要尽可能地与员工们进行交流，使员工能够及时领会上级意图，明确责权赏罚，避免推卸责任。员工知道的越多，理解就越深，对项目也就越关心。一旦他们开始关心，他们就会爆发出数倍于平时的热情和积极性，形成势不可挡的力量，任何困难也不能阻挡他们。这正是沟通的精髓所在。

5. 项目经理与职能部门的沟通

尤其在矩阵型组织中，职能部门对项目提供持续的资源和管理工作支持，二者之间有高度的依存性。在上面的例子中正是因为项目经理和部门经理事前没有就项目的进行情况进行交流，致使责任推诿，导致项目推迟完成。

6. 项目经理与政府的沟通

政府是把握宏观经济的主体，政府的政策走向直接影响着项目的生存和发展空间。要加强与政府的沟通，就应该及时、全面、准确的掌握和研究政府颁布的有关政策、法律、法规，按照其内容变化相应的调整组织和项目的决策、计划和实施。

7. 项目经理和媒体的沟通

媒体在宣传企业风采和形象、树立企业品牌方面起着重要的作用。恰当的利用媒体，可以提高项目的知名度，提高了企业的无形资产。项目经理除了负责好本项目以外，还要维护公司的名誉、地位等，这对以后项目的发展提供了很好的机会。项目经理加强与媒体的沟通的前提是赢得媒体的信任，尊重媒体的选择。

五、项目沟通的技巧

1995 年斯坦迪什集团研究发现，与 IT 项目成功有关的三个主要因素是：用户参与、主管层的支持、需求的清晰明确，所有这些因素都依赖于拥有良好的沟通技巧。

国外著名管理学家布莱克和摩登先生将处理冲突的沟通技能归为五种模式：面对、妥协、圆滑、强制和撤退。面对即指直接面对冲突，允许受到影响的各方一起沟通，以消除分歧。妥协是指通过讨价还价，寻求解决办法，使冲突各方都能满意。圆滑是指不再强调或避免分歧的领域，强调一致的领域。强制是指采用非输即赢的方法来解决冲突。撤退是指从一个实际的或可能的不同意见中撤退或让步的处理方式。在解决实际问题时，这几种模式有时会同时运用。

沟通重在主动的聆听和积极的反馈。渴望理解是人的本能，当说话者认为对方对他的言论很感兴趣时，会更加高兴地与其进一步深谈。因此，沟通不仅仅是说，而是说和听。聆听者要集中精力地听，积极投入判断思考，关注讲话者的内容，领会讲话者的意图，从而选择合适的语言加以说服。在此意义上讲，“听”比“说”更重要。在沟通管理中要形成积极的沟通反馈机制，任何沟通都要及时到位，没有偏差，并且定期检查和不断调整，保证沟通的顺畅、有效。无论问题的反映来自客户或项目组成员，都要积极解决，及时反馈，不能充耳不闻，视而不见。有的项目就是由于沟通内容有误差，没有及时纠正，客户却认为对方“不在意”他们的意见，结果造成无法挽回的后果，不仅项目验收延后，还将丢掉已谈好的后续项目。

总之，项目管理的成功依赖于良好的沟通技巧，而沟通失败往往是项目成功的最大威胁。因此，项目管理成败的关键在于沟通，一个优秀的项目经理必然是一个善于沟通的人。

第二节 项目沟通规划

在项目沟通管理中，首要的工作就是制定科学合理的项目沟通规划。项目沟通规划就是确定利害相关者的信息与沟通需求，包括谁需要何种信息，何时需要以及如何传递和获取信息。项目经理在组建项目团队时就编制项目沟通规划，包括项目信息的收集和归档结构、信息的发布方式、信息的内容、每类沟通产生的进度计划、约定的沟通方式等等。科学合理的项目沟通规划是项目成功的关键。

一、项目沟通规划编制的依据

1. 项目沟通需求

项目沟通需求是项目干系人（项目客户、项目经理、项目团队、项目供应商等）所需要了解的工期、进度、质量、资源、成本、预算控制等各方面的信息需求。项目沟通需求所涉及的具体内容有：

（1）项目组织方面的信息。包括项目组织结构图、项目团队组织、项目管理组织和利益相关者方面的组织需求信息。

（2）项目内部管理方面的信息。包括项目团队内部的职能管理、资源管理、跨越部门之间的管理、各部门之间工作的协作信息等。

（3）项目实施过程中的信息。这主要是指项目实施过程中的工期计划进度与实际完成情况、计划完成质量和实际完成质量的对比情况、实施过程中的信息更新情况、需求变更情况、预算控制方面的信息和实际成本信息的统计情况等。

（4）项目技术信息。这是有关整个项目技术工作及其产品（技术资料）方面的信息。包括整个项目产出物的技术信息、项目工作的技术信息和项目的核心技术等各方面的技术信息需求。

（5）项目外部信息需求。既包括项目组需要了解的当地的政治、经济、风俗文化及与媒体等沟通的信息，也包括社会所需要了解的有关项目实施对环境的影响、社会效益等方面的情况。

2. 沟通技术

不同的沟通方式和方法会直接影响到信息传递的准确性、可靠性、及时性和完整性等，所以在项目沟通规划的过程中也必须明确沟通技术。影响项目沟通技术的主要因素包括信息需求的紧迫性、技术的有效性、预期的项目人员配备情况以及项目周期。

（1）信息需求的紧迫性。项目的成功运作需要及时更新信息，这就需要密切注意相关的政策变化，沟通的方式和渠道也会随之多样化；一般的工程项目中的定额国家或地方都会定期公布，相对比较稳定一些，沟通方式也以下达的书面文件为准。如果项目的信息需求是一些常规性的参数或者按程序进行，或许只进行书面报告这种沟通方式就可以完成，如果是一些非常规性的参数，各种沟通方式或许要结合使用，以使信息快速传达。例如银行利率的微调就会使资金成本增加很多，随之的工期、预算等方面都要受到影响。

（2）技术的有效性。采用什么样的沟通方法要视项目的性质而定，例如会议的沟通方式比较适合在研究和集体决策时使用，而公告的方式则更适合规章制度的发布或各项事项的通告。如果规章制度也使用上级领导口头传达的方式就失去了其权威性，后来者也容易误解该公告的内容或者忽视该公告，这样就没有达到应有的目的。

（3）项目人员的沟通能力和习惯。由于项目参与者的经历、知识结构、理解能力、沟通习惯、脾气等方面的差异，沟通方式各有不同。项目经理自身的素质和特殊职位要求有比较强的沟通能力，项目经理就项目总体目标的设定、项目计划的审批、各种资源的落实、项目进度分析汇报等要与管理层沟通，就项目计划的制定、职责分工、项目进展回顾及措施落实等需要与团队成员沟通，就项目方案、实施计划、进度汇报等需要与客户沟通，通过沟通协调处理项目团队内部的各种冲突、与项目有关的部门间的冲突，与客户之间的冲突。沟通贯穿项目管理的整个过程，是项目经理日常的主要工作。而基层员工的工作有时还需要领导的指导才能顺利完成。

（4）项目周期。如果项目的工作量不大、创新性不强、周期短，一般可以选用现有的、人们习惯的和便于实施的沟通方式和方法；如果创新性比较强、周期较长的项目，则需要采取一些更先进的、更有效地沟通方式和方法。

要达到良好的沟通，除了要考虑影响沟通的因素以外，还必须采取有针对性的措施，以提高沟通的有效性。要达到良好的沟通，就要提高沟通的有效性和艺术性。主要表现在以下几个方面：

（1）聆听的技巧。倾听是对信息积极主动地搜寻和加工，主动去听可以增进理解并减少矛盾。有关聆听的技巧可以总结为：使用目光接触、展现赞许性的表示、避免表示分心的举动或手势、及时提问、使用复述、不要打断、多听少说、顺利转换视听者和说者的角色等。

（2）控制情绪。情绪失控使信息的传递严重受阻或失真，在强烈的情绪主导下，信息的发送者可能无法准确表达自己的意思，信息的接受者可能曲解所接受的信息，或者信息的接受者并没有机会去阐述自己的意思，失真的信息反过来又进一步煽动这种情绪。

在与下级沟通时，经常出现的问题是上级不问清楚原因，就开始劈头盖脸的批评下级。项目经理应积极鼓励下级向上反映情况，做出符合实际的决策。上级首先要摆正姿态，采用会客式面谈而不是审判式，面谈既能缓解下属紧张的心理，又避免了过于严肃、政治化的面谈气氛。有些原因下属有所顾及并不一定会和盘托出，这时你就要运用语言和沟通技巧，循循善诱。双方坦诚布公的交流，更有利于解决问题。永远不要以谈判或审判这种错误的方式来面对你的下属，这样只会招致他的反感，不但不能吸收你的观点，反而更增加抵触的情绪。在与上级沟通时，有不同的意见或想法可以表达出来，情绪激动当面抵触只会适得其反。

（3）在沟通管理中要形成积极的沟通反馈机制。有的项目就是由于沟通内容有误差，没有及时纠正，客户却认为对方“不在意”他们的意见，结果造成无法挽回的后果，不仅项目验收延后，还将丢掉已谈好的后续项目。

所以无论问题的反映来自客户或项目组成员，都要积极解决，及时反馈，不能充耳不闻，视而不见。可以综合运用多种方式进行沟通，如在以语言沟通时辅以表情、手势会使意思表达更加准确，也更加形象；为会议制作纪要时，与会人员在口头汇报或传达时，再配合会议纪要沟通，可以使会议精神更完整的被会外人员所接受。总之，沟通要及时到位，没有偏差，并且定期检查和不断调整，保证沟通的顺畅、有效。

（4）建设性的沟通。建设性沟通即换位思考，一方面要求沟通主题在传递信息时考虑对方的情感因素；另一方面要求沟通者在信息内容的组织上能站在对方立场上进行，学会肯定对方。建设性沟通强调认同性原则，认真倾听别人的讲话并适时给予回应，取得对方心理上的接纳和认同，创造一个良好沟通的基础。

3. 制约因素

制约因素是限制项目管理小组作出选择的因素。例如，如果需要大量地采购项目资源，那么处理合同的信息就需要更多考虑。当项目按照合同执行时，特定的合同条款也会影响沟通计划。

4. 假设因素

对计划中的目的来说，假设因素是被认为真实的确定的因素。假设通常包含一定程度的风险，假设因素可在本处确定，或者也可以是风险识别过程的输出。

二、项目沟通规划的工具

项目沟通规划的工具主要是项目干系人分析。项目干系人往往有着各种不同的需求、不同的价值观、不同的做事风格和不同文化背景，这样项目经理在沟通过程中，需要花费精力，尽量满足各个干系人的要求。对不同项目干系人的信息需求分析，应考虑那些适合于项目且能提供所需要信息的方法和技术。应注意避免在不必要的信息和不适合的技术上浪费资源。我们可以把项目干系人分为以下几种类型逐个分析。

1. 指责型

这种类型的人会习惯性的挑出你发言中的漏洞，否定你的提议，在他们思想中没有完美的事物，并且在自己的工作方式和人际关系的经营上丝毫不退让。虽然指责型的人通常能够挑出旁人所忽视的问题和毛病，但是指责型的人通常很少采取必要的行动来解决他们所发现的问题。

与指责型的人相处的技巧：面对指责和抱怨，我们应该努力把自己和指责意见区分开来，把任何的批评看作是针对意见而并非是自己，要做到这点就先要确定自己能够准确地了解所指出的问题。面对指责型的人一定要有外交策略并尊重他人，从批评的话语中找出你也同意的某些观点，从而把对话从片面指责的状态中引导开来，从而将对话重新引导到原来的方向。

2. 缄默型

这类人在会议中总是一言不发，只是在别人对他说话时才有反应，他们总是愿意保持缄默，而不愿意主动提供反馈意见。缄默型的人，极度内向，和他们相处会使大家有挫败感，因为不知道如何解读他们。

与缄默的人相处的技巧：缄默型的人只是不愿意主动表达，可以问一些开放型的问题，最好是提问式的，以“为什么”、“如何”等开头的问题。然后让缄默型的人来组织时间回答问题，并给一些暗示来鼓励。对于缄默型的人要有耐心，缄默型的人需要一点时间来处理信息。如果可能的话，在会议前将你要提问的内容提前告诉缄默型的人，让他有所准备，并逐渐让他明白，在某些专业问题上，你会愿意了解他的想法，并逐渐形成习惯，缄默型人也会变成有问必答的人员。

3. 操控型

这类人偏执的坚持做事风格，死死盯住每一件事，以确保每件事按照他们的方式来实施。通常他们会被视为发号施令，不留情面，不好相处和无法取悦的“怪人”。

与操控型人相处的技巧：如果与操控型人争论，只能让事情愈来愈糟糕，并最终变成“谁才是正确的”，而放弃了问题的初始方向，不利于快速的解决问题。和操控型人相处在于合作协商。如果和操控型人在项目上共事，记得设定好可度量的目标。为了减少冲突，建议可以适当的时候提供最新的项目进展报告。既然操控型的人担心你言行不一，不妨让他了解你是可以实现目标的，这样会让他们感到轻松一些。

针对不同类型的人采取不同的沟通方式，才能达到事半功倍的效果。在沟通的过程中学会配合对方来改变自己的沟通方式，提高自己的语言和倾听技巧。

三、项目沟通规划的结果

项目沟通规划的结果是制定出沟通管理计划。具体的，沟通管理计划包括：

（1）收集和归档的结构，详细规定用来收集和贮存各类信息的方法。采用的过程应涵盖对以前已公布材料的更新、纠正收集和发送。

（2）信息发送结构，详细的规定信息将流向哪里，使用什么方法来发布各类信息。此种结构必须与项目组织图表定义的责任和报告关系兼容。

（3）被发送的信息的说明，包括格式、内容、详细级别、使用的协议/定义。

（4）工作进度，显示每种类型的沟通什么时候产生。

（5）在既定的沟通中检索信息的方法。

（6）随着项目的进展，修订和细化沟通管理计划的方法。

根据项目的需要，沟通管理计划可以是正式的或非正式的，可以是详细的或提纲式的。沟通管理计划是整个项目计划的一个附属部分。

第三节 项目沟通方式

项目中的沟通方法是丰富多彩的，口头、书面、演讲、会议等不同的沟通方式达到的效果是不一样的，如何选择有效地沟通方式是一个非常重要的问题。在此我们首先介绍一下几种项目沟通方式。

一、项目沟通方式的分类

1. 按沟通的渠道是否灵活可以分为正式沟通或非正式沟通

任何一个组织为执行其政策，实现组织目标，都必须借助正式的沟通渠道，以增进成员对组织实施策略及目标的了解，使成员能够同心协力，一起为达成共同目标而努力。所以，身为领导者，应该善于利用正式沟通，以帮助整个组织健全发展。正式沟通是指在组织系统内，通过项目组织明文规定的方式进行的信息传递与交流。例如组织与组织之间的公函来往，组织内部的文件传达、召开会议，上级组织规定的汇报制度等。另外，团体所组织的参观访问、技术交流、市场调查等也在此列。

正式沟通的优点是约束力很强，可以使信息沟通保持权威性，沟通效果较好。重要的信息和文件的传达、组织的决策等，一般都采取这种方式。其缺点是由于依靠组织系统的传递，沟通速度慢，信息反馈的速度也比较慢。

非正式沟通指的是通过正式沟通渠道以外的信息交流和传达方式。例如团体成员私下交换看法，朋友聚会，传播谣言和小道消息等都属于非正式沟通。同正式沟通相比，非正式沟通往往更能灵活迅速的适应事态的变化，省略许多繁琐的程序；并且常常能提供大量的通过正式沟通渠道难以获得的信息或“内幕新闻”；沟通的速度快。在一定程度上非正式沟通补充了正式沟通系统的不足。其缺点表现在，非正式沟通传递的信息易于失真、曲解，而且，它可能导致小集团、小圈子、影响人心稳定和团体的凝聚力。

2. 按沟通的方向可以分为上行沟通、下行沟通和平行沟通

上行沟通主要是指团体成员和基层管理人员通过一定的渠道与管理决策层所进行的信息交流。它有两种表达形式：一是层层传递，即依据一定的组织原则和组织程序逐级向上反映。二是越级反映，即减少中间层次，让决策者和团体成员直接对话。上行沟通的优点是：管理者可以利用这种方式了解企业的经营状况，与下属形成良好的关系，提高管理水平；员工可以直接把自己的意见向领导反映，获得一定程度的心理满足。上行沟通的缺点是：在沟通过程中，下属因级别不同造成心理距离，形成一些心理障碍或者害怕因工作的失误遭受批评，使得下级很少积极主动的与上级进行沟通。有时，由于特殊的心理因素，经过层层过滤，导致信息曲解，出现适得其反的结局。所以，现实中，向上沟通常常效率不佳。

下行沟通是领导者对员工进行的自上而下的信息沟通。下行沟通的目的有：阐述组织的愿景与目标；指示工作、执行命令与方式；转达上级机关法令规章及政策；说明绩效考评结果。

下行沟通的优点是：它可以使下级主管部门和团体成员及时了解组织的目标和领导意图，及时完成工作任务的传达和分配，员工在完成任务的过程中增加了对所在团体的向心力与归属感。向下沟通渠道的缺点是：领导者扮演发布命令和指示的角色，会在下属中造成高高在上、独裁专横的印象，使下属产生心理抵触情绪，影响团体的士气。此外，由于来自最高决策层的信息需要经过层层传递，容易被耽误、搁置，有可能出现事后信息曲解、失真的情况。

一般来说，传统的管理方式偏重于下行沟通，管理风格趋于专制；而现代管理方式则是向下沟通与向上沟通并用，强调信息反馈，增加员工参与管理的机会，鼓励员工积极的向上提出合理的建议，促进双向发展。

平行沟通指的是在组织系统中层次相当的个人及团体之间所进行的信息传递和交流。平行沟通可以采取正式沟通的形式，也可以采取非正式沟通的形式。通常是以后一种方式居多，尤其是在正式的或事先拟定的信息沟通计划难以实现时，非正式沟通往往是一种极为有效的补救方式。

平行沟通的特点是使用建议、辅助、劝告、咨询进行平级之间沟通，失去权力的强制性。在指挥链中，上下沟通中，可以运用权力进行沟通，强制下属执行，从而掩盖了沟通中的许多问题。平行沟通对于双方的沟通能力提出了更高的要求。同级人员处于水平位置，相互之间除了平等的沟通之外，不能用命令、强迫、批评等手段达到自己的目的，不能拿着“大棒子”来对待同事。所以平行沟通比较难。平行沟通的方式有：

1）退缩。沟通中的退缩方式是指不能挺身维护自己的权益，或是所用的方法不当，无法引起别人的重视；表达自己的需要、愿望、看法、感受与信念时不自信，通常感到愧疚，显得心虚、压抑；无法坦白表达自己的需要、愿望、意见、感受与信念。

2）侵略。侵略行为的特征：懂得维护自己的权利，但所用的方法侵犯了别人的权益；忽略或否定他人的需要、愿望、意见、感受与信念。

3）积极沟通。平行沟通的积极方式是指在不侵害其他人和其他部门权利的前提下，敢于维护自己和本部门的权利；用直接、真诚并且比较适宜的方式，来表达自己的需求、愿望、意见、感受和信念。积极沟通是部门之间沟通时最值得倡导的一种方式。积极沟通的典型特征是：尊重对方的权利和职责，同时也坚持已方的权利和职责。积极沟通应该做到：

（1）坚持原则。沟通过程中表现积极的人对自己的权利非常清楚，如果不明确自己的权利，就无从表明维护自己权利的立场。通常情况下，不清楚自己的权利，就不会产生积极的行为，取而代之的是犹豫不决，不知道该不该提出某个问题；好不容易提出问题，又拿不定要采取什么态度，坚持到什么程度为好；立场不够坚决，无法作出孤注一掷的行为。由此可见，了解某种情况下自己与他人拥有哪些权利，有助于我们判断：他人是否侵犯了自己的权利；你是否侵犯了他人的权利；你是否应对某件事情提出疑问；应坚持什么，获得什么样的结果。

（2）开诚布公。良好的沟通是双方能够坦诚相对，明确地表明各自的态度、观点，避免互相猜疑。

（3）承认他人的观点。承认他人的观点可能形成的误区：如果对他人的观点采用暧昧的态度，而不是采取积极的态度去面对，就会给提出建议的对方造成疑虑，他最终搞不清楚你的态度是怎样的，这样不利于问题的解决，信息、观点与构想也得不到充分的表达与交流。也就是说，采取回避问题的态度，无法集思广益，无法相互平等地进行协商，找到彼此都能接受的方案。

（4）主动沟通。主动沟通是消除水平沟通障碍必需的态度。平行沟通中70%的障碍是由于双方的退缩引起的，“井水不犯河水”表面上好像化解了矛盾，实际上却是把矛盾积压下来，只不过各自都保持沉默。要获得积极的沟通，首先就要主动出击。

3. 按照沟通是否进行反馈，可分为单向沟通和双向沟通

单向沟通是指发送者和接受者这两者之间的角色限定非常严格，一方只发送信息，另一方只接收信息，没有信息反馈。

双向沟通中，发送者和接受者两者之间的位置不断交换，且发送者是以协商和讨论的姿态面对接受者，信息发出以后还需及时听取反馈意见，必要时双方可进行多次重复商谈，直到双方共同明确和满意为止，如交谈、协商等。表12.1是单向沟通和双向沟通在一些因素上面的对比情况。

表12.1 单向沟通和双向沟通的对比结果

因　素	双向沟通和单向沟通相比
沟通时间	需要更多时间、精力
信息和理解的准确程度	理解信息的能力大大提高
发送者和接受者的置信程度	双方都比较相信自己对信息的理解
发送者和接受者的满意倾向	双方都比较满意单向沟通
信息传送过程中的噪音	噪音比较大

究竟采用单向沟通还是双向沟通，要视情况而定。一个组织如果只重视工作的快速与成员的秩序，宜用单向沟通；大家熟悉的例行公事，低层的命令传达，可用单向沟通；如果要求工作的正确性高、重视成员的人际关系，则宜采用双向沟通；处理陌生的新问题，上层组织的决策会议，双向沟通的效果较佳。

4. 按沟通媒介可以分为口头沟通、书面沟通、非言语性沟通、电子媒介沟通

口头沟通是通过口头表达进行信息交流活动。可以通过面对面、电话、会议等方式实现。口头沟通也分为正式口头沟通和非正式口头沟通。正式口头沟通如演讲、会议、评审、反馈等；非正式口头沟通如交谈、自由讨论、游说等。不同的沟通方式，并没有好坏之分，只是适用场景不一样而已，所以项目经理要根据项目管理中沟通场景的需要而用。

口头沟通的优点是快速传递和快速反馈，但在信息传递过程中容易失真。口头沟通时要注意使用语言的准确性。口头表达具有及时性的特点，往往逻辑不够缜密，所以口头沟通应该表达准确，不能使用可能被误解的言辞。为避免误解，在表达的过程中要善于使用反馈，沟通的双方一定不能带有想当然或含糊的心态，如果不能确定所传递的信息是否被别人理解，可以请对方进行解释；如果你对别人试图传递的信息还有疑惑，可出表达自己的观点，让对方确认是否如此。

书面沟通。书面沟通是以书面文件的形式进行沟通。书面沟通又分为正式的书面沟通和非正式的书面沟通。正式的书面沟通如公司声明、管理计划、年度报告、项目报告、书面合同、项目手册等；非正式的书面沟通如个人笔记、备忘录、留言条、电子邮件等。公文是项目经理与其他供应商或合作单位，以及与上线主管部门等进行沟通的主要工具，要求具有较高的表达技巧，必须做到格式正确、内容清楚、紧扣主题、叙述简洁。

书面沟通的优点是持久、有形和可核实性，但耗时更多并缺乏有效的反馈。当需要以书面形式确认口头沟通结果时，必须使用书面沟通的方式（如合同），并且应该给未参加书面沟通但需要知道该信息的人一份书面文件的副本，以作为项目文件的依据。正式书面沟通在项目内部容易一些，涉及到公司与公司之间、公司与政府主管单位之间、公司各子公司之间、各相关独立事业部之间的正式书面沟通就不那么容易了。

非言语性沟通。在项目沟通过程中，有一些既非口头沟通形式，又非书面沟通的形式，但是在沟通中起到了重要的作用，那就是非言语性沟通。非言语性沟通主要包括身体语言和语调。身体语言包括手势、面部表情、其他身体动作，这些动作可以传达不快、愉悦、兴奋、沮丧、高傲等情绪或性情方面的信息。语调是双方对某些词汇或词语的强调和弱化所传递的各种信息。非语言沟通和口头沟通搭配使用会起到更加积极的效果。

电子媒介的出现主要是由于办公自动化和通讯技术的发展，除了常见的电子邮件以外，还可以通过多种电子媒介和信息网络进行沟通的方法。电子媒介最大的优点是廉价和迅速，并同时可以传递给许多人，在不久的将来，电子媒介在项目管理的沟通中将起着越来越重要的作用。

二、沟通方式的选择

如何选择沟通方式首先要了解沟通方式的性质。沟通方式的性质主要包括表达力和交互性。表达力指沟通方式支持的各类表达方法，如声音、文本、图像和身体语言等。交互性指沟通方式所支持的反馈的程度，例如，电话沟通允许实时反馈，因而要比E-mail交互性强。丰富性强的介质通过非语言方式提供更多的线索来理解信息，从而降低模糊性。面对面沟通方式是最丰富的沟通媒介，此种情况下，沟通的表达方法可以是非语言、听觉、共享文本或图像文件，并且允许实时交互。其他沟通渠道由于表达方法的减少或交互性的降低，其丰富性比面对面或多或少要低一些。

不同的工作任务需要不同的沟通方式与之相匹配；不同的沟通方式适合不同的工作任务。不同的工作任务对沟通方式的交互性和表达力有不同的要求。丰富性强的方式，如面对面会议，可以帮助各参与方更好地理解信息的含义，在相互讨论中达成一致意见。因此，在面对不确定性较高、沟通较为复杂的工作任务时，人们更倾向于选择丰富性强的方式。但是，沟通方式并非是丰富性越强越好。考虑到费用、速度以及反馈等其他因素时，对某些工作任务而言，丰富性强的沟通方式反倒可能不是最佳选择。

另外，不同的人由于性格、知识背景、习惯等使用不同的沟通方式。从个人来讲，良好的词汇驾驭能力，精炼的表达方式在每种沟通中都是很必要的，除此以外合适的时机和地点、反馈的速度、获得信息的有用程度等也是我们选择沟通方式要考虑的因素。

第四节　项目沟通渠道

当项目成员为解决某个问题和协调某一方面而在明确规定的组织系统内进行沟通协调工作时，就会选择和组建项目内部不同的信息沟通渠道。在信息传递过程中，发送者可能需要通过中间某些人的转发，由此形成沟通网络。沟通网络的结构形式关系着信息交流的效率、对团队的工作效率、对团队成员的心理及团队的组织气氛都有重大的影响。沟通网络和可以分为正式沟通网络非正式沟通网络两种类型。

一、正式沟通网络

图 12. 2 中每个圆圈代表一个成员或组织，每一种网络形式相当于一定的组织结构形式和一定的信息沟通渠道，箭头表示信息传递的方向。正式沟通渠道有五种：

（1）链式沟通。在一个组织系统中，这相当于一个纵向沟通渠道，信息由高向低传递，信息可以自上而下或自下而上传递，但居于两端的传递者只能与内侧的每一个传递者相联系，居中的则可以分别与上下层传递信息，各个信息传递者接受的信息差异很大。该模式的最大优点是信息传递速度快，它适合于班子庞大，实行分层授权控制的项目引进信息传递及沟通。

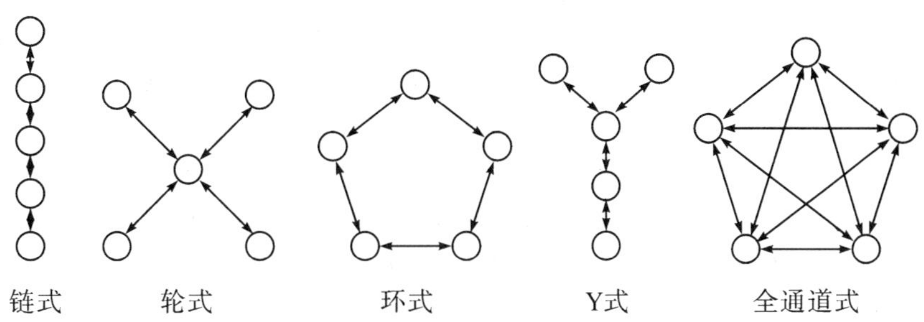

图 12.2　正式沟通网络渠道

（2）轮式沟通。在这一模式中，主管人员分别与下属部门发生联系，成为个别信息汇集点和传递中心。这种模式大体类似于一个主管领导直接管理若干部门和权威控制系统。只有处于领导地位的主管人员了解全面情况，并由他向下属发出指令，而下级部门和基层公众之间没有沟通联系，他们只分别掌握本部门的情况。该模式在一定范围内具有沟通快速、有效的优点，适合于一个主管领导者直接管理若干部门，是加强控制、争时间、抢速度的一个有效方法和沟通模式。

（3）环式（圆周式）沟通。该模式指不同成员之间依次联络沟通。第一级主管人员对第二级建立纵向联系；第二级主管人员与底层建立联系，基层工作人员之间建立横向的沟通联系。该模式最大的优点是能提高群体成员的士气，适用于多层次的组织系统。

（4）Y 式沟通模式。这是一个组织内部的纵向沟通渠道，其中只有一个成员位于沟通活动中心，成为中间媒介与中间环节。

（5）全通道式沟通模式。这种模式是一个开放式的信息沟通系统，其中每一个成员之间都有一定的联系，彼此十分了解。民主气氛浓重、合作精神很强的组织一般采取这种沟通模式。

关于不同的沟通网络如何影响个体和团体的行为，以及各种网络结构的优缺点，巴拉维斯（Bavelas）曾对五种结构形式进行的实验结果进行了比较，比较的结果如表 12.2。

表 12.2　各种正式沟通网络渠道的比较结果

沟通模式 / 指标	链式	轮式	Y 型	环式	全通道式
解决问题的速度	适中	快	适中	慢	快
正确性	高	高	高	低	适中
领导者的突出性	相当显著	非常显著	非常显著	不发生	不发生
士气	适中	低	适中	高	高

上述沟通模式虽然是在实验室条件下设计的，而且是小型群体的沟通模式，但对于研究整个企业、公司或项目的信息沟通也很有启发意义。例如链式和倒转的“Y”式沟通模式相当于一个企业中五个或四个等级的上下组织，它们彼此之间交流信息时采取上情下达和下情上报的形式。信息传递的速度很快，但由于信息经过层层“过滤”，可能使上级不能理解下级的真实情况，也可能使下级不能了解上级的真正意图。轮式沟通模式可以代表一个领导人与他的四个下级保持双向联系，并向下级发出指令。而四个下级只分别了解本部门的情况并向领导人报告。全通道式模式可以表示一个民主气氛很浓的领导集体或部门，其成员之间总是互相交流的情况，通过协商采取决策。

不应该认为项目班子或群体之间的沟通只有上述五种模式。实际的模式可以在上述模式的基础上变换、合并、重组。例如，还可以有图12. 3所示的沟通模式，这种模式可以形象的称为“秘书专政”沟通模式。在一个项目中，这表明各部门的汇报都要经过秘书转交给总经理，总经理的指示也是通过秘书传达给各个部门。因此，秘书是沟通的中心。

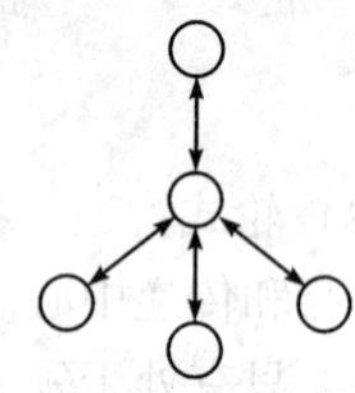

图 12. 3　“秘书专政”沟通模式

每个项目都有自己的组织结构，为了达到有效沟通，应该视具体情况而定，以保证上下左右部门之间的信息能得到顺利沟通。

二、非正式沟通渠道

戴维斯（Keith Davis）曾在一家公司对 67 名管理人员采取顺藤摸瓜的方法，对小道消息的传播进行了研究，发现有四种传播方式，如图 12. 4 所示。

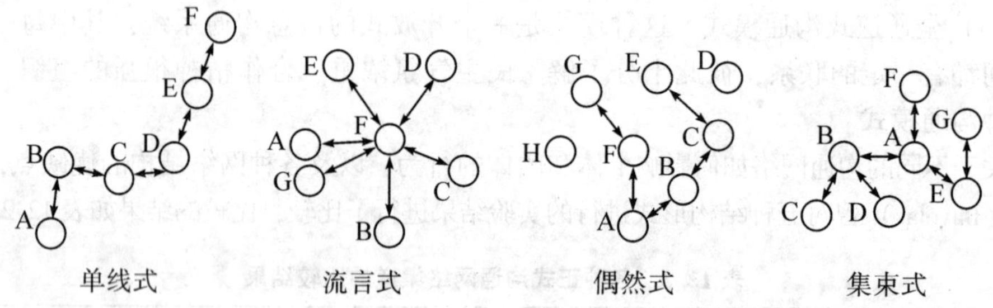

图 12. 4　非正式沟通渠道

1. 单线式

消息由 A 通过一连串的人把消息传播给最终的接受者。

2. 流言式

流言式又叫闲谈传播式。由一个人 A 主动把小道消息传播给其他人，如在小组会上传播小道消息。

3. 偶然式

又叫机遇传播式，消息由A按偶然的机会传递给其他人，他人又按偶然的机会传播，并无一定的规则路线。

4. 集束式

又叫群集传播式，由A有选择地告诉自己的朋友或有关的人，使有关的人也按此传播的信息方式。这种沟通方式最为普遍。

戴维斯的研究结果表明，小道消息传播最普遍的方式是集束式。集束式又叫葡萄藤式沟通渠道。例如，在一个大公司里，总经理准备邀请数位地位较高的经理到郊外野餐，在国外企业中，部门经理受到总经理的邀请是一种荣耀，在发出请柬之前，小道消息已近传播出去。据调查，数名被邀请的经理在接到请柬之前几乎全都知道了这个消息，而在未邀请的地位较低的经理中，只有两个人知道这个消息，这两个人之所以知道是因为传播消息者误认为这两人也在邀请之列。这一实例及许多实例表明，小道消息多是按集束式传播的。戴维斯还发现，只有10%的人是小道消息的传播者，而且，往往是一些固定的人，大多是姑妄听之，听之不传的。

企业中小道消息的传播，常常会对项目带来不良的影响，尤其与员工个人关系较密切的问题，例如晋升、待遇、改组之类，常常发生所谓“谣言”。这种不实消息的散布，对于组织往往造成较大的困扰。改善的方法在于使正式沟通渠道畅通，用正式消息驱除小道消息。但非正式沟通在某些时候也可以弥补正式渠道的不足。

复习与思考

1. 为什么在沟通中要特别注意倾听？
2. 举例说明“冲突并非百害无益”的道理。
3. 在项目管理中，如何利用正式沟通和非正式沟通，并举出一个例子？
4. 如何处理与项目干系人之间的沟通？

案例讨论

旅游人员申请

A公司为了奖励市场部的员工，制定了一项海南旅游计划，名额限定为10人，可是13名员工都想去，所以，部门经理需要再向上级领导申请三个名额。

问题：

如果你是部门经理，你会如何与上级领导沟通呢？

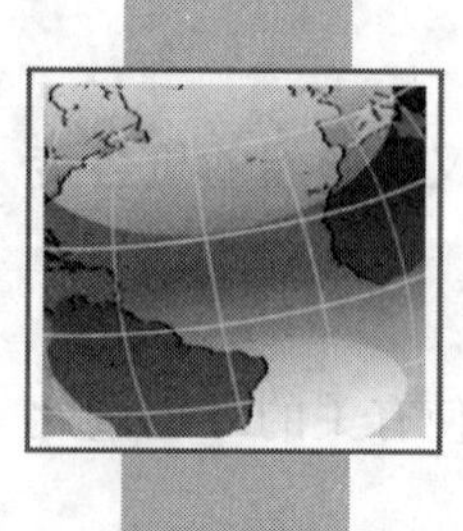

第十三章

项目采购管理

要点提示

- ✍ 项目采购、项目采购管理的概念。
- ✍ 项目采购规划过程及其主要工具与技术。
- ✍ 常见的项目采购方式。
- ✍ 项目合同的相关概念、合同管理的过程、项目合同的执行。

案例　中东某污水管网收集项目

此项目是一个城市污水管网重力自流式收集系统，其主要工程内容是在中东某城市的新兴城区周围铺设主干线玻璃钢管道（其中一部分采用顶管施工）以及UPVC（硬聚氯乙烯）支线管道，支线连接上万户居民。污水由入户管网汇集到主管线，然后经泵站将污水经提升管线送往由另一个承包商所承建的污水处理厂，提升管线一侧还包括两路由污水处理厂送回的灌溉水主管线。

这个中东国家的基础产业很不发达，建筑材料匮乏。其建筑材料市场供货商少，产品线不完整，供给小于需求，卖方在交易上处于有利地位。以UPVC管生产厂家为例：由于UPVC产品所用原料为石油化工副产品，虽然此国家的经济支柱是石油精炼，但其国内并不生产石油化工副产品。经过市场调查，其境内只有一家厂商的产量能够满足承包商的需要，但它又只生产UPVC管。其上游原材料是由国外进口的。另外，这里没有一家UPVC管件生产商，完全依赖进口。

2008年6月初，一场百年不遇的台风袭击了项目所在城市。由于缺乏有效的排水设施，致使整个城市瘫痪。当地立即上马了很多大型项目，如城市交通立交系统、靠海洼地箱函、高速公路等。如此大兴土木自然对建材形成了巨大需求，使本来就短缺的建筑材料更是雪上加霜。而此时的物资供应方在根本没有增大生产能力的前提下，竟大量地接受订单，并疯狂抬高单价，且报价有效期一般只有两周。半年多的时间内，大部分建筑施工材料的单价均上升了近一倍。在这种恶劣的市场条件下，即使承包商预付货款，仍无法保证按时按量得到建筑材料，项目施工计划受到了严重影响，业主和咨询工程师对项目的进展极为不满。在这种严峻的形势下，承包商在台风前所采用的先发订单、货到后付款或直接预付的采购方式，已经不能适应台风后的市场情况了。

通过多方了解和探询，承包商发现，市场上大部分大宗采购均采用项目所在国的国内信用证付款（Letter of Credit）方式。信用证是指开证银行应申请人的要求向第三者开具的载有一定金额和在一定期限内符合规定的书面文件。信用证开具之前，买卖双方必须确定商品的单价、数量和最后送货时间，并且明确卖方结汇所需的单证要求。在国内信用证开具之后，对卖方来讲，只要严格按照信用证规定的条款执行，单证一致，它就能及时收到货款。而对于买方来讲，只有收到货物时才付款。在这个过程中，合同风险被成功转嫁给卖方，即供货商。因为只有承包商收到了货物，并且其中的数量、日期及商品状况与买卖合约是一致的，它才会在有效单证——到货单上签字盖章。

承包商随即对几种一类主材的大宗采购采用了 L/C 支付方式，以做试点。再以 UPVC 管为例，在原有的采购规则下，UPVC 管的报价有效期一般为 2~4 周，管子单价的平均涨幅约为每月 8%~10%，物资到货情况严重滞后。而在采用信用证付款后，UPVC 管的报价有效期一般为 2~3 个月，管子单价在信用证规定的生产周期内固定（一般而言，信用证中规定的单价要比当时的普遍单价高 4%~6%），物资到货情况令人满意。由此，承包商在保证现金流安全的情况下，对大部分一类主材均采用了L/C支付方式，物资采购的单价和到货时间都得到了有效控制，从而保证了工程的需要。

［资料来源］：李燕峰．国际经济合作．2009（1）．

思考：在卖方市场中，承包商有时不得不面对单一供货商，此时若仍然采用传统的采购和支付方式，它所面对的采购合同履约风险将最大化。面对特定采购环境，承包商应如何进行采购管理，使影响整个项目的两个关键因素——大宗急需商品的送货时间及其价格都得到有效保证。

第一节　项目采购管理概述

一、项目采购的概念和类型

1. 项目采购的定义

在日常生活中我们可以看到，无论是大项目（北京奥运会）还是小项目（如生日晚会），都离不开采购，因为任何一个项目都免不了要从外界获得各种资源。项目采购（Project Procurement）是指通过努力从项目组织外部获得物料、工程和服务的整个采办过程。这里所指的采购不同于一般意义上的商品购买，它包含两层意思：一是从多个可供选择的对象中进行选择；二是购买，即通过交易手段把所选定的商品和劳务从对方手中转移到自己手中。项目采购从外界多个可供选择的对象中选择购买项目所需的各种资源。

2. 项目采购的类型

对项目采购的分类一般有以下两种方式：

（1）按采购的内容可以分为有形采购和无形采购。其中有形采购包括物料采购和工程采购，无形采购主要是指咨询服务采购。

物料采购是指购买项目所需要的投入物，如各种机器、设备、仪器、仪表、办公设备等，并包括与之相关的服务，如运输、保险、安装、调试、培训、维修等。

工程采购是指通过招标或其他商定的方式选择合格的承包单位来完成项目的施工任务，如高速公路、大型水电站的土建工程、灌溉工程、污水处理工程等，同时还包括与之相关的人员培训和维修等服务。

咨询服务采购是指聘请咨询公司或咨询专家来完成项目所需的各种服务，包括项目的可行性研究、项目的设计工作、项目管理、施工监理、技术支持和人员培训等服务。

（2）按采购方式可以分为招标采购和非招标采购。招标采购是由招标人发出招标公告，邀请潜在的投标商进行投标，然后由招标人对投标商所提出的招标文件进行综合评价，从而确定中标人，并与之签订采购合同的一种采购方式。

招标采购又可分为公开招标采购邀请招标采购。公开招标采购是向所有的潜在合格投标者提供一个公平竞争的机会来竞标。邀请招标采购是为了减轻招标采购的工作量和成本，只邀请比较熟悉的投标者来竞标。

招标采购可以帮助招标者以最低的价格取得符合要求的物料、工程和服务；使符合要求的投标者都有机会在公平竞争的情况下参加投标；公开办理各种手续也可避免贪污贿赂行为的发生。

但招标采购手续较为繁琐，耗费时间也较多，不够机动灵活，投标者可能把手续费等附加费用转移到购买的投标项目的价格中去，可能发生抢标、围标等现象。

非招标采购类似于日常运作的采购活动，在现实生活中的应用非常广泛。项目采购绝大多数是通过非招标采购进行的，一般适合于单价较低、有固定标准的产品的采购，主要包括：询价采购是指收集若干家供应商的产品报价，综合评价各供应商的条件和价格，并最终确定一个供应商。直接采购是指直接与供应商签订采购合同的采购方式。自营工程是指由于项目的特殊要求以及成本收益的限制，利用项目自身的人力、物力和财力自己制造或提供所需的产品或服务。

二、项目采购管理的定义

项目采购管理（Project Procurement Management）是指在整个项目过程中，为达到项目的目标而从项目组织的外部寻求和采购各种项目所需资源的管理过程。项目采购管理是项目管理中的一个重要部分，有效的项目采购管理是保证项目成功实施的关键环节。如果项目采购不当或管理不善，所采购的产品达不到项目要求，不仅会影响项目的顺利实施，还会降低项目的预期效益，甚至导致整个项目的失败。健全的项目采购管理工作可以降低项目成本、避免合同纠纷、保证按期交付并防止贪污浪费。项目采购的总目标是以最低的成本及时地为项目提供满足其需要的资源。

1. 项目采购管理的原则

为了保证项目既定目标的实现，合理使用项目资金和提高资金的使用效率，项目实施组织在采购产品过程中应遵循以下四个原则。

（1）效益原则。凡是为项目所采购的货物和服务，都应注意节约和效率，充分体现成本效益原则。

（2）质量原则。采购的货物和服务质量良好，适合项目的要求。

（3）及时原则。所采购的货物应及时到达，服务应及时提供，采购时间应与整个项目实施进度相适应。

（4）公平原则。公平竞争就是要给符合条件的承包商提供均等的机会。这不仅符合市场经济的运行原则，而且也会进一步提高项目实施质量；同时，公平竞争又会促使报价降低，因而对项目的成本控制更为有利。

从某种意义上可以说，采购管理工作是项目的物质基础，是项目成败的关键。这不仅仅是因为在一个项目中包括货物和服务的采购，采购费用往往占整个项目费用的绝大部分，而且更重要的是项目的设计和规划也必须体现在采购之中。如果采购到的设备、货物，或接收的服务不符合项目设计和规划的要求，就必然会降低项目的质量，严重的甚至会导致项目的失败。

2. 项目采购管理的重要性

项目采购管理对项目的重要性可以概括为以下四个方面：

（1）确保采购经济有效。能否经济而有效地进行采购，直接影响到能否降低项目成本，也关系着项目未来的经济收益水平。采购计划周密，工作做得好，不但采购可以降低成本，购买到合适的货物，或签订合适的服务合同，而且在货物制造、交货，以及服务提供的过程中，可以尽可能地避免各种纠纷。

（2）有助于掌握市场变化趋势。健全的采购工作，要求在采购前对市场情况进行充分的调查分析，准确掌握市场的变化趋势。因而制订的采购计划切合实际，预算也符合市场情况，又留有一定余地。签订合同后，双方在如何支付货款和劳务费用方面应权责分明。即使可能发生价格调整或不可预见的费用，也在合同中作了明确的规定。

（3）保证项目按计划实施。好的采购工作，应通过招标，在招标文件中对所采购的货物或服务的技术规格、交货等方面做出具体规定。供货商或承包商在制订标书的过程中要充分考虑自己的供货或承包服务的能力；招标后签订的合同要明确规定双方的权力与责任的关系，不应模糊推诿；还要规定履约保证及违约赔偿的办法，以保证合同的实施，因而也可以保证按要求如期交货、提供服务，使项目按计划实施。

（4）从制度上最大限度地防止腐败现象的发生。项目采购工作涉及的资金相对较大，同时也涉及复杂的横向关系，如果没有一套严密而周到的程序和良好有效的内部牵制制度，难免会出现贪污、浪费现象。周密的采购程序和有效的内部牵制制度，如在承包商的选择上，采用比较规范的公开招标，公平竞争的招标程序和严谨的支付办法，可以从制度上最大限度地防止贪污、浪费等不良现象的发生。

第二节　项目采购管理规划

一、项目采购规划概述

项目采购规划是指确定怎样从项目组织之外采购产品、服务或成果，以最好地满足项目需求的过程。项目采购规划是整个采购过程的第一步，它包括项目的采购方式、采购的预测成本、时间的安排、各种采购的项目衔接、采购如何与项目的其他方面（如进度计划和业绩报告）相协调等。

项目采购规划主要回答以下六个方面的问题：

（1）采购什么，即采购的对象及其品质，这是由资源需求计划和各种资源需求的描述决定的。

（2）何时采购，即采购的时点和时期，如果采购过早，会增加库存成本，如果采购过晚，则会由于库存不足而使项目停工待料，采购时点的决定可以采用经济订货点等方法。

（3）如何采购，即采购过程中采用的工作方式，是自制还是外购，是采用招标采购还是非招标采购，选择何种合同类型等。

（4）采购多少，即采购的数量，可以通过经济订货量分析来确定采购数量。

（5）从何处采购，即选择适当的供应商作为项目的供应来源，这时要满足两个条件：一是经济性，即在供应来源中选择成本最小的；二是可获得性，供应商必须能够及时提供项目所需的物料、工程或服务。

（6）以何种价格采购，即以适当的价格获得所需资源，项目团队要在资源质量和交货期限的限制条件下，寻找最低的合同价格。

二、项目采购规划的依据

1. 项目范围说明书

项目范围说明书说明项目目前的界限范围，包括对项目的描述、定义以及详细说明需要采购的商品和劳务类目的参考图表与其他信息，具体包括项目的设计说明书、执行说明书和功能说明书。范围说明书提供了项目最基本的资源需求，这是编制项目采购计划所必须考虑的重要信息。随着项目的进展，范围说明书可能需要修改或细化，以反映这些界限的所有变化。

2. 成果说明

成果说明对项目可交付成果的功能、质量标准、特性等相关情况进行了描述，提供了所需的原材料、机器设备、工艺等的质量和技术要求，应以此作为编制采购计划的依据。成果说明在早期阶段一般比较粗略，而后则越来越详细，这是随着成果特性的逐步深入了解必然产生的结果。虽然成果说明的形式和内容将会改变，但在任何时候其详细程度都应能够保证以后项目计划的进行。

3. 采购所需的资源

项目组织在进行采购活动的过程中，也要耗费一定的资源，如在检验供应商提供的样品时，就需要邀请相关的专家进行试验测试。

4. 市场状况

编制项目采购规划时，要考虑市场上资源的种类、供应商提出的价格以及适用的合同条款等。采购规划过程必须考虑市场上有何种产品可以买到、从何处购买，以及采购的条款和条件是怎样的。

5. 其他相关计划

在编制项目采购计划时，还要考虑一些项目的其他计划，其中最重要的有项目成本计划、项目进度计划和项目质量计划等，如在决定何时采购时就必须考虑到项目进度计划的影响。只要有其他计划结果可供使用，在采购计划过程中就必须加以考虑。

6. 项目的制约因素和假设条件

项目采购计划还要考虑一些项目的制约因素，如项目的资金状况是否充足。项目组织在实施采购过程中，同时还要考虑假设条件，面对变化不定的社会环境所作出的一些合理推断，如项目所需采购资源的价格是稳定的。

7. 物料清单

物料清单是指产品的具体明细表，是采购部门确定采购计划的最重要依据，是生产部门安排生产的依据，是计划部门确定物料需求计划的依据。物料清单按其所包括内容详细程度的不同分为单级物料清单、多级物料清单和综合物料清单。

三、项目采购规划的技术和工具

1. 自制或外购分析

自制或外购分析是对既可自制又可外购的资源的取得方式而展开的决策，以确定通过自制方式还是购买方式获得某种商品的一种更经济的过程。在项目采购规划时，其中很重要的一个内容就是决定所需资源是自制还是外购，这是任何项目都会遇到的决策问题。自制或外购分析可以用来判断项目组织所需的资源和服务是通过自制还是外购获得。在比较自制与外购的经济性时要考虑直接和间接两部分费用，并考虑组织的长远需求和项目的当前需求，如果能够满足组织的长远需求，外购成本分摊到当前项目上的比例就会小一些。需要指出的是，无论是自制还是外购，并不影响产品的销售收入，只需考虑两个方案的成本，哪一个方案的成本低则选择哪一个方案。

自制或外购的决策分析一般可采用相关成本分析法和成本平衡点分析法。

（1）零部件自制不需增加固定成本且自制能力无法转移。在已经具备的自制能力无法转移的情况下，原有的固定成本属于沉没成本，不会因资源的自制或外购而发生变动。

因此，在这项决策分析中，只需将自制方案的变动成本与外购成本进行比较。如果自制变动成本高于外购成本，则应外购；如果自制变动成本低于外购成本，则应自制。

例 13-1：某企业每年需用 A 零件 100 000 件，该零件既可以自制，又可以外购。若外购每件单价为 40 元；若自制，企业拥有多余的生产能力且无法转移，其单位成本为：直接材料费 30 元，直接人工费 6 元，变动制造费用 3 元，固定制造费用 5 元，单位成本合计 44 元。问：A 零件是自制还是外购？

解：根据题意，可采用相关成本分析法。由于拥有多余的生产能力，固定成本属于无关成本，不需考虑，自制单位变动成本为 39 元（直接材料 30 元，直接人工费 6 元，变动制造费用 3 元），外购单价为 40 元。所以有：自制总成本为 100 000×39 = 3 900 000元，外购总成本为 100 000×40 = 4 000 000 元，企业应选择自制方案，可节约成本 100 000 元。

（2）零部件自制不需增加固定成本且自制能力可以转移。在自制能力可以转移的情况下，自制方案的相关成本除了包括按资源全年需用量计算的变动生产成本外，还包括与自制能力转移有关的机会成本，无法通过直接比较单位变动生产成本与外购单价作出决策，必须采用相关成本分析法。

例 13-2：仍依上例资料。假定自制 A 零件的生产能力可以转移，每年预计可以获得毛利 1 000 000 元。A 零件是自制还是外购？

解：根据题意，采用相关成本分析法。如上所述，由于拥有多余的生产能力，固定成本属于无关成本，不需考虑，自制单位变动成本为 39 元（直接材料费 30 元，直接人工费 6 元，变动制造费用 3 元），外购单价为 40 元。自制 A 零件的机会成本如表 13. 1 所示。

表 13.1 损益分析表

项目＼方案	自制 A 零件	外购 A 零件
变动成本	100 000×39＝3 900 000	100 000×40＝4 000 000
机会成本	1 000 000	
相关成本合计	4 900 000	4 000 000

企业应选择外购方案，可节约成本 900 000 元。

(3) 零部件自制但需要增加固定成本。当自制时，如果没有多余的生产能力或多余生产能力不足，就需要增加固定成本以购置必要的机器设备。在这种情况下，自制的成本，就不仅包括变动成本，而且还包括增加的固定成本。由于单位固定成本是随产量成反比例变动的，因此对于不同的需要量，决策分析的结论就可能不同。这类问题的决策分析，根据需要量是否确定，可以分别采用相关成本分析法和成本平衡点分析法来进行分析。若需要量确定，可以采用相关成本分析法；若需要量不确定，则采用成本平衡点分析法。因需要量确定情况下的自制与否的决策与前例相似，这里仅就需要量不确定情况下的自制与否的决策进行举例。

例 13-3：企业需要的 B 零件可以外购，单价为 60 元；若自制单位变动成本为 24 元，每年还需增加固定成本 45 000 元。要求：分析 B 零件是自制还是外购。

解：由于本例零部件的需要量不确定，因此需采用成本平衡点分析法进行分析。设：X_0 为成本平衡点业务量，自制方案的总成本为 Y_1，固定成本为 A_1，单位变动成本为 B_1；外购方案的总成本为 Y_2，固定成本为 A_2，单位变动成本为 B_2。其中：$A_1 =$ 45 000元，$B_1 = 24$ 元，$A_2 = 0$，$B_2 = 60$ 元，则有：$Y_1 = A_1 + B_1X = 45\ 000+24X$；$Y_2 = 60X$；则有

$$X_0 = \frac{45\ 000}{60-24} = 1\ 250$$

这说明，当需要量在 1 250 件时，外购总成本与自制总成本相等；当需要量在 1 250件以内时，外购总成本低于自制总成本，应选择外购方案；当需要量超过 1 250 件时，自制总成本低于外购总成本，应选择自制方案。

2. 短期租赁或长期租赁分析

租赁是项目获得外部资源的一种常用的方式。至于进行长期租赁还是短期租赁，通常取决于财务上的考虑。应该根据项目对租赁品的预计使用时间、租金大小求得长期租赁与短期租赁的成本平衡点，进而决定选用哪种租赁方式。

例 13-4：某项目若短期租赁一种设备，租金按天计算，每天 100 元；也可以长期租赁，租金每天为 60 元，但必须在开始时缴纳固定手续费用 5 000 元。试对其采购选择做出分析。

解：在这种情况下，进行短期或长期租赁选择，也要根据项目对设备的具体使用时间来分析短、长期的成本平衡点。

设在预计租期为 X 天时，长、短期租赁费用相等，则有

$$100X_E = 5\,000+60X_E$$

$$X_E = 125 \text{ 天}$$

租赁决策如下：

若项目预计租用设备不超过 125 天，应选择短期租赁更合适；

若项目预计租用设备超过 125 天，应选择长期租赁更合适。

3. 经济采购订货模型

通过建立经济订货模型，对要采购的产品进行分析，确定采购的批量和采购的时间，使订货成本和库存成本之和最小即为经济订货分析。当一个项目所需资源的类目、数量和供应商都已经确定，剩下的问题就是决定采购进货时间 T 和进货批量 Q 了。按照采购管理的目的，需要通过安排合理的进货批量，使存货的总成本最低，这个批量叫做经济订货量或经济批量。确定了经济订货量之后，就可以很容易地找出最适宜的进货时间。

货物采购总成本 TC = 取得成本 TC_a + 存储成本 TC_C + 缺货成本 TC_S （13-1）

其中：

$$TC_a = F_1 + \frac{D}{Q}K + DU \quad (13\text{-}2)$$

$$TC_c = F_2 + K_c\frac{Q}{2} \quad (13\text{-}3)$$

式中：F_1 为采购固定成本（采购机构的基本开支），与订货次数无关；D 为商品年需要量；Q 为每次进货批量；K 为每次采购变动成本（差旅费、邮资等）；U 为产品进货单价；F_2 为存储固定成本（包括折旧、仓库职工工资等）；K_c 为单位产品存储成本。

将式（13-2）和式（13-3）代入式（13-1），可得

$$TC = F_1 + \frac{D}{Q}K + DU + F_2 + K_c\frac{Q}{2} + TC_s \quad (13\text{-}4)$$

求导可得：

$$TC' = -\frac{D}{Q^2}K + \frac{K_c}{2} \quad (13\text{-}5)$$

令 $TC'=0$，得：

$$Q^* = \sqrt{\frac{2DK}{K_c}} \quad (13\text{-}6)$$

相应地，可以求出最优订货次数 N^*：

$$N^{*}=\sqrt{\frac{DK_{c}}{2K}} \tag{13-7}$$

例 13-5：某建筑项目每月需要水泥 50 吨，每次订购费为 60 元，每吨水泥每月存储费为 40 元。问每次应订购多少吨？应每隔多长时间订购一次？

解：已知：$D=50$ 吨，$K=60$ 元，$K_c=40$ 元

代入式（13-6）和式（13-7）可得：最佳经济订货批量为 12 吨；

每月经济订货次数为 4 次。

四、项目采购规划的结果

1. 采购管理计划

根据项目的具体要求，采购管理计划可以是正式的，也可以是非正式的；可能非常详细，也可能很粗略。它是整个项目计划的分项，描述如何管理其采购过程。采购合同的类型是什么？如果需要使用独立估算作为评价标准，那么由谁作出独立估算？如果项目执行组织没有采购部，那么项目管理班子应当采取什么措施？如果需要采购文档，应从何处获得？当有多个卖主时，如何进行供方选择并进行管理？项目采购如何与项目的其他方面进行协调？

2. 工作说明书

工作说明书是清晰地规定项目采购细节的文档，目的是让潜在的卖方确定他们是否有能力提供所需的产品或服务。工作说明书的详细程度随采购项目的性质、买方的需求或合同形式的不同而不同。在采购过程中，工作说明可能需要修订和改正，如供应商可能建议一个有效的方法，而且这个方法能降低产品的成本，此时工作说明就需要修订。

一般来说，每一个采购项目都需要一个独立的工作说明，但在实际中，类似的资源可能只有一个综合的工作说明。工作说明书应尽可能的明确、完整和简练，注意使用行业用语，并参照行业标准。

第三节　项目采购的方式

一、公开竞争性招标

公开竞争性招标是由招标单位通过报刊、电视等媒体工具发布招标广告，凡对该招标项目感兴趣又符合投标条件的法人，都可以在规定的时间内向招标单位提交意向书，由招标单位进行资格审查，核准后购买招标文件，进行投标。公开竞争招标的方

式可以给一切合格的招标者以平等的竞争机会，能够吸引众多的投资者，因此，也称为无限竞争性招标。

由于项目采购的规模大小、要求的货物和服务的技术水平的高低以及资金来源的区别，公开竞争性招标又可根据其涉及的范围大小，分为国际竞争性招标和国内竞争性招标。

二、有限竞争性招标

有限竞争性招标，又称为邀请招标，或选择招标，是根据招标单位根据自己积累的资料，或由权威的咨询机构提供的信息，选择一些合格的单位发出邀请，应邀单位（必须有三家以上）在规定时间内向招标单位提交投标意向，购买投标文件进行投标。

这种方式的优点是应邀投标者的技术水平、经济实力、信誉等方面具有优势，基本上能保证招标目标顺利完成。其缺点是在邀请时如带有感情色彩，就会使一些更具竞争力的投标单位失去机会。但这种方式比公开招标节省了广告费和招标的工作量。

三、询价采购

询价采购就是通过比价的方式进行项目资源采购。它适用于项目采购时即可直接取得的现货采购，或属于标准规格的产品采购，有时也适用于小型、简单的工程承包。

询价采购是根据来自几家供应商所提供的报价，然后将各个报价进行比较而做出决策的一种采购方式，其目的是确保价格的竞争性。这种方式无须正式的招标文件，具体做法同一般的对外采购区别不大，只不过是要向几个供应商询价进行比较，最后确定采购的厂家。

四、直接签订合同

在特定的采购环境下，不进行竞争而直接签订合同的采购方法。这主要适用于不能或不便进行竞争性招标、竞争性招标优势不存在的情况下。例如，有些货物或服务具有专卖性质，只能从一家制造商或承包商处获得，或在重新招标时没有一家承包商愿意投标等。

五、自制或自己提供服务

这种方式不是一种严格意义上的采购方式，而是由项目实施组织利用自己的人员和设备生产产品或承包建造工程。这可能是由于项目的一些特殊要求或是项目组织本着成本效益原则分析的结果所决定的。

为了避免发生高成本和低效率的问题，采用这种方式进行采购前应尽可能地作详细的设计，并估算成本，在实践过程中，应建立严格的内部控制制度，进行进度、投资、质量控制。

第四节 项目合同管理

项目合同是项目买卖双方为了实现项目的特定目的而签订的确定相互之间权利和义务关系的协议。双方签订合同之后，项目采购管理便进入合同管理阶段。项目合同管理是确保供应商或承包商兑现合同要求、提供合格的商品与劳务的过程。

一、项目合同的类型

项目合同有多种分类方法。例如，按签约各方的关系，可分为工程总承包合同、工程分包合同、货物购销合同、转包合同、劳务分包合同和联合承包合同；按承包范围，可分为交钥匙合同、设计——采购——施工合同、设计——采购合同、设计合同、施工合同和管理合同；按计价方式，可分为总价合同、单价合同和成本补偿合同。

1. 总价合同

总价合同也称为固定价合同，或包干合同。这种合同一般要求投标者按照招标文件要求报一个总价，并在这个价格下完成合同规定的全部工作。总价合同一般要求购买的产品是能够严格定义的，否则，买卖双方都会面临风险——买方可能因为情况的变化而多付了钱，卖方也可能因为情况的变化而多付了一些额外的费用。

（1）固定总价合同。在固定总价合同中，承包商或供应商以设计图纸为基础，并考虑一些费用的上涨因素，报一个合同总价。在设计图纸和工程要求不变的情况下，合同总价是固定的。但是，当设计图纸或工程质量要求发生变更，或者项目工期要求提前时，合同总价则相应地发生改变。这种合同使承包商几乎承担了所有的风险，因而一般报价较高。固定总价合同一般适用于风险不大，技术不太复杂，工期比较短，对工程要求比较明确的项目。

（2）调价总价合同。在调价总价合同中，按照招标文件的要求及当时的物价计算合同总价。调价总价合同与固定总价合同的不同之处在于，前者在合同条款中规定：如果在执行合同的过程中，由于通货膨胀因素引起工料成本增加并达到某一限度时，合同总价则作出相应的调整。在这种合同中，买方承担了通货膨胀的风险。一般而言，工期较长的项目可采用这种形式。

（3）固定工程量总价合同。在固定工程量总价合同中，买方要求投标者在投标时，按照单价合同的办法分别填报项目各分项工程单价，以此为依据计算出项目总价。原定项目工作全部完成后，根据合同总价付款给承包商或供应商。如果设计方案发生变更或增加新项目，则用新的工程量乘以合同中已确定的单价，对合同总价进行调整。这种方式一般适用于工程量变化不大的项目。

(4) 管理费总价合同。管理费总价合同是指项目业主或发起人雇用某一公司的管理专家对发包合同的工程项目进行管理和协调，由业主或发起人支付一笔总的费用的一种劳务合同。采用这种合同时要明确具体的工作范畴。

对于上述各种总价合同，投标者在投标时必须报出各单项工程的价格。在合同执行过程中，对较小的单项工程，在完工后一次支付工程款；对较大的单项工程，则按照施工过程分阶段支付或按完成工程量的百分比支付。

2. 单价合同

如果招标时项目的范围和设计指标不是十分确定，或者项目的工程量可能会有较大的出入，为了降低不确定性给双方带来的风险，一般采用单价合同。

(1) 估计工程量单价合同。买方在准备此类合同的招标文件时，需要委托咨询单位分享列出工程量表并填入估算的工程量。投标者在投标时仅在工程量表中填入各项的单价，以此为依据计算出总价并作为合同报价。在项目实施过程中，业主每月向承包商支付进度款时，则按实际完成并经双方确认合格的工程量进行结算。在项目全部完成时，按竣工图最终结算项目的总价格。

由于项目中会出现实际工程量与招标文件中所提供的估计工程量有较大出入的现象，有的估计工程量单价合同中规定，当某一单项工程的实际完成工程量与招标文件中的工程量之差超过一定百分比时，双方可以讨论改变单价。为了避免以后发生纠纷，单价调整的方法最好在签订合同时写明。这种合同由业主与承包商共同承担风险，是一种比较常见的合同形式。

(2) 纯单价合同。纯单价合同在招标文件中只向投标者提供各分项工程的工作项目一览表、工程范围及必要的说明，不提供工程量。投标者只要给出表中各工作项目的单价即可，将来施工按实际工程量计算合同价款。有时也可以由买方在招标文件中列出单价，投标者提出修改意见，双方磋商后确定合同价款。

(3) 单价与包干混合式合同。这种合同以单价合同为基础，对于能够计算工程量的分项工程，均要求报单价，按实际完成工程量及合同单价结算。但对其中某些不易计算工程量的分享工程采用包干的办法。很多大型土木工程项目都采用这种方式。

对于买方而言，单价合同的主要优点在于可以减少招标准备工作，缩短招标准备时间，与成本补偿合同相比可以鼓励承包商通过提高工效等手段从成本节约中提高利润。买方只按照工程量表中的项目支付工程款，可以减少意外开支。单价合同的缺点是在具体工程量的计量上比较烦琐。另外，一直到项目结束之前，项目总造价都是一个未知数，这会给买方带来风险。特别是当设计师对工程量的估算偏低，或者遇到了一个有经验的善于运用不平衡报价的承包商时，这种风险就会更大。对于承包商或供应商而言，单价合同避免了总价合同中的许多风险因素，风险相对比较小。

3. 成本补偿合同

成本补偿合同也称成本加酬金合同（Cost Plus Fee Contract），即买方向承包商支付实际项目成本中的直接费，一般包括人工费、材料费和机械设备费，并按之前协议好的某种方式支付管理费及利润的一种合同方式。这种合同一般适用于项目内容及其技术经济指标尚未完全确定而又急于上马的项目，或是完全崭新的项目以及施工风险很大的项目。在成本补偿合同中，由于项目所发生的直接费是全额补偿的，可能会出现承包商在项目实施过程中不注意成本控制的问题。买方对项目的总造价不易控制。因而，相对于总价合同和单价合同而言，成本补偿合同中买方的风险较大。

（1）成本加成本百分比（Cost Plus Percentage of Cost，CPPC）合同。这种合同首先补偿服务的成本，再加上事先规定的成本百分比作为利润。它也被称为成本加费用百分比（Cost Plus Percentage Fee，CPPF）合同。计算公式为：

$$C=C_d+C_d\times P$$

式中：C 为合同总价；C_d 为实际发生的项目成本；P 为固定百分比。

在这种合同中，承包商的利润是由实际发生的成本按照固定比例提取的。所以承包商可能为了追求利润，不但不控制成本，反而故意增加成本。这对于买方来说很不利，现在已较少采用这种合同。

（2）成本加固定费用（Cost Plus Fixed Fee，CPFF）合同。成本加固定费用合同是成本合同中最常见的一种形式。在这种合同中，项目的实际成本是实报实销的，但无论实际成本如何，卖方的费用总是固定的。计算公式为：

$$C=C_d+F$$

式中：C 为合同总价；C_d 为实际发生的项目成本；F 为固定酬金。

（3）成本加奖励费（Cost Plus Incentive Fee，CPIF）合同。这种合同设置了一个奖励来奖励合同中规定的超出执行要求的情况。在这种合同中，超出项目总价部分的费用由双方按一定比例分摊，节省的费用也按约定的比例来分享。

$$C=C_d+F+(C_0-C_d)\times P$$

式中：C 为合同总价；C_d 为实际发生的项目成本；F 为固定酬金；C_0 为估计成本；P 为双方约定比例。

二、合同的主要内容

合同条款是合同当事人意思表示一致的产物，构成合同的主要内容。合同条款分为两种：合同基本条款和合同特殊条款。

1. 合同的基本条款

合同的基本条款是指缔结合同一般所具有的条款。这些条款既不是所有合同必备的条款，也不是合同的全部条款。根据我国《合同法》第 12 条规定，合同的内容由当事人约定，一般包括以下条款：

（1）合同当事人的名称或姓名和住所。

(2) 合同标的。
(3) 合同标的的数量。
(4) 合同标的的质量。
(5) 合同标的的价款与酬金。
(6) 合同履行的期限、地点与方式。
(7) 合同的违约责任条款。
(8) 合同争议的解决条款。

2. 合同的特殊条款

合同的特殊条款是指合同中具有特殊意义的条款。主要包括默示条款、格式条款和免责条款。

三、合同管理的过程

1. 合同管理的依据

(1) 合同。合同明确规定了合同双方各自的责任和权力，以及供应商提供的物料、工程和服务的要求等内容，是合同管理的蓝本。

(2) 工作结果。作业项目计划实施的一部分，收集整理卖方工作结果，包括完成的可交付成果、未完成的可交付成果、满足质量标准的程序、已发生的成本和将要发生的成本等。

(3) 变更申请。在项目采购合同实施中，合同可能会由于双方或一方的各种原因发生变更，项目采购合同管理要根据合同变更申请所提供的双方协商认可的最新信息来进行。变更申请包括对合同条款或提供产品和服务说明书的修改。变更申请可以由合同的任何一方提出，并由双方协商解决，以免延误项目的进度和影响项目的质量。如果不满意卖方的工作，终止合同的决定也可作为变更申请处理。卖方和项目管理团队不能就变更补偿达成一致时的变更争执，可分别称为索赔、争议和申诉。

(4) 卖方发票。卖方应对完成的工作按时段递交发票并申请支付。发票要求包括必要的支持文档，并应在合同中规定。

2. 合同管理的工具和技术

(1) 合同变更控制系统。合同变更控制系统确定合同修改的过程，项目组织应根据该系统对项目采购合同的变更进行管理。它包括文书工作、追索系统、争议解决程序和授权变更必要的批准等级。合同变更系统应与总体变更控制系统相匹配，是整体变更控制系统的一个组成部分。

(2) 绩效报告系统。建立合同管理的绩效报告流程。

(3) 支付系统。支付系统规定了项目组织向供应商支付款项时必须遵循的程序，如项目组织支付货款时，必须首先获得项目有关管理人员的批准，特别是对于大型的项目来说，项目组织要根据项目的实际情况建立合理的支付系统。

3. 合同管理的结果

（1）来往函件。合同经常需要买卖双方通过某些方面的书面文档进行沟通，例如对不满意绩效、合同变更或澄清的警告。来往函件是合同双方沟通所形成的文件，它不仅包括合同本身，还包括项目组织发出的催货单、项目组织或供应商提出的变更申请以及与合同有关的检查结果等。

（2）合同变更。通过适当的项目计划编制和项目采购过程对变更进行反馈，并适当更新项目计划和相关文档。合同变更是项目组织或供应商根据实际情况对合同进行变更，有关合同变更的信息要反映到项目管理的其他文件如进度计划、成本计划中去。

（3）支付申请。这里假定项目应用外部支付系统。如果项目具有自己的内部系统，这里的输出就是简单的“支付”。供应商根据合同的规定履行完义务后，有权要求项目组织按照合同规定的方式和时间付款。

四、合同收尾

项目组织或供应商按照合同履行完各自义务后，合同就此终止。通常，合同一旦签订就不能随意终止。但当出现特殊情况时，合同也可能提前终止。这些特殊情况包括：

（1）合同双方混同为一方，如供应商加入项目组织，这时合同就提前终止。

（2）合同由于不可抗的原因提前终止，如一项建筑工程的地皮被政府强制征用，导致项目终止，因此采购合同也将提前终止。

（3）合同双方通过协商，解除各自的义务，如项目组织和供应商通过协商达成一致意见，供应商不再提供货物，项目组织也不继续付款，此时合同就终止了。

（4）仲裁机构或法院宣告合同终止，如当合同纠纷交由仲裁机构或法院裁决时，合同被判决终止。当采购合同已经完成或因故终止时，就需要进行项目采购合同收尾。

1. 合同收尾的依据

项目采购合同收尾的依据主要是合同文件，它泛指与合同双方有关的所有文件，主要包括：合同本身、合同的执行情况、申请和批准的合同变更、供应商的发货单等。

2. 合同收尾的工具和方法

采购审计是合同收尾的主要方法，采购审计是指根据有关的法律和标准对从采购计划的编制到合同收尾的整个过程所进行的结构性审查。采购审计的目的在于确认项目组织采购过程中的成功和不足之处，是否存在违法现象，以便吸取经验和教训。

3. 合同收尾的结果

（1）合同归档。对项目采购过程中的所有合同文件要进行整理并建立索引记录，以便日后被查，它是整个项目记录的一部分。

（2）正式验收和收尾。对采购的物料、工程和服务进行最后验收，包括解决所有项目进展中遗留的合同问题，对供应商的最终付款通常也同步进行，还要确认合同已经完成并且可以移交。负责合同管理的项目组织人员应该向供应商发出正式的文件，从而确认合同的终止。

五、项目合同的履行与违约责任

1. 合同的履行

合同的履行是合同目的实现的过程，是指当事人双方按合同规定的内容，全面地完成各自承担的义务，实现合同规定的权利。严格履行合同当事人双方的义务。合同当事人必须共同按计划履行合同，实现合同所要达到的各类预定目标。

2. 违约责任

违约责任是指合同当事人违反合同约定，不履行义务或者履行义务不符合约定所应承担的责任。违反合同必须承担违约责任，这是我国合同法中规定的一项重要的法律制度。没有违约责任制度，合同就不具有法律效力。当合同一方不履行合同义务时，另一方有权请求他方履行合同，并支付违约金或者赔偿损失。对于违约惩罚的方式主要有支付违约金、罚款、终止合同、重新招标和取消承包资格等几种。

六、项目合同的变更、解除与终止

1. 项目合同的变更

项目合同的变更通常是指由于一定的法律事实而改变合同的内容和标的的法律行为。它具有以下特征：

（1）项目合同当事人双方必须协商一致。

（2）改变合同的内容和标的，一般是修改合同条款。

（3）其法律后果是产生新的债权和债务关系。

很多项目都会发生变更，为了保证项目目标的实现，必须在根据合同条款对项目变更加以控制的基础上对合同进行变更。合同变更可分为正常的、必要的变更和失控的变更两类。正常的、必要的合同变更是指为了保证顺利地完成项目，实现项目目标，由合同双方当事人根据项目目标的需要，对项目设计方案进行修改或对项目工作范围进行调整，并在充分协商的基础上对原定合同条款作适当的修正或补充。这种变更是一种积极的变更，有利于项目目标的实现。失控的合同变更则是在迫不得已的情况下，未经当事人双方充分协商一致而作出的变更，这种变更往往会导致项目利益的损失及合同执行的困难。

2. 项目合同的解除

项目合同的解除是指消灭既存的合同效力的法律行为。其主要特征如下：

（1）项目合同双方当事人必须协商一致。

（2）合同双方当事人负恢复原状之义务。

（3）其法律后果是消灭原合同的效力。

合同的变更和解除是两种法律行为。两者的相同之处在于都必须经过双方当事人协商一致，改变原合同法律关系；不同之处是前者产生新的法律关系，后者消灭原合同关系而并不产生新的法律关系。

3. 项目合同的终止

合同签订后，因一方的法律事实出现而终止合同关系，为合同的终止。合同签订以后，是不允许随意终止的。根据我国现行法律和有关司法实践，合同的法律关系可以因为下列原因而终止：

（1）因履行而终止。合同的履行，意味着合同规定的义务已经完成，权利已经实现，合同的法律关系也应相应地自行消灭。所以，合同履行是实现合同、终止合同法律关系的最基本的方法，也是合同终止的最常见的原因。

（2）因双方当事人混同为一人而终止。混同是指权利人和义务人合二为一。如果合同双方当事人合为一人，原有的合同也就没有履行的必要，因而自行终止。

（3）因不可抗力原因而终止。当不可抗力发生，导致无法履行合同时，应终止合同。

（4）因双方当事人协商同意而终止。当事人双方通过协议解除或免除义务人的义务，合同也即告终止。

（5）仲裁机构裁决或者法院判决终止合同。

复习与思考

1. 描述三种不同成本补偿合同的类型，并说明当每种合同被采用时与之相应的风险。

2. 举例说明合同应该包括哪些内容以及它们的作用。

3. 试举例说明如何利用自制或外购分析进行采购规划。

案例讨论

海尔集团的采购管理创新

2000 年以来，海尔在全集团范围内由物流推进本部统一协调和管理全集团的物流改革工作，本部下设采购、配送、储运三个事业部，使得采购、生产支持、物资配送从战略上实现了一体化。

改革后采购事业的职责主要是负责向供应商采购产品所需要的零部件，并对供应商进行管理。具体包括以下内容：供应商的优化，招标，下达采购计划，零部件的选购以及全球网络资源。海尔物流整合开始后，第一步就是整合采购，将集团的采购活动全部集中。开展规模化经营，全球化经营，全球化采购，并纳入国际化的供应商，在全球范围内采购质优价廉的零部件。其战略是在最低总成本条件下通过及时的购买来支持制造系统，大到几百万元的设备，小到一些办公用品诸如圆珠笔、订书机等都按统一采购进行操作。利用整合后的集团优势，大宗物料实现了大规模采购，从而获得国内同行业内最优的性能价格比。例如彩色显像管，整合前只能拿到生产商二、三类用户的价格，统一采购后，就可享受生产商一类客户价格，平均每台至少可便宜10元，而且供货服务得到保证。仅此一项，海尔全年至少节约580万元，海尔一年的采购费用是100多亿，大约15000个品种，供应商有2000多家，海尔通过整合采购，加强采购管理，使供应商的数目减少到一千多家，集团采购人员减掉了三分之一，并且集中采购，招标竞价使成本每年降低5%以上，一旦实施网上采购，采购价格更会大幅下降。但海尔认为优化供应商比单纯降价更重要，因此，海尔与供应商建立长期的战略合作伙伴关系，让供应商参与有关零部件设计，海尔美高美彩电的开发过程就是同供应商进行联合开发、并行开发的典型事例。美高美彩电的开发周期一般需要六个月，但海尔与其供应商成为合作伙伴，让其参与开发过程，同供应商不断进行技术交流，并且让供应商进行模具设计，通过联合开发使美高美彩电开发周期大大缩短，仅用了两个月，世界500强企业有许多已成为海尔的供应商，如GE就是与海尔建立战略联盟，并且为了方便供货，有许多企业在青岛设厂，满足海尔JIT运作的要求。

［资料来源］：丁宁．项目管理．［M］．北京：清华大学出版社，2008.

问题：

（1）从海尔采购事业的主要职责着手，简要说明海尔采购流程改革的必要性和基本特点。

（2）海尔采购管理创新还有哪些值得借鉴的重要内容？

（3）结合海尔经验，说明采购方式和供应管理改革的重要性。

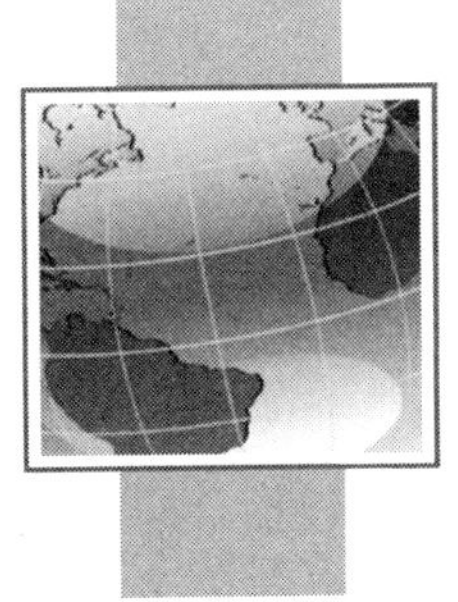

第十四章 项目收尾管理

要点提示

✍ 项目收尾的主要内容。

✍ 项目审计的概念。

案例　IBM 公司的 Data Master 项目

IBM 公司的 Data Master 项目始于 1978 年 2 月，IBM 公司实施该项目的目的是开发出一个面向小企业的、价格便宜的计算机。Data Master 是一台 8bit 计算机，采用 Inter 8085 微处理器，具有 32KB 内存，并配备两个 8 英寸（1 英寸 = 0.0254 米）的软驱动器、30MB 的硬盘和打印机。该机器于 1981 年 7 月上市，但仅仅生存了几个月。IBM 公司上层经理本来希望 Data Master 机器具有五年以上的生存期，但它却没有能做到这一点。该项目之所以失败，原因之一就是项目目标在卡法过程中起了变化，这使得项目被拖延并使项目组成员感到困惑。如前所述，Data Master 项目的最初目标是研制一个具有开放结构的、能够运行由第三方编制的软件、适合小企业使用的计算机，但公司领导在项目进展过程中改变了方向，要求 Data Master 的目标市场由小企业转为中等规模的企业，因为只有中等规模的企业才有充足的人力资源编写适合自己的软件，而小企业往往不愿意负担编写软件所带来的高成本。正是这种目标的中途改变导致了项目的最终失败。

［资料来源］：刘国靖．现代项目管理教程［M］．北京：中国人民大学出版社，2004.

思考：在 Data Master 项目的执行过程中，IBM 公司应该怎么做才能保证其成功。

第一节 项目评估

一、合同收尾与管理收尾

根据美国项目管理协会 PMI 的概念，项目收尾（Project Conclusion）包括合同收尾和管理收尾两部分。合同收尾就是和客户对合同一项项的核对，检查是否完成了合同所有的要求，是否可以结束项目，也就是通常所讲的验收。管理收尾是对于内部来说的，把做好的项目文档等归档；对外宣称项目已经结束；转入维护期，把相关的产品说明转到维护组；进行经验教训总结。

合同收尾就是了结合同并结清帐目，包括解决所有尚未了结的事项。合同收尾需要对整个采购过程进行系统审查，找出进行本项目其他产品或本组织内其他项目采购时值得借鉴的成功和失败之处。合同收尾往往是项目经理们最为头痛的事情。理想的情况下，既要使客户和用户对产品满意，又要使公司顺利地收到项目资金，造就一个"双赢"的局面。项目先天就有很多不确定因素，比如说，进行采购的市场人员并不清楚项目的具体实现细节和难度，用户需求不明确、不断变更，等等。诸多因素最终都要在合同收尾最终解决。

管理收尾涉及为了使项目干系人对项目产品的验收正式化而进行的项目成果验证和归档，具体包括收集项目记录、确保产品满足商业需求、项目信息归档，以及项目审计。项目验收要核查项目计划规定范围内的各项工作或活动是否已经全部完成，可交付成果是否令人满意，并将核查结果记录在验收文件中。如果项目没有全部完成而提前结束，则应查明有哪些工作已经完成，完成到了什么程度，哪些工作没有完成并将核查结果记录在案，形成文件。

二、项目评估标准

项目评估是根据起始的或者修订的计划对进度和绩效进行签订、评价。评估还要对在选择过程中制定的目标和目的进行鉴定，在项目生命中对目标和目的进行的任何变更和修正。另外，评估有时与其他类似的项目是有关的。

评估也并不应该只局限于事后的分析。在项目生命周期中对很多关键点进行评估是很有益的，同时，在一定程度上也是必须的。因为项目评估的首要目的就是为高级管理层的决策和控制提供反馈信息，所以对于评估来说，重要的是让高级管理层和项目团队都相信这种评估。评估的目的是改进项目实施的过程，决策的目的是要改进选择过程。因此对待评估应该像对待项目本身那样，认真进行计划与实施。

项目评估的作用是帮助组织提高在以后项目中的项目管理技能，即要在项目管理过程上给予更多的关注。最好是有详细描述标准化项目管理方法的项目管理指南或手册，这样的手册通常包括计划、监测、控制的最佳做法，以及项目选择和终止方面的建议。

有很多不同的方法可以应用在项目评估中。高级管理层为了未来的计划和决策要求评估待定的领域，这些费用应该由评估委员会支出。除此之外，项目选择和投资的原始标准也应该予以考虑，举例来说，收益性，为一个组织获得新的竞争力或者在一个新的市场中获得一个立足点，选择一个项目的任何特定原因都应该作为考虑的因素。这个项目是否是某些人的宠儿？评分模型是否能识别出选择这个项目的特别重要的定量或定性的原因？项目在这样的标准上运作如何也是评估的重要部分。

当然，一个主要的评估标准是项目到目前为止的成功与否。一项研究确定了项目成功的四个重要方面。第一个方面是项目在符合预算和进度要求方面的效率。当然，效率并不能简单地解释为绩效或者效力。

因此，第二个方面就是客户方面的影响和满意度。这个方面不仅包括符合项目正常的技术和运作规范，而且还包括诸如满足客户的需求、客户是否真正使用项目的结果等这些不太有形的方面——这些都不断地使项目面临客户满意度的挑战。

第三个方面是指商业价值的成功，对于外部项目，是指商业成功的级别和市场份额这些因素，对于内部项目来说，是指项目目标的完成，如提高产量或者缩短产出时间。最后一个方面是最难评估的，那就是未来的潜力，这包括在一个新市场占领一席之地，开发一项新技术，等等。

还要考虑另外两个标准：项目对组织目标所作的贡献，包括未阐明的组织目标，以及项目对团队成员的目标所做的贡献。为了判别出项目的贡献，要对项目所有的方面都进行考虑，以便识别并理解项目的优势和弱势。

评估报告应该包括关于这两个标准的调查结果，同时还要包括其他各条目的一些建议。如下：

(1) 与客户和高级管理层进行沟通。

(2) 找出技术领先的机会。

(3) 减少间接成本和直接成本。

(4) 改善项目管理过程。

(5) 识别组织使用项目的风险。

(6) 利用项目成员在工作中学到的技能。

(7) 利用项目经理获得的在一般管理方面的经验。

(8) 改进组织对项目的使用。

(9) 提高从项目中获得成果的速度。

三、度量

根据计划的预算和进度度量项目的绩效相对来说是比较简单的，要确定每个里程碑是否已经完成也并不是很难。正如我们多次说到的，对实际支出和挣值的度量是错综复杂的，报告技术难题也是这样，这些难题会被搁浅下来，而项目的其他工作仍在进行。

如果项目的选择过程是着重于利润，那么评估通常包括利润和成本的确定，并且通常会把这些分配给几个在项目上工作的小组，但是这样通常会导致冲突。每个小组都想获得收入，每个小组期望在别处分配成本。虽然对于这个问题没有理论上正确的方法，不过还是有可以让人接受的明智方法。如果不是在项目结束时而是开始时就对预算和进度进行预测并确定下来，那么这还是比较容易说清楚的。如果分配是由预先确定的公式做出的，那么就应该能够避免主要的冲突，或者至少能减少冲突。

当使用一个多元化的模型，如评分模型，进行项目选择时，度量方法会产生较为有难度的问题。有些度量数据是客观的并且容易衡量。但是其他的度量数据通常是主观的，需要用仔细的、标准化的度量技术来获得可信的、有效的评估结果。如果要得到的结果是很重要的，那么应该认真地建立用于收集数据的访问和调查问卷的方法。

项目评估是高级管理层用于鉴定的方法。它的标准应该包括管理的需求、阐明的和未阐明的组织目标、项目选择的原始依据以及到目前为止项目在效率、客户影响/满意度、商业成绩和未来潜力这四个方面的成就。在预算、进度和绩效方面度量项目的成绩比起度量收入和定性的以及主观的因素要容易。在项目成立阶段建立度量的方法是有益的，同样，采用经过认真标准化的度量技术对于主观因素的评估也是很有帮助的。

第二节 项目审计

一、项目审计概述

项目审计就是对一个项目的管理、方法和程序、记录、财产、预算、支出、过程等进行充分的检查。项目审计是正式评审项目进展和成果的一个好方法。项目审计的目的，是明确完成的项目实现了哪些收益，实际成果和计划中的预计成果比较有哪些差异。

1. 项目审计的内容

（1）项目质量审计。主要是审计项目实施过程中各环节的质量、使用的材料、工艺流程是否符合政府有关政策、法规、标准等规定，是否满足项目合同的要求。

（2）资金使用审计。对项目进行过程中资金使用状况进行财务审计，审查项目的资金使用计划和资金使用情况与预算是否一致、是否合理，有无违反财务管理政策或法规的现象。

（3）合同审计。指对项目合同的合法性、合规性所做的审计，并对项目合同的执行情况进行审查。

2. 项目审计的职能

（1）经济监督。经济监督是对项目管理人员的监督和对项目活动进行监察和督促；具体地说，就是把项目的实施情况与其目标、计划、规章制度、各种标准以及法律法规等进行对比，把那些不合法规的经济活动找出来。

（2）经济评价。经济评价是对项目决策以及实施的效果进行评价；通过审计和检查，评定项目的重大决策是否正确，项目计划是否科学、完备和可行，实施状况是否满足工程季度、资源利用是否优化，控制系统是否健全、有效，机构运行是否合理等。

（3）经济签证。经济签证是通过审查项目管理与进行过程，确定相关经济资料是否符合实际情况，并在认真鉴定的基础上对这些资料做出书面的证明。

（4）项目支持。所谓项目支持，就是帮助项目组织更好地开展工作，减少失误。通过实施审计，提出改进项目组织、提高工作效率、改善管理方法的途径，帮助项目组织者在合乎法规的前提下更合理地利用现有资源，顺利实现建设项目的目标。

3. 项目审计工作的三个阶段

（1）项目前期审计。项目前期审计是在项目选择与确定阶段以及计划阶段的审计。做好项目前期审计，对于防止错误的投资决策和保证项目目标的顺利实现具有重要作用。项目前期审计主要包括项目可行性研究审计、项目计划审计、项目组织审计、项目招标审计、项目投标审计、项目合同审计。

（2）项目执行期审计。在项目执行期间，需要对项目进展过程中的管理状况、财务收支情况以及财经纪律的遵守情况进行强制性审查，做出客观、公正的评价，以改善管理，项目执行期的审计主要有项目组织审计、项目报表与报告审计、设备材料审计、项目执行期收入审计、项目实施管理审计、合同管理审计。

（3）项目完成审计。项目完成期审计主要包括项目竣工验收审计、项目竣工决算审计、项目建设经济效益审计和项目管理人员的业绩评价。

4. 项目审计与财务审计的区别

项目审计不是财务审计，它比财务审计的范围要广泛得多，是针对整个项目或项目的任何一部分的。它可以是非常灵活的，可以关注于高级管理层感兴趣的任何一个方面。

项目审计同时比传统的管理审计范围要广，传统的管理审计关注于组织管理系统和运作。两种审计的比较如表 14.1 所示。

表 14.1 财务审计与项目审计的比较

	财务审计	项目审计
状态	根据已认可的标准确定商务的状态	必须为每个项目的状态创建基础原则并加以确认
预测	公司关于经济良好运行的状态	项目未来的状态
测量	大多数为财务方面	财务方面加上进度、进展、资源使用和附属目标的状态
记录保存系统	法律规则和专业标准规定的形式	没有标准的系统，由组织自己按照意愿进行或者根据合同而定
信息系统的存在	开始审计需要极少记录	没有现成的记录，为了开始审计，必须设计和使用数据库
建议	通常很少或者没有，一般限定在会计系统管理的范围内	通常是必须的，并且包括项目或者管理的所有方面
局限条件	受条件限制，但不会有很强的管理压力	局限主要集中在审计过程的缺点上（如缺少技术专家、缺少资金和时间）

二、审计流程

审计的时间安排根据审计的目的而定。由于尽早发现问题可以找到简单的解决办法，所以通常在项目生命周期的早期开始审计。这时的审计主要关注技术问题，而稍后的审计较多的倾向于预算和进度方面，因为大多数的技术问题到那个时候已经解决了。因此，稍后的审计通常对项目团队来说价值要小一些，但对于综合管理者是更有意义的。一个明显的例子就是项目后审计（Postproject Audit），一般是客户在契约中要求的并且也是最终项目报告的一个组成部分。

审计可以在任何深度的层面上进行，通常有三个层面：第一层面是普通审计，通常受时间和成本的约束，仅局限于对项目基本要素的简短调查；第二个层面是详细审计，一般是在普通审计发现一些需要进一步调查的问题时才开始进行；第三个层面技术审计，通常由有特殊技术技能的个人或者团队来执行。

通常的项目审计步骤：

（1）使审计团队熟悉项目的需求，包括项目选择的依据和上层管理收取的任何特殊费用。

（2）在现场审计项目。

（3）详细按照所要求的格式书写审计报告。

（4）发送报告。

通过预先制定表格和流程可以加速所需信息的收集。为了达到预定的效果，审计团队必须能够自由地获得所有与项目有关的信息。大多数信息将来自项目团队的记录或者来自各个部门，如会计、人力资源和采购部门。其他有价值的信息将来自早期的文档，如申请建议书（RFP）、启动这个项目的高级管理委员会的会议纪要。

建立信任是一个缓慢而细致的过程，如果做得不好会很容易起妨碍作用。审计团队要了解项目团队的政治观点、团队成员之间的人际关系，并且必须对这些信息严格保守秘密。无论怎样，审计团队在工作期间都会毫无疑问地遇到政治上的反对，要么被回绝，要么被拉拢。审计团队应该尽可能地保持中立。如果审计团队得到秘密信息，那么必须通过非保密的渠道来确定该信息。如果不能确定，那么这样的信息是不能使用的。审计团队必须要小心，不要成为传播未被证实的对项目批评意见的渠道。

审计团队还要遵守其他的一些规则。首先，应该使项目成员意识到审计在进行中。必须注意避免审计团队成员和项目成员之间的误解。应该始终避免使用批评的言行。这对于在现场或即席表述观点和评论尤为重要。在任何情况下，未经审计团队一致同意的意见是不能随便说出的，并且即使是一致通过的判定，也应该只在正式的意见听取会或者报告中提出。

三、审计报告

如果要严肃地对待审计结果，所有的信息必须如实上报。必须认真检查数据、核实所有的计算。确定要包括的内容范围同样也是非常重要的。审计报告要使用“建设性”的语气，否则项目团队的士气会收到打击，甚至达到危及项目的程度。

报告信息的编排应便于把计划的结果和实际的结果进行比较。严重的偏差应该突出表示出来，并且用脚注或者注释的形式进行说明。这减少了读者的工作，使读者能够集中精力于重要的问题而不是琐碎的小问题。应避免对项目相关的个人或者团队的负面评论。报告应该以清楚的、专业的、无感情色彩的形式书写，其内容应限定于与项目相关的信息和问题。项目审计报告至少要包括以下信息：

1. 项目介绍

对项目的简要介绍，包括项目直接的目标和目的。

2. 目前状态

按照几种测量绩效的方法把实际完成的工作与项目计划进行比较。项目花掉的直接费用应该与计划的预算进行比较。如果必须要报告总成本，包括已分配的管理费用，那么除了报告直接费用以外还要报告总费用，而不能用直接费用代替。应该清楚地注明项目已完成的部分，特别是计划的事件和里程碑。如果有对未完成任务的完成百分比的估算，也应该标明这些百分比。还应该提供已完成工作与已消耗资源的比较——例如使用 MSP 的挣值报告。这里需要的是能够帮助查出具体问题的信息。在这些信息的基础上，可以做出关于项目的时间安排和项目取得成功所需要的剩余支出的金额和投影图。最后，如果项目有详细的质量规范，那么对控制过程的全面检查和截止到目前的质量测试结果必须出现在报告中。

3. 项目的未来状态

审计者对项目进展情况的结论以及对项目的技术方法、进度或预算方面的变更建议，这些内容都应该写在本条内。然而，想重写项目建议书是不合适的。审计报告应该只考虑已经完成的工作或者在进行中的工作，不能在审计中对处在调查中的技术问题做假设。

4. 管理问题

任何审计者认为高级管理层应该监测的问题都应该在这里写出来。对这些问题与项目目标之间的关系也应该做出简要的描述。

5. 风险分析和风险管理

本条着重于潜在的项目失败和经济损失。与项目相关的主要风险和它们对项目进度、成本、绩效的影响也应该加以识别。如果有可以大大改变未来风险的可供选择的措施，那么必须在这一条中说明。

6. 最终结论

本条包括可以用于其他项目的告诫、假设、局限条件和信息。任何影响数据准确性或者审计报告有效性的假设或局限条件都应该在这里说明。另外，从这次审计中学到的经验教训同样也应该进行报告，这些可以应用于组织中其他的项目。

项目审计是对整个项目不同深度层面的一个充分检查。早期的审计比较多地倾向于项目的技术方面，而稍后的审计则倾向于进度和成本。审计团队必须有权接近项目信息和对项目熟悉的人员，包括项目团队。与项目团队一起工作是一个精心的行为过程。最终的审计报告应该以职业的、有建设性的语调书写，并且应该包括下列内容：介绍、目前的状态、未来的状态、关键的管理问题、风险分析和风险管理以及最终结论。

第三节 项目终止

项目最终总要结束，但是项目的收尾方式对组织中的生命质量将会产生很大的影响。有时，项目终止的管理方法会对项目的成功产生影响，它总是对高级管理层、客户、项目团队甚至组织内的其他人对项目的保留态度产生重要影响，同样会对以后组织成功地运用项目有重要影响。

在有些按项目组织的行业中，项目终止不是一个很严重的问题，因为项目成员仍旧保持相对完整，从这个项目移到下一个项目。但是在其他行业中，终止一个项目，特别是一个长期的、有难度的项目，与家庭破裂有点类似，它会让人感到非常紧张，甚至感到悲伤。因此，终止过程的技能和管理对更大型组织的工作环境会产生重要影响。

一、何时项目终止

如果认为沉没成本与现在的投资决策无关，那么项目是继续还是终止的首要标准就是：组织根据现在的状态和预期的结果确定是否愿意再投入完成项目所需的时间和成本。虽然这个标准可以应用于任何一个项目，但是并不是所有的人都同意沉没成本是无关的，或者不是每个人都认为这是一个最佳的标准。这个标准通常用于确定是否终止项目，它可以分成两大类：

（1）项目完成其目标和目的的程度。

（2）第二类是项目满足一系列与成功和失败相关的因素的程度。

在第一类中，如果项目已经达到了它的目标，那么就可以结束项目了。提早终止项目的一个最重要的原因就是因为有可能会有技术或商务上的失误。与项目失败相关的因素会因行业项目类型以及对失败定义的不同而不同。

项目成功的基本因素主要有四个方面：

（1）项目执行的效率。

（2）客户的满意度。

（3）对项目成果的使用。

（4）项目的成果对公司的影响以及对项目公司未来的影响。

这四个方面直接与项目管理的效率相关。同时项目失败也有四个基本因素：

（1）对于这个任务来说，本来就不需要这个项目。

（2）来自高级管理层的支持不充分，特别是对于不可预料的资源。

（3）任命了错误的项目经理。

（4）开始的计划很差。

二、项目终止的类型

结束一个项目有很多种不同的基本方法：废除、增加、整合以及其他资源缺乏。当项目突然停止的时候项目废除就发生了，虽然还有财产、设备、材料和人员来支付和重新分配。项目的终止要么是因为它已经胜利地完成了任务，要么是因为预计项目失败的可能性比较高。当项目不再能够满足成本、利益标准或者它的目标已经由另外一个项目（通常是另外一家公司的项目）完成的时候项目就失败了。

应该注意的一种特殊类型的终止就是由“非常情况”导致的终止，这些非常情况以不可预测的突发事件为特征，诸如项目拥护者的强行退休或者执行项目的公司与另外一家公司合并一类的事件。

1. 增加导致的终止

发生在“内部”项目已经成功地完成，并使其机构化，将其作为组织的一个新的、正式部分的时候。这可以采取增加部门、事业部、子公司或者其他组织实体的形式，这取决于项目的量级和重要性。3M 公司通常使用这样的技术来奖励那些成功的创新项目，如即时贴的发明。

有时，项目团队经理成为新实体的经理，而项目团队的成员可以要求调到组织内部的一个新项目中。虽然新实体在其第一年或者是他的生命周期中会是一种"受保护种类"的状态，但是它最终还是要学会忍受其他机构同样面对的管理费、政策、流程和行政管理。永久的实体不可能永远处在例外的项目状态，这种变迁对于项目团队来说是比较难的一点。

在增加导致终止的情况下，项目的财产通常会简单地转移给新的实体。在整合导致的终止中，项目的输出就成为发起公司或者是客户经营系统的一个标准部分。新软件成为新的标准，新的机器成为生产线普通的一部分。项目的财产、设备、材料、人员，甚至是功能都会在母公司现有的部门中或客户组织的部门中分配。在项目向集成运作部门转变时，项目中的人员是回到他们原来的职能部门还是成为集成系统中的一部分，需要考虑以下这些项目的功能：人力资源、生产、会计、财务、工程、信息系统、市场营销、采购、分配、法律，等等。

2. 资源缺乏导致终止

通常是发生在不审慎地终止一个项目的时候，不过它的预算可以压缩，直到项目成为一个有名无实的项目为止。项目可能是由一个特殊的客户提出的或者是一位高级执行官的宠儿，或者是因为如果终止项目将会被认为是管理上的失败，通常会保留几个项目成员，其中一个人的职责就是在每个季度报告"项目无进展"。对任何人来说询问这种项目的情况都会被认为是不礼貌的。

三、终止过程

最好是由相当的高级执行官组成的范围较广的委员会来做出终止的决定，以便减弱和抵挡由于这样的决策所带来的政治上的压力。通常来说，项目的终止不会是很温柔的。在可能的程度上，最好是细化所用的标准，并且解释委员会决策的原因，但是不要用甜美的理由来压制反对或者不让人抱怨。在任何情况下，结束一个正在进行的项目都不是一个机械的过程，并且也不能这样对待它。如果终止委员会将决策看作一种机械的工作，那么必定会造成代价昂贵的错误。

最好在初始的项目计划中包括用于确保顺利和成功的项目终止所需的活动。如果能够谨慎地计划和管理，终止过程将会给项目有关各方面带来良好的效果，甚至可以把终止自身作为一个项目来对待。通常，是让项目经理来收尾，但是这会产生各种各样的问题，因为项目经理不是一个与项目无关的旁观者。我们认为最好为这个过程任命一名专家——终止经理，最好是在项目终止方面有一定经验的人，来完成项目收尾这个长期和棘手的过程。

项目经理要处理许多这样的任务，或者至少是由项目经理来发动完成，有些任务是包括在项目建议书或合同中的。比较困难的工作之一就是项目成员的重新分配。在一个职能性组织中，通常会简单地把个人返回到其原来部门的岗位，不过在那些大型项目终止的时候，许多成员都将下岗。在一个纯项目的组织中，有很多的项目，项目成员可以从一个项目转到另一个项目，但是没有一个“可停留的地方”，比如具有其他功能的部门，因此，下岗就更平常了。在矩阵型组织中，同样存在这两方面，不过在人员重新分配上可能是问题最少的。

期望项目终止经理和组织的人力资源部门会帮助忠诚的项目成员找到新的工作。这不仅仅是一个慈善行动，它会防止一种倾向，即有的项目成员自己寻找新的工作并早早就离开了项目，而这样将会对成功完成项目打折扣。如果这些人没有成功地找到新工作，他们会拖延最后的任务以使他们有更多的时间——同样对项目也是不利的。项目经理还需要向项目成员讲明，项目中期的辞职和任期一成不变都是不能接受的。以及时的、直接的方式面对终止决定会给项目经理和终止经理在项目的顺利过渡上带来好处。

四、项目的最终报告

虽然审计和评估在最终报告中起到了一定的作用，但项目的最终报告并不是另外一份评估报告。项目的最终报告记载了项目的历史，通常它是由项目经理撰写的一部编年史，记录什么做对了，什么做错了，哪些人参加了该项目，对项目做了什么贡献，项目做了什么工作，如何管理以及经验教训。报告应该注明在哪里可以找到这些信息的原始材料——项目建议书、行动计划、预算、进度、挣值表、审计报告、范围变更文件，以及所有上面任何一种文件的更新信息等等。

如何书写报告，以什么样的形式书写，这是个人偏好问题。但是，通常情况下都应该包括以下基本内容。

（1）项目的绩效——最重要的信息就是项目要完成什么，实际完成的是什么，以及产生这种绩效的原因。由于这不是一个正式的项目评估，这些内容可以是项目经理个人的意见。项目的经验教训应该包括在此处。

（2）管理绩效——工作得很好或者很糟的管理方法，应该在这里写出并给出原因。如果对管理方法的某些修正对未来的项目有所帮助，那么要把这些写上并加以说明。

（3）组织结构——不同的项目有不同的组织结构，并且项目的组织方法要么会帮助要么会妨碍项目。如果对未来项目有帮助的修改，则应该加以确定。

（4）项目的协同配合——最终报告的一个保密的章节就是应该识别出工作得特别好的项目团队成员，还有那些很难与他人相处的人员。项目经理还可以建议在未来的分配中组建团队时，把那些在团队的形式下工作尤为有效率的个人和小组分在一起。

(5) 项目管理技术——项目的成功与预测、计划、预算、进度安排和资源分配、控制、风险管理等这些技能和技术的关系重大，因此，应该对效果好的和不好的过程方法加以说明并进行评论。对未来项目的改进建议应该写出并加以说明。

最终报告的基本目的是要改进未来项目。因此改进建议对组织来说是尤为重要和有价值的。当然，如果改进建议没有在其他项目经理和合适的高级管理层中传播开，那么任何对未来项目的改进建议都将是没有任何帮助的。项目经理应该跟踪提出的任何一个建议，以便清楚它们是被接受了还是使用了，或者是因为某种原因被拒绝了。

由于大多数的信息和对项目的回忆都是来自与项目经理，所以建议项目经理写项目"日记"。这不是一个正式的项目文档，而是一个非正式的对项目所发生事情的想法、反应以及评论的收集。项目日记不仅能帮助项目经理构架最终报告，并且对于一个朝气蓬勃的新项目经理来说还是一个智慧的源泉。最重要的是，它可以让你在一大堆乱七八糟的项目活动和危机中保持着怀念过去的思路。

项目的终止可以基于它们完成目标的程度以及它们与其他项目成败相关的程度。早期终止项目最常见的原因是由于技术或者商务上失败的概率较高。项目终止的四种类型是废除、增加、整合和缺乏资源。终止决定应该在一个终止经理的领导下，由管理委员会做出，并且像对待一个项目一样去执行。把项目团队成员分配到新的岗位是项目终止的一个特别重要的方面。项目经理应该准备一个项目的最终报告，报告应对改进组织未来项目管理的方法提出建议。

复习与思考

1. 项目收尾阶段的主要工作有哪些，具体工作内容是什么？
2. 如何理解项目审计？请谈谈项目审计的内涵、职能、范围与内容。
3. 如果一个项目的实际终止本身就是一个项目，它与其他的项目有什么不同？

案例讨论

中川公司在乌干达损失惨重

由于败诉而又未按照要求赔付案款，乌干达高等法院 1998 年 7 月 2 日对中国四川国际合作股份有限公司（以下简称中川公司）在这个国家的所有资产下达扣押令，并决定于 7 月 28 日在这里强行拍卖，中川公司因此蒙受的经济损失将超过 1000 万美元。

中川公司在乌干达曾很有影响，自 1985 年开展业务以来，承建了 25 条公路和几个房建项目，总承包金额达 1 亿多美元。1987 年该公司在联合国开发计划署乌干达房建项目的招标中中标，工程总造价213万美元。1987年6月，该公司与四川华西集团签订项目合作合同，由该公司组织施工。后因工程进度缓慢，该经理又把该工程分包给乌干达贝尔建筑有限公司，分包合同金额为130万美元。该分包商管理差，缺乏必要的施工设备，工程质量低劣，干了10个月尚未完成分包工程量十分之一。华西集团不得不将工程收回，调整队伍自行施工，但未与贝尔公司签署书面终止合同协议。该项目于1989年上半年竣工交付业主。

完工后，贝尔公司要求华西项目经理部付给其70万美元分包工程余款。华西集团和中川公司认为这是无理要求，拒绝与对方协商解决。1995年5月，贝尔公司向当地高等法院起诉，要求中方按合同赔偿130万美元的分包工程款外，还得付几年来工程款的利息及对方律师费等，总计335万美元。

终审判决后，中川公司1998年赔付了187万美元，其余148万美元按合作协议由华西集团承担，但华西集团拒绝支付。由于中川公司不能如期付清赔款，法院勒令拍卖中川公司在乌干达的220台施工设备和车辆及三处房地产。拍卖价大大低于资产实际价值，造成损失达700万美元。据估计，中川公司在乌干达的全部资产拍卖所得与赔偿金额仍差40多万美元。这样，乌干达高等法院很可能还要追索该公司在肯尼亚、坦桑尼亚甚至在中国的资产。

这场官司使中川公司损失惨重，有损中国公司声誉，甚至在东非地区，中国公司经营活动都可能受到影响。

［资料来源］：卢有杰．现代项目管理学［M］．北京：首都经济贸易大学出版社，2004.

问题：

(1) 以上案例给你带来什么启示？

(2) 你认为好的项目收尾应该注意些什么？从这次失败的项目上，你学到了哪些更深入的东西？

参考文献

[1] 周小娇．项目管理工具与模板［M］．北京：清华大学出版社，2005.

[2] 拉尔·夫·基林（Ralph Keeling）．项目管理［M］．王伟辉，译．北京：经济管理出版社，2005.

[3] 王凡林，石贵泉，关红军．现代项目管理精要［M］．济南：山东人民出版社，2006.

[4] 杨 坤．项目时间管理［M］．天津：南开大学出版社，2006.

[5] 孙 慧．项目成本管理［M］．北京：机械工业出版社，2005.

[6] 曾赛星．项目管理［M］．北京：北京师范大学出版社，2007.

[7] 陈建西，刘纯龙．项目管理学［M］．成都：西南财经出版社，2005.

[8] 宋伟．项目管理学［M］．北京：人民邮电出版社，2008.

[9] 李金海．项目质量管理［M］．天津：南开大学出版社，2006.

[10] 殷焕武．项目管理导论［M］．北京：机械工业出版社，2008.

[11] 姚玉玲，马万里．项目管理［M］．北京：中国计量出版社，2005.

[12] 丁宁．项目管理［M］．北京：清华大学出版社，北京交通大学出版社，2008.

[13] 丁荣贵，孙涛．项目组织与人力资源管理［M］．北京：电子工业出版社，2009.

[14] 范黎波．项目管理［M］．北京：首都经济贸易出版社，2004.

[15] 刘明．最新 PMP 认证考试指南与练习［M］．北京：电子工业出版社，2003.

[16] 罗耶．项目风险管理：一种主动的策略［M］．北京：电子工业出版社，2005.

[17] 沈建明．项目风险管理［M］．北京：机械工业出版社，2003.

[18] 陈远，寇继红，代君．项目管理［M］．武汉：武汉大学出版社，2002.

[19] 汗福荣．现代质量管理学［M］．北京：机械工业出版社，2004.

[20] 毕星，翟丽．项目管理［M］．上海：复旦大学出版社，2000.

[21] Raouf G. Ghattas，Sandra L. Mckee. 实用项目管理［M］．杨磊，王增东，译．北京：机械工业出版社，2003.

[22] 百思俊．项目管理案例教程［M］．北京：机械工业出版社，2004.

[23] 赵涛，潘欣朋．项目时间管理［M］．北京：清华大学出版社，2002.

[24] Dennis Lock. 项目管理（第 8 版）［M］．天津：南开出版社，2005.

[25] 宋伟．项目组织与团队管理［M］．北京：机械工业出版社，2007.

[26] 顾念慈．建设项目质量监控［M］．北京：中国建材工业出版社，2003.

[27] 朗志正．质量管理及其技术与方法［M］．北京：中国标准出版社，2003.

[28] 邱菀华，沈建明，杨爱华．项目管理导论［M］．北京：机械工业出版社，2003.